Literatur und Todesangst

Jürgen Daiber

Literatur und Todesangst

Strategien poetischer Bewältigung

BRILL | mentis

Einbandabbildungen:
Vanitas-Motiv aus Johann Caspar Lavaters *Physiognomischen Fragmenten* (1775–78);
Saul Steinberg, *Untitled*, 1954, Ink on paper, top and bottom, Private collection

Bibliografische Information der Deutschen Nationalbibliothek

Die Deutsche Nationalbibliothek verzeichnet diese Publikation in der Deutschen Nationalbibliografie; detaillierte bibliografische Daten sind im Internet über http://dnb.d-nb.de abrufbar.

www.mentis.de

Einbandgestaltung: Anna Braungart, Tübingen
Herstellung: Brill Deutschland GmbH, Paderborn

ISBN 978-3-95743-208-7 (paperback)
ISBN 978-3-95743-706-8 (e-book)

Für GABRIELE, die ÄRZTIN

Ich kann nicht glauben, daß er ernsthaft droht;
Ich lebe noch, ich habe Zeit zu bauen:
mein Blut ist länger als die Rosen rot.
[*Rainer Maria Rilke*]

Wer nicht liebt, bleibt im Tod.
[*1 Johannes 3, 14*]

Wirf dich weg! Sonst bist du nicht
meiner Art und meines Blutes.
Wehe, wachst du zagen Mutes
über deinem Lebenslicht,
dessen Flamme gar nichts wert,
wenn sie nicht ihr Wachs – verzehrt.

Brenne durstig himmelan!
Brenne stumm hinab! Doch – brenne!
Daß dein Los von dem dich trenne,
der sich nicht verschwenden – kann.
Laß ihm seine Angst und Not!
Du verstehe nur den – Tod.
[*Christian Morgenstern*]

Alle weltlichen Dinge sind nur ein Traum im Frühling.
Betrachte den Tod als Heimkehr.
[*Konfuzius*]

Todesangst ist Todesangst, auch wenn man mal am Leben bleibt.
[*Theodor Fontane*]

Und wenn sie nicht gestorben sind,
dann leben sie noch heute.
[*Jacob Grimm/Wilhelm Grimm*]

Inhalt

KAPITEL I

Einleitung: Literatur und Todesangst

1886 veröffentlicht Leo N. Tolstoi eine Erzählung namens *Der Tod des Iwan Iljitsch*. Sie beschreibt auf 137 Seiten und in zwölf kurzen Kapiteln die Lebensgeschichte besagten Iwan Iljitschs, welche laut Tolstoi »sehr einfach und sehr gewöhnlich und doch entsetzlich«[1] ist. Einfach und gewöhnlich ist die Geschichte, weil sie vordergründig die tausendfach reproduzierte Darstellung einer scheinbar geordneten bürgerlichen Existenz liefert. Ein 45-jähriger Petersburger Ministerialbeamter, verheiratet, Kinder, Stadthaus in guter Lage, Kontakte zu einflussreichen gesellschaftlichen Kreisen. Über ihn teilt der Erzähler uns eingangs lakonisch mit: »In der Rechtsschule schon war er, was er dann sein ganzes Leben lang blieb: ein fähiger, heiterer, gutwilliger und geselliger Mensch, der alles das genau und peinlich erfüllte, was er für seine Pflicht hielt.«[2] Entsetzlich wird die Geschichte nach knapp drei Kapiteln Milieuschilderung, weil sich besagte bürgerliche Existenz Iwan Iljitschs und ihre auf Behaglichkeit, Anständigkeit und Gewöhnung ausgelegte Atmosphäre vollkommen untauglich erweist angesichts dessen, was sich in der Folge ereignen wird. Und was sich ereignet, ist das von Tolstoi in expliziten psychologischen, medizinischen und anthropologischen Details geschilderte Sterben des Iwan Iljitsch. Josie Billington, die Tolstois Erzählung eine detaillierte Analyse aus der Perspektive der *Medical Humanities*[3] gewidmet hat, schreibt dazu:

> It is one literary work that approaches canonical status in Medical Humanities. It is taught often in US medical schools: were it a short story rather than a novella

1 Leo N. Tolstoi: Der Tod des Iwan Iljitsch. In: Leo N. Tolstoi: Sämtliche Erzählungen. Fünfter Band. Hg. von Gisela Drohla. Frankfurt a. Main 1982, S. 232.

2 Ebd., S. 233.

3 Hinter dem Schlagwort *Medical Humanities* steht das Programm einer Öffnung der Medizin gegenüber den Geisteswissenschaften. Die Reduktion auf ein rein biologistisches Verständnis von Krankheit und Therapie weicht immer stärker der Überzeugung, für die »genuin menschlichen Herausforderungen« (Fischer/Bondino, S. 7) der heilenden Berufe eine »geisteswissenschaftliche Grundierung« (S. 7) zu benötigen. Im deutschsprachigen Raum gewinnt diese aus der angloamerikanischen Sphäre stammende Bewegung seit dem Beginn des 21. Jahrhunderts zunehmend an Bedeutung, was sich etwa in der 2007 erfolgten Gründung des *Jahrbuchs Literatur und Medizin* durch den Medizinhistoriker Florian Steger und die Literaturwissenschaftlerin Bettina von Jagow widerspiegelt. Vgl. zur Einführung in das Thema: Pascal Fischer/Maria Carla Gadebusch Bondio (Hg.): Literatur und Medizin – interdisziplinäre Beiträge zu den Medical Humanities. Heidelberg 2016.

 DOI:10.30965/9783957437068 002

> it probably would be required now for graduation. It is that rare work, an imagined account of the whole process of dying as it happens to one person.[4]

Kanonischen Status erlangt die Erzählung vor allem deshalb, weil Tolstoi auf geradezu bestürzend hellsichtige Art und Weise die menschliche Abwehrhaltung gegenüber dem Tod als Grundangst unserer Existenz enthüllt. Tolstoi bringt am Beispiel der herbeigerufenen Mediziner die letztliche Machtlosigkeit der Rationalität gegenüber dem Sterbegeschehen schonungslos ans Licht und stellt die Heuchelei des nach außen hin zutiefst betroffenen familiären und beruflichen Umfelds bloß.[5] Am Wichtigsten jedoch für diese Untersuchung ist ein anderer zentraler Punkt: Tolstois Darstellung der Kluft oder eher des Abgrunds zwischen einer rational gültigen Information – in konkretem Falle über den Tod und das damit verbundene Sterben – und ihrer praktischen Bedeutungslosigkeit angesichts der Erfahrung, welche die Hauptfigur mit eben dieser Erfahrung des Sterbens in der eigenen, zentral auf Verdrängung und Leugnung basierenden Haltung zu machen hat. Tolstoi lässt diese Haltung in dem berühmten Syllogismus der Erzählung gipfeln, welche der sterbende Iwan Iljitsch in seiner Erinnerung der *Logik zum Gebrauch für Schulen* Johann Gottfried Kiesewetters[6] entnimmt:

> Cajus ist ein Mensch, alle Menschen sind sterblich, also ist auch Cajus sterblich –, war ihm sein ganzes Leben lang sehr richtig in bezug auf Cajus erschienen, in keinem Falle aber in bezug auf sich selber. Cajus – das war der Mensch im allgemeinen, und da war gegen diesen Schluß nichts einzuwenden. Aber er war gar nicht Cajus und durchaus nicht der Mensch im allgemeinen, sondern er war immer ein ganz und gar besonderes, von allen verschiedenes Geschöpf. [...] Hat Cajus vielleicht in der Rechtsschule wegen der Kuchen protestiert? War Cajus so verliebt gewesen wie er? Konnte Cajus eine Sitzung so führen wie er? Cajus ist sterblich, und es ist ganz in der Ordnung, daß Cajus stirbt; aber ich, Wanja, Iwan Iljitsch, mit all meinen Gedanken und Gefühlen – das ist eine ganz andere

---

4 Josie Billington: Is literature healthy? Oxord University Press 2016, S. 33.

5 So heißt es etwa über die Arbeitskollegen Iwan Iljitschs: *»Deshalb war der erste Gedanke, den jeder der versammelten Herren bei der Kunde von Iwan Iljitschs Tode hatte, welche besondere Bedeutung dieser Tod für die Versetzung oder gar Beförderung der eigenen Mitglieder oder deren Bekannten wohl haben dürfte.* [...] *Außer den verschiedenen Gedanken an alle die Versetzungen und möglichen Wechsel, die durch diesen Tod erfolgen könnten, rief die Tatsache des Todes eines nahen Bekannten in allen, die davon hörten, wie immer ein gewisses Gefühl der Freud hervor. »Er ist tot, und ich lebe noch«, dachte oder fühlte ein jeder.«* Leo N. Tolstoi (wie Anm. 1), S. 223f.

6 Johann Gottfried Kiesewetter: Logik zum Gebrauch für Schulen. Berlin 1797.

> Sache, es kann nicht sein, daß auch ich sterben muß. Das wäre zu schrecklich. So fühlte er.[7]

In der emotionalen Extremsituation grassierender Todesangst wird die Macht der Logik im Bewusstsein Iwan Iljitschs brüchig. Sie spendet keinen Trost und bietet keinen Ausweg. Die besondere psychologische Meisterschaft Tolstois besteht nun darin, dass er seine Figur auf eine Art und Weise agieren und reagieren lässt, welche sich mit dem gegenwärtigen Wissens- und Forschungsstand über die menschliche Sterblichkeit vollständig deckt. Die aktuell einflussreichste und »zu einem bedeutenden sozialpsychologischen Forschungsfeld avancierte *Terror-Management-Theorie*«,[8] welche erstmals seit den späten 1980er Jahren bis heute »umfangreiche empirische Daten über das verdrängte Sterblichkeitswissen als sozial-psychologisches Problem«[9] liefert, bestätigt Tolstoi in seiner psychologischen Schilderung der Todesangst Iwan Iljitschs ziemlich genau 130 Jahre später umfassend. »Nicht mich, nicht jetzt«,[10] so lautet formelhaft einer jener psychologischen Verteidigungsmechanismen, den Solomon/Greenberg/Pyszczynski in mehreren empirischen Studien[11] nachweisen konnten und den sie als »proximale Verteidigung«[12] des Bewusstseins bezeichnen:

> Wenn wir uns des Todes bewusst sind, wird unsere proximale Verteidigung aktiviert. Es handelt sich dabei um rationale oder rationalisierende Versuche, diesen Gedanken wieder aus dem Kopf zu bekommen. Wir unterdrücken solche unbehaglichen Gedanken entweder, versuchen uns abzulenken oder verschieben das Problem Tod in fernere Zukunft.[13]

Als Iwan Iljitsch etwa die Rechtsschule mit Bravour besteht und als Beamter seine erste Anstellung erhält, empfängt er vom Vater Geld »zur Adjustierung«,

---

7 Tolstoi (wie Anm. 1), S. 265f. Ausgehend von diesem Syllogismus in Tolstois Erzählung versucht sich Michael Weingarten an einer »Bioethik« des Sterbens. Vgl. Michael Weingarten: Sterben (bio-ethisch). Bibliothek dialektischer Grundbegriffe. Bd. 13. Hg. von Andreas Hüllinghorst. Bielefeld 2004.

8 Vgl. zur Einführung in die Terror-Management-Theorie die einführende und gut geschriebene Studie ihrer Begründer: Sheldon Solomon/Jeff Greenberg/Tom Pyszczynski: Der Wurm in unserem Herzen. Wie das Wissen um die Sterblichkeit unser Leben beeinflusst. München 2016.

9 Alexander Batthyány: Zur Psychologie einer Grundangst. Über abwehrende und existentielle Zugänge zum eigenen Tod. Freiburg/München 2019, S. 9.

10 Steve Chaplin: The Psychology of Time and Death. Ashland 2000, S. 150.

11 Vgl. zu den Studien: Solomon et al. (wie Anm. 8), S. 350.

12 Solomon et al. (wie Anm. 8), S. 244.

13 Ebd., S. 244.

bestellt sich eine »Uniform bei Charmeur« und ihm wird eine »Medaille mit der Inschrift: respice finem [*bedenke das Ende* – ein Spruch aus der spätmittelalterlichen Exempelsammlung *Gesta Romanorum*] ausgehändigt. Doch anstatt »das Ende zu bedenken«, hängt sich Iwan Iljitsch, so heißt es bei Tolstoi weiter, die Medaille

> an seine Uhrkette [...] aß mit seinen Kameraden bei Donon, und mit neuen modischen Koffern, neuer Wäsche, neuen Kleidern, Rasier- und Toilettengegenständen und einem Plaid, die er alle in den ersten Geschäften bestellt und gekauft hatte, fuhr er in die Provinz, wo ihm der Vater den Posten eines Beamten für besondere Aufträge beim Gouverneur verschafft hatte.[14]

Iwan Iljitsch agiert hier ganz im Sinne der Terror-Management-Theorie auf der Basis eines proximalen Verteidigungsmechanismus. In mehreren Experimenten zeigen Solomon/Greenberg/Pyszczynski zum Beispiel,[15] dass die vorgebliche »hochrationale Beziehung« des homo oeconomicus »zwischen Geld und Konsum nicht die ganze Geschichte« erzählt. Weshalb? »Geld [nimmt] in den Riten und Religionen des Menschen eine archetypische Rolle« ein, »die unmittelbar mit dem Wunsch nach Überwindung des Todes zu tun hat.«[16] Macht man Menschen nur einige Augenblicke lang ihre Sterblichkeit bewusst, tendiert eine überwiegende Anzahl der Versuchspersonen dazu, »in Zukunft mehr Geld [...] in Luxusartikel wie Kleider und Unterhaltung stecken zu wollen.«[17] Der Gedanke an den Tod bringt Probanden auch dazu, »die Größe von Münzen und Banknoten zu überschätzen«. Lässt man Probanden Geldscheine und leeres Papier in gleicher Größe zählen, bringt die Zählung von Geldscheinen in anschließenden Tests bei den Versuchspersonen eine

14 Tolstoi (wie Anm. 1), S. 234.

15 So ließen die Wissenschaftler eine Gruppe Studierender einen Fragebogen über Depressionen ausfüllen, in denen Fragen zur eigenen Sterblichkeit wie »Ich habe Probleme, nachts durchzuschlafen?« oder »Die Vorstellung, nie mehr denken zu können, wenn ich tot bin, ängstigt mich?« zu beantworten waren. Unmittelbar danach erfolgte die Lektüre von Werbeanzeigen für einen Lexus RX 300 SUV, eine Dose Kartoffelchips, einen kompakten Kleinwagen und eine rotgoldene Rolex-Armbanduhr. Danach war wiederum eine Liste von Fragen der Art »Wie empfinden Sie diese Anzeigen? Wie wirksam sind sie? Wie groß ist nach dem Lesen der Anzeigen Ihr Interesse daran, eines dieser Produkte zu kaufen?« zu beantworten. Eine zweite Kontrollgruppe studierte lediglich die Werbeanzeigen und beantwortete die dazu gehörigen Fragen. Es zeigte sich, dass jene Kontrollgruppen, denen man zuvor über die Fragebogen ihre eigene Vergänglichkeit bewusst gemacht hatte, »sich [...] deutlich stärker daran interessiert zeigten, einen Lexus oder eine Rolex zu erstehen« als die andere Kontrollgruppe. (Solomon et al. 169). Vgl. Solomon et al. (wie Anm. 8), S. 167ff.

16 Solomon et al. (wie Anm. 8), S. 161.

17 Ebd., S. 169.

deutlich geringere Furcht vor dem Tod an den Tag.[18] Man ist geneigt, angesichts derartiger Ergebnisse Karl Marx bitter ironisch zu paraphrasieren, in dessen *Ökonomisch-philosophischen Manuskripten* es heißt: »Und alles das, was du nicht kannst, das kann dein Geld.«[19]

Todesangst ist relativ gut beschreibbar, was ihre physiologischen Mechanismen angeht.[20] Blutdruck und Atemfrequenz sind erhöht, der Herzschlag wird verstärkt, insgesamt ist »die Skelettmuskulatur (die man zum Hauen und Rennen braucht) [besser] durchblutet, Zuckerreserven aus Leber und körperliches Eiweiß werden verfügbar gemacht, die Gerinnungsfähigkeit des Blutes steigt an.«[21] Unser evolutionäres Erbe wird in solchen Momenten offenkundig. Die entstehende körperliche Stressreaktion kreiert eine »kurzfristige Steigerung der körperlichen Leistungsfähigkeit«, welche offenkundig der »Gefahrenabwehr«[22] dient. Attackiert ein Löwe oder – auf hiesige Verhältnisse gemünzt – ein schlecht erzogener Pitbull, stellt eine zusätzliche Dosis einschießendes Adrenalin, Noradrenalin, Cortisol und Corticosteron einen möglichen Überlebensvorteil dar. Die biochemische Medaille hat jedoch ihre Kehrseite. Während besagter Stressreaktion wird »der Magen-Darm-Trakt [...] vermindert durchblutet, die Keimdrüsen stellen ihre Arbeit ein, die Immunreaktionen werden vermindert, Herz, Adern und Nieren werden stark belastet.«[23] Todesangst als langfristig oder auch nur mittelfristig entstandener Zustand – so lässt sich generalisierend sagen – ist in summa alles andere als gesundheitsfördernd.[24]

Weitaus schwieriger gestalten sich Darstellung und Beurteilung der psychologischen/ sozial-psychologischen Komponenten von Todesangst. Existenzangst, Todesangst oder Thanatophobie sind zwar in der Forschung eingeführte Begriffe, welche um die Beschreibung jener Probleme kreisen, »die mit der Endlichkeit des eigenen Daseins in Verbindung stehen und emotionale

---

18 Solomon et al. (wie Anm. 8), S. 169. Hier handelt es sich um eine Versuchsreihe polnischer Wissenschaftler. Zu Details vgl. Solomon et al. (wie Anm. 8), Fußnote 209 bei Solomon, S. 341.

19 Karl Marx: Ökonomisch-philosophische Manuskripte aus dem Jahre 1844. Bedürfnis, Produktion, Arbeitsteilung. In: Karl Marx/Friedrich Engels: Werke. Ergänzungsband, 1. Teil, Berlin 1932, S. 549.

20 Folgende Darstellung des Wissensbestands orientiert sich an Karl Eibl: Biologie der Angst. In: Lars Koch (Hg.): Angst. Ein interdisziplinäres Handbuch. Stuttgart 2013, S. 130–140.

21 Karl Eibl (wie Anm. 20), S. 132.

22 Ebd., S. 132.

23 Ebd., S. 132.

24 Experimente an Nagetieren zeigen, wie unter dauerhaftem Stress »die Aggressivität zunimmt, ebenso Unfruchtbarkeit und Infektionsanfälligkeit, Bluthochdruck, Arteriosklerose, Herz- und Nierenschäden«. Vgl. Eibl (wie Anm. 20), S. 132.

Turbulenzen verursachen.«[25] Bereits seit der Stoa finden sich auch schriftlich überlieferte Verhaltensmechanismen und therapeutische Beratungsstrategien im Umgang mit der den Menschen quälenden Todesangst. Erinnert sei hier nur an Lukrez' Argumente zur Sinnlosigkeit der Todesfurcht in *De rerum natura* oder Epikurs Lehrsätze gegen die Todesangst und sein berühmt gewordener Ratschlag im *Brief an Menoikeus*. Dort heißt es:

> Das Schauererregendste aller Übel, der Tod, betrifft uns überhaupt nicht; wenn »wir« sind, ist der Tod nicht da; wenn der Tod da ist, sind »wir« nicht. Er betrifft also weder die Lebenden noch die Gestorbenen, da er ja für die einen nicht da ist, die andern aber nicht mehr für ihn da sind.[26]

Ein weiteres, noch weitaus mächtigeres Argument Epikurs, die Angst vor dem Tod zu reduzieren, nennt der Psychologe Irvin Yalom »das Argument der Symmetrie«.[27] Es besagt,

> [...] dass der Zustand des Nichtseins nach dem Tod identisch mit dem Zustand des Nichtseins vor der Geburt ist. Und obwohl wir den Tod fürchten, empfinden wir kein Grauen, wenn wir an jenen früheren, identischen Zustand denken. Daher haben wir auch keinen Grund, den Tod zu fürchten.[28]

Auch die seit den 1990er Jahren in Europa schrittweise etablierte Thanatopsychologie[29] setzt sich mit der Angst vor dem Tod auseinander. Glaubt man aktuellen Befunden, findet sich hier interessanterweise

---

25 Harlich H. Stavemann/Yvonne Hülsner: Integrative KVT bei existenziellen Problemen. Umgang mit der eigenen Endlichkeit und Todesangst. Weinheim/Basel 2019, S. 15.

26 Epikur: Brief an Menoikeus. In: Héctor Witter: Der Tod. Philosophische Texte von der Antike bis zur Gegenwart. Stuttgart 2014, S. 59–60 (Zitat S. 59). Witters äußerst lesenswerter Band bietet eine aufschlussreiche Sammlung an Verteidigungsstrategien und Argumentationslinien angesichts einsetzender Todesangst, die von Platon, Seneca, Montaigne, David Hume, Schopenhauer bis in die Gegenwart zu Thomas Nagel reicht. Vgl. weiterhin zum Thema Bernard N. Schumacher: Der Tod in der Philosophie der Gegenwart. Darmstadt 2004; Petra Gehring: Theorien des Todes zur Einführung. Hamburg 2010; Shelly Kagan: Death. Yale University Press. New Haven 2012.

27 Irvin D. Yalom: In die Sonne schauen. Wie man die Angst vor dem Tod überwindet. München 2008, S. 84.

28 Irvin D. Yalom: Das Spinoza-Problem. München 2013, S. 297.

29 Vgl. hierzu: Randolph Ochsmann: Angst vor Tod und Sterben. Beiträge zur Thanato-Psychologie. Göttingen 1993; Joachim Wittkowski (Hg.): Sterben, Tod und Trauer. Grundlagen, Methoden, Anwendungsfelder. Stuttgart 2003, S. 269–287; weiterhin Joachim Wittkowski/Hans Strenge/Wolfgang Lenzen: Warum der Tod kein Sterben kennt. Neue Einsichten zu unserer Lebenszeit. Darmstadt 2011. Zum empirischen Stand sozialpsychologischer Todesforschung in Deutschland Frank Thieme: Sterben und Tod in Deutschland. Eine Einführung in die Thanatosoziologie. Wiesbaden 2019.

> jedoch keine Fachliteratur, die sich auf das Behandeln von Todesangst bezieht. In der Regel wird das Unterteilen von Angst- und Zwangsstörungen nach ICD-10 [Diagnoseschlüssel deutsche Medizin] beschrieben, ohne dazu entsprechende störungsspezifische Erklärungsmodelle und Behandlungsansätze zu liefern.[30]

Dieser Befund deckt sich mit einer zentralen These der so genannten Existentialpsychologie, einem der wenigen Ansätze in der Psychotherapie, der »bei der Frage nach den Ursachen und der Behandlung von psychischen Erkrankungen die Rolle der Todesfurcht und der mit ihr zusammenhängenden existentiellen Ängste«[31] ins Blickfeld nimmt. Vertreter dieser Schule wie Otto Rank, Viktor Frankl, Ronald D. Laing, Rollo May und Irvin Yalom folgen – abweichend von Freud – übereinstimmend dem Kernprinzip, »das menschliche Problem von der Angstseite und nicht von der Triebseite anzugehen.«[32] Oder, um es in den Worten von Ernest Becker, einem der ersten Vertreter der Existentialpsychologie in den Vereinigten Staaten, zu sagen: »Todesbewußtsein heißt die Urverdrängung, nicht Sexualität.«[33]

Bei Freud verhält sich der Sachverhalt in der Tat umgekehrt. Der Gründer der Psychoanalyse unterstellt – und dieses Diktum erweist sich bis heute als immens einflussreich – dass »Todesfurcht keine Angst vor dem Tod sondern [lediglich] die Tarnmaske für ein anderes Problem«[34] bildet. Diese Negation der Todesfurcht als Primärquelle der Angst wird von Freud 1926 dezidiert formuliert in der Schrift *Hemmung, Symptom und Angst*[35] (vgl. Kapitel 4). Für Irvin Yalom, den aktuell wichtigsten Vertreter der Existentialpsychologie,

---

30 Stavemann/Hülsner (wie Anm. 25), S. 16. In dieser Absolutheit ist die These Stavemann/Hülsners nicht gültig. Vgl. etwa Manuel Trachsel/Andreas Maercker: Lebensende, Sterben und Tod. Göttingen 2016. Dort finden sich im vierten Kapitel namens *Interventionen bei Todesangst* (vgl.: S. 49–66) sehr wohl eine Auflistung medizinischer, psychotherapeutischer und philosophischer Techniken der Angstreduzierung.

31 Solomon et al. (wie Anm. 8), S. 291.

32 Im Gegensatz zu seinem Lehrer Sigmund Freud ging Otto Rank davon aus, dass es sich bei der Todesangst um eine primäre Angst handelt, aus der sich letztlich zahlreiche andere Ängste ableiten lassen. Vgl. Otto Rank: Die Analyse des Analytikers und seine Rolle in der Gesamtsituation. Technik der Psychoanalyse. Bd. III. Gießen 2006, S. 425 (Erstausgabe: 1931).

33 Ernest Becker: Die Dynamik des Todes. Freiburg 1973, S. 151.

34 Irvin D. Yalom: In die Sonne schauen (wie Anm. 27), S. 23f.

35 Freud kommt in dieser Studie sehr verknappt auf die Rolle der Todesangst in der Entstehung der Neurosen zu sprechen und verwirft Todesangst als »Analogon der Kastrationsangst« und Angst vor »Verlassensein vom schützenden Über-Ich«. Vgl. zu Details Kapitel 4 dieses Buches über A. v. Droste-Hülshoff, »Und meine Werke sind nur Leichen«.

entsteht damit ein bis in unsere Gegenwart hineinreichender »blinder Fleck«.[36] Weshalb erklärte Freud die Todesangst zu einer sekundären Angst und schloss sie weitgehend aus seiner psychodynamischen Theorie aus? Yalom fragt weiter: »Warum betrachtete er [Freud] die Todesfurcht nicht als ursprüngliche Quelle der Angst?«[37] Als Antwort verweist Yalom auf einen weitgehend unbekannten, von Freud kurz nach Kriegsbeginn bei nachlassender Patientenzahl quasi als Nebenprodukt 1915 produzierten Text namens *Zeitgemäßes über Krieg und Tod*.[38] In dieser Schrift wird die mächtige Neigung des Menschen, den eigenen Tod zu verdrängen, offen bekannt. Die zentrale Passage lautet:

> Wenn man uns anhörte, so waren wir natürlich bereit zu vertreten, daß der Tod der notwendige Ausgang allen Lebens sei, daß jeder von uns der Natur einen Tod schulde und vorbereitet sein müsse, die Schuld zu bezahlen, kurz, daß der Tod natürlich sei, unableugbar und unvermeidlich. In Wirklichkeit pflegten wir uns aber zu benehmen, als ob es anders wäre. Wir haben die unverkennbare Tendenz gezeigt, den Tod beiseite zu schieben, ihn aus dem Leben zu eliminieren. Wir haben versucht, ihn totzuschweigen; wir besitzen ja auch das Sprichwort: man denke an etwas wie an den Tod. Wie an den eigenen natürlich. Der eigene Tod ist ja auch unvorstellbar, und so oft wir den Versuch dazu machen, können wir bemerken, daß wir eigentlich als Zuschauer weiter dabei bleiben. So konnte in der psychoanalytischen Schule der Ausspruch gewagt werden: im Grunde glaube niemand an seinen eigenen Tod oder, was dasselbe ist: im Unbewußten sei jeder von uns von seiner Unsterblichkeit überzeugt.[39]

Freud betont an dieser Stelle die Weigerung oder gar Unfähigkeit des Unbewussten, an die Tatsache des eigenen Todes zu glauben. Die tiefsten Triebregungen unserer Seele kennen »nichts Negatives, keine Verneinung, [...] dem Todesglauben kommt [...] nichts Triebhaftes in uns entgegen«.[40] Insgesamt neigt der Mensch laut Freud von Natur aus dazu, das unabdingbare Faktum, dass »jeder von uns der Natur einen Tod schulde«, entweder ganz aus seinem Bewusstsein zu verdrängen oder aber bei anderen Menschen abzureagieren. Diese nicht reflektierte Präsenz des Todes in unserem Bewusstsein,

---

36 Irvin D. Yalom: Existential Psychotherapy. New York 1980. Yaloms bedeutsame Studie ist eine der wenigen Schriften, die sich detailliert mit der weitgehenden Verdrängung der Todesangst in Freuds Arbeiten auseinandersetzen und gleichzeitig die Kernprinzipien der existentiellen Psychotherapie am umfassendsten darstellen. Das Buch wurde im Jahre 1989 erstmals ins Deutsche übersetzt. Zitat entnommen Irvin D. Yalom: Existenzielle Psychotherapie. Bergisch Gladbach ^{5}2010, S. 78.

37 Ebd., S. 86.

38 Sigmund Freud: Zeitgemäßes über Krieg und Tod. In: Gesammelte Werke. Bd. X: Schriften aus den Jahren 1913–1917, Frankfurt a. Main 1946, S. 324–355.

39 Ebd., S. 341.

40 Ebd., S. 350.

von der Freud hier spricht, wird in der Terror-Management-Theorie als *distale Verteidigung*[41] bezeichnet.

Distale Verteidigungsmechanismen haben im Gegensatz zur proximalen Verteidigung laut Solomon/Greenberg/Pyszczynski »keinerlei logische oder semantische Relation zu dem Problem Tod.«[42] Sie manifestieren sich im Unbewussten, sind daher nicht oder nur sehr schwer erkennbar und führen unter anderem dazu,

> dass ein unterschwelliges, ja sogar ein nicht wahrnehmbares Aufmerkenlassen, das uns an den Tod gemahnt, das Festhalten am eigenen kulturellen Wertesystem, die Hinwendung zu charismatischen Führern [...] und den Glauben an die Wirksamkeit von Gebeten verstärkt. Damit nicht genug, verstärkt es auch unsere Abneigung gegen Menschen, die unsere Überzeugungen nicht teilen, manchmal sogar bis an den Punkt, an dem wir deren Ableben als tröstlich empfinden.[43]

So verhängten in einem Experiment von Solomon/Greenberg/Pyszczynski[44] etwa Richter an städtischen Gemeinden ein härteres Urteil über eine vermeintliche Prostituierte, wenn man sie kurz zuvor mit ihrer eigenen Sterblichkeit konfrontiert hatte. Vor dem Urteil mit einem »kleinen Fragebogen zur Persönlichkeit« befasst, der Aufgaben enthielt wie: »Bitte beschreiben Sie kurz die Gefühle, die der Gedanke an Ihren eigenen Tod in Ihnen hervorruft« und: »Schreiben Sie so genau wie möglich nieder, was mit Ihnen geschehen wird, wenn Sie sterben, und was passiert, wenn Sie gestorben sind«,[45] führte der durch Gedanken an den eigenen Tod unbewusst forcierte Rekurs auf das etablierte kulturelle Wertesystem bei den Gesetzesvertretern zu verschärften Urteilen jenseits der tatsächlichen juristischen Sachlage. Weitere Experimente der drei Wissenschaftler[46] in punkto distale Verteidigungsmechanismen bestätigten traurigerweise die Ergebnisse des obigen Versuchs: »Das Bewusstmachen der eigenen Sterblichkeit bringt uns dazu, Angehörige gewisser Außengruppen als weniger menschlich zu betrachten [...]. Es fällt leichter, lästige Gedanken an den Tod beiseite zu schieben, wenn man Menschen, die »anders« sind, diskriminiert.«[47] Das Ganze erinnert fatal an einen Ausspruch

---

41 Solomon et al. (wie Anm. 8), S. 245.

42 Ebd., S. 245.

43 Ebd., S. 301.

44 Solomon et al. (wie Anm. 8), S. 302.

45 Ebd., S. 55.

46 Vgl. Solomon et al. (wie Anm. 8), Auflistung der Experimente, vgl.: Fußnoten 242/243 bei Solomon, S. 343.

47 Ebd., S. 191.

George Bernhard Shaws, der in der Vorrede seiner »zornigen Komödie« *Haus Herzenstod* (1916/1919) nachzulesen ist:

> Seit Thukydides [Der Peloponnesische Krieg, 431–04 v. Chr.] seine Geschichte schrieb, steht es für immer fest, daß jeder Anspruch auf Zivilisation aus den Köpfen der Menschen in den Kot getreten wird, sobald der Todesengel in die Trompete stößt.[48]

Wie nun, so lautet die zwingend sich anschließende Frage, kann Todesangst im Zaum gehalten werden, wenn sie in der Lage ist, bei einer Mehrzahl der Menschen zu solch ethisch fragwürdigem Verhalten zu führen?

Eine Antwort, die alles andere als neu ist, aber mittlerweile von zahlreichen empirischen Studien eindrucksvoll gestützt wird, geben Solomon/Greenberg/Pyszczynski in ihrer Terror-Management-Theorie selbst: »Kulturelle Symbole [...] helfen, unsere Todesfurcht im Zaum zu halten«.[49] In der Tat ist die Verwendung von Zeichen und Symbolen ab einer spezifischen Entwicklungsphase des homo sapiens, die vor etwa 250 000 Jahren einsetzte, zu einer effizienten kognitiven Anpassungsstrategie geworden. Sie bot einen Überlebensvorteil und diente – darin sind sich Verhaltensbiologie und Anthropologie einig – der Erhaltung der Spezies Mensch. Sie brachte jedoch auch ein Problem mit sich:

> Eine weitere Furcht/Angst [...] ist schließlich die Angst vor dem Tod. Man wird sie nicht als Furcht bezeichnen können, denn diese enthielte ja auch eine spezifische Verhaltensvorschrift. Aber die Angst vor dem Tod kann durch Bräuche und Riten zur Furcht herab gestimmt werden. Tierisches Erbe ist hier das, was umgangssprachlich als »Selbsterhaltungstrieb« bezeichnet wird. Das absolut sichere Wissen, dass er eines Tages sterben wird, ist eine schwer erträgliche Negation aller Selbsterhaltungsinstinkte des Menschen. Insofern haben die Philosophen, welche in der Angst vor dem Tod einen nahezu universellen Fluchtpunkt der menschlichen Daseinsorientierung sahen, durchaus etwas Richtiges gesehen.«[50]

---

48 George Bernard Shaw: Haus Herzenstod. In: ders.: Gesammelte Werke in fünfzehn Bänden. Bd. 8, Zürich 1948, S. 240. Zitiert nach Solomon et al. (wie Anm. 8), S. 208.

49 Solomon et al. (wie Anm. 8), S. 57. In summa lauten die beiden wichtigsten Befunde der Terror-Management-Theorie, »dass das Selbstwertgefühl und die kulturellen Werthaltungen einer Person die beiden zentralen Bedingungsfaktoren für die Einstellungen zum Sterben sind« (zitiert nach: Trachsel/Maercker (wie Anm. 30), S. 39). Dieser Befund ist nicht unumstritten, da »die TMT-Studien fast ausschließlich an jungen Erwachsenen durchgeführt wurden und es Hinweise darauf gibt, dass ältere Menschen mit schwächeren, bzw. anderen Effekten reagierten, die wiederum vom Ausmaß ihrer exekutiven Kontrolle abhängig waren« (Trachsel/ Maercker, S. 39).

50 Vgl. hierzu etwa Karl Eibl: Von der biologischen Furcht zur literarischen Angst. Ein Vertikalschnitt. In: KulturPoetik 12/2 (2012), S. 155–186 (Zitat, S. 164).

Die Terror-Management-Theorie stimmt diesem Befund zu und fokussiert die »allgegenwärtige Angst vor dem Tod«, welche durch menschlichen Spracherwerb laut Solomon/ Greenberg/Pyszczynski noch gesteigert wurde.[51] »Der zeichenerfindende Mensch«, heißt es dazu in Nietzsches *Die fröhliche Wissenschaft*, »ist zugleich der immer schärfer seiner selbst bewusste Mensch.«[52] Eine Lebensform, »die durch Jahrmillionen der Evolution dahin geformt war, das eigene Überleben um fast jeden Preis zu sichern«, vermochte sich nun mit Hilfe der Sprache allzu illusionslos darüber verständigen, dass sie dazu verurteilt war, diesen Kampf um Selbsterhaltung »am Ende zu verlieren.«[53] Diese Aktivierung von Gedanken an die »Unausweichlichkeit des eigenen Todes« musste laut Terror-Management-Theorie »durch eine Art von psychischem Immunsystem in Schach gehalten und somit gleichsam verdrängt«[54] werden. Riten, Rituale, Religionen entstehen im Rahmen solch evolutionär getriggerter Befindlichkeit, laut C. G. Jung »komplizierte Systeme der Vorbereitung des Todes.«[55] Und es entstehen neben diesen Opfer- und Sterberiten fiktive sprachliche und bildnerische Darstellungen einer übernatürlichen Welt, die »das Unglaubliche glaubhaft zu machen«[56] suchen: Es entstehen, mit anderen Worten, Kunst und Literatur. Sie sind – folgt man dieser These der Terror-Management-Theorie – »von entscheidender Bedeutung für die Konstruktion und Aufrechterhaltung eines aufs Übernatürliche gerichteten, die Todesgrenzen überschreitenden Wirklichkeitsbegriffs.«[57]

Belege dafür lassen sich mühelos und zahlreich finden: Eine der ältesten schriftlich fixierten Dichtungen der Menschheit, das ungefähr 2400 v. Chr. im babylonischen Raum entstandene *Gilgamesch-Epos*, stellt auf zwölf Tontafeln die Suche Gilgameschs, des jungen Königs von Uruk, nach Unsterblichkeit

51 Vgl.: Nicholas Humphrey: Consciousness Regained. Oxford 1976; Peter Mcneilage: The Origin of Speech. Oxford Studies in the Evolution of Language. Oxford 2008; Horst M. Müller: Sprache und Evolution. Grundlagen der Evolution und Ansätze einer evolutionstheoretischen Sprachwissenschaft. Berlin 1990.

52 Friedrich Nietzsche: Die fröhliche Wissenschaft. Buch V, Abschnitt 354, Zitiert nach Solomon, S. 103.

53 Solomon et al. (wie Anm. 8), S. 105.

54 Eibl (wie Anm. 50), S. 164.

55 Carl Gustav Jung: Seele und Tod (1934). In: ders.: Wirklichkeit der Seele. München 2001, S. 117–129 (Zitat: S. 121). Greenberg konnte in mehreren empirischen Studien belegen, dass ein »starker Glaube […] in der Tat die Angst vor dem Tod zu bannen vermag. Der Glaube an einen Gott sorgt nachweislich für emotionales Wohlbefinden und verringert die Todesfurcht.« (Vgl. Solomon et al. (wie Anm. 8), S. 131. Zu den empirischen Studien vgl. die Fußnote 128 bei Solomon, S. 335f.).

56 Solomon et al. (wie Anm. 8), S. 117.

57 Ebd., S. 117.

dar. Der mittels Hybris verschuldete Tod seines Freundes Enkidu, macht Gilgamesch im Epos seine eigene Sterblichkeit ohne weitere Möglichkeit zur Flucht und Verdrängung bewusst. Auf der neunten Tontafel des Epos heißt es:

> Auch ich [Gilgamesch] werde sterben, und werde nicht auch ich dann so wie Enkidu sein? Trübsal ist eingekehrt in meinen Leib./ Ich begann, den Tod zu fürchten, und so laufe ich in der Steppe umher.[58]

Besessen von dem Wunsch, Erlösung von seiner Angst vor dem Tod durch Unsterblichkeit zu erlangen, macht sich Gilgamesch auf eine lange und von zahlreichen Prüfungen geprägte Reise.[59] An deren Ende steht die für den Helden bittere Erkenntnis, dass Unsterblichkeit lediglich den Göttern gewährt ist und Sterben einen unabdingbaren Teil seiner menschlichen Natur ausmacht. Die zehnte Tontafel des Epos verkündet:

> Niemand wird den Tod je sehen, / niemand wird des Todes Antlitz je schauen, / niemand wird des Todes Stimme je vernehmen, /und doch ist der grimme Tod der Menschheit Schnitter.
>
> [...] Der Verschleppte und der Tote, die sind wie eines Mundes, /denn nicht mehr können sie das Bild des Todes zeichnen. / Noch nie hat ein toter Mann (seine) Grüße in das Land zurück gesandt!
>
> Die Unterweltsgötter, die großen, waren versammelt, [...] Sie setzten ein den Tod und auch das Leben, / doch nicht taten sie dabei des Todes Tage kund.[60]

Rilke bezeichnete dieses frühe Meisterwerk sumerischer Literatur nicht zufällig als »Epos der Todesfurcht«,[61] als frühe kulturelle Reflexion der conditio humana.

Warum schreibt der Mensch auf diese Art und Weise über sein Sterben und seine Angst vor dem Tod? Glaubt man dem Psychohistoriker Robert Lifton, so ist

58 Das Gilgamesch-Epos. Neu übersetzt und kommentiert von Stefan M. Maul. München 2005, S. 120.

59 So macht sich Gilgamesch etwa auf die Suche nach Uta-napischti, eine Art babylonischer Noah, der in seiner Arche die Weltenflut überlebt hatte und dem die Götter daraufhin ewiges Leben verliehen. Uta-napischti berichtet Gilgamesch von einer auf dem Meeresboden blühenden Pflanze, welche die Macht hat, jeden, der von ihr kostet, zu verjüngen. Gilgamesch findet die Pflanze und will durch sie ewige Jugend erlangen. Als er auf dem Heimweg erschöpft an einem Teich rastet, taucht im Moment seiner Unaufmerksamkeit eine Schlange auf, verschlingt das magische Gewächs und lässt Gilgamesch weinend zurück.

60 Vgl. zu den Details der Todesangst im Gilgamesch-Epos: Irvin D. Yalom (wie Anm. 27), S. 9ff.

61 Rilke im Brief vom 31. Dezember 1916 an Helene von Nostitz. Vgl. Oswalt von Nostitz (Hg.): Rainer Maria Rilke, Helene von Nostitz: Briefwechsel. Frankfurt a. Main 1976, S. 99.

die zentrale Strategie der Auseinandersetzung mit der Todesangst im Rahmen künstlerischer/literarischer Produktion im Kern von dem Ziel gesteuert, über das entstehende Produkt, die literarische/bildnerische Schöpfung, wo nicht reale, so doch zumindest »symbolische Unsterblichkeit«[62] zu erlangen. Lifton unterscheidet in diesem Zusammenhang fünf unterschiedliche »Modi« symbolischer Unsterblichkeit. Sie charakterisieren laut Lifton die Suche des Menschen nach Überwindung seiner Todesangst durch Transzendierung der Grenzen des eigenen Selbst. Es handelt sich dabei um

1) einen biologischen Modus, der im Glauben an »die Fortdauer der Familie zum Ausdruck« kommt, »im Weiterleben durch [...] Söhne und Töchter und deren Söhne und Töchter, mit der Vorstellung einer endlosen Kette biologischer Verknüpfung.«[63]
2) einen religiösen Modus, mit dem Glauben an ein »Leben nach dem Tod [...], nicht nur in Form von »Überleben«, sondern als Befreiung von der Last des profanen Lebens hin zu einer höheren Ebene der Existenz.«[64]
3) einen schöpferischen Modus mit der Vorstellung, in den eigenen Schöpfungen, dem eigenen Werk weiterzuleben, da »mehr als jede andere Aktivität die Kunst dem Tod entflieht.«[65]
4) einen Modus symbolischer Unsterblichkeit, der sich »in der Natur selbst« findet; »die Wahrnehmung, daß unsere natürliche Umwelt, grenzenlos in Raum und Zeit, bleiben wird.«[66]
5) einen Modus der »erfahrenen Transzendenz«, erlebbar »im religiösen und säkularen Mystizismus und in verschiedenen prämodernen kulturellen Riten, wo er mit Hilfe von Drogen, Fasten, Schlafentzug oder irgendeiner anderen Form selbstauferlegter Prüfung erzeugt wird.«[67]

William Faulkner drückte den von Lifton als schöpferischen Modus symbolischer Unsterblichkeit bezeichneten Akt des Schreibens wie folgt aus:

> Das Ziel eines jeden Künstlers ist es, Bewegung, die Leben ist, mit künstlichen Mitteln anzuhalten und festzuhalten, so dass es sich hundert Jahre später, wenn ein Fremder darauf blickt, wieder bewegt.[68]

---

62 Robert Lifton: Der Verlust des Todes. Über die Sterblichkeit des Menschen und die Fortdauer des Lebens. München 1986, S. 32.

63 Ebd., S. 31.

64 Ebd., S. 32f.

65 Jacques Choron: Der Tod im abendländischen Denken. Stuttgart 1967, S. 183 f. Zitiert nach: Lifton (wie Anm. 62), S. 34.

66 Lifton (wie Anm. 62), S. 35.

67 Ebd., S. 37.

68 Zitiert nach Irvin Yalom (wie Anm. 27), S. 187f.

Eine häufig vorzufindende Strategie des schöpferischen Modus symbolischer Unsterblichkeit ist es dabei, die Angst vor dem Tode nicht einem psychischen Verdrängungsmechanismus zu unterziehen, sondern ihr – metaphorisch gesprochen – mit Hilfe literarischen Schreibens direkt »ins Gesicht zu blicken.« Dies ist die Geburtsstunde der so genannten Poesietherapie.[69] Historische Darstellungen dieser Bewegung verweisen zumeist darauf, dass »die Verwendung von Literatur und Poesie zu therapeutischen Zwecken eine Tradition besitzt, die bis in die Antike zurückreicht.«[70] Bereits die Ärzte Ägyptens besaßen um 4000 v. Chr. »intuitives Wissen um die Therapiefähigkeit der Schrift«,[71] als sie ihren erkrankten Patienten Papyrosfetzen mit beschriebenen Heilsprüchen zum Verzehr anboten. In der griechischen Mythologie vertritt der Gott Apoll Heilkunst und Dichtkunst gleichermaßen.[72] Sucht man den Begriff in seiner heutigen Bedeutung zu fassen, bleibt er semantisch relativ vage, da er zumeist in einem sehr weiten Sinne gebraucht wird:

> Unter Poesietherapie kann jedes therapeutische oder selbstanalytische Verfahren verstanden werden, das durch Schreiben den subjektiven Zustand eines Individuums zu bessern versucht.[73]

69 Der Begriff Poesietherapie verdankt sich einem von Jack Leedy 1969 herausgegebenen Sammelband: Poetry therapy. The Use of Poetry in the Treatment of Emotional Disorders. Philadelphia/Toronto 1969. Leedys Buch verleiht einer in den späten 1950er Jahren aufkeimenden Bewegung ihren Namen und wird 1986 mit der Gründung des *Poesietherapeutischen Instituts Berlin* in Deutschland adaptiert. Zwischenstationen sind im Jahr 1970 die Gründung der *Association for Poetry Therapy*, welche zehn Jahre später zur *National Association for Poetry Therapy* (*NAPT*) erweitert wird und bis heute fortbesteht. In Deutschland wirken die Arbeiten des Wissenschaftshistorikers Dietrich von Engelhardt (Bsp.: *Bibliotherapie*. Gerlingen 1987, *Medizin in der Literatur der Neuzeit*. Fünf Bände. Heidelberg 2018), die Studien von Silke Heimes (Bsp.: *Kreatives und therapeutisches Schreiben. Ein Arbeitsbuch*. Göttingen 2008; *Warum Schreiben hilft. Die Wirksamkeitsnachweise zur Poesietherapie 2012*), welche seit 2014 eine Professur für kreatives Schreiben/Poesietherapie innehat, sowie das von dem Medizinhistoriker Florian Steger und der Literaturwissenschaftlerin Bettina von Jagow 2007 herausgegebene *Lexikon Literatur und Medizin* und das 2007 gegründete und bis heute fortgeführte *Jahrbuch Literatur und Medizin* als wichtigste Multiplikatoren der Poesietherapie. Vgl. zur historischen Darstellung der Bewegung David Lätsch: Schreiben als Therapie. Eine psychologische Studie über das Heilsame in der literarischen Fiktion. Gießen 2011, S. 87–95.

70 Lätsch (wie Anm. 69), S. 87.

71 Ebd., S. 87.

72 Silke Heimes: Kreatives und therapeutisches Schreiben. Ein Arbeitsbuch. Göttingen ^{4}2013, S. 10.

73 Silke Heimes (wie Anm. 72), S. 17.

Das Anwendungsfeld reicht immens weit. Ein aktuelles »Übungsbuch für verschiedene Krankheitsbilder«[74] und Behandlungsfelder der Poesietherapie hält die Heilkraft der Schrift für fähig, bei »Allergien, Angststörungen, Atemwegserkrankungen, Borderline-Persönlichkeitsstörungen, Burnout, Depressionen, Essstörungen, Hauterkrankungen, Herz-Kreislauf-Erkrankungen, Krebserkrankungen, Magen-Darm-Erkrankungen, Posttraumatische Belastungsstörungen, Schmerzstörungen, Suchterkrankungen, Trauerreaktionen«[75] durch sogenannte »Übungsreihen«[76] Hilfe leisten zu können. Poesietherapien geben nicht vor, fachärztliche Behandlungen und klassische medizinische Versorgungsformen ersetzen zu können, sondern betonen in der Regel ihren therapeutisch begleitenden Charakter. Dennoch reicht ihr Selbstverständnis der Wirksamkeit poetischen Schreibens für die Heilung auch manifest körperlicher Erkrankungen oft überraschend weit.[77]

Auch in der Fachliteratur zur Poesietherapie findet sich keine Übungsreihe, die sich spezifisch auf die Behandlung von Todesangst bezieht.[78] Dennoch

---

74 Silke Heimes: Schreib dich gesund. Übungen für verschiedene Krankheitsbilder. Göttingen 2015.

75 Ebd., S. 5f.

76 Ebd., S. 5.

77 Vgl. etwa Silke Heimes: Warum Schreiben hilft. Die Wirksamkeitsnachweise zur Poesietherapie. Göttingen 2012. Laut Heimes »konnten zahlreiche Untersuchungen [...] die positiven Effekte des Schreibens auf die körperliche und psychische Gesundheit und spezifische psychosoziale Parameter nachweisen. Durch das Schreiben kam es zur Abnahme der Arztbesuche [...], zur Verminderung negativer Stimmungen [...], zur Verbesserung der Selbstwirksamkeit[...], zur Förderung der Emotionsregulation[...], zur Steigerung der Kognitionsfähigkeit[...], zur Zunahme des Kohärenzerlebens[...], zur Verbesserung des Selbstkonzeptes[...], zur Förderung der sozialen Integration « (Heimes, S. 29). Die Verf. nennt weiterhin »Nachweise zur Wirksamkeit des Schreibens für Posttraumatische Belastungsstörungen, [...] Depressionen [...], Essstörungen [...], Suchterkrankungen, [...] Erkrankungen mit einer Schwächung des Immunsystems [...] Krebserkrankungen [...], schmerzassoziierte Krankheiten [...], Atemwegs,- Herz-, Kreislauf- und Hauterkrankungen.« (Heimes, S. 29f.) Verf. benennt in diesem Zusammenhang für jedes Krankheitsbild zwischen einer bis maximal drei Untersuchungen, welche aus ihrer Perspektive als »Wirksamkeitsnachweis« für die Poesietherapie dienen.

78 So betont ein weiteres Standardwerk der Poesietherapie Lutz von Werder/Barbara Schulte-Steinicke/Brigitte Schulte: Die heilende Kraft des Schreibens. Ostfildern 2011 zwar den selbsttherapeutischen Charakter des Schreibens und seine tiefenpsychologischen Grundlagen bei Freud, Jung, Adler und Horney (Kap. 1 + 2) benennt – in Anlehnung an Freuds Aufsatz *Erinnern, Wiederholen, Durcharbeiten* – »die identitätsstiftende Kraft der Erinnerung« (S. 41, Kap. 3) und erläutert die Technik der »heilenden Biografie« (S. 65, Kap. 4). In keiner Passage des Textes jedoch beziehen sich die Autoren auf die Vergegenwärtigung des eigenen Todes zur Angsttherapie. Orth/Petzold beziehen sich in einer weiteren Studie ebenfalls auf die »Heilkraft von Poesietherapie« (S. 95) bei traumatischen Erfahrungen, rekurrieren jedoch nicht speziell auf die Vergegenwärtigung

kommt das Motiv der Todesangst immer wieder zur Sprache, etwa im Umfeld der poesietherapeutischen Behandlung von Krebserkrankungen.

> Auch in Grenzsituationen wie etwa dem nahenden Tod oder bei lebensbedrohlichen Krankheiten hat sich das Schreiben als Teil der Biographiearbeit und zur Krankheitsverarbeitung und Neuausrichtung als hilfreich erwiesen.[...] In der Onkologie hat sich gezeigt, dass die Poesietherapie nicht nur zur Krankheitsverarbeitung, sondern auch zur Erhöhung der Lebensqualität beiträgt, was im Rahmen verbesserter therapeutischer Möglichkeiten, die nicht nur die Lebenszeit verlängern, sondern zugleich selbst eine Belastung darstellen, eine immer wesentlichere Rolle spielt. Hier kann die Poesietherapie den Umgang mit Ängsten und negativen Gedanken und Gefühlen erleichtern und einen geschützten Raum bieten, in dem neue Erfahrungen gemacht werden können.[79]

Interessant daran ist, dass die im Folgenden vorgeschlagenen Übungsreihen in ihrer Strategie konträr zu den Ergebnissen der Terror-Management-Theorie stehen: Sie betonen uneingeschränkt, im Gegensatz zu den Befunden von Solomon/Greenberg/Pyszczynski, die Heilkraft einer literarischen Konfrontation mit der eigenen Sterblichkeit und entwickeln hierzu besagte Übungsreihen. Das Bestreben »in einem geschützten Raum [...] »neue Erfahrungen« machen zu können, kreiert dann im Falle der »Übungsreihe Krebserkrankungen« etwa folgende »Idee« des Schreibens:

> Übung 2:
> *Idee:* Obwohl man angesichts einer lebensbedrohlichen Krankheit alle Gedanken an den Tod sicher lieber verdrängen würde, gibt es zugleich einen Impuls, sich damit auseinander zu setzen. Einige Menschen verspüren auch den Wunsch, alles zu klären und zu regeln: sowohl, was im aktuellen Leben noch ansteht, als auch alles, was den Tod betrifft. Mitunter ist dieser Wunsch auch Ausdruck des Bedürfnisses, den Hinterbliebenen nicht über den Tod hinaus zur Last zu fallen. Natürlich wird niemand von ihnen erwarten, dass Sie ihm die »Last« einer Grabrede ersparen. Doch das Schreiben einer eigenen Grabrede kann dazu beitragen, dass wir klären, wie wir uns selbst sehen und wie wir von anderen gesehen werden wollen. Und dies kann wiederum dazu beitragen, Beziehungen zu klären, denn auch das kann ein wichtiges Ziel sein, wenn die Lebenszeit begrenzt ist.

---

des eigenen Todes, sondern raten zur Einrichtung von »Erzählgruppen« (S. 120) und emotional »dichten Beschreibungen« (S. 119), um für »Unaussprechliches Worte zu finden« (S. 119). Eine konkrete Erläuterung zur Behandlung von Todesangst findet sich nicht. Vgl. Hilarion G. Petzold/Brigitte Leeser/Elisabeth Klempnauer (Hgg.): Wenn Sprache hilft. Handbuch für Poesie- und Bibliotherapie, Biographiearbeit und Kreatives Schreiben. Festschrift für Ilse Orth. Bielefeld 2018.

79 Silke Heimes: Warum Schreiben hilft. Die Wirksamkeitsnachweise zur Poesietherapie. Göttingen 2012, S. 21.

Schreibimpuls: Schreiben Sie eine eigene Grabrede. Versuchen Sie, sich selbst dabei wie einen guten Freund oder eine gute Freundin zu sehen. Wenn Sie mögen, können Sie sich auch vorstellen, wer diese Rede für Sie halten würde und aus dessen Perspektive schreiben.[80]

In den folgenden literarischen Übungen zu einer Krebserkrankung werden dann weitere Schreibaufträge formuliert, die in mancherlei Hinsicht jenen Fragen ähneln, die Solomon/Greenberg/Pyszczynski ihren Probanden stellten: »Sie haben noch vier Wochen zu leben. Was wollen sie in diesen Wochen machen? [...] (Übung 1)«.[81] Oder: »Was passiert in ihrer Vorstellung, wenn Sie tot sind? Was passiert mit ihnen und was mit denen, die zurückbleiben?« [...] (Übung 3)[82] Oder: »Versuchen Sie, die Frage »Warum gerade ich?« auf sich wirken zu lassen. Dann fangen Sie an zu schreiben. Versuchen Sie dabei nicht, die Frage zu beantworten, sondern lassen Sie sich vom Schreiben treiben. (Übung 4)«.[83] Dort, wo Solomon/Greenberg/Pyszczynski davon ausgehen, dass der Gedanke an die Unausweichlichkeit des Todes durch eine Art von psychischem Immunsystem in Schach gehalten wird und dieses Immunsystem vom Bewusstsein in »einer delikaten Balance zwischen Selbsttäuschung und objektiver Ehrlichkeit«[84] gehalten werden sollte, herrscht in der Poesietherapie das Konzept einer literarischen Vergegenwärtigung der eigenen Sterblichkeit zum Zwecke der Heilung vor. Der literarisch produktive Mensch, so der Glaube, entwickelt über sein Schreiben »ein Gefühl der Selbstkontrolle und bildet somit ein Gegengewicht zu den Gefühlen der Ohnmacht und Resignation, mit denen zahlreiche psychische Leiden einhergehen. Der schreibende Mensch erlebt, dass er Macht über die eigene Person und Geschichte hat.«[85] Ist es tatsächlich so einfach?

Schließlich soll noch ein kurzer Blick auf den kulturgeschichtlichen Kontext von Sterben und Todesangst geworfen werden. Der französische Mediävist und Historiker Philippe Ariès[86] hat in einer berühmt gewordenen Studie früh darauf aufmerksam gemacht, dass die vorherrschende Haltung des mittelalterlichen Menschen gegenüber Sterben und Tod »die einer gelassenen Fügung in das Unvermeidliche«[87] war. Es existierte eine *ars moriendi*, in deren Zentrum die

---

80 Heimes, Schreib dich gesund (wie Anm. 74), S. 84.

81 Ebd., S. 84.

82 Ebd., S. 85.

83 Ebd., S. 86.

84 Solomon et al. (wie Anm. 8), S. 85.

85 Silke Heimes, Kreatives und therapeutisches Schreiben (wie Anm. 72), S. 33.

86 Vgl. Fußnote 116, Kapitel 3, »Und meine Werke sind nur Leichen!«.

87 Philippe Ariès: Geschichte des Todes. München 1980. Zitat aus der guten Einführung in den kultur-geschichtlichen Hintergrund von Sterben und Tod: Joachim Wittkowski/Hans

»Wahrnehmung Gottes als unangefochtene Instanz der Sinngebung«[88] stand. Diese Form des relativ angstfreien Umgangs mit dem eigenen Ende durch die Einbettung des Sterbens in psychisch stabilisierende Rituale bezeichnet Ariès als den »gezähmten Tod«. In der Moderne haben sich die Voraussetzungen für das Lebensende durch gesellschaftliche Wandlungsprozesse – »der Rückzug religiöser Orientierungen, der Fortschritt der Medizin und die Auflösung der Familie«[89] – zumindest für den europäischen Raum radikal geändert.[90] Vertraut man den aktuellen Befunden der Thanatopsychologie, so sind zusammenfassend »die wesentlichen Merkmale des gegenwärtigen Umgangs mit dem Sterben [durch] seine Individualisierung, seine Verheimlichung vor der Öffentlichkeit durch Auslagerung in spezielle Institutionen sowie seine Professionalisierung« durch eine Art »Medikalisierung des Sterbens«[91] geprägt. Bei Wittkowski/Strenge heißt es dazu:

> Im Zug der Individualisierung ist das Sterben in der heutigen Zeit von einer mehr oder weniger öffentlichen Veranstaltung zur Privatangelegenheit geworden. Aus einer Angelegenheit der Gemeinschaft ist die Angelegenheit des Einzelnen geworden. Wurde es früher von den Familienangehörigen als rituelle Handlung inszeniert, findet heute – wenn überhaupt – eine Inszenierung durch den Sterbenden selbst oder allenfalls durch Betreuungspersonen im Hospiz statt. Eine Allgemeinverbindlichkeit dieses Rituals gibt es nicht mehr, jeder ist sein eigener Regisseur.[92]

Sterben ist keine Krankheit, doch das selbstreferentielle Projekt der Moderne, welche die Optimierung des Ichs zu seiner zentralen Maxime erhoben hat, macht es genau dazu. Es ist äußerst schwierig für den Einzelnen geworden, angesichts eines allerorten wahrgenommenen Modus der Beschleunigung von Lebenstempo und präsentierten Erlebnisinhalten pro Zeiteinheit,[93] jene bittere »Versäumnisangst«, die sich in das Bewusstmachen der eigenen Vergänglichkeit mischt, nicht zu empfinden. Todesangst fungiert aus dieser Perspektive als

---

Strenge (wie Anm. 29), S. 18.

88 Ebd., S. 16.

89 Reimer Gronemeyer: Sterben in Deutschland. Wie wir dem Tod wieder einen Platz in unserem Leben einräumen können. Frankfurt a. Main 2007, S. 19.

90 Sämtliche hier getroffenen Überlegungen beziehen sich im Kern auf die kulturelle Einheit der europäischen Völker, das so genannte christliche Abendland plus weitere, vom Christentum weltanschaulich geprägten Kontinente (Vereinigte Staaten, Südamerika, Australien, Neuseeland).

91 Wittkowski/Strenge (wie Anm. 29), S. 22f.

92 Ebd., S. 21f.

93 Vgl. hierzu Hartmut Rosa: Beschleunigung. Die Veränderung der Zeitstrukturen in der Moderne. Frankfurt a. Main 2005.

eine Art Reduktionsmoment eines emanzipierten Selbst. Im Kern neigen wir deshalb in puncto Aufrechterhaltung unseres Selbstwerts verstärkt dazu, sie zu verdrängen. Mit Folgen: Der Münchner Soziologe Armin Nassehi konstatiert für die neue und historisch einzigartige Situation der modernen Gesellschaft des ausgehenden 20. und frühen 21. Jahrhunderts, dass wir »den sinnhaft symbolischen Zugriff auf die Sinngebung des Todes, auf seine kommunikative Bewältigung und damit seine kulturelle Verstehbarkeit verloren«[94] haben. Auch die Philosophin Petra Gehring weist in einer jüngeren Studie darauf hin, dass der Tod in der Spätmoderne keine Gestalt mehr habe. Nassehi und Weber gegen sogar soweit – auch wenn dies for the sake of argument etwas forciert erscheint – »in der sozialen Verdrängung bzw. Tabuisierung des Todes gar ein strukturelles Merkmal von Modernität«[95] zu erblicken.

Damit bin ich bei den zentralen Fragestellungen dieses Buches: Sind – und wenn ja, in welcher Form – die hier beschriebenen Mechanismen der Auseinandersetzung mit der Todesangst in der Literatur auffindbar? Und weiter gefragt: Auf welche Art und Weise werden sie literarisiert von Menschen, deren primäres und ureigenstes Ausdrucksmedium die Dichtung ist? Existiert der von Lifton propagierte schöpferische Modus, sprich: die Idee, dass Kunst mehr als »jede andere Aktivität dem Tod entflieht«, tatsächlich bei jenen, deren primäres Ausdrucksmittel das Schreiben ist? Oder aber stellt Todesangst etwas derartig Archaisches dar, dass diese Prägung uns zwangsläufig, ob schreibend oder nicht, »von Zeit zu Zeit überroll[t]«[96] und sich auch nicht durch Literatur in Schach halten lässt?

Die hier versammelten sechs Aufsätze sind während der vergangenen 15 Jahre entstanden. Drei Beiträge sind neu für diesen Band geschrieben. Drei ältere Beiträge können und wollen ihre Prägung durch ein ursprünglich tendenziell anderes Untersuchungsziel nicht verleugnen. Da jedoch auch in ihnen das Motiv Todesangst deutlich sichtbar wird, wurden sie für diesen Band neu überarbeitet und stärker auf die hier zur Sprache kommenden Argumentationslinien hin profiliert. Komprimiert auf das wesentlich Verbindende, kommen fünf Frage- und Themenkomplexe in den Techniken der Literarisierung von Todesangst zur Sprache, die sich in den einzelnen Kapiteln widerspiegeln.

---

94 Armin Nassehi: Sterben und Tod in der Moderne zwischen gesellschaftlicher Verdrängung und professioneller Bewältigung. In: Armin Nassehi/Reinhard Pohlmann (Hg.): Sterben und Tod. Probleme und Perspektiven der Organisation von Sterbebegleitung. Münster 1992, S. 11–26 (Zitat: S. 13).

95 Armin Nassehi/Georg Weber: Tod, Modernität und Gesellschaft. Entwurf einer Theorie der Todesverdrängung. Opladen 1989. Zitat aus: Wittkowski/Strenge (wie Anm. 29), S. 27.

96 Irvin D. Yalom (wie Anm. 27), S. 127.

1) Die positive Wirkungskraft poesietherapeutischer Verfahrensmuster lässt sich am Beispiel der Entstehung von **Wolfgang Herrndorfs** 2013 publiziertem Blog *Arbeit und Struktur* zeigen. Herrndorf vermag die angstbewältigende Funktion des Narrativen nach Diagnose eines Gehirntumors fast idealtypisch zu nutzen, indem er sich angesichts einer radikal verkürzten Lebenszeit mit hoher Intensität seiner literarischen Produktion zuwendet (»Am besten geht's mir, wenn ich arbeite.«) Er verwendet dabei intuitiv im Prozess des Schreibens ein Wechselspiel zwischen emotionaler Involviertheit bei parallellaufender kognitiver Verarbeitung, welches spezifisch ist für den Mitte der 1980er Jahre vom Psychologen James Pennebaker kreierten kognitiv affektiven Verarbeitungsmodus des Expressiven Schreibens (vgl. Kapitel 7).

2) Dass ein solch therapeutisches Schreiben als symbolischer Widerstand gegen Todesangst und verdrängte Schuldgefühle nicht zwangsläufig von Erfolg gekrönt sein muss, zeigt **Sigmund Freuds** gescheiterter Versuch eines Morphinentzugs mittels Kokains bei seinem Freund und Kollegen Ernst von Fleischl-Marxow. Das Scheitern dieses Experiments und der letztlich damit verknüpfte Tod Fleischl-Marxows initiieren bei Freud literarisch geprägte Bewältigungsstrategien, welche die zentralen Mechanismen der Verdrängung über Jahrzehnte hinweg nicht außer Kraft zu setzen vermögen. Die Todesangst als stetige Begleiterin, als »Trittbrettfahrerin« des verdrängten Materials lässt sich nicht so leicht zum Schweigen bringen.

3) Das unstillbare Bedürfnis, sich seiner verbliebenen und letztlich nicht reflektierten Todesangst zu entledigen, indem man sie in Akten von Übertragung und Gegenübertragung auf andere projiziert (Solomon et al, S. 212f.), belegt der Kontakt zwischen **Hermann Hesse** und seinem Therapeuten **Josef Bernhard Lang.** Hesse begibt sich 1916 auf dem Höhepunkt einer schweren persönlichen Krise in die therapeutische Behandlung bei dem Carl Gustav Jung Schüler J. B. Lang. Relativ schnell entsteht im Kontakt zwischen dem von drohender Scheidung, Verlust der Kinder und finanzieller Krise geplagten Schriftsteller Hermann Hesse und seinem literarisch ihn bewundernden Therapeuten Josef Bernhard Lang ein immer verwickelter werdendes Wechselspiel der *Übertragung/Gegenübertragung* psychischer Defizite. In diesem fragilen Wechselspiel werden die »Machtverhältnisse« im Arzt-Patienten-Verhältnis schrittweise verschoben und phasisch gar auf den Kopf gestellt.

Einen eher »klassischen« Fall von Gegenübertragung liefert dagegen die »romantische Fallgeschichte« des Arztes und Schriftstellers **Justinus Kerner** und seiner Patientin **Friederike Hauffe.** Kerner behandelt von April 1827 an die – aus heutiger Perspektive – an Schizophrenie erkrankte junge Frau über Jahre hinweg inmitten seines familiären Milieus. Die anfangs strikt professionelle

Einstellung des heilenden Mediziners wandelt sich zunehmend, als Kerner an seiner Patientin paranormale Fähigkeiten wahrzunehmen glaubt. Diese Fähigkeiten konfrontieren Kerner – psychoanalytisch gesprochen – mit seinem eigenen Schatten, einer verdrängten, tiefsitzenden Todesangst. Hier liegt die Geburtsstunde von Kerners *Die Seherin von Prevorst*, einer der berühmtesten psychopathologischen Studien der deutschen Literatur.

4) Frieden mit dem eigenen Sterben angesichts früher und nahezu lebenslang anhaltender Krankheitssymptome zu schließen, ist eines der zentralen Ziele der Literatur **Annette von Droste-Hülshoffs.** Die durch persönliche Krisen (früher Tod des Bruders, tragisch verlaufende Liebesbeziehungen) und eigene prekäre gesundheitliche Befindlichkeit (Hypersensitivität, mit hoher Wahrscheinlichkeit Tuberkulose) bei der Droste früh etablierte Angststruktur findet vor allem in der Naturlyrik (*Im Grase, Im Moose, An einem Tag wo feucht der Wind*), aber auch im Versepos *Des Arztes Vermächtnis* zu einem machtvollen ästhetischen Antidot gegen den Tod. Bei Droste-Hülshoff lässt sich fast idealtypisch jener schöpferische Modus symbolischer Unsterblichkeit im Sinne Robert Liftons[97] nachweisen, bei dem das geängstigte Ich durch seine literarische Produktion seine Verbindung zu den eigenen Selbsterhaltungsinstinkten nachhaltig reaktiviert.

Diesen schöpferischen Modus symbolischer Unsterblichkeit im Sinne Robert Liftons strebt auch **Franz Kafka** an. Doch Kafkas »Unsterblichkeitsprojekt« scheitert in gewisser Hinsicht. Zeitlebens von manifesten Ängsten (Real- und Erwartungsangst in punkto Sexualität, hypochondrischer Selbstbeobachtung, Todesangst) und Krankheiten (Neurasthenie, Tuberkulose) gequält, begreift Kafka am Ende seiner Existenz sein »Schreiben als Teufelsdienst«, welches die eigenen Ängste bestenfalls unvollkommen darzustellen, keineswegs aber zu lindern vermag. Die Literatur erweist sich aus dieser Perspektive als kurzfristiger und trügerischer Schutzraum des Selbst, der lediglich ein ästhetisch simuliertes und narzisstisch grundiertes Selbstwertgefühl zu generieren vermag, welches angesichts von Krankheit und drohendem Lebensende aber keinen nachhaltigen Trost zu vermitteln scheint. Der Brief vom 5. Juli 1922 an den Freund Max Brod des erkrankten Kafka enthält die wohl eindringlichste Aussage des Dichters zu diesem Selbstverständnis:

> Aber wie es mit dem Schriftstellersein selbst? Das Schreiben ist ein süßer wunderbarer Lohn, aber wofür? In der Nacht war es mir mit der Deutlichkeit kindlichen Anschauungsunterrichtes klar, daß es der Lohn für Teufelsdienst ist.

---

97 Vgl. Einleitung Fußnote 62.

[...] Ich habe mich durch das Schreiben nicht losgekauft. Mein Leben lang bin ich gestorben und nun werde ich wirklich sterben. Mein Leben war süßer als das der andern, mein Tod wird um so schrecklicher sein. Der Schriftsteller in mir wird natürlich sofort sterben, denn eine solche Figur hat keinen Boden, hat keinen Bestand, ist nicht einmal aus Staub; ist nur im tollsten irdischen Leben ein wenig möglich, ist nur eine Konstruktion der Genußsucht. Dies ist der Schriftsteller. Ich selbst aber kann nicht weiter leben, da ich ja nicht gelebt habe, ich bin Lehm geblieben, den Funken habe ich nicht zu Feuer gemacht, sondern nur zur Illuminierung meines Leichnams benutzt.[98]

98 Franz Kafka: Brief an Max Brod vom 5. Juli 1922. In: Franz Kafka. Briefe 1902–1924. Hg. von Max Brod. New York 1958, S. 384f.

KAPITEL II

Gegenübertragung: »Biete Zuwendung für Geistererscheinungen«. Das Medium Friederike Hauffe und Justinus Kerners *Die Seherin von Prevorst*

1. Krankheit

Justinus Kerner, württembergischer Oberamtsarzt in Weinsberg, romantischer Dichter und als Genie der Freundschaft bekanntes schwäbisches Original, empfängt am 25. November 1826 den Besuch einer Kranken. Derartige Prozeduren sind dem seit mehr als einem Jahrzehnt praktizierenden Mediziner im Schlafe vertraut. Mit dieser Patientin jedoch endet alle ärztliche Routine. Durch die aus dem nahe gelegenen 70-Seelen-Dorf Prevorst stammende 25-jährige Friederike Hauffe wird eine Kette zutiefst mysteriöser und ungeklärter Ereignisse in Gang gesetzt. Kerner beschreibt die Ankunft Friederike Hauffes in seiner Praxis wie folgt:

> Frau H. kam […] hier an, ein Bild des Todes, völlig verzehrt, sich zu heben und zu legen unfähig. Alle drei bis vier Minuten mußte ihr ein Löffel Suppe gereicht werden, den sie oft nicht verschlingen konnte, sondern nur in den Mund nahm und wieder ausspie. Reichte man ihr ihn nicht, so verfiel sie in Ohnmacht oder Starrkrampf […] Krämpfe, somnambuler Zustand, wechselten mit einem mit Nachtschweißen und blutigen Durchfällen verbundenen Fieber. Jeden Abend um sieben Uhr verfiel sie in magnetischen Schlaf. Diesen fing sie immer mit stillen Gebeten an, in welchem sie die Arme auf der Brust gekreuzt hatte. Dann breitete sie die Arme in gerader Richtung nach außen aus und befand sich in diesem Moment im schauenden Zustande, und erst wenn sie dieselben wieder auf die Bettdecke zurückgebracht hatte, fing sie zu sprechen an. Ihre Augen waren dabei geschlossen, ihre Gesichtszüge ruhig und verklärt.[1]

Friederike Hauffe leidet seit sechs Jahren unter den geschilderten Symptomen. Schlaflosigkeit und zahlreiche Spielformen der Idiosynkrasie haben die

* Vorliegender Text wurde erstmals in deutlich abgewandelter Form publiziert in: Jürgen Daiber: Der Mittagsdämon. Zur literarischen Phänomenologie der Krise der Lebensmitte. Paderborn 2006, S. 84–104.

1 Justinus Kerner: Die Seherin von Prevorst. Eröffnungen über das innere Leben des Menschen und über das Hineinragen einer Geisterwelt in die unsere. Leipzig ⁴1846, S. 70f.

 | DOI:10.30965/9783957437068_003

Nerven der jungen Frau zusätzlich zerrüttet. So verursachen etwa die eisernen Nägel in der Wand ihres Zimmers Friederike Pein, deren Knirschen sie vernimmt oder zu vernehmen glaubt. Ihr Ehemann und die Familie sind der Verzweiflung nahe und suchen mit allen denkbaren Heilmitteln und Rezepturen der damaligen Medizin, eine Änderung ihres Zustandes herbeizuführen: Die Kranke wird an die dreißig Mal zur Ader gelassen, Magnetkuren erweisen sich als vergeblich, weder abgestimmte Nahrungsaufnahme noch Nahrungsentzug zeigen Ergebnisse. Zwei als »Therapie« gedachte Schwangerschaften bringen Friederike in Todesnähe. Die erhoffte Besserung ihres Zustands mittels Mutterfreuden bleibt aus.

Der erste Sohn stirbt nach sechs Monaten, der zweite wird 12 Jahre alt und weist die paranormale Veranlagung seiner Mutter auf.[2] Friederike schreit und weint nächtelang unter den Qualen der Brustkrämpfe. Sie verliert alle Zähne und magert bis auf das Äußerste ab. Schließlich verfallen die ratlosen Angehörigen auf extremere Mittel: Ein Exorzist soll Hilfe schaffen. »Mehrere Wochen lang wollte man den Teufel aus ihr treiben und da gab man ihr keine Nahrung mehr, sondern sang und betete immer lauter, je mehr sie dahinschwand«,[3] vermeldet Justinus Kerner am 29. November 1826 sarkastisch an die Freundin Julie Hartmann. Die Dämonen jedoch, die Friederike Hauffe dem Glauben ihrer Angehörigen nach besetzt halten, weichen nicht. Schließlich bringt man die Gepeinigte nach Weinsberg zu Justinus Kerner, welcher in der Region zuvor durch die erfolgreiche Behandlung »zweier Somnambulen«[4]

2 Zum vollständigen Krankheitsbild Friederike Hauffes vgl. die instruktive Studie von Wouter J. Hanegraaff: A woman alone: The beatification of Friederike Hauffe née Wanner (1801–1829). In: Anne-Marie Korte (ed.): Women & Miracle Stories. A multidisciplinary exploration. Leiden/Boston/Köln 2001, S. 211–248.

3 Unveröffentlichter Brief Justinus Kerners an Julie Hartmann, 29. Nov. 1826. Original im Schiller-Nationalmuseum, Marbach a. N. Ein Teilabdruck des besagten Briefes findet sich bei Lee B. Jennings: Probleme um Kerners ›Seherin von Prevorst‹. In: Antaios 10 (1968), S. 132–138, S. 135.

4 Es handelte sich um die damals 16-jährige Christiane Kepplinger, Tochter eines Weinsberger Weingärtners und die 17-jährige Caroline Stähle. Beide jungen Frauen behaupteten, in hypnotischem Zustande Geistererscheinungen ausgesetzt zu sein. Zudem zeigte sich bei beiden Frauen eine Fülle an Symptomen, die psychodiagnostisch dem Krankheitsbild der Hysterikerin zuzuordnen sind: Strukturlabilität, Gefühle des Ausgeliefertseins an überpersönliche Mächte (Geister), Ich-Schwäche, Schutzbedürfnis und Haltsuche (in diesem Falle bei Kerner), Projektionsbereitschaft, Unzufriedenheit mit der Realität, Tendenz zu magischem Bewusstsein. Justinus Kerner protokolliert detailliert seine Krankenbesuche und lässt die Ergebnisse 1824 unter dem Titel *Geschichte zweyer Somnambülen nebst einigen Denkwürdigkeiten aus dem Gebiete der magischen Heilkunde und der Psychologie* erscheinen. Die Schrift markiert einen Wendepunkt in Kerners bis dahin dem empirisch experimentellen Ideal der Aufklärung verpflichteten Schaffen. Zur näheren Auseinandersetzung mit dem

bekannt geworden war. Es dürfte sich seitens der Familie um einen *Ultima ratio* Schritt gehandelt haben. Friederikes Krankheit gerät zum Dorfgespräch: »Es war ihr der Tod zu wünschen, sie wurde ein Marterbild und starb nicht«,[5] protokolliert Kerner in der ihm eigenen, unverblümten Sprache.

Unverblümt ist auch die Therapie, welche der Romantiker Kerner anfangs wählt. Er droht der Jungfer Hauffe bei der ersten Begegnung »mit Prügeln und dem Tollhaus [...] wofern sie nicht mit Schreyen und Krämpfen nachlasse.«[6] Der drastische Ton darf hier nicht in die Irre führen. Justinus Kerner ist ein Arzt, der von seinen Patienten ob seiner sprichwörtlichen Empathie über alle Maßen geschätzt wird. Er erkennt richtig, dass die physischen Symptome Friederike Hauffes die materialisierten Botschaften eines gequälten Geistes sind, bei welchen der Körper lediglich den Resonanzboden einer tiefen inneren Verletzung bildet. Worin Kerner sich jedoch täuscht, sind die Ursache und die Schwere der Trancezustände Friederikes. Der Mediziner hält den Somnambulismus der jungen Frau anfangs für die wissentlich herbeigeführten Exaltationen einer vermeintlichen Hysterikerin, einfacher gesagt: für Betrug. In Wahrheit jedoch dürfte Friederike der magnetische Schlaf als psychischer Restitutionsversuch gedient haben. Sie erleichtert sich über die in somnambulem Zustand zum Ausdruck kommenden körperlichen Symptome einer überwältigenden inneren Angst; ein Vorgang, den Freud als Konversion[7] bezeichnet hat.

Am 6. April 1827 wird Friederike Hauffe ihr Krankenlager wechseln. Sie zieht in das Haus Justinus Kerners, wo sie bis kurz vor ihrem Tode 1829 bleibt. Der Mediziner ist zu jenem Zeitpunkt 41 Jahre, seine Patientin Friederike Hauffe 25 Jahre alt. Justinus Kerner schafft mit dieser Maßnahme unbewusst

---

Fall vgl. Uwe Henrik Peters/Hermann-Josef Bresser: Die Geschichte zweyer Somnambülen. Neu erzählt, stark verkürzt, kommentiert und durch einen Fall aus der Gegenwart ergänzt. In: Suevica 6 (1991), S. 11–38.

5 Kerner (wie Anm. 1), S. 70.

6 Unveröffentlichter Brief Justinus Kerners an Julie Hartmann vom 20. Nov. 1826, Original Schiller-Nationalmuseum. Ein Teilabdruck des Briefes findet sich bei Heinrich Straumann: Justinus Kerner und der Okkultismus in der deutschen Romantik. Zürich/Leipzig 1928, S. 139f.

7 Bei Symptomen der Konversion kommen im Sinne Freuds verdrängte Vorstellungen durch den Körper zum Ausdruck. Freud führt diesen Mechanismus der Symptombildung bei der Darstellung des Falles Emmy von N. in seinen *Studien über die Hysterie* (1895) ein. Seine ursprüngliche Bedeutung ist hierbei ökonomischer Natur: abgetrennte libidinöse Energie wird laut Freud umgewandelt, »ins Körperliche umgesetzt«, um den verdrängten Konflikt mittels somatischer, motorischer (z. B. Lähmungen) oder sensibler (Anaesthesien, Schmerzphänomene) Symptomatik auszuagieren.

eine Konstellation, die für die romantische Medizin und Heilkunde über den Einzelfall hinaus exemplarischen Charakter hat:

a) Ein Mann in der Lebensmitte nähert sich einer deutlich jüngeren Frau mit therapierender Absicht. Zumeist ist er Arzt, oft auch Heiler, Priester oder Künstler.
b) Die Behandlung der Frau findet über einen längeren Zeitraum hinweg im vertrauten, privaten Milieu des Mannes statt, im Falle Kerners gar inmitten seines Familienlebens.
c) Im Zuge der Behandlung treten im Verhältnis Heiler – Patientin paranormale Phänomene auf, die mit jeder medizinischen Konvention radikal brechen und in allen Fällen zu einer öffentlichen Kontroverse führen.

Die Rede ist, wie gesagt, von einer exemplarischen romantischen Konstellation: Im Jahre 1777 behandelte der 43-jährige Franz Anton Mesmer die 18-jährige Maria-Theresia Paradis. Das Mädchen war im Alter von drei Jahren erblindet. Mesmer sucht ihr mittels des von ihm konzipierten tierischen Magnetismus zu helfen. Paradis, in Wien als blinde Pianistin berühmt und durch die Protektion der Kaiserin Maria-Theresia allseits gefragt, behauptet, nach den magnetischen Sitzungen bei Mesmer, ihre Sehkraft zurückerlangt zu haben. Die Familie bringt ihre überwältigende Freude zum Ausdruck, die Wiener Ärzteschaft riecht Betrug, da Mademoiselle Paradis nur in Mesmers Gegenwart zu sehen vermag. Es kommt zum Skandal, die junge Frau verliert ihre Sehkraft erneut, Mesmer verlässt Wien in Richtung Paris. Er bricht mit seinem bisherigen Wirkungskreis, trennt sich von seiner Ehefrau und unterzieht sich in der Einsamkeit einer Art Selbstanalyse, in welcher er über Monate hinweg ein »Denken ohne Worte« erprobt.[8]

Erwähnt sei noch ein drittes Fallbeispiel, welches die beschriebene Konstellation variiert: In den Jahren 1842/43 versucht der 38-jährige protestantische Pastor Johann Christoph Blumhardt im württembergischen Dorf Möttlingen aus einer jungen Frau namens Gottliebin Dittius Dämonen auszutreiben. Die Frau ist nach eigener Auffassung vom Geist einer zweifachen Kindesmörderin besetzt, ihre Seele in der Hand des Teufels. Sie erbricht Sand und Glasstücke, zeigt telepathische Fähigkeiten und ist durch dauernde Regelblutungen lebensbedrohlich geschwächt. In einem fast zwei Jahre währenden Exorzismus, der über die Grenzen des Landes hinaus Aufsehen erregt und

8 Vgl. Helmut Siefert: Mesmer und die »Jungfer Paradis«. Überlegungen zum Abbruch einer Psychotherapie aus heutiger Sicht. In: Heinz Schott (Hg.): Franz Anton Mesmer und die Geschichte des Mesmerismus. Stuttgart 1985, S. 174–185.

Blumhardt zu einer Art Heiligen macht, vermag der Pastor die Symptome schwerer Hysterie zu vertreiben.[9]

Was die romantischen Fallgeschichten Justinus Kerners, Franz Anton Mesmers und Johann Christoph Blumhardts trotz aller vordergründigen Disparität miteinander verbindet, ist die Tatsache, dass sie allesamt Ausdruck einer inneren, von den Betroffenen nicht realisierten Krise sind. Es ist eine Krise nicht allein der Patientin, sondern auch des sie behandelnden Arztes, Heilers, spirituellen Helfers. Die Krise dokumentiert sich in der spezifischen – keineswegs rein erotisch gefärbten – Form der Hinwendung, ja geradezu der Wahlverwandtschaft des männlichen Heilers zu seinem weitaus jüngeren, weiblichen Medium. Die Krise besitzt über den prägnanten Einzelfall hinaus eine fast regelhafte Phänomenologie. Sie sei im Folgenden im Falle Justinus Kerners als eine Ausdrucksform verdrängter Todesangst charakterisiert und als Fallgeschichte am Beispiel von Kerners vier Jahre währender Behandlung seiner Patientin Friederike Hauffe entwickelt.

2. Therapie

Zu Beginn sei ein kurzer Blick auf die Therapiemethode geworfen, welcher Friederike Hauffe vor und zu Beginn ihrer Behandlung bei Justinus Kerner ausgesetzt ist. In einem 1827 verfassten Brief an Friedrich Schmidgall, dem Onkel Friederikes, erwähnt Kerner, man habe die Kranke »schon seit sechs Jahren durch Magnetismus gemartert.«[10]

Magnetismus – hinter dem lakonischen Terminus verbirgt sich ein Credo romantischer Naturphilosophie. Es ist der Glaube der Epoche, die Existenz des Unsichtbaren empirisch belegen zu können. Newtons Entdeckung der Gravitation, die Mitte des 18. Jahrhunderts von Galvani und Volta messbar gemachte Elektrizität, der Nachweis der ultravioletten Strahlen durch Herschel und J. W. Ritter – es sind allesamt unwägbare Stoffe, so genannte Imponderabilien, welche ab der Mitte des 18. Jahrhunderts zunehmend in den Blickpunkt der Naturwissenschaften treten.

An diese Stoßrichtung knüpft Franz Anton Mesmer durch seine Entdeckung des »Thierischen Magnetismuses« an.[11] Auch Mesmer geht von einer

9 Vgl. zu diesem Fallbeispiel Henry F. Ellenberger: Die Entdeckung des Unbewußten. Geschichte und Entwicklung der dynamischen Psychiatrie von den Anfängen bis zu Janet, Freud, Adler und Jung. Zürich 1985, S. 43ff.

10 Unveröffentlichter Brief; Original im Literaturarchiv Marbach.

11 Mesmer hatte 1773–74 als praktizierender Arzt in Wien den Einfall, an einer 27-jährigen Frau namens Österlin, die an nervösen Krämpfen, Migräne und einer Vielzahl weiterer

Imponderabilie, von einer unsichtbar wirkenden Kraft aus, die er allerorten am Werk sieht. Mesmers System, wie er es 1779 in 27 Punkten darlegt, lässt sich vereinfacht in drei Grundprinzipien zusammenfassen:

Erstens: Der ganze Kosmos wird ebenso wie jeder lebende Organismus von einem subtilen magnetischen Fluidum erfüllt, welches eine Verbindung zwischen den Menschen, der Erde und den Himmelskörpern herstellt.

Zweitens: Krankheiten entstehen aus der ungleichen Verteilung dieses magnetischen Fluidums im menschlichen Körper; der Zustand der Gesundheit ist erreicht, sobald das Gleichgewicht wiederhergestellt ist.

Drittens: Mit Hilfe bestimmter Techniken lässt sich dieses Fluidum aufbewahren und durch den so genannten magnetischen »Rapport« von einer auf andere Personen übertragen. Eine besondere Form dieses magnetischen Rapports erfolgt durch eine Abfolge von Berührungen des Magnetiseurs am Körper des Patienten, die magnetischen Striche. Mesmer beschreibt den Vorgang in folgender Weise:

> Um sich in Harmonie mit dem Kranken zu versetzen, muß man zuerst die Hände auf die Schultern legen und längs der Arme bis zur Spitze der Finger fahren, indem man den Daumen des Kranken einen Augenblick hält; dies muß man zwei- oder dreimal wiederholen und nachher vom Kopf bis zu den Füßen herunter Ströme errichten.[12]

Exakt mit solchen magnetischen Strichen wird Friederike Hauffe sechs Jahre lang mehr oder minder erfolglos behandelt. Zwar bringt die magnetische Kur eine zeitweilige Linderung ihrer körperlichen Beschwerden, sie ruft jedoch bei Friederike schwerwiegende Nebeneffekte hervor: Die Kranke fällt durch das

---

somatischer Symptome litt, eine Magnetbehandlung durchzuführen. Mesmer verabreichte der Patientin ein eisenhaltiges Präparat und befestigte drei eigens entworfene Magneten an Bauch und Beinen der Kranken. Die Patientin fühlte nach eigener Beschreibung alsbald Ströme eines Fluidums ihren Körper abwärts fließen und war für einige Stunden vollkommen beschwerdefrei. Mesmer erkannte, dass die heilende Wirkung nicht ausschließlich durch die Befestigung der Magneten hervorgerufen worden war, sondern der Magnet lediglich als Verstärker eines anderen »Agens« fungierte, jenes Fluidums, welches sich in hoher Konzentration in seiner eigenen Person akkumuliert hatte und durch ihn übertragen werden konnte. Mesmer bezeichnete dieses Fluidum und die mit ihm verbundene Form der Übertragung als »thierischen Magnetismus« und verbrachte die nächsten Jahre damit, seine Entdeckung zu einem System auszubauen. Vgl. zur Einführung in das Thema Heinz Schott (Hg.): Franz Anton Mesmer und die Geschichte des Mesmerismus. Stuttgart 1985.

12 Franz Anton Mesmer: Précis historique des faits rélatifs au Magnétisme Animal jusque en avril 1781; Zitat bei Rüdiger Safranski: E. T. A. Hoffmann: Das Leben eines skeptischen Phantasten. München 1984, S. 300.

Magnetisieren kontinuierlich in einen tranceartigen, hypnotischen, von der Zeit auch als »somnambulistisch« bezeichneten Zustand. Um eben diesen Somnambulismus zu beenden, bricht Justinus Kerner zu Beginn seiner Behandlung die magnetische Kur bei Friederike Hauffe ab.

Kerner wählt zunächst also die Strategie des aufgeklärten Mediziners. Er will die Trancezustände Friederikes endigen, sie aus »ihrer Bauchverzauberung« herausreißen. Ein unpublizierter Brief Kerners an den befreundeten Gottlieb Lukas Friedrich Tafel dokumentiert, wie schwer es dem Arzte Kerner bereits in dieser frühen Phase fällt, solches zu tun:

> Ich muß ihren [Friederike Hauffes] Körper heilen, ich muß sie zum gewöhnlichen Menschen herabbringen. Ich muß diß thun, so schwer es mir fällt – ich muß ihren somnambülen Zustand so bald als möglich endigen [...]. Mein Geschäft ist erbärmlich – aber ich muß sie dahinbringen – daß sie bald einen Kalbsschlegel fressen und eine Leberwurst in den Kaffee tauchen kann, ich muß Drek um ihren Leib sammeln, damit sie wieder in unser Staatenleben zurükkehrt, ihrem Mann Strümpfe strikt u. ihrem Kind den Hintern putzt; nach dem Tode kann sie mit den Geistern leben.[13]

Was war geschehen? Weshalb widerstrebt es Kerner so sehr, das medizinisch Naheliegende zu tun? Die vorläufige, noch zu belegende Antwort lautet: Justinus Kerner hatte an Friederike Hauffe im Zuge ihrer Trancezustände etwas entdeckt, was ihn faszinierte und was er experimentell zu erkunden gedachte. Glauben wir – und es ist fast auszuschließen, dass Kerner in seinen Berichten bewusste Manipulation treibt – den Aufzeichnungen des schwäbischen Arztes, so muss es sich bei Friederike Hauffe um das paranormale Medium schlechthin gehandelt haben. Und eben jene merkwürdigen, nicht in ein rationales Muster integrierbaren Fähigkeiten, die Kerner Zug um Zug während Friederike Hauffes somnambuler Verfasstheit wahrnimmt, stoßen ihn auf eigene psychische Konfliktfelder, die er durch das Studium der Krankengeschichte Friederikes besser kennen lernen will. Das Schicksal der jungen Frau konfrontiert Kerner – analytisch gesprochen – mit seinem eigenen Schatten, einer tiefsitzenden Angst vor dem Tode.

Zunächst jedoch – und dies spricht für Kerners Berufsethos – setzt der schwäbische Arzt die magnetische Kur bei Friederike Hauffe ab. Das Ergebnis: Die Brustkrämpfe der jungen Frau verschlimmern sich noch, ihr körperliches Leiden wird größer. In den Trancezuständen, die nach dem Aussetzen der magnetischen Striche bei Friederike zwar nachlassen, aber keineswegs

---

13 Original im Schiller-Nationalmuseum Marbach. Der Brief ist abgedruckt in: Lee B. Jennings: Probleme um Kerners »Seherin von Prevorst«. In: Antaios 10 (1968), S. 132–138, S. 135.

ganz verschwinden, geschieht nun Merkwürdiges: Friederike unternimmt Selbstheilungsversuche. Sie verschreibt sich in somnambulem Zustande magnetische Striche und Heilkräuter. Die Anwendung dieser Rezepturen kreist um die Zahl 7, eine Ziffer, der Friederike wohl magische Kräfte beimisst. Täglich 7 magnetische Striche exakt um 7 Uhr verabreicht würden ihre Selbstheilung voranbringen, so teilt sie im magnetischen Schlaf dem verdutzten Justinus Kerner mit. Kerner macht die Probe aufs Exempel und entschließt sich, Friederikes Selbstheilungsvorschlägen zu folgen. Das Unwahrscheinliche geschieht: Eine sofortige Besserung ihres Zustands tritt ein. Der schwäbische Arzt stellt von da an seine Behandlungsmethode komplett um. Er folgt den Anweisungen Friederike Hauffes und lässt ihr über die nächsten Monate hinweg magnetische Striche und die von ihr vorgeschlagenen Heilkräuter verabreichen. Zumeist nimmt Justinus Kerner selbst die magnetische Kur vor. Ersatzweise werden jedoch auch Kerners Frau »Rickele« und der damals 11-jährige Sohn Theobald als Magnetiseure eingesetzt. Diese Maßnahme findet nicht uneingeschränkten Beifall. Frau Kerner fürchtet sich vor der Kranken und auch der Sohn Theobald erinnert sich mit gemischten Gefühlen an die täglich vollzogene Prozedur:

> Gar häufig, wenn mein Vater über Feld zu Kranken mußte und nicht zur gewohnten Stunde die Seherin [Friederike] magnetisieren konnte, magnetisierte er mich vor seiner Abreise, und trat ich dann mit diesem unwägbaren Fluidum beladen, zu angegebener Zeit bei der Seherin ein, so war ich besonders willkommen, ich mußte mich still und ruhig an ihr Bett setzen, sie faßte fest meine Hand und ich mußte unbewegt ausharren, bis sie das mir anvertraute Fluidum aufgesogen hatte, ihre Augen sich schlossen, ihre Hände sich lockerten, dann stand ich leise auf, schlüpfte zur Thüre hinaus und ließ mich womöglich den ganzen Tag nimmer bei der an meiner Nervenkraft saugenden Spinne sehen.[14]

Von der anfänglichen Distanz des Arztes Justinus Kerner zu den Visionen seiner Patientin Friederike Hauffe ist bereits zu diesem Zeitpunkt in den Briefen und Aufzeichnungen Kerners nichts mehr spürbar. Ganz im Gegenteil: Kerner ist zunehmend fasziniert von den Vorgängen, die er während der Trancezustände Friederikes zu sehen bekommt. Er versucht das Geschehene experimentell zu erfassen, protokolliert es penibel, sorgt für externe Gutachter, welche die Experimente beglaubigen sollen, und taucht auf diese Weise immer tiefer in die Vorstellungswelt Friederike Hauffes ein. Neben der angesprochenen Fähigkeit zur Selbstheilung vermag Friederike mittels ihrer »Herzgrube« zu sehen, verfügt also im Sinne esoterischer Traditionen über ein

---

14 Theobald Kerner: Das Kernerhaus und seine Gäste. Stuttgart ^{2}1897, S. 96f.

inneres Auge. Kerner legt ihr einen beschrifteten gefalteten Zettel auf die Herzgegend, dessen Inhalt sie kennt, ohne einen Blick darauf zu werfen.[15] Auch Präkognition tritt auf. Friederike sieht in einem Glas Wasser, das auf ihrem Tische steht, Personen sich spiegeln, die sie nie zuvor gesehen hat, und die eine halbe Stunde später als Gäste das Haus Kerners betreten.[16] Sie vermag angeblich ins Innere des eigenen Körpers zu blicken und zeigt eine unglaubliche Sensibilität Mineralien gegenüber, die Kerner ihr ebenfalls auf der Herzgrube platziert.[17] Ebenso ausgeprägt ist Friederikes Sensibilität für die Krankheiten anderer Menschen, deren Symptome sie am eigenen Leibe nachvollzieht. Berühmt geworden ist die von mehreren Zeitzeugen beglaubigte Heilung der Gräfin von Maldeghem, die unter schweren Wahnvorstellungen litt, welche ihr suggerierten, bereits gestorben und im Zustande der Verdammnis zu sein. Friederike verschreibt magnetische Striche und ein Amulett, welches Heilkräuter enthält und zu bestimmten Uhrzeiten anzulegen ist. Friederike wählt im Grunde also jene Therapie, welche sie bei sich selbst zur Anwendung bringt. Die Rezeptur zeigt Wirkung.[18]

1829, noch zu Lebzeiten Friederikes, lässt Justinus Kerner *Die Seherin von Prevorst* erscheinen, ein Buch, welches als eine der ersten parapsychologischen Studien im deutschen Sprachraum gelten kann. Die Geschichte der kranken Friederike erregt in der Öffentlichkeit weites Aufsehen. Prominenz aus Politik und Kultur versammelt sich um das Krankenbett der jungen Frau. Schelling,

15 Kerner (wie Anm. 1), S. 144f.

16 Ebd., S. 63.

17 Ebd., S. 81–116. Kerner registriert, dass Mineralien mit einem hohem Siliziumgehalt, wie etwa ein Bergkristall, die Muskeln der jungen Frau versteifen lassen, während etwa schwefelhaltige Erde zur konträren Reaktion, einer vollkommenen Erschlaffung der Muskeln führt. Noch signifikanter sind Friederikes körperliche Reaktionen auf Flüssigkeiten. Nimmt sie tagsüber etwas Flüssiges – und sei es auch nur einen Becher Wasser – zu sich, verschlechtert sich ihr körperlicher Zustand – Krämpfe, Übelkeit, Erbrechen sind die Folge. In den Abendstunden vermag Friederike ohne Probleme etwas zu trinken. Ihr Körper verweigert während des somnambulen Zustandes den Kontakt mit dem flüssigen Element. Nimmt Friederike ein Bad, geraten laut Kerner »alle ihre Glieder [...] in ein unwillkürliches Hüpfen, in eine völlige Elastizität, die sie aus dem Wasser immer wieder ausstieß.« Friederike kann nicht unter Wasser gehalten werden und Kerner fühlt sich – eine aufschlussreiche Bemerkung – an die »Hexenproben« erinnert, in deren Verlauf der Hexerei verdächtigte Frauen »gleichfalls im Wasser nicht untersanken.« (Vgl. Kerner (wie Anm. 1) S. 116.).

18 Die Gräfin fühlt sich am 9. April 1828, um 18 Uhr abends, nach Tragen des Amuletts wie von einer großen Last befreit und ist in der Lage, ihrem Gatten gegenüber ein lang gehegtes Geheimnis preiszugeben, eine Form der pathogenen Beichte, welche ihre Wahnvorstellungen abrupt endigt. Exakt zu diesem Zeitpunkt soll Friederike Hauffe im entfernten Weinsberg im somnambulen Zustande ausgerufen haben: »Werfet aller eure Sorgen auf den Herrn, denn er sorget für euch« (200). Vgl. Kerner (wie Anm. 1), S. 204f.

der Naturphilosoph G. H. Schubert, der Theologe Schleiermacher, Görres, Baader und noch viele »Gläubige und Ungläubige, Philosophen, Doktoren und Schriftgelehrte aller Art«[19] geben sich im Kerner-Haus in Weinsberg ein Stelldichein und verschaffen dem Hausbesitzer eine nicht unumstrittene Berühmtheit. Denn was Justinus Kerner, seine Gäste und das lesende Publikum vor allem anzieht, sind jene Phänomene, die Kerner im Untertitel des zweiten Bandes der *Seherin von Prevorst* vollmundig ankündigt: *Eröffnungen über das innere Leben des Menschen und über das Hereinragen einer Geisterwelt in die unsere.* Es geht um die angebliche Fähigkeit Friederike Hauffes, in Kommunikation mit Wesen einer jenseitigen Welt zu treten. Kerner schildert unter dem Kapitel *Thatsachen* eine Reihe von Geistergeschichten, die belegen sollen, dass Friederike unentwegt der Annäherung verstorbener Menschen ausgesetzt ist. Aussehen, Form und Verhalten der jenseitigen Gäste werden von Friederike auf Drängen Kerners minutiös geschildert. Kerner integriert diese Aufzeichnungen Friederikes in weiten Passagen dann wortwörtlich in seine *Seherin von Prevorst.* Friederike berichtet etwa:

> Während ich die Geister sehe und sie mit mir sprechen, [...] sind meine Augen wie an ihr Bild gebannt, so daß es mir schwerfällt, mich von ihnen mit den Augen zu wenden [...] Ihr Aussehen ist mir gleich einer dünnen Wolke, die man zu durchschauen glaubt, was wenigstens aber ich nicht kann. Ich sah nie, daß sie einen Schatten werfen. [...] Mit geschlossenen Augen sehe ich sie nicht [...], aber ich fühle ihre Gegenwart so genau, daß ich den Standpunkt, wo sie stehen [...] angeben kann. So höre ich sie auch bei verstopften Ohren sprechen. Stehen sie sehr nahe bei mir, so kann ich sie nicht ertragen, sie schwächen mich. Manche Menschen, die sie nicht sehen, fühlen sie, wenn sie in meiner Nähe sind, durch ein besonderes Gefühl auf der Herzgrube, Beengung, Anwandlung von Ohnmacht. Sie machen einen Gegendruck auf die Nerven. Auch Tiere fühlen ihre Nähe. Ihre Gestalt ist immer so, wie sie wohl im Leben war, nur farblos, grau; so ist auch ihre Kleidung, wie sie im Leben war oder gewesen sein mochte, aber farblos, wie aus einer Wolke.[20]

Passagen wie diese lassen dem nach Geister- und Gespenstergeschichten dürstenden Publikum des 19. Jahrhunderts einen wohligen Schauder über den Rücken rieseln. Ein Schauder, den die von besagten Erscheinungen gequälte Friederike selbst nicht im Mindesten empfunden haben dürfte. Friederikes Hauffes Aufzeichnungen und Briefe, die heute im Schiller-Archiv in Marbach gesammelt sind, lassen vielmehr erahnen, wie sehr die kranke Frau unter

---

19 Unveröffentlichter Brief Theodor Kerners 1897 (Original: Schiller-Literaturarchiv Marbach); zitiert nach Otto-Joachim Grüsser: Justinus Kerner 1786–1862. Arzt – Poet – Geisterseher. Heidelberg 1987, S. 215.

20 Kerner (wie Anm. 1), S. 351f.

ihrer vorgeblichen »Gabe«, die Toten zu sehen, gelitten hat. Über Monate hinweg erscheinen ihr Tag für Tag die Gestalten Verstorbener. Visionen, die aus heutiger Perspektive fatal an Halluzinationen erinnern, die im Rahmen einer Schizophrenie auftreten können, versetzen die junge Frau häufig in Angst. So etwa in der Nacht vom 20. auf den 21. Juli 1827, als Friederike Hauffe an ihrem Bett die Gestalten eines toten, jungen Bauers und seiner Frau erscheinen. Der »schwarzgraue Mann« verlangt von Friederike, ihm in einen nahe gelegenen Stall zu folgen, um dort für ihn sein getötetes Kind auszugraben, um dessen Schicksal er und seine Gattin im Totenreich leiden müssten.[21] Aus den Aufzeichnungen der Kranken lässt sich das deutliche Bemühen Friederike Hauffes ablesen, sich von derartigen Erscheinungen zu lösen. »Dieses unglückliche Schauen ist mir ganz zuwider«,[22] klagt sie gegenüber dem bei ihr ausharrenden Justinus Kerner.

Bei Kerner muss sich im Zuge dieser Beobachtungen die anfängliche Distanz zwischen Arzt und Patientin auf fragwürdige Art und Weise verschoben haben. Hatte er bis dahin die im somnambulen Zustande geschilderten Erscheinungen Friederikes als psychische Exaltationen einer Kranken abgetan, so entwickelt Kerner ihnen gegenüber nun eine wachsende Faszination. Visionen der Kranken, die es ursprünglich zu bekämpfen galt, werden ihm zum Gegenstand der Experimentation.

Der schwäbische Arzt scheint plötzlich mehr an der detaillierten Erkundung der Offenbarungen von Friederikes innerer Welt als an deren Heilung interessiert. Kerner will die Toten Friederike Hauffes mit eigenen Augen sehen. Für Friederike selbst muss es in diesen Monaten Schritt um Schritt unklarer geworden sein, ob sie als Patientin eines empirischen Idealen verpflichteten Arztes oder als Versuchsperson eines nach okkulten Phänomenen forschenden Naturphilosophen ihr Krankenlager bezogen hatte.

Bei der Interpretation von Kerners Verhalten ist Vorsicht geboten. Dennoch sei die These gewagt: Einiges spricht dafür, dass bei Justinus Kerner im Umgang mit Friederike Hauffe ein psychischer Mechanismus ausgelöst wird, den die Psychoanalyse als Gegenübertragung bezeichnet.[23] Der Arzt oder Analytiker

---

21 Ebd., S. 463–471.

22 Ebd., S. 350.

23 Erstmals taucht der Begriff der »Gegenübertragung« bei Freud im Jahre 1909 auf. Carl Gustav Jung hatte Freud in einem Briefe zerknirscht gebeichtet, ein Verhältnis mit seiner Patientin Sabina Spielrein eingegangen zu sein. Freud antwortet Jung daraufhin: »Solche Erfahrungen, wenngleich schmerzlich, sind notwendig und schwer zu ersparen. Erst dann kennt man das Leben und die Sache, die man in der Hand hat. Ich selbst bin zwar nicht ganz so hereingefallen, aber ich war einige Male sehr nahe daran und hatte a narrow escape […]. Es schadet aber nichts. Es wächst einem so die nötige harte Haut, man wird

»überträgt« eigene, unbewusste und unbewältigte Gefühlskonstellationen und Problemstellungen auf den von ihm behandelten Patienten (Vgl. Kapitel III). Freuds Rat an den Analytiker, seinen Klienten gegenüber eine so genannte »Chirurgenhaltung«[24] einzunehmen, d. h. jede Form des Mitleids von sich zu weisen und im Zustande »freischwebender Aufmerksamkeit«[25] eine rein sachliche Position im Umgang mit dem Patienten einzunehmen, wäre von Nutzen gewesen, von Kerner jedoch vermutlich nur mit einem verständnislosen Kopfschütteln quittiert worden. Zu wenig weiß seine Epoche von den schwierig zu kontrollierenden nonverbalen Komponenten des magnetischen Schlafs oder von der Tatsache, dass die Versuchspersonen im Rahmen einer Hypnose nicht nur auf die verbal geäußerten Suggestionen des Arztes reagieren, sondern ebenso auf die unbewussten Erwartungen, welche dieser in Bezug auf den Ausgang des Experiments hegt; ein Phänomen, das als »Versuchsleitereffekt«[26]

---

der ›Gegenübertragung‹ Herr, in die man doch jedesmal versetzt wird, und lernt seine eigenen Affekte verschieben und zweckmäßig plazieren. Es ist ›a blessing in disguise‹.« (Sigmund Freud/C G. Jung: Briefwechsel. Hg. von William McGuire und Wolfgang Sauerländer. Frankfurt a. Main 1974, S. 254f.) In der folgenden Phase differenziert Freud den Begriff der Gegenübertragung aus, indem er Gegenübertragung als die Gesamtheit der unbewussten Reaktionen des Analytikers auf die Person des Analysanden begreift und nicht nur sexualisierte, vom Analytiker auf den Patienten gerichtete Vorstellungen unter dem Terminus subsumiert (negative Gegenübertragung). 1910 führt Freud den modifizierten Terminus in einem Vortrag auf dem Internationalen Psychoanalytischen Kongress in Nürnberg ein: »Wir sind auf die Gegenübertragung aufmerksam geworden, die sich beim Arzt durch den Einfluß des Patienten auf das unbewußte Fühlen des Arztes einstellt, und sind nicht weit davon, die Forderung zu erheben, daß der Arzt diese Gegenübertragung in sich erkennen und bewältigen müsse. Wir haben [...] bemerkt, daß jeder Psychoanalytiker nur so weit kommt, als seine eigenen Komplexe und inneren Widerstände es gestatten.« (Studienausgabe Ergänzungsband; Schriften zur Behandlungstechnik, Frankfurt a. Main 1982, S. 126). In der Nachfolge Freuds werden Analytiker (Ferenczi, F. Rieman, L. Jennings et al.) zunehmend das Wechselspiel von Übertragung–Gegenübertragung im Verhältnis Analytiker-Patient betonen, im Gefolge Freuds die kritische Reflexion und Auflösung der Übertragungsposition seitens des Analytikers einfordern und schließlich auch auf die Möglichkeit der positiven Gegenübertragung im Verhältnis von Analytiker und Patient verweisen. Zum Stand der Forschung siehe das Standardwerk von Heinrich Racker: Übertragung und Gegenübertragung: Studien zur psychoanalytischen Technik. München/Basel [4]1993; weiterhin: Hans-Peter Hartmann/Wolfgang E. Milch (Hg.): Übertragung und Gegenübertragung. Weiterentwicklungen der psychoanalytischen Selbstpsychologie. Gießen 2001. Zur Affäre C. G. Jung – Sabina Spielrein vgl. Wolfgang Martynkewicz: Sabina Spielrein und Carl Gustav Jung. Eine Fallgeschichte. Berlin 1999.

24 Vgl. Racker (wie Anm. 23), S. 37f.

25 Ebd., S. 36.

26 Vgl. hierzu Eberhard Bauer: Kerner und die Parapsychologie. In: Andrea Berger-Fix (Hg.): Justinus Kerner. Nur wenn man von Geistern spricht. Briefe und Klecksographien. Stuttgart/Wien 1986, S. 105–125.

bezeichnet wird. Schwerwiegender jedoch ist ein anderer Punkt: Kerner ist bereits zu stark in die Sphäre von Friederikes Geisterwelt involviert, als dass ihn irgendetwas von seinem Glauben an die Notwendigkeit weiterer Experimente abbringen könnte.

Was Kerner so stark in diese Sphäre zieht und es ihm unmöglich macht, von den Geistern zu lassen, ist die Möglichkeit der Konfrontation mit dem laut C. G. Jung eigenen »Schatten«, welcher bei Kerner unabweisbar nach Ausdruck verlangt. C. G. Jung – übrigens ein derart begeisterter Leser von Justinus Kerners *Seherin von Prevorst*, dass er selbst mit eigenen Experimenten die Brücke ins Geisterreich betreten möchte[27] – notiert über diesen zwanghaften Drang, das eigene, ungelebte Potential des Unbewussten endlich in den äußeren Vollzug des Lebens zu integrieren:

> Es hat eben auch etwas Furchtbares an sich, daß der Mensch auch eine Schattenseite hat, welche nicht nur etwa aus kleinen Schwächen und Schönheitsfehlern besteht, sondern aus einer geradezu dämonischen Dynamik. Der einzelne Mensch weiß selten davon; denn ihm, als Einzelmenschen kommt es unglaubwürdig vor, daß er irgendwo oder irgendwie über sich selber hinausragen sollte. [...] Eine dunkle Ahnung sagt uns, daß wir ja nicht ganz sind ohne dieses Negative, daß wir einen Körper haben, der, wie der Körper überhaupt, unweigerlich einen Schatten wirft, und daß wir diesen Körper leugnen.[28]

Dieser unter dem Mantel sozialer Kontrolle geleugnete Schatten verlangt bei Kerner – um die Metapher aufzugreifen – nach körperlicher Manifestation.[29]

---

27 Jung initiiert – nachweisbar beeinflusst von Kerner – im Hause seines Vaters ab 1895 spiritistische Sitzungen, in denen Jungs sechs Jahre jüngere Cousine Helly Preiswerk als Medium auftritt. Vgl. Martynkewicz (wie Anm. 23), S. 36f. Jungs eigene Äußerungen zum »verdienstvollen Justinus Kerner« finden sich in: GW 6, S. 591; GW 1, S. 30, 38f., S. 49.

28 C. G. Jung: In: GW 7, § 35.

29 Die Rede vom Unbewussten, vom Schatten, wird im Konzept von Jungs Individuation dabei nicht zufällig in Analogie zur Rede vom Dämon gebracht: »Alle [...] Komplexe gehen in letzter Linie auf autonome Inhalte des Unbewußten zurück. Der primitive Geist hat diese als fremd und unverständlich empfundenen Inhalte als Geister, Dämonen und Götter personifiziert und versucht, mit sakralen und magischen Riten deren Ansprüche zu erfüllen. In der richtigen Anerkennung der Tatsache, daß dieser Hunger oder Durst weder durch Speise noch durch Trank noch durch Rückkehr in der Mutter Schoß gestillt werden kann, hat der primitive Geist Bilder von unsichtbaren, eifersüchtigen und anspruchsvollen Wesen erschaffen, einflußreicher, stärker und gefährlicher als der Mensch, Angehörige einer unsichtbaren Welt, doch mit der sichtbaren verschmolzen [...]. Geister und Zauberei sind die Ursachen der Krankheiten beim Primitiven. Die autonomen Inhalte haben sich bei ihm in diese übernatürlichen Figuren projiziert. Unsere Welt dagegen ist von Dämonen befreit – bis auf bedeutsame Reste. Die autonomen Inhalte und ihre Ansprüche aber sind geblieben. In den Religionen könnten sie sich zum Teil ausdrücken, aber je mehr die Religionen rationalisiert und verwässert werden – ein fast

Der schwäbische Arzt erscheint wie gebannt von der Möglichkeit, die Nachtseite der eigenen Natur mit Hilfe seiner Patientin Friederike Hauffe zu erkunden. Eigene unbewältigte biographische Erlebnisse mögen bei diesem Streben eine Rolle gespielt haben. Justinus Kerner verliert früh den Vater, der 13-jährige kommt nur schwer über dessen Tod hinweg. Noch Jahre später sieht sich Kerner in einem seiner wiederkehrenden, von der Verlobten als »Sargdeckelbriefe« geschilderten Traumberichten von seiner Mutter auf den Gottesacker geführt, um den Leichnam des Vaters zu exhumieren.[30] Die Frage nach einer Möglichkeit mit den Toten zu kommunizieren, beschäftigt auch den angehenden Arzt. Der Tübinger Student liest zusammen mit dem Freund Varnhagen von Ense am 9. Dezember 1808 Jung-Stillings *Theorie der Geisterkunde* in einer einzigen Nacht.[31] Solche geistigen Exkursionen scheinen von einem durchaus reizbaren Gemüte unternommen. Als Friedrich Hölderlin am 15. September 1806 ins Tübinger Klinikum zur Behandlung seiner psychotischen Erkrankung eingeliefert wird, ist es Justinus Kerner, der Hölderlins Krankentagebuch führt und den Dichter häufig im Klinikum besucht. Im Zuge dieses karitativen Dienstes wird Kerner über Monate hinweg von Gedanken bedrängt, Hölderlins Schicksal selbst erleiden zu müssen.[32] In Schellings 1810 entwickelten *Stuttgarter Privatvorlesungen* findet der angehende junge Arzt dann seiner Hoffnung auf eine Geisterwelt durch ein philosophisches System Ausdruck verliehen. Schelling deduziert im zweiten Teil seiner Vorlesungen die Existenz einer solchen Sphäre, in die der Mensch nach seinem Tode gelangen und zu der er auch bereits zu Lebzeiten in psychisch exponierten Zuständen wie Traum, Krankheit oder magnetischem Schlaf Kontakt aufnehmen könne. Schelling hatte die Vorlesungen nach einer tiefen persönlichen Krise, die durch den Tod seiner Frau Caroline ausgelöst wurde, konzipiert und damit den Nerv der Zeit getroffen. In einem Brief vom 26. November 1812 an den Freund Ludwig Uhland erweitert Kerner die bei Schelling und dem Naturphilosophen G. H. Schubert entwickelten Vorstellungen:

> Tod nenne ich die innigste Vereinigung mit dem Geiste der Natur, Krankheit ist Hinstreben nach dieser Vereinigung [...]. Magnetischer Schlaf ist gleich

---

unvermeidliches Schicksal – desto verworrener und geheimnisvoller werden die Wege, auf denen uns die Inhalte des Unbewußten dennoch erreichen.« Vgl. C. G. Jung: Analytische Psychologie und Weltanschauung. In: GW 8, S. 406f.

30 Vgl. hierzu Lee B. Jennings: Der aufgespießte Schmetterling. Justinus Kerner und die Frage der psychischen Entwicklung. In: Antaios X (1969). S. 109–131, S. 115.

31 Vgl. dazu den bei Straumann (wie Anm. 6) abgedruckten Brief Varnhagen von Enses vom 9. Dezember 1808, S. 76.

32 Vgl. Grüsser (wie Anm. 20), S. 71–78.

> Tod, Heraustretung des Geistes auf Momente aus dem Körper, Nähertreten der Geisterwelt oder der Natur, wie man es nennen will.[33]

Der praktisch gesinnte Jurist Uhland distanziert sich von derartigen Tönen des Freundes. Er findet in Kerners Ansichten eine Rechtfertigung des Selbstmords – »eine Kugel vor den Kopf wäre ja die allerschnellste Vereinigung«,[34] und ermahnt ihn eindringlich, den Boden der Empirie wieder zu betreten. Doch die divergierenden Welten in Kerners Brust führen eine unversöhnte Parallelexistenz. Auf der einen Seite spricht aus Justinus Kerner ganz der Mediziner, welcher dem positivistischen Ideal seiner Epoche huldigt, sich 1820 in Fachkreisen als Experimentator[35] und Verfasser der ersten klinischen Beschreibung des »Botulismus« (Fleischvergiftung), einen Namen macht, die zur damaligen Zeit in Württemberg durch den Konsum ungenügend gekochter und in den Rauch gehängter Würste Todesopfer fordert. Auf der anderen Seite wuchert im schwäbischen Arzt ein dunkles, unkultiviertes Feld. Es erstreckt sich jenseits einer mittels empirischen Instrumentariums auslotbaren Welt. In dieser Sphäre entwickelt Kerner jene Affinität zum Mesmerischen Magnetismus, zum Okkultismus des Geisterglaubens, zur Möglichkeit einer

---

33 Justinus Kerner an Ludwig Uhland, 26. Nov. 1812. In: Justinus Kerner Briefwechsel mit seinen Freunden. Hg. von Theobald Kerner. Stuttgart/Leipzig 1897. Bd. I, S. 340.

34 Ludwig Uhland: Briefwechsel. Hg. von Julius Hartmann. Stuttgart/Berlin 1911–1916. Bd. I., S. 334f.

35 Kerners 1808 abgeschlossene Dissertationsschrift *Observata de functione singularum partium auris* (Beobachtungen zur Funktion der einzelnen Teile des Ohres) bezieht ihre Ergebnisse wesentlich aus Verhaltensexperimenten über die Wirkung von Tönen auf Tiere, die Kerner alleine und mit hoher experimenteller Phantasie durchführt. So kann Justinus Kerner überzeugend nachweisen, dass das Richtungshören bei verschiedenen Tieren unterschiedlich gut ausgeprägt ist. Kerner kommt in diesem Zusammenhang etwa auf die Idee, das Richtungshören des Maulwurfs zu studieren. Zu diesem Zwecke bindet Kerner einem Maulwurf einen Faden an den Schwanz, lässt ihn sich in ein mit Erde gefülltes Gefäß eingraben und beschallt dieses von außen aus verschiedenen Richtungen mit Piccoloflöte, Bassgeige, Trommel, Fagott und den abstimmbaren Klängen einer Glasharmonika. Kerner beobachtet, dass die unterschiedliche Fortbewegung des Maulwurfs, die er anhand des Fadenverlaufs feststellen kann, von der Richtung des einfallenden Schalls und der unterschiedlichen Tonhöhe abhängig ist. (Vgl. Grüsser (wie Anm. 19), S. 70). Varnhagen von Ense, der mit Kerner damals in Tübingen Medizin studiert, beschreibt den Alltag des werdenden Mediziners wie folgt: »Zu seiner Dissertation hat er Bemerkungen über das Gehör gewählt und deshalb ganz neue Versuche mit Tieren angestellt. In seiner Stube lebt er mit Hunden, Katzen, Hühnern, Gänsen, Eulen, Kröten, Eidechsen, Mäusen und wer weiß was sonst noch für Getier ganz freundschaftlich zusammen und hat nur seine Not, Tür und Fenster zu verwahren, dass ihm die Gäste nicht entschlüpfen.« Vgl. Varnhagen von Ense: Denkwürdigkeiten des eigenen Lebens. Vol I., 1785–1810. Hg. von J. Kühn. Berlin 1922, S. 286.

Überschreitung der Wirklichkeit mittels Traums und psychischer Exaltation. Regelmäßig wachsen derartige Vorstellungen bei Kerner zu Todesobsessionen heran. 1825, also kurz vor Beginn der Behandlung Friederike Hauffes, ist er, gerade 39-jährig, in einem Brief an die Freundin Julie Hartmann davon überzeugt, dass ihm nur noch »ein paar Jahre« bleiben und sieht sein Weinsberger Haus als »kostspieligen Ersatz für den Sarg an.«[36] Kerners Lyrik jener Phase ist durchzogen von einer melancholischen Faszination angesichts des sich unabwendbar nähernden Todes. Als ein Beispiel von vielen diene das von Franz Kafka geschätzte Gedicht *Der Wanderer in der Sägmühle*:

Dort unten in der Mühle
Saß ich in süßer Ruh',
Und sah dem Räderspiele
Und sah den Wassern zu.
Sah zu der blanken Säge,
Es war mir wie ein Traum,
Die bahnte lange Wege
In einen Tannenbaum.
Die Tanne war wie lebend,
In Trauermelodie
Durch alle Fasern bebend
Sang diese Worte sie:
Du kehrst zur rechten Stunde,
O Wanderer, hier ein,
Du bist's, für den die Wunde
Mir dringt in's Herz hinein!
Du bist's, für den wird werden,
Wenn kurz gewandert du,
Dieß Holz im Schooß der Erden,
Ein Schrein zur langen Ruh'.
Vier Bretter sah ich fallen,
Mir ward's um's Herze schwer,
Ein Wörtlein wollt' ich lallen,
Da ging das Rad nicht mehr.[37]

Als der mit dem schwäbischen Arzt befreundete Dichter Nikolaus Lenau in Weinsberg einen Besuch abstattet, bietet sich ihm beim Betreten des Kerner-Hauses ein seltsames Bild: Lenau findet Kerner, seine Frau und seine beiden Kinder in einem Zimmer still und eng nebeneinander auf dem Boden liegend. Auf die Frage des verdutzten Gastes nach dem Sinn dieses Geschehens

36 Unveröffentlichter Brief an Julie Hartmann, 29. Dezember 1825; Original: Schiller-Nationalmuseum.

37 Justinus Kerner: Die lyrischen Gedichte. Stuttgart 1854, S. 456f.

antwortet Justinus Kerner: »Wir probieren soeben, wie es sein wird, wenn wir so nebeneinander im Grabe liegen werden.«[38] Friederike Hauffe könnte so etwas wie eine Eintrittskarte für Justinus Kerner in diese Welt gewesen sein.

> Das Weib (Weib zu sein ist eigentlich Krankheit) steht schon inniger wie der Mann in Verbindung mit der Natur, ist deswegen auch mehreren Krankheiten ausgesetzt und eilt auch bälder als der Mann dem gänzlichen Verein mit der Natur, dem Tode zu,[39]

heißt es in dem bereits erwähnten Brief an Ludwig Uhland. Es wäre perfide Vereinfachung, Kerner zu unterstellen, er habe derartige Todesängste mittels der Behandlung Friederike Hauffes schonungslos auf Kosten seiner Patientin ausagiert. Dennoch muss gesehen werden, dass der behandelnde Arzt Justinus Kerner allzu tief in die wahnhaften Phantasien einer Geisterwelt seiner Patientin Friederike Hauffe eindringt und dass er von ihrer Welt der Toten an manchen Stellen beeindruckter wirkt als vom Gedanken, die Kranke im Reiche der Lebenden zu halten. Kerners ebenfalls in Marbach einsehbare Briefwechsel lassen bis zuletzt keinen Zweifel daran, dass der schwäbische Arzt der kranken Friederike Hauffe weiterhin unter hohen persönlichen Opfern Hilfe zuteilwerden lässt. Unter den Weinsberger Bauern kursiert gar die Legende, den grauen Star, der bei Justinus Kerner im Alter zur schrittweisen Erblindung führte, habe sich der schwäbische Arzt bei den vielen vergossenen Tränen um seine Patienten zugezogen.[40] Dennoch verschieben sich im Laufe der Behandlung die Grenzen; es wird unklar, ob Justinus Kerner nicht partiell jenem Wahne verfällt, aus dem er die Kranke ursprünglich herauszureißen gedenkt. Kerner überträgt seine eigene, verdrängte Todesangst auf seine Patientin Friederike Hauffe, die er durch das Eindringen in deren Geisterwelt unter Kontrolle bringen möchte. Es kommt zu ersten Unstimmigkeiten zwischen Arzt und Patientin: Justinus Kerner drängt die junge Frau, ihn handgreifliche Proben der sie umgebenden Geisterwelt sehen zu lassen. Er vernimmt wenige Tage später ein Klopfen, »an allen Wänden zugleich«, hört ein Rauschen, Knistern und ein »Werfen wie von Kies«, wobei angeblich im Hause Kerner auch einmal wirkliche Kieselsteine gefunden werden. Ob hier der zu mancherlei Streichen aufgelegte Filius Theobald nicht eine Rolle gespielt hat, lässt sich im Nachhinein nicht mehr entscheiden. Kerner jedenfalls ist von der Demonstration nicht überzeugt und bittet seine

38 Zitiert nach: Grüsser (wie Anm. 19), S. 297.

39 Justinus Kerner, Briefwechsel (wie Anm. 33), S. 341.

40 Emil Bock: Vorboten des Geistes. Schwäbische Geistesgeschichte und christliche Zukunft. Stuttgart 1929, S. 147.

Patientin, ihn endlich einmal einen Toten sehen zu lassen. Friederike, die sich immer stärker in jene Welt der Erscheinungen gedrängt fühlt, die sie in Wahrheit um jeden Preis verlassen will, reagiert auf dieses Ansinnen mit einem Gedicht, welches Justinus Kerner in seine *Seherin von Prevorst* mit aufgenommen hat:

Diese Sehnsucht dir zu stillen
Lieget nicht in meinem Willen
Wär' es gut dir, würd's geschehn
Hörtest sie, nun willst sie sehn
Sahst du sie, dann willst sie greifen
Nichts als zarte Wolkenstreifen
Nein, zur Untersuchung stehn
Sollen dir sie, halten Stich
Also ist der Mensch und war auch ich.[41]

3. Mechanismen der Gegenübertragung

Heutige psychiatrische Beurteilungen Friederike Hauffes, deren post festum-Diagnosen umstritten sind, stufen Friederike alternierend als schwere Hysterikerin oder Schizophrene ein.[42] Justinus Kerner stand derartiges Wissen nicht zur Verfügung, dennoch fehlt es auch in seinem Umfeld nicht an warnenden Stimmen. Karl Kerner, ebenso wie Justinus gelernter Mediziner, warnt den Bruder vor dem übermäßigen Experimentieren an der Kranken. Albert Zeller, ärztlicher Direktor von Winnenthal, einer der führenden Heil- und Pflegeanstalten für psychisch Kranke der damaligen Zeit, bemängelt ebenfalls die fehlende wissenschaftliche Distanz Kerners gegenüber seiner Patientin. Zeller hält das »Geistersehen« Friederikes für das sichere Symptom einer unheilbar gewordenen Seelenstörung und rügt den schwäbischen Kollegen dafür, dass er den »eigentlichen Heilzweck« aus den Augen verloren und die unglückliche Friedericke zu einer »Märtyrerin der Wissenschaft« gemacht habe.[43] Im Cottaschen *Morgenblatt* wird das Krankenzimmer Friederikes mit einer Folterkammer verglichen und David Friedrich Strauß, ebenfalls Besucher am Bette Friederike Hauffes, wirft dem Freunde Justinus Kerner vor, Medizin und Poesie unentwirrbar miteinander zu mischen. Kerner verteidigt sich: »Man

41 Kerner (wie Anm. 1), S. 375.

42 A. Glaus: Justinus Kerner und die Psychiatrie. In: ders.: Beiträge zur Geschichte der Psychiatrie und Hirnanatomie. Basel/New York 1957.

43 Vgl. Lee B. Jennings: Justinus Kerner und die Geisterwelt. In: Neue Wissenschaft 14 (1966), S. 75–95.

will aber die Geister mit dem Poeten zu Tode schlagen. Es wird nicht gelingen, sie sind – und bleiben – so wahr wie der helle Tag«,[44] heißt es in einem Brief Justinus Kerners an Sophie Schwab.

Und Friederike selbst? Ihre Stimme ertönt schwach, häufig gefiltert durch das Sprachrohr Justinus Kerners. Was wir wissen ist, dass die 25-jährige Frau, als sie im November 1826 erstmals dem Arzte Justinus Kerner begegnet, am Rande des Grabes steht. Anfangs fügt sie sich als Patientin willenlos in ihr Schicksal. Friederike Hauffe lässt die Experimente Kerners geduldig über sich ergehen, sie schreibt ihre Ideen über die Geisterwelt und das Zwischenreich, über den magnetischen Schlaf und ihre Fähigkeit zum Hellsehen auf Aufforderung des Arztes bereitwillig nieder. Ab und an empfindet sie selbst Zweifel darüber, »ob dieses Schauen echt/ ob unrein oder reine«.[45] Einmal wird sie Justinus Kerner in einer Phase großer innerer Qual vorwerfen, dass er sie zum Geistersehen ermutigt habe, anstatt sie davon abzubringen. Parallel dazu spüren wir in den Briefen ihren Stolz, aufgrund ihrer Sehergabe in den Mittelpunkt des Interesses von Ärzten, Professoren und Honoratioren zu geraten. Fraglos empfängt die junge Friederike durch die Aufmerksamkeit Kerners und seines Umfelds neben allem Leiden auch jenen »sekundären Gewinn« im Sinne Freuds, der ihren geistigen und körperlichen Verfall verzögert haben könnte. Dennoch: Permanente körperliche Schmerzen und eine ständige Überflutung durch die Bilder ihrer inneren Welt müssen Friederike Hauffe das Leben zur Qual gemacht haben. Die von Anfang an gefühlte Isolation wächst. Eine Tagebucheintragung vom 26. Dezember 1827 vermerkt:

> Ich möchte so gerne meine Erfahrungen und Gefühle meiner Seele jeden Tag einem Freunde mitteilen, einem solchen Freunde, dem ich auch den innersten meiner Gedanken in der Stille sagen könnte, dem seine Seele mit der meinen harmonierte, von dem ich Trost und Beruhigung in meinen Leiden erhielte. Bin ich selbst schuld daran, daß ich keinen solchen Freund habe? Bin ich zu schüchtern oder setze ich zuwenig Zutrauen in die Freunde, die ich habe?[46]

Als Friederike am 5. Mai 1829 gegen dringenden Rat Justinus Kerners von ihren Verwandten nach Löwenstein zurückgeholt wird, verschlechtert sich ihr Zustand unmittelbar. In den aus Löwenstein an Kerner gerichteten Briefen wird der Schmerz über den Verlust des zum Refugium gewordenen Umfeldes im Kerner-Haus deutlich spürbar. Friederike klagt über vielfältige Leiden,

---

44 J. Kerner an Sophie Schwab, 23. März 1838. In: Justinus Kerner, Briefwechsel (wie Anm. 33), Bd. II, S. 135.

45 Kerner (wie Anm. 1), S. 378.

46 Ebd., S. 614.

entschuldigt sich bei Justinus Kerner, dass sie so viel klage, und bittet ihren ehemaligen Arzt flehentlich, dennoch nach wie vor bei ihm klagen zu dürfen. Das Postskriptum lautet aufschlussreich: »Geister lassen sich fleißig hören; heute Nacht kam die Wintsbraut wieder.«[47]

Die Mechanismen der Gegenübertragung scheinen noch immer intakt. Am 2. Mai 1829 hat Friederike Träume, die ihr den sich nähernden Tod vorhersagen. Sie spürt die Nähe zweier Geister und sagt zu diesen: »Warum kommt ihr denn zu mir?« Die Antwort lautet: »Du bist ja bei uns!«. Im Todeskampf ruft sie mehrmals nach Justinus Kerner, der im entfernten Weinsberg weilt, vermutlich, weil er das Ende nicht so schnell erwartet. Friederike Hauffe stirbt am 5. August 1829 in Löwenstein im Kreis ihrer Familie. Die zwei Tage nach ihrem Tode am 7. August 1829 vorgenommene Sektion zeigt fortgeschrittene Spuren der Zerstörung innerer Organe.[48] Justinus Kerner veröffentlicht wenige Monate später den zweiten Teil der *Seherin von Prevorst*, der ihn als Arzt mit Hang zum Okkultismus berühmt macht. Zeitlebens setzt er sich gegen die Vorwürfe zur Wehr, Friederike Hauffe als Untersuchungsobjekt seiner Suche nach Belegen für eine Geisterwelt missbraucht zu haben. Die Patientin, sei »eine Aufgegebene gewesen«, ihr Tod für sie eine Erlösung, da

> sie bedurfte, was kein Sterblicher ihr zu geben fähig war, eines andern Himmels, einer andern Luft, andrer Nahrungsmittel, als diese Erde zu geben vermag.[49]

Die Wahrheit dürfte wie so häufig in der Grauzone menschlicher Begegnungen liegen. Friederike erfuhr fraglos im Kerner-Hause menschliche Nähe. Ihr wurde bis dahin nicht gekannte Zuwendung zuteil. Diese Zuwendung jedoch hatte ihren Preis. Friederike entrichtete ihn durch ein vertieftes Eintauchen in die Welt der Geistererscheinungen, eine Welt, die sie nach eigenem Bekunden quälte und die sie gerne verlassen hätte. Die entstandene Symbiose zwischen dem Arzt Justinus Kerner und seiner Patientin Friederike Hauffe fußte auf der – wohl von beiden nicht völlig durchschauten – Gleichung einer Gegenübertragung, die mit bedingt war durch eine von Kerner nicht aktualisierten Angst vor dem eigenen Tode. Die Gleichung lässt sich auf die Formel bringen: Biete Zuwendung für Geistererscheinungen.

47 Friederike Hauffe an Justinus Kerner, undatiert, handschriftlicher Nachlass, Schiller-Nationalmuseum Marbach.

48 Vgl. hierzu Wouter J. Hanegraaff: Versuch über Friederike Hauffe. Zum Verhältnis zwischen Lebensgeschichte und Mythos der »Seherin von Prevorst« (I). In: Suevica. Beiträge zur schwäbischen Literatur- und Geistesgeschichte 8 (1999/2000), S. 17–45.

49 Kerner (wie Anm. 1), S. 79.

Wie klar – ob geisteskrank oder nicht, ob geistersehend oder halluzinierend, ob medial veranlagt oder schizophren – Friederike Hauffe dieses Wechselspiel zwischen verehrtem Medium und missbrauchtem Objekt okkulter Experimentation durchschaut hat, zeigt jenes berühmte Abschiedsgedicht, welches sie an einem ihrer letzten Lebenstage verfasst.

Es enthält Worte der Versöhnung an all jene, die ihr Leiden wissentlich oder unwissentlich verschlimmerten. Das Gedicht setzt mit den Zeilen ein:

> Lebt wohl, ihr Freunde! Lebt alle wohl!
> Gott segne eure Liebe!
> Gott segne eure Güte!
> Lebt alle wohl!
> Wie soll ich euch denn nennen
> Ihr, die ihr mich betrübt?
> Ich nenn euch auch nur – Freunde;
> Ihr habt mich nur geübt.[50]

50 Ebd., S. 625f.

KAPITEL III

Übertragung und Gegenübertragung: Der Therapeut Josef Bernhard Lang und sein Patient Hermann Hesse

Der 39-jährige Hermann Hesse ist auf einem ersten Höhepunkt seiner schriftstellerischen Laufbahn, als ihn im Frühling 1916 schwere Depressionen dazu zwingen, sich in psychoanalytische Behandlung bei dem Luzerner Arzt Josef Bernhard Lang, einem Schüler Carl Gustav Jungs, zu begeben. Die Gründe der Krise sind vielfältig, lassen sich aber im Kern auf drei Konfliktfelder eingrenzen. Ein Punkt ist die zerrüttete Ehe mit Maria Bernouilli, Sprössling einer Baseler Gelehrtenfamilie, mit der Hesse seit 1904 verheiratet ist. Bei Mia, wie Hesse seine Frau in den Briefen nennt, verdichten sich ab 1914 Anzeichen einer psychischen Störung. Parallel dazu erkrankt Hesses jüngster Sohn Martin[1] an einer Hirnhautentzündung. 1917 bricht bei Mia Hesse eine schwere Psychose aus, die 1919 zu ihrer permanenten Internierung in einer Heilanstalt führt. Hesse selbst sieht sich durch die anhaltende Krankheit der Frau und die Anforderungen einer wachsenden Familie in seiner schriftstellerischen Arbeit und der Entfaltung seines Künstlertums zunehmend beeinträchtigt.[2]

In einer jüngeren Studie bringt der Hesse Biograph Heimo Schwilk den Konflikt auf den Punkt:

> Dass der Neuanfang nicht glücken will [gemeint ist der Umzug von Gaienhofen am deutschen Bodenseeufer nach Bern in das vormalige Haus des Malerfreundes Albert Welti im Jahre 1912], hat mit der verfahrenen Ehe zu tun, die sich grundsätzlich nicht heilen lässt. Die häusliche Situation – drei lärmende Kinder und eine abweisend-depressive Gefährtin, die ihrem unablässig mit sich selbst und seinen Schreibprojekten beschäftigten Mann kein Verständnis mehr entgegenzubringen bereit ist – hat die Beziehung vollkommen zerrüttet.[3]

Die familiäre Lage ist derart angespannt, dass Hesse 1918 nichts anderes übrig bleibt, als die gemeinsame Wohnung in Bern aufzulösen und die drei

1 Zur Familie gehören ab 1905, 1909 und 1911 die Söhne Bruno, Heiner und Martin.

2 Im 1914 erschienenen Roman *Roßhalde* wird Hesse die Ehekrise, fiktional nur wenig kaschiert, literarisch bearbeiten.

3 Heimo Schwilk: Hermann Hesse: Das Leben des Glasperlenspielers. München 2012, S. 171.

 | DOI:10.30965/9783957437068_004

Kinder zwischenzeitlich teils bei Freunden, teils im Internat unterzubringen.[4] Er siedelt Mitte April 1919 allein ins Tessin um. Hier entsteht die stark biographisch gefärbte Erzählung *Klingsors letzter Sommer*, von der noch die Rede sein wird. Die Inflationszeit in Deutschland hat in jener Phase Hesses Einnahmen so stark reduziert, dass er von nun an auf die Unterstützung wohlhabender Gönner angewiesen ist.

Zudem stellt der Ausbruch des ersten Weltkriegs für die berufliche und private Situation des Schriftstellers einen gravierenden Einschnitt dar. Bei Kriegsbeginn meldet sich Hesse freiwillig, wird aber wegen einer ausgeprägten Sehschwäche als dienstuntauglich eingestuft und ab 1915 in Bern der *Deutschen Gefangenenfürsorge* zugeteilt.[5] Hesse gibt eine Gefangenenzeitschrift heraus und baut ab 1917, weitgehend in Eigenregie, einen eigenen Verlag für Kriegsgefangene auf. Obwohl sich der Schriftsteller »im Dienste fürs Vaterland« buchstäblich aufreibt, bleibt seine nationale Treue in der Öffentlichkeit lange umstritten. Hesses mutig einbekannte pazifistische Haltung[6] setzen ihn einer Schmutzkampagne der reaktionären Presse in Deutschland aus.[7] »Was ist das für eine Welt«, notiert Hesse resigniert, »in der man kein feiner Kerl sein kann, ohne Neurotiker zu werden?«[8] Im Brief an den Reichstagsabgeordneten Conrad Haußmann klagt er im November 1918:

> Von mir persönlich will ich nicht viel sagen. Ich habe, während bei Euch das Welttheater spielte, die bitterste Zeit meines Lebens gehabt, und sehe auf lange Zeit hinaus keine Sonne. Meine Frau ist schwer gemütsleidend, mein Haushalt aus den Fugen, die Kinder auswärts in Pension. Ich sitze allein daheim. Das Gefangenen-Amt geht weiter – falls es neue Kredite kriegt, soll ich dableiben und meine Arbeit dort fortsetzen – andernfalls würde ich dort bald entbehrlich.[9]

---

4 Die bedrückende Last, seine Familie verlassen zu haben, verarbeitet Hesse in der 1919 erschienenen Erzählung *Klein und Wagner*.

5 Vgl. zu Folgendem Volker Michels (Hg.): Materialien zu Hermann Hesses *Demian*. Entstehungsgeschichte in Selbstzeugnissen. Frankfurt a. Main 1997, S. 342f.

6 Vgl. dazu die Artikel und Aufsätze Hermann Hesses ab 1914: *O Freunde, nicht diese Töne*, *Wieder in Deutschland* und *Die Pazifisten*.

7 Die öffentliche Meinung hat es Hermann Hesse nicht verziehen, dass er bereits 1912 in die Schweiz übersiedelte, die deutsche Kriegspolitik bekämpfte und sich aus nationalistischer Perspektive als Nestbeschmutzer und Vaterlandsverräter brandmarkte. Vgl. zu diesem Komplex die sorgfältig gemachte Studie von Jürgen Below (Hg.): Hermann Hesse: »Der Vogel kämpft sich aus dem Ei«. Eine dokumentarische Recherche der Krisenjahre 1918–1920. Hamburg 2017, S. 58–66.

8 Hesse, Brief an Hildegard Neugeboren vom 5.08.1916. In: Hermann Hesse: Gesammelte Briefe. Erster Band 1895–1921. Hg. von Ursula und Volker Michels. Frankfurt a. Main 1973, S. 331–333.

9 Brief von Hermann Hesse an Conrad Haußmann vom 24.11.1918. In: Helga Abret (Hg.): Hermann Hesse – Conrad Haußmann. Briefwechsel 1907–1922. Von Poesie und Politik. Berlin 2011, S. 276f; vgl. auch Jürgen Below (wie Anm. 7), S. 62.

Schließlich muss Hesse am 8. März 1916 den Tod seines Vaters verkraften. Die Nachricht erreicht ihn auf dem Bahnsteig in Zürich; er will in Winterthur zu einer Lesung fahren. Hesse kehrt um und reist – anders als beim Tod der Mutter – nach Korntal bei Stuttgart, wo Johannes Hesse im Heim der pietistischen Brudergemeinde gepflegt wurde und auch die Beerdigung stattfindet. Der Tod des Vaters aktiviert Bilder einer verborgenen Schuld angesichts einer bis zum Ende ausgebliebenen Aussprache. Es geht um die eigene schwierige Zeit der Pubertät, die unglückliche Ehe, die verschiedenen Haltungen zur Religion.[10] Auf der Todesanzeige des Vaters ist eine selbst gewählte Psalmstelle (Psalm 124, V 7) abgedruckt, die später als Leitmotiv in den Roman *Demian* einfließen wird: »Der Strick ist zerrissen, der Vogel ist frei.«[11] Die Kehrseite der Medaille, neben der ostentativ vorgetragenen Akzeptanz des Todes als großem Gleichmacher und Befreier, ist dabei eine latente und hartnäckig sich immer wieder meldende Todesangst, die nur wenig zeitversetzt ab Juli 1919 zum Zentralmotiv der *Klingsor-Erzählung* wird.[12] Über die Hauptfigur der Erzählung Klingsor heißt es:

> Er stieß an, er pries den Untergang, das Sterbenwollen [...] Aber innen im Herzen saß Angst, das Herz wollte nicht sterben, das Herz haßte den Tod.[13]

Dies alles bildet den biographischen Schmelztiegel, welchem der Roman *Demian* entsprungen ist. Es ist ein Text, den Hesse in einer Art rauschhaftem Zustand zwischen Oktober und November 1917 in kürzester Zeit niederschreibt. Der Roman, daran lässt bereits Hesses erster Biograph Hugo Ball keinerlei Zweifel, kann als unmittelbare poetische Sublimierung der im Mai 1916 begonnenen Psychoanalyse gelten:

> Auf Anraten seines Hausarztes sucht er [H. Hesse] das Kurhaus Sonnmatt bei Luzern auf. Dort empfiehlt man dem Vereinsamten einen jungen Luzerner Arzt und Analytiker, den damals etwa fünfunddreißigjähren Jung-Schüler J. B. Lang, der rasch zu Hesses vertrautem Freunde wird. Es ist an dieser Stelle wohl angebracht, einige Worte über ihn zu sagen; denn die Frucht der intensiven, alle Fragen der modernen Psychotherapie streifenden Gespräche ist ein Meisterwerk der deutschen Sprache: Hesses »Demian«.[14]

---

10 Vgl. dazu Schwilk (wie Anm. 3), S. 193f.

11 Zitiert nach Schwilk (wie Anm. 3), S. 194.

12 *Klingsors letzter Sommer* entsteht zwischen Juli/August 1919 im Tessin.

13 Vgl. Hermann Hesse: Klingsors letzter Sommer. In: Sämtliche Werke. Bd. 8. Die Erzählungen 1911–1954. Hg. von Volker Michels. Frankfurt a. Main 2001, S. 284–333 (Zitat S. 316).

14 Ball verfasst die Lebensdarstellung Hesses zu dessen 50. Geburtstag. Vgl. Hugo Ball: Hermann Hesse. Sein Leben und sein Werk. Berlin 1947, S. 151f.

Drei Dinge sollen im Folgenden genauer ins Blickfeld genommen werden:

1) Dank der ersten »offiziellen« Biographie Hugo Balls,[15] der Einsicht in die Praxisunterlagen Josef Bernhard Langs, des Therapeuten Hesses, hatte und dank des 2006 erschienenen Briefwechsels zwischen Hesse und Lang selbst sind die Anfänge der psychoanalytischen Kur Hesses ab Mai 1916 mittlerweile gut dokumentiert. Ab 2006 erscheinen – zentral beeinflusst durch die vorbildlich editierte und kommentierte Briefausgabe Thomas Feitknechts[16] – erste Studien über das Verhältnis Hesses zu seinem Psychiater J. P. Lang.[17] Alle diese Studien konstatieren zu Recht die enge, allzu enge Bindung zwischen Arzt und Patienten, welche sich mit »der Zeit [...] von der Formel »Behandler – Behandelter« in das genaue Gegenteil verwandelt«.[18] Keine dieser Studien widmet sich jedoch en détail dem Kontakt zu Grunde liegenden Wechselspiel der psychologischen Akte von Übertragung und Gegenübertragung, welches zwischen Lang und Hesse stattfindet und die Ursache für die herrschenden Bindungskräfte bildet. Exakt dieses Wechselspiel ist Gegenstand der Analyse.

2) Zu zeigen wird dabei sein, dass es sich bei Josef Bernhard Lang um einen Analytiker Jungscher Prägung handelt. Der Umgang der analytischen Psychologie Jungs unterscheidet sich bezüglich der von Freud entdeckten Phänomene der Übertragung/Gegenübertragung im Arzt/Patienten Verhältnis zentral. Diese Differenz – so meine These – ist entscheidend für die schrittweise Wandlung der »Machtverhältnisse« zwischen dem Patienten Hermann Hesse und dem ihn behandelnden Arzt Josef Bernhard Lang. Für Freud sind Phänomene der Übertragung vereinfacht gesagt etwas, »das nicht zum Wesen der therapeutischen Beziehung gehört«.[19] Im Aufsatz *Die zukünftigen Chancen der psychoanalytischen Theorie* (1910) weist Freud explizit auf die Problematik

---

15 Hugo Ball war sowohl mit Hermann Hesse als auch mit Josef Bernhard Lang befreundet. Die von ihm zitierten Dokumente Langs sind nach Angaben von Langs 1999 verstorbener Tochter, Marly Lang, vernichtet worden. Vgl. dazu den Kommentar von Thomas Feitknecht: Hermann Hesse: »Die dunkle und wilde Seite der Seele«. Briefwechsel mit seinem Psychoanalytiker Josef Bernhard Lang 1916–1944. Hg. von Thomas Feitknecht. Frankfurt a. Main 2006, S. 8f.

16 Vgl. Fußnote 15.

17 Zentral sind hier Osman Durrani: Hermann Hesse und sein Psychiater. In: Henriette Herwig/Florian Trabert (Hg.): Der Grenzgänger Hermann Hesse. Freiburg 2013, S. 427–437; Jürgen Below (Hg.): Hermann Hesse: »Der Vogel kämpft sich aus dem Ei«. Eine dokumentarische Recherche der Krisenjahre 1916–1920. Hamburg 2017. Vgl. weiterhin: Günther Bittner: »Dir unbewußt arbeite ich in Dir«. Die Psychoanalyse Hermann Hesses bei Josef Bernhard Lang. Würzburg 2015.

18 Osman Durrani (wie Anm. 17), S. 429.

19 J. Laplanche/J. B. Pontalis: Das Vokabular der Psychoanalyse. Frankfurt a. Main 1972, S. 552.

hin, die in seinen Augen durch eine zu enge Bindung zwischen Arzt und Patient für »das unbewußte Fühlen des Arztes«[20] entsteht. Freud fordert ihre Beseitigung. Gänzlich anders stellen sich die Momente der Gegenübertragung in der Jungschen Psychologie dar, welcher Josef Bernhard Lang anhängt. Bei Jung sind Übertragungsphänomene »das unausweichliche Kennzeichen jeder tiefer gehenden Analyse«. Dass auf diese Weise Akte der Gegenübertragung entstehen und der Therapeut emotional tief in das Verhältnis zum Patienten involviert wird, ist dabei ausdrücklich einkalkuliert.[21]

Diese Gefährdung durch das Gegenübertragungskonzept der analytischen Psychologie – so ist zu zeigen – wird Lang schrittweise in einen therapeutischen Abgrund ziehen. Hesse dagegen kann sich mittels seines Schreibens von der Krise dieses Lebensabschnitts und den mit ihm verbundenen Ängsten zumindest phasisch befreien.

3) Hesse regeneriert sich – im Gegensatz zu seinem Psychoanalytiker – deshalb, weil er die von Lang angeregten Traumanalysen vollzieht, ohne dabei die von Freud und Jung beschriebenen projektiven Phänomene der Übertragung allzu lange aufrechterhalten zu müssen. Hesse gelingt dies dadurch, – so meine These – dass er den psychoanalytischen Prozess nahezu nahtlos in besagten Prozess des Schreibens zu überführen vermag.

Josef Bernhard Lang will sich zunächst einen »Zutritt zu Hesses Unterbewusstsein verschaffen«.[22] Der zentrale Ansatz hierzu ist die Analyse von Hesses Träumen und deren zunächst mündliche Deutung in der Aussprache zwischen Arzt und Patient. Nach zwölf analytischen stationären Sitzungen während der vierwöchigen Kur in Luzern setzt Hesse die Therapie nach seiner Rückkehr nach Bern fort. Hesse fährt fortan einmal pro Woche mit dem Zug nach Luzern zu den therapeutischen Sitzungen mit Lang, die jeweils etwa drei Stunden dauern und sich zwischen Juni 1916 bis November 1917 erstrecken.

---

20 »Wir sind auf die »Gegenübertragung« aufmerksam geworden, die sich beim Arzt durch den Einfluß des Patienten auf das unbewußte Fühlen des Arztes einstellt, und sind nicht weit davon, die Forderung zu erheben, daß der Arzt diese Gegenübertragung in sich erkennen und bewältigen müsse.« Vgl. Sigmund Freud: Die zukünftigen Chancen der psychoanalytischen Theorie. In: ders.: Gesammelte Werke in achtzehn Bänden mit einem Nachtragsband. Hg. von Anna Freud und Marie Bonaparte. Bd. 8, Frankfurt a. Main 1973, S. 108.

21 Jung notiert dazu in seiner Studie *Psychologie der Übertragung*: »Eine gewisse Beeinflussung des Arztes ist unvermeidlich und ebenso eine gewisse Störung beziehungsweise Schädigung seiner nervösen Gesundheit. Er »übernimmt« ja recht eigentlich das Leiden des Patienten und teilt es mit ihm. Darum ist er prinzipiell gefährdet und muß es sein.« Vgl. Carl Gustav Jung: Die Psychologie der Übertragung. In: ders.: Gesammelte Werke. Hg. von Lilly Jung-Merker und Elisabeth Rüf, Bd. 16. Olten 1971, S. 183.

22 J. Below (wie Anm. 7), S. 8.

Langs Aufzeichnungen vermerken für diesen Zeitraum etwa sechzig weitere Sitzungen, die bereits mit ihrer schieren Zahl einen Hinweis auf die Dringlichkeit der Analyse geben. Ab Juli 1917 beginnt Hesse, »wohl auf Anraten Langs«,[23] seine Träume niederzuschreiben und sie auch schriftlich jeweils am Ende der Eintragung zu kommentieren. Vordergründig entsteht dieses »*Traumtagebuch der Psychoanalyse*«,[24] um die wöchentlichen aufreibenden Fahrten nach Luzern einzudämmen, deren Hin-und Rückreise sechs Stunden Zeit in Anspruch nahm. Für Hesse jedoch führt die Verschriftlichung seiner eigenen Träume während des Sommers 1917 bis zum Sommer 1918 in dem 111-seitigen Typoskript zurück zu einer ihm vertrauten Form der Selbstbegegnung. Diese »Höllenreise durch mich selbst« wird Hesse am Ende die Psychoanalyse durch die vertraute Konfliktbewältigungsform Dichtung ersetzen. Hesse kompensiert den abwesenden Psychoanalytiker durch den schriftlich fixierten und danach literarisierten Prozess einer Selbstfindung. Er tut dies in zwei Schritten: a) durch die Aufzeichnung und Deutung seiner Träume im *Traumtagebuch der Psychoanalyse*. b) durch die Literarisierung dieses Traummaterials im parallel entstehenden Roman *Demian*, der im Kern jenen Weg der Selbstfindung beschreibt, welche die Analysetechnik C. G. Jungs als Individuationsprozess[25] bezeichnet.

---

23 Hans-Walter Schmidt-Hannisa: »Wie die Äußerungen des Unbewußten uns zeigen«. Hermann Hesses Traumtagebuch. In: Henriette Herwig/Florian Trabert (wie Anm. 17), S. 443.

24 Dieses Traumtagebuch wurde nach einem Sperrvermerk durch Hesses dritte Frau, Ninon Hesse, erst 1996 freigegeben. Zuvor hatte Hesses Ehefrau bereits zensierend in den Text eingegriffen und an mehreren Stellen des Manuskripts Passagen entfernt, deren Inhalte ihr allzu anstößig erschienen sind. Vgl. dazu H. W. Schmidt-Hannisa (wie Anm. 23), S. 446f.

25 Individuation bezeichnet in Jungs analytischer Psychologie einen psychischen Wandlungs- und Reifungsprozess, welcher die Ganzwerdung und Selbstverwirklichung der Person, den Wechsel vom »Ich zum Selbst« zum Ziele hat. Zu den einzelnen Etappen auf dem Weg zur Individuation gehören laut Jung a) die Auseinandersetzung mit dem »Schatten«, sprich: den dunklen Charakterzügen und Aspekten der Persönlichkeit; b) die gegengeschlechtliche Integration von Anima und Animus, sprich: der weiblichen/männlichen Anteile im Unbewussten des Mannes/der Frau; und c) der ausgewogene Umgang mit den eigenen vier Orientierungsfunktionen Denken, Fühlen, Empfinden und Intuition. Vgl. zum Einstieg Helmut Hark (Hg.): Lexikon Jungscher Grundbegriffe. Olten 1988, S. 79ff.

1. Übertragung: Hermann Hesse und Josef Bernhard Lang

Der Kontakt zwischen dem Dichter Hermann Hesse und dem vier Jahre jüngeren Arzt Josef Bernhard Lang beginnt 1916 mit der Psychoanalyse Hermann Hesses in Luzern und endet 1945 mit dem Tode Langs als »Patient in der gleichen psychiatrischen Klinik, in der er vorher als Arzt gewirkt hatte.«[26] Zwischen beiden Männern stellt sich bereits bei den ersten Begegnungen im Sanatorium in Luzern unmittelbar Sympathie ein. Dies mag mit verblüffend ähnlichen Grunderlebnissen in der pubertären Reifungsphase zu tun haben. Wie Hesse verlässt Lang im Alter von fünfzehn Jahren das bäuerliche Elternhaus in Ligschwil, einem Weiler nahe bei Luzern, um in einem katholischen Internat die Priesterlaufbahn einzuschlagen. Wie Hesse verweigert sich Lang dem Priesterberuf, begehrt massiv gegenüber der Institution auf, bringt jedoch – anders als dieser – sein medizinisches Staatsexamen mit glänzenden Noten zum Abschluss.[27] Die Begegnung gestaltet sich für beide Männer als Begegnung mit einer Art Seelenverwandtem. Für Lang eröffnet der Kontakt mit dem berühmten Schriftsteller die einmalige Chance, einen unmittelbaren Blick in die Schreibwerkstatt eines Künstlers zu tun. Zeitlebens wird Lang in seinen Briefen jedes neue Werk Hesses (*Demian, Steppenwolf, Glasperlenspiel* etc.) mit fast anbiedernd wirkenden Lobeshymnen überschütten. So heißt es etwa in Josef B. Langs Brief vom 29. Mai 1927 an Hesse:

> Mein lieber Freund,
> ich danke Dir von Herzen für den geliebten Steppenwolf, den ich in einem Zuge verschlungen habe. Ich habe mich an seinem blühenden Safte berauscht. Er wird die Welt revolutionieren und den Meisten seiner Leser ist er wohl gesetzt zum Falle, aber den Auserwählten zur Auferstehung. Es ist das stärkste Buch, das ich je gelesen.[28]

Im Brief vom 27. Juli 1930 echauffiert sich Lang darüber, dass Thomas Mann zeitlich vor Hesse den Literaturnobelpreis erhalten hat.[29] Im Brief vom 24. August 1936 heißt es süßlich: »Ich bin immer sehr gespannt auf alle die herrlichen Werke Deiner Muse. Sonst lese ich wenig deutsche Literatur

---

26 Kommentar T. Feitknecht, in: H. Hesse: »Die dunkle, wilde Seite der Seele« (wie Anm. 15), S. 9. Die folgenden Bemerkungen zur Vita Josef Bernhard Langs orientieren sich stark am grundlegenden Kommentar Feitknechts zu Leben und Wirken J. B. Langs.

27 Vgl. hierzu »Die dunkle, wilde Seite der Seele« (wie Anm. 15), S. 10f., Schwilk (wie Anm. 3), S. 197f.

28 »Die dunkle, wilde Seite der Seele« (wie Anm. 15), S. 243.

29 Ebd., S. 271.

mehr, ich habe immer das Gefühl ich verstehe auch das Deutsch, das jetzt ausser Dir geschrieben wird, nicht mehr.«[30]

Hesse erhofft sich im Gegenzug seine »Ehe und Sexualität, das ungeklärte Verhältnis zu seinen Eltern, seine Depressionen und Angstzustände«[31] mit Hilfe seines Psychoanalytikers verbessern zu können. Lang war nach seiner Dissertation *Über Assoziationsversuche bei Schizophrenen und den Mitgliedern ihrer Familien* (1913) in Zürich in Berührung mit dem Kreis um C. G. Jung gekommen. Jungs *Assoziationsmethode zur Diagnostik der Komplexe* hatte Langs Interesse geweckt. Er suchte den engen persönlichen und brieflichen Kontakt mit Jung und weiteren Schweizer Psychiatern wie Alphonse Maeder und Franz Riklin.[32] Für Hesses Traumanalysen, die Lang in den gemeinsamen Sitzungen mit Hesse langen Deutungsversuchen nach Jungschem Muster unterzieht, ist folgender Punkt bedeutsam: Bei Jung werden Träume nicht primär auf verdrängte libidinöse Wunschvorstellungen hin gedeutet, ein Interpretationsmuster, das bekanntlich entscheidend für Jungs Mentor Sigmund Freud in dessen 1900 erschienenen *Traumdeutung* sein wird. Die Traumanalysen, welche von der analytischen Psychologie Jungs dagegen forciert werden, suchen in Träumen weitaus eher nach archetypischen Bildern und mythologischen Motiven als nach verdrängter Sexualität. Es handelt sich laut Jung dabei um wiederkehrende Muster dessen, was er das kollektive Unbewusste nennt.[33] Diese »urtümlichen, angeborenen und ererbten Formen des Geistes«[34] durch die Träume erneut an die Oberfläche zu bringen, jene

---

30 Ebd., S. 335f.

31 Schwilk (wie Anm. 3), S. 197.

32 »Die dunkle, wilde Seite der Seele« (wie Anm. 15), S. 11.

33 In »Der Mensch und seine Symbole« heißt es dazu bei Jung: Die symbolbildende Funktion unserer Träume ist ein Versuch, den ursprünglichen Geist des Menschen in das »fortschrittliche«, differenzierte Bewußtsein zu bringen, wo er nie vorher war, weshalb er auch nie einer kritischen Selbstbetrachtung unterworfen werden konnte. Denn in längst vergangenen Zeiten bestand die ganze menschliche Persönlichkeit aus diesem ursprünglichen Geist. Als sich das Bewußtsein entwickelte, verlor der bewußte Geist den Kontakt zu einem Teil dieser primitiven psychischen Energie, und der bewußte Geist hat den ursprünglichen Geist nie gekannt, weil dieser bei der Entfaltung seines sehr differenzierten Bewußtseins, welches allein ihn erkennen könnte, abgestreift wurde. Aber anscheinend hat das, was wir das Unbewußte nennen, primitive Kennzeichen bewahrt, die einen Bestandteil des ursprünglichen Geistes bildeten. Auf diese Merkmale beziehen sich die Traumsymbole ständig, als ob das Unbewußte versuchte, alles, wovon sich der Geist während seiner Entwicklung befreit hatte, wieder zurückzubringen – Illusionen, Phantasien, archaische Denkweisen, grundlegende Instinkte usw. Vgl. C. G. Jung/Marie-Louise von Franz/Joseph L. Henderson/Jolande Jacobi/Aniela Jaffé: Der Mensch und seine Symbole. Olten 1968, S. 9.

34 C. G. Jung: Traum und Traumdeutung. München 1990, S. 51.

»archaischen Überreste«[35] wieder in den Zusammenhang von Leib und Geist zu bringen, hat im Sinne der analytischen Psychologie heilende Funktion für die Psyche.

Bereits nach einigen wenigen Sitzungen mit Josef Bernhard Lang scheint Hesse erkannt zu haben, »dass Jungs Psychologie ihm die Chance bietet, das [...] Fundament seines Lebens auf eine neue, zeitgemäße und erregende Weise zu deuten und für seine dichterische Arbeit fruchtbar zu machen.«[36]

Angeregt von Empfehlungen Josef Bernhard Langs vermerkt sein Traumtagebuch vom 20. August 1917 die Lektüre von Wolfgang Schultz' *Dokumente der Gnosis*, deren Einleitung Hesse liest, »bis jetzt noch mit wenig Ergebnissen, doch nicht ohne wirkliches Interesse.«[37]

Zehn Tage später, am 30. August 1917, belegt das Traumtagebuch das Studium von C. G. Jungs 1916 erschienenem Text *Die transzendente Funktion*. Hesse tastet sich buchstäblich in das für ihn noch unbekannte, aber immer faszinierender werdende Terrain:

> Ich las jetzt das kleine, neue Buch von Dr. Jung. Über manches hat es mich sehr klar und wertvoll belehrt, z. b. die Trennung der Inhalte des Unbewußten in persönliche und kollektive ist mir erst bei dieser Darstellung ganz klar geworden. Anderes bleibt mir noch rätselhaft. Ob ich selbst intro- oder extrovertiert sei, weiß ich auch nicht.[38]

Was Hesse in Jungs Schrift *Die transzendente Funktion* ebenfalls gelesen hat, findet im Traumtagebuch zunächst keine Erwähnung. Es handelt sich um das Problem der *Übertragung*, das laut Jung jedem behandelnden Arzte droht, der seinem Patienten dabei hilft, die Inhalte seines Unbewussten sichtbar werden zu lassen und mit dem Bewusstsein zu verbinden. Dazu heißt es in Jungs gleichnamiger Schrift:

> In praxi vermittelt daher der entsprechend vorgebildete Arzt dem Patienten die transzendente Funktion, das heißt, er hilft dem Patienten, Bewußtsein und Unbewußtes zusammenzusetzen und dadurch zu einer neuen Einstellung zu gelangen. In dieser Funktion des Arztes liegt eine der verschiedenen Bedeutungen der Übertragung: der Patient klammert sich mit der Übertragung an den Menschen, der ihm eine Erneuerung der Einstellung zu versprechen scheint: er sucht mit der Übertragung diese Veränderung, die für ihn unerläßlich

35 Ebd., S. 51; vgl. auch Schwilk (wie Anm. 3), S. 199f.

36 Schwilk (wie Anm. 3), S. 200.

37 Hermann Hesse: Traumtagebuch der Psychoanalyse 1917/18. In: ders.: Sämtliche Werke. Bd. 11. Autobiographische Schriften I. Hg. von Volker Michels, Frankfurt a. Main 2003, S. 473.

38 Ebd., S. 480.

> ist, zu erlangen, auch wenn er sich dessen nicht bewußt ist. Der Arzt hat daher für den Patienten den Charakter einer unentbehrlichen und zum Leben absolut notwendigen Figur.[39]

Zu Beginn der Analyse lassen sich fraglos derartige Übertragungsphänomene finden. Bereitwillig beliefert Hesse anfangs seinen Analytiker mit intimem Traummaterial. Er scheint geradezu begierig danach, Josef Bernhard Lang interpretationsstarke Bildzeugnisse zu bieten. Als er auf Anregung Langs eine Studie Ludwig Franks über Affektstörungen liest,[40] berichtet Hesse in einem Brief an Lang mit großer Offenheit:

> An Hand einiger Krankengeschichten fiel mir noch ein, daß ich als Knabe sehr lang, mindestens bis ins elfte Jahr, eher länger, an Bettnässen litt, wogegen nichts half. Auch in erregten Zuständen, ganz besonders beim Lachen, trat oft ungewollt Blasenentleerung ein. Ferner erinnerte ich mich, daß ich schon früh (etwa 7jährig) zeitweise durch Spielen an den Genitalien angenehme Sensationen wachrief. Erinnerlich ist mir dies dadurch, daß mir wieder einfiel, wie einst in Basel ein Bekannter unsres Hauses, den ich auf der Straße begleitete, mich veranlaßte, die Hand aus der Tasche zu nehmen, mit den Worten: »Man darf nicht mit diesem Ding da spielen!«[41]

Derartige Bekenntnisse zeigen fast einen Drang zur Übererfüllung therapeutischer Sehnsüchte, wie etwa die Darstellung eines Traums im Herbst 1917, von dem Hesse im Brief an Lang am 26. November 1917 berichtet:

> Fast keine Träume. Heut Nacht ein seltsames Bruchstück, ein Coitus mit meinem zweiten, achtjährigen Buben [Heiner Hesse], wobei fast ohne Erektion eine reichliche Samenabgabe erfolgte. Auch ihm Traum schon war dabei die Auffassung dieses Coitus als Spiel oder Ersatz vorhanden, so als diene der kleine Kinderkörper lediglich als schwacher Ersatz, oder als Basis für onanistische Vorstellungen.[42]

Hier konfrontiert sich der Patient Hesse gegenüber seinem Therapeuten in drastischer Umstandslosigkeit mit den verdrängten und nicht akzeptierten

---

39 C. G. Jung: Die transzendente Funktion. In: ders.: Die Dynamik des Unbewussten. Gesammelte Werke. Bd. 8. Olten 1971, S. 84f.

40 Ludwig Frank: Affektstörungen, Studien über ihre Ätiologie und Therapie. Berlin 1913, vgl. »Die dunkle, wilde Seite der Seele« (wie Anm. 15), S. 30.

41 Brief Hesses an J. B. Lang vom 22. Juni 1916. Vgl.: »Die dunkle, wilde Seite der Seele« (wie Anm. 15), S. 30.

42 Ebd., S. 50.

Aspekten seiner Persönlichkeit, mit dem, was C. G. Jung in seiner analytischen Psychologie als Schatten bezeichnen wird.[43]

Hesse ist bei alledem schnell von einer Art Wesensverwandtschaft mit dem Arzt überzeugt, eine Haltung, die auch von Seiten Langs durchaus geteilt wird. Schrittweise schafft sich die wachsende Nähe zwischen Patienten und Arzt über die Sprache Bahn. Thomas Feitknecht, der Herausgeber des Briefwechsels zwischen Hesse und Lang, konstatiert zu Recht: »In seinen Briefen benützte Hesse schon nach knapp zwei Jahren neben der Anrede »Lieber Herr Doktor« gelegentlich auch die Formulierung »Lieber Doktor und Freund«, ab 1919 sprachen sich die beiden Briefpartner gegenseitig meist mit »Lieber Freund« an, aber noch per »Sie«, 1925 wich die Höflichkeitsform dem vertrauten »Du« und Hesse nannte Lang immer häufiger »Longus« (nach dem Namen, den er dem Sterndeuter in seiner Erzählung *Die Morgenlandfahrt* gegeben hat).[44]

Früh fordert Lang bereits im Herbst 1916 Hesse dazu auf, seine Träume auch bildnerisch darzustellen. Nach anfänglichem Widerstand kommt der Schriftsteller dieser Aufforderung immer enthusiastischer nach. So bemerkt ein Brief Hesses aus dem Ski-Urlaub in St. Moritz vom 25. Februar 1917:

> Lieber Herr Doktor! Hier ein paar Malereien, die ich hier gemacht habe, nur als Lebenszeichen. Bitte behalten Sie sie einstweilen bei sich! [...] Ich träume oft, weiß aber nie, was deuten. Ihrer denke ich oft in dankbarer Freundschaftlichkeit![45]

Als im Frühjahr 1919 endgültig deutlich wird, dass Hesses Ehe mit Maria Bernouilli nicht mehr zu retten ist, Mia in einer Heilstätte und die drei gemeinsamen Kinder bei Freunden oder in Heimen untergebracht werden müssen, wird Josef Bernhard Lang trotz der bereits beendeten ersten Analyse zu einem unentbehrlichen lebenspraktischen Helfer. Lang organisiert die Unterbringung der Kinder, besucht Hesses Noch-Ehefrau in der Nervenheilanstalt in Küsnacht und nimmt angesichts der von Hesse angestrebten Scheidung Kontakt mit dessen Schwager Fritz Bernouilli auf.[46] Immer wieder kommt Hesse dabei gegenüber seinem Therapeuten auf »die drei Tröstungen« seiner »Jugendjahre« zu sprechen: »literarische Arbeit, Alkohol

---

43 Das Traumtagebuch verzeichnet weitere pädophile Träume Hesses und widmet sich zudem ausgiebig dem Thema Onanie, welches sich laut Schmidt-Hannisa »wie ein roter Faden durch Hesses Aufzeichnungen« (S. 447) zieht. Vgl. Hans Walter Schmidt-Hannisa: Hermann Hesses Traumtagebuch (wie Anm. 23), S. 446ff.

44 »Die dunkle, wilde Seite der Seele« (wie Anm. 15), S. 14.

45 Vgl.: »Die dunkle und wilde Seite der Seele« (wie Anm. 15), S. 34f.

46 Ebd., S. 14.

und im Hintergrund der tröstliche Gedanke an den Selbstmord«[47]. Er wechselt nach der Trennung von der Familie den Wohnort, bezieht im April 1919 die Casa Camuzzi in Montagnola im Tessin. Hier entsteht im Juli/August 1919 die Erzählung *Klingsors letzter Sommer*, welche in ihrem ständigen Pendeln zwischen rauschhafter Lebenszuwendung und abrupt einsetzenden Schüben von Todesangst wie die poetisierte Darstellung einer bipolaren Störung wirkt. Hesse stellt in der Klingsor-Figur – nur notdürftig verschlüsselt – seine aktuelle Befindlichkeit nach dem Bruch mit dem bisherigen Lebensmodell Familie dar. Ein Zustand, den er ein Jahr später zurückblickend selbst als »Rückkehr aus dem Krieg ins Leben, aus dem Joch in die Freiheit«[48] empfinden wird. Eine Freiheit jedoch, die in der Darstellung der Erzählung durchaus Ambivalenzen aufweist. Davon spricht der Text in zahlreichen Passagen. Drei Beispiele, die sich nahezu beliebig erweitern ließen:

> In allen [...] fruchtbaren, glühenden Zeiten seines Lebens [...] hatte er so gelebt, hatte seine Kerze an beiden Enden brennen gehabt, mit einem bald jubelnden, bald schluchzenden Gefühl von rasender Verschwendung, von Verbrennen, mit einer verzweifelten Gier, den Becher ganz zu leeren, und mit einer tiefen verheimlichten Angst vor dem Ende.[49]
>
> Sie stießen an, dunkel lächelte der Schatten aus seinen tiefen Höhlenaugen – und plötzlich ging etwas durch den Saal, wie ein Wind, wie ein Geist [...] Klingsor blickte nach den schwarzen Türen [...] Draußen stand der Tod. Er sah ihn stehen. Er roch ihn. Wie Regentropfen in Landstraßenstaub, so roch der Tod.[50]
>
> Ich trinke euch, holde Erscheinungen! Ich täusche euch Dauer und Unsterblichkeit vor, ich, der Vergänglichste, der Ungläubigste, der Traurigste, der mehr als ihr alle an der Angst vor dem Tode leidet.[51]

Nachdem er im Spätsommer 1919 von einem erneuten psychotischen Schub seiner Frau erfährt, nimmt Hesse eine Überdosis Opium ein. Im Brief an seinen ehemaligen Therapeuten J. B. Lang vom 15./22. September 1919 heißt es dazu:

> Als daher dieser Tage die erste beängstigende Nachricht über meine Frau eintraf, nahm ich sofort die Portion Opium zu mir, die ich seit fast einem Jahr für diesen Fall gespart hatte. An den Folgen bin ich noch krank, ich habe in der Betäubung alles wieder erbrechen müssen, lag 12 Stunden betäubt und taumle seither, noch halb betrunken, mit Magenschmerzen zwischen Bett und Lokus. Damit haben

47 Brief Hesses vom 1. März 1919 an J. B. Lang, vgl.: »Die dunkle und wilde Seite der Seele« (wie Anm. 15), S. 96.

48 Vgl. dazu Hermann Hesse: Erinnerung an Klingsors letzter Sommer. In: Gesammelte Werke in 12 Bänden. Bd. 11. Hg. von Volker Michels. Bd. 12. Frankfurt a. Main 1987, S. 45.

49 Hesse, Klingsors letzter Sommer (wie Anm. 13), S. 286.

50 Ebd., S. 319.

51 Ebd., S. 311f.

> Sie meine momentane Situation. Das weitere warte ich ab. Wahrscheinlich wird es nicht durchzuführen sein, und das Experiment von neulich muß ernstlicher wiederholt werden. Für alle Fälle bitte ich um Ihre Hilfe, auch um Ihre Diskretion. Bitte betrachten Sie sich noch immer als meinen Arzt.[52]

Ostentative Betonung der eigenen körperlichen und psychischen Hilflosigkeit, latente Drohung bei ausbleibender Besserung erneut einen Suizidversuch einzuleiten, danach eine empathisch verbrämte Bitte um Hilfe und der fast beschwörend anmutende Satz: »Bitte betrachten Sie sich noch immer als meinen Arzt.« Hesse versteht es trotz seiner desolaten Lage meisterhaft, den »Doktor und Freund« für die eigenen Belange zu instrumentalisieren. Ziemlich genau zwei Jahre zuvor hatte er sich mit einem anderen, deutlich berühmteren Arzt getroffen. Am 8. September 1917 befindet sich C. G. Jung dienstlich in Bern und lädt Hesse, mit hoher Wahrscheinlichkeit durch die Vermittlung Josef Bernhard Langs, zum Abendessen ein. Hesse nimmt die Einladung nach kurzem Zögern an und verbringt den Abend mit dem berühmten Therapeuten:

> Ich nahm an und war den Abend bis gegen elf mit ihm zusammen. Mein Urteil über ihn wechselte während diesem ersten Zusammensein mehrmals, sein starkes Selbstbewusstsein gefiel mir bald, bald stieß es mich ab, im Ganzen blieb aber ein sehr guter Eindruck. In der Nacht glaubte ich mehreres von ihm geträumt zu haben, weiß aber nichts mehr [...] Wir sprachen gestern Abend über Vieles, auch das Gnostische und das Chinesische kam dran, es war wertvoll und spannend. [...] Von Dr. Lang sagte er mit Nachdruck, das sei einer, der seine Sache auch lebe.[53]

Darauf, dass Josef Bernhard Lang »seine Sache auch leb[t]«, kann sich Hermann Hesse bei diesem Arzte nach wie vor unfehlbar verlassen.

2. Gegenübertragung: Josef Bernhard Lang und Hermann Hesse

Wie bereits festgestellt, kommt es zwischen Juni 1916 und November 1917 zu mehr als 60 Konsultationen Hesses bei seinem Therapeuten Josef Bernhard Lang. Diese Sitzungen dauerten bis zu drei Stunden. Lang versucht in ihnen, verborgenes psychisches Material an die Oberfläche zu befördern. Hugo Ball, der noch Einsicht in die Gesprächsprotokolle Josef Bernhards Langs hatte,

---

52 Brief Hesses vom 15./22.09.1919 an J. B. Lang. Vgl. »Die dunkle und wilde Seite der Seele« (wie Anm. 15), S. 101.

53 Volker Michels (Hg.): Materialien zu Hermann Hesses *Demian*. Erster Band. Die Entstehungsgeschichte in Selbstzeugnissen und Dokumenten. Frankfurt a. Main 1993, S. 107.

nennt den Arzt Hesses einen »große[n] Verführer zum Leben«, dessen »überredenden Stimme« es »gelingt [...], den Freund in allen Tiefen sich finden und erschöpfen zu lassen.«[54] Ball oszilliert in seiner Darstellung Langs zwischen Bewunderung und Skepsis: Einerseits scheint er fasziniert von der Empathie und dem Engagement, mit welchem sich Lang dem Therapie- und Heilungsprozess Hesses widmet. Andererseits wirkt der Biograph unangenehm berührt vom Distanzverlust, den »dieser merkwürdige Arzt« gegenüber seinem Patienten Hesse offenbart. Ball kann es sich »nicht versagen«, einige von Langs »Sätze[n] aus der Demian-Zeit«, sprich: der Zeit der therapeutischen Sitzungen, wörtlich in seiner Hesse-Biographie mit aufzunehmen. Lang notiert aus einem Gesprächsprotokoll etwa folgende Passage:

> 25. X. 17 »Wo bist Du heute?
> Dir unbewußt arbeite ich in Dir, durchbrechend die harte Kruste, die auf meinem Verliese lastet, damit ich das Eis Deiner Seele durchdringen kann. Gehe ruhig zur Ruhe, ich bin Dir immer nahe, sende aber oft des Tages und während der Nacht die Strahlen Deiner Gedanken in den finsteren Schacht Deiner Seele, wo ich mich Dir zu nahen suche, um Berührung zu gewinnen.[55]

In derartigen Formulierungen Langs verschwinden die Grenzen zwischen psychoanalytischem Protokoll und literarischer Aufzeichnung. Der Therapeut wird zu einem »Bergarbeiter«, der in einer Art naturphilosophisch romantischem Gestus in den Schacht der fremden Psyche einsteigt, um die im Schoß der Erde, hier: dem »Schacht der Seele«, verborgenen Geheimnisse ans Tageslicht zu befördern. Hesse zeigt sich für eine derartige Metaphorik im therapeutischen Prozess seitens Langs offenbar durchaus empfänglich. Im Umfeld der Sitzungen bei Lang verfasst der Dichter eine Reihe von Kunstmärchen, unter anderem 1916 ein Märchen mit dem Titel *Der schwere Weg*. Abgesehen davon, dass der Text eine triviale Symbolisierung des Jungschen Archetypenkonzepts (der Anima-Mythos vom Bild der Großen Mutter) und Individuationsprozesses darstellt,[56] ist die Bindung zwischen wissendem

54 Hugo Ball: Hermann Hesse (wie Anm. 14), S. 158.

55 Ebd., S. 157f.

56 In diesem Text versucht ein durch hohes Einfühlungsvermögen charakterisierter Bergführer seinen widerstrebenden Begleiter davon zu überzeugen, dass er den beschwerlichen Weg aus dem Tal heraus nach oben, zum Gipfel, aus eigener, innerer Überzeugung und ohne Zwang gehen muss, um seine innere Freiheit zu gewinnen. Als der Aufstieg endlich gelingt und der Wanderer zusammen mit seinem Führer aus einem dunklen Spalt ins gleißende Licht steigt, singt ihnen ein einsamer Vogel auf dem Gipfel das Lied von der Ewigkeit. Vogel und Führer fliegen davon, der Geheilte stürzt »durchs Unendliche hinabwärts, an die Brust der Mutter«. Vgl. Hermann Hesse: Der schwere Weg. In:

Bergführer (Therapeut) und suchendem Wanderer (Patient) in simpel verschlüsselter Bildsprache verhandelt. Offenkundig kommt hier das Anfangsverhältnis zwischen dem Patienten Hermann Hesse und seinem Analytiker Josef Bernhard Lang in fiktionalisierter Form zur Sprache. Dieses Verhältnis übersteigt durch den Grad seiner Intimität zwischen den Beteiligten die gängigen Konstruktionen des Arzt-Patientenkontakts innerhalb einer Therapie. Josef Bernhard Lang muss dies früh wahrgenommen haben. Der Therapeut ahnt, dass er auf den Irrweg der Gegenübertragung geraten sein könnte. Bereits in der Behandlungsphase bittet Lang »Hesse um ein Gespräch über ihre persönliche Beziehung zueinander«.[57] In einem Brief vom 11. Januar 1918, nachdem die therapeutischen Sitzungen beendet sind, der Kontakt aber weiter intensiv besteht, äußert sich Josef Bernhard Lang gegenüber Hesse deutlicher:

> Dass Sie auf meine Freundschaft und mein Interesse zählen können, brauche ich Ihnen wohl nicht zu versichern. Aber zeitweise habe ich einige Schwierigkeiten wegen der Natur unserer gegenseitigen Beziehung zu einander, ich finde, es ist da etwas, das noch nicht gelöst ist. Ich weiss nicht, wie viel bei mir Subjektives dabei ist, auf jeden Fall müssen wir da einmal miteinander sprechen. Ich habe auch das Gefühl, dass Sie da auch eine Unsicherheit fühlen, oder ist meine Vermutung nur auf der Subjektstufe richtig? Wenn Sie mir etwas darüber schreiben könnten, wäre ich Ihnen sehr dankbar.[58]

1910 weist Sigmund Freud im Aufsatz *Die zukünftigen Chancen der psychoanalytischen Theorie* (1910) erstmals explizit auf ein Phänomen hin, das in seinen Augen durch eine zu enge Bindung zwischen Arzt und Patient entstehen kann und »die Gesamtheit der unbewußten Reaktionen des Analytikers auf die Person des Analysten« zu beeinflussen vermag. Freud nennt dieses Phänomen Gegenübertragung. Er schreibt:

> Wir sind auf die »Gegenübertragung« aufmerksam geworden, die sich beim Arzt durch den Einfluß des Patienten auf das unbewußte Fühlen des Arztes einstellt, und sind nicht weit davon, die Forderung zu erheben, daß der Arzt diese Gegenübertragung in sich erkennen und bewältigen müsse. Wir haben, seitdem eine größere Anzahl von Personen die Psychoanalyse üben und ihre Erfahrungen untereinander austauschen, bemerkt, daß jeder Analytiker nur so weit kommt, als seine eigenen Komplexe und inneren Widerstände es gestatten, und verlangen daher, daß er seine Tätigkeit mit einer Selbstanalyse beginne und diese, während er seine Erfahrungen an Kranken macht, fortlaufend vertiefe. Wer

---

ders.: Sämtliche Werke, Bd. 9. Hg. von Volker Michels, Frankfurt a. Main 2002, S. 120. Zur genaueren Deutung des Märchens vgl. Schwilk (wie Anm. 3), S. 202f.

57 Osman Durrani: Hermann Hesse und sein Psychiater (wie Anm. 17), S. 431.

58 Brief Hesse an J. B. Lang, 11. Januar 1918, vgl.: »Die dunkle, wilde Seite der Seele« (wie Anm. 15), S. 65.

in einer solchen Selbstanalyse nichts zustande bringt, mag sich die Fähigkeit, Kranke analytisch zu behandeln, ohne weiteres absprechen.[59]

Im Sinne Freuds werden im Laufe einer psychotherapeutischen Beziehung »Erinnerungen und Gefühle von Arzt und Patient in einer zunächst für beide schwer überschaubaren Weise ineinander verschoben.«[60] Dieser Mechanismus ist für Freud zunächst unvermeidlich, damit Arzt und Patient zueinander Vertrauen fassen können. Hier liegt der Begründer der Psychoanalyse noch auf einer Linie mit den Vorstellungen seines Schülers C. G. Jung und dessen analytischer Psychologie. Was das Moment der »Übertragung« angeht, so definiert Freud diesen Begriff in der einzigen Schrift, die sich explizit diesem Problem widmet, der 1912 erschienenen *Zur Dynamik der Übertragung*. Übertragung ist bei Freud dabei zunächst als »Libidobesetzung« des Patienten gekennzeichnet, welche sich »der Person des Arztes zuwendet.«[61] Der Patient setzt laut Freud den Analytiker häufig an die Stelle seines Vaters, jedoch ist »die Übertragung [...] an dieses Vorbild nicht gebunden, sie kann auch nach der Mutter- oder Bruder-Imago usw. erfolgen.«[62] Die Übertragung soll laut Freud im Patienten unbewusst »zu einer Art Nacherziehung des Neurotikers [führen]«, sie soll »Missgriffe korrigieren, die sich die Eltern in ihrer Erziehung zu Schulden kommen ließen.«[63] Freud erhebt an den behandelten Analytiker angesichts dieses Sachverhalts die eindeutige Forderung, derartige Phänomene der Übertragung beim Patienten zu erkennen, zu analysieren und sie sich aus der Distanz einer kritischen Selbstanalyse zu Nutze zu machen. Ein schwieriges Vorhaben, da die Formen der Übertragung, welche als »stürmische Liebesforderung« oder »in gemäßigteren Formen«[64] an den Analytiker heran treten können, als »der stärkste Widerstand gegen die Behandlung«, als »die stärkste

59 Sigmund Freud: Die zukünftigen Chancen der psychoanalytischen Theorie. In: ders.: Gesammelte Werke in achtzehn Bänden mit einem Nachtragsband. Hg. von Anna Freud und Marie Bonaparte. Bd. 8, Frankfurt a. Main 1973, S. 108.

60 Uwe Hendrik Peters: Übertragung – Gegenübertragung. Geschichte und Formen der Beziehungen zwischen Psychotherapeut und Patient. München 1977, S. 11.

61 Sigmund Freud: Zur Dynamik der Übertragung. In: ders.: Gesammelte Werke, Bd. VIII, Frankfurt a. Main 1943, S. 365.

62 Ebd. S. 366.

63 Sigmund Freud: Abriß der Psychoanalyse. In: ders.: Gesammelte Werke, Bd. XVI, S. 100.

64 Sigmund Freud: Vorlesung zur Einführung in die Psychoanalyse. 27. Vorlesung. In: ders.: Gesammelte Werke Bd. XI, S. 459f.

Waffe des Widerstandes« oder als »vorzügliches Mittel des Widerstandes«[65] des Analysanten gegenüber der Therapie bezeichnet werden.[66]

Für den Analytiker selbst bedeutet dies zwingend, die Übertragungsphänomene des Patienten für die analytische Arbeit niemals aus dem Blickfeld zu verlieren und im Gegenzug »die [eigenen] Gegenübertragungsreaktionen durch die persönliche Analyse so weit wie möglich zu reduzieren.«[67] Freud denkt sich die analytische Kur aus Therapeuten-Perspektive als eine Art Spiegel für den Patienten: »Der Arzt soll undurchsichtig für den Analysierten sein und wie eine Spiegelplatte nichts anderes zeigen, als was ihm gezeigt wird.«[68] Ein weiteres Bild, welches Freud wählt, um den Therapeuten von den Mechanismen der Gegenübertragung möglichst frei zu halten, ist folgendes:

> Ich kann den Kollegen nicht dringend genug empfehlen, sich während der psychoanalytischen Behandlung den Chirurgen zum Vorbild zu nehmen, der alle seine Affekte und selbst sein menschliches Mitleid beiseite drängt und seinen geistigen Kräften ein einziges Ziel setzt: die Operation so kunstgerecht wie möglich zu vollziehen [...] Die Rechtfertigung dieser vom Analytiker zu fordernden Gefühlskälte liegt darin, daß sie für beide Teile die vorteilhaftesten Bedingungen schafft, für den Arzt die wünschenswerte Schonung seines eigenen Affektlebens, für den Kranken das größte Ausmaß an Hilfeleistung, das uns heute möglich ist.[69]

An diesen Wissensbeständen lassen sich die Abweichungen vom Jungschen Konzept der Übertragung und Gegenübertragung, welche an der Therapie-Methode Josef Bernhard Langs sichtbar werden, am deutlichsten zeigen: Grundsätzlich anerkennt Jung alle wesentlichen Feststellungen der Freudschen Schule zum Phänomen Übertragung – Gegenübertragung in puncto Wichtigkeit und Unvermeidlichkeit für die Arzt-Patienten-Beziehung.[70] Von Anfang an

---

65 Freud, Zur Dynamik der Übertragung (wie Anm. 61), S. 370.

66 Freud weist in *Zur Dynamik der Übertragung* nachdrücklich darauf hin, dass die »Bezwingung der Übertragungsphänomene dem Psychoanalytiker die größten Schwierigkeiten bereitet«, dass aber »gerade sie (die Schwierigkeiten), uns den unschätzbaren Dienst erweisen, die verborgenen und vergessenen Liebesregungen des Kranken aktuell und manifest zu machen, denn schließlich kann niemand in absentia oder in effigie erschlagen werden.« Vgl. Zur Dynamik der Übertragung (wie Anm. 61), S. 374.

67 Vgl. Eintrag Gegenübertragung. In: J. Laplanche/J.-B- Pontalis: Das Vokabular der Psychoanalyse. Frankfurt a. Main 1972, S. 164.

68 S. Freud: Ratschläge für den Arzt bei der psychoanalytischen Behandlung. In: ders.: Gesammelte Werke, Bd. VIII, Frankfurt a. Main 1943, S. 384.

69 Ebd., S. 381.

70 In diesem Punkt ist eine Passage bei Jung von zentraler Bedeutung, in welcher er auf sein persönliches Verhältnis zu Freud im Zusammenhang mit dem Phänomen der Übertragung zu sprechen kommt: »Was für eine hohe Bedeutung Freud dem Übertragungsphänomen

jedoch grenzt sich Jung dezidiert von Freud in jenem Punkte ab, der »das Netz von Übertragung – Gegenübertragung«[71] angeht. Für Jung sind Phänomene der Gegenübertragung im Arzt-Patienten-Verhältnis während des therapeutischen Prozesses weder vermeidbar noch von vorneherein negativ besetzt. In Jungs Studie *Psychologie der Übertragung* heißt es dazu:

> Eine gewisse Beeinflussung des Arztes ist unvermeidlich und ebenso eine gewisse Störung beziehungsweise Schädigung seiner nervösen Gesundheit. Er »übernimmt« ja recht eigentlich das Leiden des Patienten und teilt es mit ihm. Darum ist er prinzipiell gefährdet und muß es sein.[72]

In starkem Gegensatz zu Freud glaubt Jung nicht daran, dass es dem Therapeuten in der Anfangsbeziehung des Arzt-Patienten-Verhältnisses möglich ist, durch die persönliche Selbstanalyse die vom Patienten ausgelösten Gegenübertragungsreaktionen signifikant reduzieren oder gar kontrollieren zu können. In *Psychologie der Übertragung* formuliert Jung dazu weiter:

> Aber durch die Übertragung verändert sich die seelische Gestalt des Arztes, ihm selber zunächst unbemerkt: Er wird affiziert und kann sich gleich dem Patienten nur schwer von dem, was ihn im Besitz hält, unterscheiden. Dadurch entsteht eine beidseitige, unmittelbare Konfrontation mit der das Dämonische bergenden Dunkelheit. Diese paradoxe Überkreuzung von Positivem und Negativem, von Zutrauen und Angst, von Hoffnung und Mißtrauen, von Zuneigung und Widerstand charakterisiert die Anfangsbeziehung.[73]

In dieser Passage werden die beiden zentralen Abweichungen zum Freudschen Modell von Übertragung und Gegenübertragung angesprochen. Zum einen geht Jung davon aus, dass Phänomene der Übertragung und Gegenübertragung nicht ausschließlich im libidinösen Bereich von statten gehen. In der *Psychologie der Übertragung* nennt Jung Besitz- und Machttrieb, bzw. Angst und den Willen zur Selbstvernichtung als Beispiele für weitere Übertragungsphantasien, welche nicht monokausal durch fehllaufende libidinöse

---

beimaß, wurde mir bei unserer ersten persönlichen Begegnung im Jahre 1907 klar. Nach einer vielstündigen Unterredung trat eine Pause ein. Plötzlich fragte er mich unvermittelt. »Und was denken Sie von der Übertragung?« Ich antwortete aus tiefster Überzeugung, daß sie das A und das O der analytischen Methode sei. Worauf er sagte: »Dann haben Sie die Hauptsache verstanden.« In: C. G. Jung, Gesammelte Werke, Bd. 16, S. 183f.

71 Uwe Hendrik Peters (wie Anm. 60), S. 49.

72 Carl Gustav Jung: Die Psychologie der Übertragung (wie Anm. 21), S. 183.

73 Ebd., S. 192f.

Besetzungen zustande kommen.[74] Im Gegensatz zu Freud (vgl. Kapitel 5) nimmt Jung zum Beispiel an, dass Todesangst zu einer primären Angstquelle zu werden vermag und sieht vor allem die Konflikte der zweite Lebenshälfte im Prozess der Individuation zunehmend von der Auseinandersetzung des Einzelnen mit seinem näher rückenden Ende geprägt. In der 1934 entstandenen Schrift *Seele und Tod* heißt es bei Jung dazu:

> Von der Lebensmitte an bleibt nur der lebendig, der mit dem Leben sterben will. Denn das, was in der geheimen Stunde des Lebensmittags geschieht, ist die Umkehr der Parabel, die Geburt des Todes. Das Leben der zweiten Lebenshälfte heißt nicht Aufschwung, Entfaltung, Vermehrung, Lebensüberschwang, sondern Tod, denn sein Ziel ist das Ende. [...] Diese ganz unzweifelhafte Wahrheit macht das Bewußtsein wenn irgend möglich nicht mit.[75]

Schließlich – und hier tritt der Dissens mit Freud offen zu Tage – treten nach Jungs Überzeugung im Prozess der Übertragung – Gegenübertragung nicht nur die Inhalte des persönlichen Unbewussten miteinander in Kontakt, sondern zusätzlich das archetypische Material des kollektiven Unbewussten, wie etwa mythologisches Bildmaterial der Archetypen von Animus und Anima. An dieser Stelle verweigert der Atheist Freud, für den religiöse, ins Universale gehende Strebungen letztlich Formationen einer Kindheitsneurose darstellen, seinem Zögling Jung endgültig die Gefolgschaft. Noch einmal abschließend das Argument in den Worten Jungs:

> Das Übertragungsphänomen ist unzweifelhaft eines der wichtigsten und inhaltsreichsten Syndrome des Individuationsprozesses und bedeutet mehr als bloß persönliche Zu- oder Abneigung. Vermöge seiner kollektiven Inhalte und Symbole greift es weit über die Person hinaus in die Sphäre des Sozialen

74 Die sorgfältige Analyse des Übertragungsphänomens ergibt ein überaus kompliziertes Bild, das dermaßen ausgesprochene Züge zeigt, dass man leicht der Versuchung erliegt, einen derselben als die Hauptsache herauszuheben und dann die Erklärung abzugeben: »Das ist doch nicht als ...!« Ich meine dies in erster Linie in Bezug auf den erotischen bzw. sexuellen Aspekt der Übertragungsphantasie. Die Existenz dieses Aspekts ist unbestreitbar, jedoch ist er nicht immer der einzige und nicht immer der wesentliche. Ein anderer ist nämlich der Machtwille (den Adler beschrieben hat), der sich mit der Sexualität als koexistent erweist, wobei es oft kaum auszumachen ist, ob der eine oder andere Trieb vorwiegt [...] Es gibt aber noch weitere Formen der instinktiven concupiscientia, die mehr auf dem »Hunger«, dem Habenwollen basieren; andere wieder beruhen auf der instinktiven Negation der Begehrungen, womit das Leben auf Angst oder auf Selbstvernichtung gegründet erscheint. Carl Gustav Jung: Die Psychologie der Übertragung. In: ders.: Gesammelte Werke. Hg. von Lilly Jung-Merker und Elisabeth Rüf, Bd. 16. Olten 1971, S. 184f.

75 C. G. Jung: Seele und Tod. In: ders.: Wirklichkeit der Seele. München 2001, S. 119.

> und erinnert an jene höheren menschlichen Zusammenhänge, welche unsere heutige Gesellschaftsordnung oder besser – unordnung aufs Schmerzlichste vermissen läßt.[76]

Wenn J. B. Lang im Brief vom 12. Dezember 1917 eine umfangreiche Deutung von einigen Träumen Hesses auf Basis der in ihnen verwendeten kollektiven Symbolik liefert und am Ende des Briefes bemerkt: »Über die gegenseitigen Beziehungen zwischen uns müssen wir übrigens auch wieder einmal reden, aber das geht wohl nur mündlich, meinen Sie nicht auch?«,[77] so fasst er damit fast idealtypisch jenes Phänomen der Gegenübertragung im Sinne der analytischen Psychologie Jungs, welches sowohl Inhalte des persönlichen Unbewussten als auch des kollektiven Unbewussten zum Gegenstand der Untersuchung macht. Hesse reagiert in dieser Phase des Kontakts – wie Osman Durrani zu Recht festhält – »zurückhaltend aber präzise, mit einer Definition seiner persönlichen Einstellung zu seinen Mitmenschen, die für den weiteren Verlauf seines Verhaltens zu Lang bezeichnend ist«.[78] Im Brief vom 13. Januar 1918 heißt es:

> Über mein Verhältnis zu Ihnen kann ich nichts Neues sagen. Sie haben den geübtern und feinern Instinkt. Bei mir sind, trotz vieler Freundschaften, alle Verhältnisse zu Menschen immer ein klein wenig leicht, so daß um mich her eine mir zur Gewohnheit und zum Bedürfnis gewordene Isoliertheit bleibt. Das beruht bei mir, wie ich glaube, auf einem tief gefühlten Bedürfnis, zu mir selber zu kommen, denn das ist mir durch meine leicht aufnehmende Natur schwer gemacht, ich bleibe leicht an Eindrücken hängen, lasse die Umwelt allzu leicht auf dem Instrument meiner Stimmungen musizieren. Bei Ihnen ist mir das so ungewöhnlich lieb, daß mein fast neidischer Respekt vor Ihrer Treue gegen sich selbst dadurch gemildert wird, daß ich Ihre Natur der meinen doch nah verwandt fühlen kann.[79]

Der Brief ist in seinen Formulierungen ein Meisterstück im Oszillieren zwischen Nähe und Distanz, zwischen Signalen des flehentlichen Angewiesenseins auf menschlichen Kontakt/therapeutische Hilfe und dem brüsken Einfordern von Isoliertheit/poetischer Autarkie, die Hesse für seine schriftstellerische Existenz mit großer Selbstverständlichkeit zeitlebens von seiner Umwelt einfordert. Konsequenterweise sind und bleiben alle zwischenmenschlichen Beziehungen Hesses auf diese Weise enormen affektiven

---

76 Carl Gustav Jung: Psychologische Typen. In: ders.: Gesammelte Werke. Bd. 6, S. 345.

77 Brief J. B. Lang an H. Hesse, 12. Dezember 1917, in: »Die dunkle, wilde Seite der Seele« (wie Anm. 15), S. 57.

78 O. Durrani (wie Anm. 17), S. 431.

79 Brief Hesses vom 13. Januar 1918 an J. B. Lang, in: »Die dunkle, wilde Seite der Seele« (wie Anm. 15), S. 67.

Schwankungen ausgesetzt – die Beziehung zu Josef Bernhard Lang macht hier keine Ausnahme. Die Lektion »Wie man durch Liebe tötet«[80], wie sie als Spruch in einem Eingang des magischen Theaters in *Der Steppenwolf* angeschlagen ist, dürfte auch ihrem Erfinder Hesse nicht gänzlich fremd gewesen sein. Aus der Perspektive des »treuen« Josef Bernhard Langs, der »seine Sache lebt«, stellt sich die Beziehung zu seinem Patienten Hermann Hesse anders dar. Lang scheint am Ende der ersten Analysestrecke[81] nach einer Stockung der mündlichen Sitzungen ab November 1917 und einem stärkeren Fokus auf den brieflichen Austausch und der schriftlichen Analyse von Hesse zwischen Sommer 1917 bis Sommer 1918 geführtem Traumtagebuch noch immer stark in den Mustern der Gegenübertragung zu stecken. Ihm fällt es ungemein schwer, Hesses nachlassendes Interesse an der Psychoanalyse und damit auch an seiner Person ungeschönt ins Blickfeld zu nehmen. Zu stark wirkt er affektiv ins Arzt-Patienten-Verhältnis eingebunden, mit zu großem Engagement hat er sich in der Analyse des Seelenlebens, der Deutung persönlicher und kollektiver Symbolik des Unbewussten bei seinem berühmten Analysanten hingegeben. Als im Laufe der 1920er Jahre zusätzlich Josef Bernhard Langs persönliche Existenz in eine Schieflage gerät und seine privaten Probleme überhand zu nehmen drohen, kehrt sich das Verhältnis Behandelnder-Behandelter zeitweise um. Die Briefe Langs füllen sich mit Klagen über persönliche Schwierigkeiten, die Hesse in seinen Antwortbriefen gerne relativiert, verharmlost oder mit seinen eigenen, von ihm deutlich schwerwiegender eingeschätzten Problemen abgleicht.[82] Eine bezeichnende, fast lehrbuchhafte Konstellation nicht ausreichend reflektierter und bearbeiteter Gegenübertragung ergibt

80 Hermann Hesse: Der Steppenwolf. Frankfurt a. Main 1979, S. 221. Vgl. O. Durrani (wie Anm. 17), S. 432.

81 Hesse wird sich 1925/26, unmittelbar im Entstehungsumfeld von *Der Steppenwolf*, im Rahmen einer zweiten persönlichen Lebenskrise einer erneuten Analyse bei J. B. Lang unterziehen.

82 Vgl. hierzu den vorzüglichen Kommentar von T. Feitknecht: »Tatsächlich nahmen im Laufe der 1920er Jahre die persönlichen Probleme Langs überhand und wurden zum dominierenden Thema in seinen Briefen an Hesse. […] Er war häufig krank, klagte über Gallencholiken oder Herzbeschwerden. Vor allem hatte er ständig Geldsorgen, war beruflich unerfüllt, wollte den Arztberuf an den Nagel hängen und lieber künstlerisch tätig sein oder wissenschaftlich forschen. Mit einem Orts- und Stellenwechsel versuchte er – wie so oft in seinem Leben – einen Neubeginn. Er verließ die Stelle eines zweiten Arztes an der psychiatrischen Klinik in St. Urban und wurde im Februar 1923 leitender Arzt an der Privatklinik in Meiringen. Aber dieser Wechsel stand unter einem schlechten Stern: Seine jüngere Tochter Marli erkrankte kurz zuvor an Diphterie, seine Mutter starb an Neujahr 1923, und seine Frau mußte im Frühjahr 1923 wegen ihrer Tuberkulose-Erkrankung einen längeren Kuraufenthalt antreten. Nach weniger als einem Jahr verließ Lang Meiringen bereits wieder und eröffnete in Zürich eine Praxis. Hesse teilte dies

sich 1920, als Josef Bernhard Lang eine kurze, leidenschaftliche Beziehung zur Fabrikantentochter Ruth Wenger eingeht, die eigentlich den 20 Jahre älteren berühmten Schriftsteller Hermann Hesse begehrt, dessen zweite Frau sie 1924 dann auch wird.[83] Kurz vor Beginn dieser Episode hatte Lang bereits mehrfach in Briefen an Hesse über seine Unzufriedenheit mit der eigenen Ehesituation geklagt und einen Besuch für das Frühjahr 1920 bei Hesse in Montagnola/Tessin in Aussicht gestellt, welchen er für eine sexuelle Eskapade zu nutzen gedenkt. Ein Jahr zuvor hatte Josef Bernhard Lang bereits in einem Brief gefragt:

> Ist die Ehe in der zweiten Lebenshälfte überhaupt noch erträglich, muss sie nicht überwunden werden? Ich würde sehr gerne mich einmal über diese Fragen mit ihnen aussprechen. Ich bin so allein hier mit diesen Ideen, d.h es hat niemand den Mut, in diesem Punkte zu Ende zu denken, geschweige denn bis zum Ende durchzuführen. Wenn wir aber was irgendwie realisierbar ist, nicht realisieren, so werden wir auch nie zu jener Libido kommen, die wir zum Leben brauchen.[84]

Im Februar 1920 haben Langs libidinöse Energien dann im Briefwechsel mit seinem ehemaligen Patienten einen neuen Grad an Dringlichkeit erreicht:

> Sehr gerne komme ich nächsten Frühling wiederum einige Zeit zu Ihnen und freue mich schon heute unbändig darauf [...] Ich will dann aber diesmal unbedingt einmal einen richtigen Rausch erleben. Das muss ich einmal haben, dieses Erlebnis. Bei mir harzt es gegenwärtig ganz bedenklich. Ich brauchte absolut notwendig ein Tigerweib, mit dem ich spielen und kratzen könnte. Ich finde aber nichts, muss mich nur mit Geldverdienen abquälen und doch besitze ich heute nur noch 20 Franken im ganzen. Sollte man nicht den ganzen Kram hinwerfen und sich auch davon noch befreien?[85]

Langs Klagen stoßen bei dem Dichter in diesem Fall auf taube Ohren. Der für die Osterwoche 1920 anvisierte Besuch kommt nicht zustande und Hesse treibt seinem von erotischen Phantasien gequälten ehemaligen Therapeuten im Antwortbrief sinnigerweise den Stachel noch tiefer ins Fleisch:

> Es ist ganz gut, daß Sie [J. B. Lang] an Ostern nicht da waren. Erstens war ein Mordsbetrieb in Lugano, allerlei Bekannte da, und ich durch eine Dame in

---

schriftlich und mündlich seinen Freunden mit, um Lang Patienten zu schaffen.« Vgl. »Die dunkle, wilde Seite der Seele« (wie Anm. 15), S. 16.

83 Vgl. zu diesem eigenen Kapitel im Verhältnis zwischen Hermann Hesse und J. B. Lang Bärbel Reetz: Hesses Frauen. Berlin 2012, S. 147–237.

84 J. B. Lang an Hermann Hesse, Brief vom 27.02.1918. In: »Die dunkle und wilde Seite der Seele« (wie Anm. 15), S. 93.

85 Ebd., S. 161.

> Anspruch genommen. Zweitens regnete es ununterbrochen, erst gestern wurde es schön. Aber nun hoffe ich, daß Sie allmählich der Tessinreise näher rücken.[86]

Die Machtverhältnisse der vormaligen Analyse haben sich umgekehrt. Hesse selbst jedenfalls scheint bereits im Sommer 1918 einen wohlwollenden, aber doch bemerkenswert reflektierten Abstand zur Psychoanalyse und seinem Therapeuten gewonnen zu haben. Am 16. Juli 1918, also noch in der Endphase seines *Traumtagebuchs der Psychoanalyse*,[87] veröffentlicht Hesse in der *Frankfurter Zeitung* einen kurzen Essay unter dem Titel *Künstler und Psychoanalyse*, dem bereits ein zum Teil resümierender Charakter innewohnt. Hesse lobt in dem Essay »den Nutzen der Methode«[88] für den Dichter,

> denn nur in der intensiven Selbstprüfung der Analyse wird ein Stück Entwicklungsgeschichte wirklich erlebt und mit blutendem Gefühl durchdrungen. Über Vater und Mutter, über Bauer und Nomade, über Affe und Fisch zurück werden Herkunft, Gebundenheit und Hoffnung des Menschen nirgends so ernst, so erschütternd erlebt wie in einer ernsthaften Psychoanalyse.[89]

Gleichzeitig jedoch mischen sich unter den Lobgesang unüberhörbar kritische und relativierende Töne, den eigentlichen Stellenwert psychotherapeutischer Arbeit für den Dichter betreffend:

> Wer vorher kein Dichter war, wer vorher nicht den inneren Bau und Herzschlag des seelischen Lebens erfühlt hatte, den machte alle Analyse nicht zum Seelendeuter. Er konnte nur ein neues Schema anwenden, konnte damit vielleicht für den Augenblick verblüffen, seine Kräfte aber nicht wesentlich steigern. Das dichterische Erfassen seelischer Vorgänge blieb nach wie vor eine Sache des intuitiven, nicht des analytischen Talents.[90]

Hier spricht einer, der die Analyse ein wenig leid geworden ist und sie in exakt das überführen will, was er in seinem Innern höher ansiedelt: Dichtung.

---

86 Brief Hesse an J. B. Lang vom 6.04.1920, in: »Die dunkle und wilde Seite der Seele« (wie Anm. 15), S. 161f.

87 Der letzte Eintrag datiert hier vom 20. August 1918.

88 Hermann Hesse: Künstler und Psychoanalyse. In: ders.: Sämtliche Werke. Bd. 14. Betrachtungen und Berichte II. Hg. von Volker Michels. Frankfurt a. Main 2003, S. 354.

89 Ebd., S. 355.

90 Ebd., S. 353.

3. Poesie statt Therapie: Hesses *Traumtagebuch* und der Roman *Demian*

Ab dem Frühjahr 1917 kommt es zu längeren Pausen zwischen den Sitzungen Hesses mit Josef Bernhard Lang, da die Hin- und Rückreise von Bern (Hesses Wohnort) nach Luzern (Praxis J. B. Lang) sechs Stunden dauert und die regelmäßige Organisation der Treffen Hesse überfordert. Hesse beginnt deshalb auf Anraten Langs im Juli 1917 mit der Führung eines Traumtagebuchs, aus welchem er »aktuelle Aufzeichnungen portionsweise als Briefbeigaben an Lang«[91] schickt. Es gehört, wie Schmidt-Hanninsa in einer der wenigen Studien zu Hesses Traumtagebuch zu Recht feststellt, »zu den Besonderheiten dieses Patiententagebuchs, dass es von Anfang an nicht den Status strenger Privatheit beansprucht, sondern als Medium der Kommunikation zwischen Therapeut und Klient fungiert.«[92] Das Tagebuch hat die zentrale Funktion, den über das Therapiegespräch mit Lang gesuchten Ausweg aus der Lebenskrise Hesses durch das Aussprechen und Deuten der eigenen Träume mittels des Mediums der Schrift voran zu treiben. Die sprachliche Darstellung tritt an die Stelle des Therapiegesprächs, die Notizen des Traumtagebuchs werden zu einer Art »groß angelegte[n] Beichte«,[93] die ihre Verwandtschaft mit dem vertrauten psychischen Terrain Hesses, der Dichtung, offensiv eingesteht. In einem Tagebucheintrag vom Januar 1921, also nicht allzu lang nach Beendigung des Traumtagebuchs, notiert Hermann Hesse:

> Wenn man die Dichtung als Bekenntnis auffaßt – und nur so kann ich sie zur Zeit auffassen –, dann zeigt sich die Kunst als ein langer, vielfältiger, gewundener Weg, dessen Ziel es wäre, die Persönlichkeit, das Künstler-Ich so vollkommen, so verästelt, so bis in alle Spaltungen hinein anzusprechen, daß dies Ich am Ende gleichsam abgewickelt und erledigt, daß es ausgetobt und ausgebrannt wäre [...] Die Funktion der Kunst, soweit sie die Persönlichkeit des Künstlers selbst angeht, wäre dann genau dasselbe wie die Funktion der Beichte, oder der Psychoanalyse.[94]

Dieser mit dem Beginn des Traumtagebuchs eingeschlagene Weg der Engführung von psychoanalytischer und dichterischer Praxis findet seinen sinnbildlichsten Ausdruck in der Entstehungsgeschichte von Hesses Roman

---

91 Hans-Walter Schmidt-Hannisa: »Wie die Äußerungen des Unbewußten uns zeigen«. Hermann Hesses Traumtagebuch. In: Henriette Herwig/Florian Trabert (wie Anm. 17), S. 443.

92 Ebd., S. 443.

93 Ebd., S. 444.

94 Hermann Hesse: Tagebuch 1920/21. In: ders.: Sämtliche Werke. Bd. 11. Autobiographische Schriften I, hg. von Volker Michels. Frankfurt a. Main 2003, S. 632.

Demian. Es handelt sich um einen Text, den Hesse in kurzer Zeit zwischen September und Oktober 1917 in einem rauschhaften Zustand, parallel zur Führung seines Traumtagebuchs und unter dem Eindruck der Analyse bei Josef Bernhard Lang, verfasst. Die Figur Demian entspringt dabei de facto einem Traum, den Hesse in der Nacht vom 11./12. September 1917 träumt und tags darauf in seinem Traumtagebuch protokolliert.[95] In diesem Traum wird Hesse auf dem nächtlichen Heimweg durch eine alte Stadt, die den Träumenden wahlweise an seinen Geburtsort Calw und seinen späteren Wohnort Bern erinnert, von einem Mann überfallen, der ihm wie eine betrunkene »Nachtfigur«[96] erscheint. Hesse notiert weiter:

> Ich glaubte ihn leicht zu Fall bringen zu können [...] aber er war sehr stark und bezwang mich. Am Schluß hatte er mir beim Ringen Geld abgenommen und deutete an, daß er das nun als Lohn behalte. Ich dachte, es wären nur die paar Geldstücke, die ich in der Westentasche getragen hatte, aber da zeigte sich, daß er all mein Geld genommen hatte, was offenbar viel war. Der Mann, der mehr und mehr unheimlich und gefährlich erschien, hieß »Demian«.[97]

In den am Ende des Traumprotokolls beigefügten »Einfällen«, die Hesse für Josef Bernhard Lang und sich selbst als mögliche Aspekte der Deutung notiert, heißt es im Tagebuch dann weiter:

> Zu Demian fällt mir ein: es ist eine Verstümmelung von Damian, klingt aber eben durch den veränderten Laut stark an »Dämon« an, erinnert mich auch etwas an Demiurg.[98] Auch der wirkliche Name »Damian« hat für mich stets etwas Seltsames, ein wenig Unheimliches gehabt, etwas, was an Katholisches, an finstre Romantik oder so was anklang. Das Ringen war unheimlich, der Mann sehr stark, das Gefühl des Unterliegens häßlich. Aus diesem Unterliegen und dem Beraubtsein, das ich anfangs leicht nahm, entwickelte sich mehr und mehr eine Art Bann, der mich an diesen Demian fesselte.[99]

Bereits am Montag, den 17. September 1917, also gerade einmal fünf Tage nach diesem Traum, vermerkt Hesse, dass er »noch mehrere Seiten am [...] neuen Manuskript«[100] geschrieben habe. Die Produktion des *Demian*-Romans hat eingesetzt.

---

95 Vgl. Hesse: Traumtagebuch der Psychoanalyse 1917/18. In: ders.: Sämtliche Werke. Bd. 11, S. 494–498.

96 Ebd., S. 495.

97 Ebd., S. 495f.

98 In der Gnosis und bei Platon eine Art Weltschöpfer alternativ zu den herrschenden Schöpfungsmythen des Christentums und der Antike.

99 Hesse, Traumtagebuch (wie Anm. 94), S. 497.

100 Ebd., S. 504.

Die mittlerweile breite Forschung zu *Demian* belegt zweifelsfrei, dass Hesses Beschäftigung mit den Schriften Carl Gustav Jungs, speziell mit Jungs Konzept der Individuation,[101] in erstaunlich unverschlüsselter Form nachhaltig auf den Text eingewirkt hat. Dies muss hier nicht noch einmal rekonstruiert werden.[102] Entscheidender ist, dass die Spuren von Hermann Hesses persönlicher Auseinandersetzung mit der Lehre Carl Gustav Jungs in großer Deutlichkeit bereits im *Traumtagebuch* sichtbar werden. Ein weiteres Beispiel kann dies belegen. In der Nacht vom 10./11. September 1917, also die Nacht unmittelbar vor dem Demian-Traum, träumt Hesse von einem Mann in einer »Schweizer Offiziersuniform«, die den Träumenden an »Dr. Jung in seiner Arztuniform«[103] erinnert. Im selben Eintrag vermerkt Hesse im *Traumtagebuch* wenig später:

> Auf der Heimfahrt gestern las ich *septem sermones ad mortuos* und hatte einen sehr starken Eindruck davon, obwohl es mir nicht als reine Äußerung des Unbewussten erscheint. Dafür ist es allzu klar und systematisch, scheint mir. Jedenfalls ist vieles darin, namentlich der Ausdruck für das principium individuationis, ungemein durchdacht und richtig.[104]

Septem Sermones ad mortuos. Die sieben Belehrungen der Toten, ist eine 1916 erschienene anonyme Schrift C. G. Jungs, welche Jung dem in Syrien geborenen Gnostiker Basilides zuschrieb, der 130.n.Chr., unter der Regenschaft des römischen Kaisers Hadrian in Ägypten lehrte.[105] Der Text war zu Jungs Lebzeiten niemals im Buchhandel erhältlich, der Schweizer Psychiater verschenkte ihn ab und an im Kreise von Gleichgesinnten. Erst 1962, nach dem Tode C. G. Jungs, wurde die Schrift durch Aniela Jaffés Jung-Biographie einem größeren Publikum bekannt. Mit an Sicherheit grenzender Wahrscheinlichkeit wird Hesse auf die *Septem Sermones* von C. G. Jung persönlich beim Gespräch am 8. September 1917 in Bern aufmerksam gemacht oder aber Josef Bernhard Lang, der den Text ebenfalls kennt, weist in einem der Sitzungsgespräche Hesse auf ihn hin. Gilles Quispel hat in einer profunden Studie ge-

---

101 Vgl. Fußnote 25.

102 Vgl. dazu Volker Michels (Hg.): Materialien zu Hermann Hesses *Demian*. Frankfurt a. Main 1993, S. 7–57; Uwe Wolff: Hermann Hesse. Demian – Die Botschaft vom Selbst. Bonn 1979; Nadine Mechadani: Hermann Hesse auf der Couch. Freuds und Jungs Psychoanalyse und ihr Einfluss auf die Romane *Demian, Siddhartha* und *Der Steppenwolf*. Marburg 2008, S. 20–61; Schwilk (wie Anm. 3), S. 210ff.

103 Hesse, Traumtagebuch (wie Anm. 94), S. 492f.

104 Ebd., S. 493f.

105 Vgl. dazu: Volker Michels (wie Anm. 102), S. 25ff.

zeigt, dass Hesses in *Demian* auftretende Götterfigur Abraxas, welche bei dem ägyptischen Gnostiker Basilides das Symbol des höchsten Urwesens darstellt, aus dem alle polaren Kräfte des Universums entsprungen sind, zweifelsfrei aus C. G. Jungs *Septem sermones ad mortuos* Schrift entlehnt ist.[106] Bei Jung heißt es im Dritten Gesang zur Figur des Abraxas:

> Was Gott Sonne spricht, ist Leben,
> was der Teufel spricht, ist Tod.
> Der Abraxas aber spricht das verehrungswürdige und verfluchte Wort, das Leben und Tod zugleich ist.
> Der Abraxas zeugt Wahrheit und Lüge, Gutes und Böses, Licht und Finsternis im selben Wort und in derselben Tat. Darum ist der Abraxas furchtbar.
> Er ist prächtig wie der Löwe im Augenblick, wo er sein Opfer niederschlägt. Er ist schön wie ein Frühlingstag.[107]

Die Idee eines Gottes, welcher zweigeteilt ist, der Teuflisches und Göttliches, summum bonum und infinitum malum, zugleich in sich trägt, fasziniert Hesse. Sie verweist auf ein Muster eigener psychischer Befindlichkeit. Hesses Glauben nach spürt jeder Mensch den göttlichen Funken in sich, ist jedoch gleichzeitig von dessen Ursprung und Ziel, bei Basilides/Jung Pleroma genannt, unendlich weit entfernt. Trieb- und Destruktionskräfte, die späteren Bestandteile des Schattens in der Jungschen Psychologie, lassen das Individuum auf dem Weg zum Selbst anhaften, ziehen es buchstäblich – falls diese Kräfte nicht integriert werden – in den Schlund des Dämonischen/Teuflischen hinein. Im *Demian* heißt es dazu aus dem Munde der Titelfigur:

> Es handelt sich darum, daß dieser ganze Gott, alten und neuen Bundes, zwar eine ausgezeichnete Figur ist, aber nicht das, was er eigentlich vorstellen soll. Er ist das Gute, das Edle, das Väterliche, das Schöne und auch das Hohe, das Sentimentale – ganz recht! Aber die Welt besteht auch aus anderem. Und das wird nun einfach alles dem Teufel zugeschrieben, und dieser ganze Teil der Welt, diese ganze Hälfte wird unterschlagen und totgeschwiegen. Gerade wie sie Gott als Vater des Lebens rühmen, aber das ganze Geschlechtsleben, auf dem das Leben doch beruht, einfach totschweigen und womöglich für Teufelszeug erklären! Ich habe nichts dagegen, daß man diesen Gott Jehova verehrt, nicht das

106 Gilles Quispel: Hermann Hesse and Gnosis. In: Barbara Aland (Hg.): Gnosis. Festschrift für Hans Jonas. Göttingen 1978, S. 492–508; Lance S. Owens/Stephan A. Hoeller: Carl Gustav Jung and the Red Book: Liber Novus. In: Encyclopedia of Psychology and Religion. New York/Heidelberg 2014.

107 Carl Gustav Jung: Das Rote Buch. Düsseldorf [2]2010, S. 347.

> mindeste. Aber ich meine, wir sollten Alles verehren und heilig halten, die ganze Welt, nicht bloß diese künstlich abgetrennte, offizielle Hälfte! Also müssen wir dann neben dem Gottesdienst auch einen Teufelsdienst haben. Das fände ich richtig. Oder aber, man müßte sich einen Gott schaffen, der auch den Teufel in sich einschließt, und vor dem man nicht die Augen zudrücken muß, wenn die natürlichsten Dinge der Welt geschehen.[108]

Die Rede vom Teufel kann in ihrem Gebrauch bei Hesse fast 2000 Jahre nach Basilides als Metapher für einen psychischen Zustand gefasst werden, dessen Deutung im Sinne der in der rationalen Sphäre herrschenden Erklärungsmuster nicht geleistet werden kann. Der Teufel ist dieser Lesart nach eine »durch die Abwehrmechanismen der Psyche transformierte prototypische Phantasie[n], mittels derer sich eine Wirklichkeit im Menschen Raume schafft, die den Rätselbildern des Unbewussten bündigen Ausdruck verleiht.«[109] Es sind exakt solche Rätselbilder gnostischer Wissensbestände, welche Hesse an Jungs *Septem Sermones* nachhaltig faszinieren.

Noch 1919, also knapp zwei Jahre nach dem Erscheinen von *Demian*, heißt es dazu in Hesses Aufsatz *Die Brüder Karamasoff oder der Untergang Europas*:

> Der Gott, der zugleich Teufel ist, ist der uralte Demiurg. Er ist der, der vor Anfang war; er der Einzige, steht jenseits der Gegensätze, kennt nicht Tag noch Nacht, nicht Gut noch Böse. Er ist das Nichts und ist das All. Er ist uns unerkennbar, denn wir alle vermögen zu erkennen nur in Gegensätzen, wir sind Individuen, sind an Tag und Nacht, an Warm und Kalt gebunden, brauchen einen Gott und einen Teufel.[110]

Interessant ist, wie Hesse diese Figur des Demiurgen/Abraxas im *Demian* einführt. Auf zahlreichen Gemmen des 2./3. Jahrhunderts ist Abraxas mit dem Kopf eines Hahns und dem Leib eines Menschen dargestellt. Seine Beine sind aus zwei Schlangen geformt. Mit dem linken Arm hält er einen Schild, die rechte Hand greift eine Peitsche. Naturpolaritäten fusionieren in der Darstellung: »Der Hahn kündigt die aufgehende Sonne an, die Schlange ist das Tier der Erde.«[111]

---

108 Hermann Hesse: Demian. Die Geschichte von Emil Sinclairs Jugend. Frankfurt a. Main 1979, S. 62f.

109 Vgl. Jürgen Daiber: Der Mittagsdämon. Zur literarischen Phänomenologie der Krise der Lebensmitte. Paderborn 2006, S. 20.

110 Hermann Hesse: Die Brüder Karamasoff oder der Untergang Europas. In: ders.: Blick ins Chaos. Drei Aufsätze. Bern 1922, S. 5.

111 Uwe Wolff: Hermann Hesse. Demian – Die Botschaft vom Selbst (wie Anm. 102), S. 21.

Abb. 1
Abraxas, Nordisk familjebok

Bei Hesse entdeckt Demian einen Sperberkopf auf einem alten Wappen über dem Eingangstor zu Emil Sinclairs Haus. Er zeichnet ihn und weist Sinclair damit bewusst auf die Bedeutung des täglich gesehenen und täglich übersehenen magischen Gegenstands hin. Lange nach diesem Vorfall träumt Sinclair von Demian und eben diesem Wappen. Demian zwingt Sinclair in diesem Traum, »das Wappen zu verschlucken, und als der Wappenvogel zu wachsen und ihn von innen her aufzufressen beginnt, erwacht Emil aus seinem Albtraum. Am nächsten Tag malt er [Sinclair] das Wappentier aus der Erinnerung: einen Raubvogel, der zur Hälfte in einer Weltkugel steckt, aus der er sich wie aus einem riesigen Ei heraus arbeitet.«[112] Sinclair steckt das Bild in einen Umschlag und »beschloß [...] in demselben traumhaften Ahnen, mit dem ich damals alles tat, ihm das Bild mit dem Sperber zu schicken, mochte es ihn

112 Vgl. Schwilk (wie Anm. 3), S. 214f.

erreichen oder nicht. Ich schrieb nichts darauf, auch nicht meinen Namen, beschnitt die Ränder sorgfältig, kaufte einen großen Papierumschlag und schrieb meines Freundes ehemalige Adresse darauf. Dann schickte ich es fort.«[113]

Wenig später findet Sinclair während einer Schulstunde einen Zettel in einem seiner Schulbücher, der auf unerklärliche Weise dorthin gelangt ist. Auf dem Papier finden sich folgende Worte:

> Der Vogel kämpft sich aus dem Ei. Das Ei ist die Welt. Wer geboren werden will, muß eine Welt zerstören. Der Vogel fliegt zu Gott. Der Gott heißt Abraxas.[114]

Inhaltlich stellt die Bildauflösung für die Hesse Interpreten im Text keine Schwierigkeiten dar.[115] Die Überwindung des quälenden Dualismus von Persona und Schatten durch »Bejahung eines offeneren Umgangs mit unterdrückten Wünschen«[116] soll Emil Sinclair »ebenso wie seinen Schöpfer, den Dichter Hermann Hesse«[117] vor den Zumutungen einer rein bürgerlichen Sphäre im Sinne des Jungschen Individuationskonzepts retten. Hesse steht unmittelbar vor der Trennung von seiner Frau, er wird sie ein paar Monate nach der Niederschrift des *Demian* verlassen, im April 1919 ins Tessin ziehen, dort im Juli 1919 in Carona seine zweite Frau, die Sängerin Ruth Wenger, kennen lernen und diese Ereignisse wiederum in bereits genannter Erzählung *Klingsors letzter Sommer* verarbeiten.

Unklar ist jedoch, weshalb Hesse in seiner Darstellung aus Abraxas, in antiken Quellen durchweg dargestellt durch einen Hahn, einen Raubvogel macht. Gilles Quispel hat die Ungereimtheit dadurch aufzulösen gesucht, dass er den orphischen Gott Phanes als Vorbild der Abraxas Figur annimmt.[118] Uwe Wolff spekuliert, »daß der »Vogel aus dem Ei«, das Symbol des Abraxas,

---

113 Hermann Hesse: Demian. Die Geschichte von Emil Sinclairs Jugend. Frankfurt a. Main 1979, S. 89.

114 Ebd., S. 91.

115 Hesse lässt, erzählerisch wenig überzeugend, kurz darauf einen jungen Hilfslehrer in der Griechisch-Schulstunde die bis dahin dem Leser verweigerte Erklärung der Abraxas-Lehre nachliefern: »Wir können uns den Namen [Abraxas] etwa denken als den einer Gottheit, welche die symbolische Aufgabe hatte, das Göttliche und das Teuflische zu vereinigen. Vgl. Hesse, Demian (wie Anm. 113), S. 92.

116 Schwilk (wie Anm. 3), S. 215.

117 Ebd., S. 215.

118 Vgl. Gilles Quispel (wie Anm. 106), S. 492–507. Bei Quispel heißt es dazu: »This is of the utmost importance for the understanding of Hesse's Demian. There we find Abraxas as the bird, – and that is correct, because Abraxas has a cock's head rising from a worldegg, like Phanes. There is no respresentation of Abraxas from antiquity, in which he rises from the worldegg« (S. 504).

eine Anspielung auf den ägyptischen Horus-Falken sein soll.«[119] Eine fragliche Deutung, denn Hesse spricht im *Demian* in Bezug auf die Zeichnung Sinclairs explizit von einem »Raubvogel, mit einem scharfen, kühnen Sperberkopf.«[120] Möglicherweise fusioniert Hesse hier – bewusst oder auch nur teilbewusst – gnostische Bildlichkeit mit autobiographischem Erleben. Die Todesanzeige des Vaters, Psalm 124, V 7 (»Der Strick ist zerrissen, der Vogel ist frei.«), fusioniert mit eben jener Darstellung des Abraxas bei Basilides/Jung aus der Lektüre der *Septem Sermones* am 11. September 1917 und einer Sequenz aus dem *Traumtagebuch* vom 25. August 1917, die meines Wissens bisher von der Hesse-Forschung unbemerkt geblieben ist.

Hesse träumt in diesem Traum von einem Vogel, der sich aus einem Ei kämpft, allerdings handelt es sich dabei weder um Abraxas, noch um einen Sperber oder einen Falken, sondern um einen Adler. Die Passage lautet:

> Das merkwürdigste Traumstück ist dies letzte: Ich kam [...] zu meiner Frau, und hatte eine höchst seltsame Sehenswürdigkeit mitgebracht: eine Art von Relief, in einem runden Rahmen. Es war ein junger Adler, der aus dem Ei kroch (ein Anklang an einen ausschlüpfenden Falter war auch dabei), und der Kopf des Adlers (ja manchmal schien es, der ganze Adler) war echt und lebendig, er arbeitete sich aus dem Rahmen heraus, vielleicht war er unter Glas, jedenfalls standen die Spitzen der Krallen und des Schnabels fühlbar heraus, während das Übrige gewissermaßen künstlich und Bild blieb.[121]

Entscheidend ist nun ein Punkt, der nicht nur für die Deutung des Abraxas Bildes von großer Bedeutung sein dürfte, sondern auch den Kern jener Veränderung trifft, die im Verlauf der Analyse Hesses Verhältnis zu seinem Therapeuten Josef Bernhard Lang durchläuft. Im fünften Kapitel des *Demian*, als es für Emil Sinclair darum geht, seine Träume vom Wappenvogel, welcher das »Ei der Welt« zerbricht, angemessen zu deuten, führt Hesse die Figur des Orgelspielers und Theologen Pistorius ein. Pistorius, der mit seiner Familie und seiner Kirche im Streite liegt, wird als »ausgewachsener Sonderling« beschrieben, welcher den suchenden Sinclair lehrt, »den Mut und die Achtung vor mir selbst zu bewahren«.[122] Sinclair fasst schnell Vertrauen zu Pistorius, was sich primär in Folgendem ausdrückt: »Häufig erzählten wir auch einander unsere Träume. Pistorius verstand ihnen eine Deutung zu geben.«[123] Pistorius

---

119 Uwe Wolff (wie Anm. 102), S. 21.

120 Hesse: Demian (wie Anm. 113), S. 89. Der Sperber ist bekanntlich ein Greifvogel, der zur Familie der Habichtartigen gehört.

121 Vgl. Hesse: Traumtagebuch (wie Anm. 94), 25. August 1917, S. 477.

122 Hesse, Demian (wie Anm. 113), S. 108.

123 Ebd., S. 106.

zeigt sich »nicht nur versiert in Mythologie und Religionsgeschichte, sondern auch in der Naturwissenschaft und Entwicklungsgeschichte des Lebens, die er auf verblüffend weitblickende Weise zu deuten versteht«.[124] Sinclair lernt durch Pistorius, so heißt es im *Demian* weiter,

> das Vorwärtsfinden in mir selber, das zunehmende Vertrauen in meine eigenen Träume, Gedanken und Ahnungen, und das zunehmende Wissen von der Macht, die ich in mir trug.[125]

Es ist offenkundig, darauf haben Volker Michels und zahlreiche weitere Interpreten verwiesen, dass die Figur des Pistorius »Züge [...] seines Arztes und Traumdeuters Dr. J. B. Lang, der ihn [Hesse] mit Abraxas und den Archetypen der Jungschen Psychoanalyse bekannt gemacht hatte«,[126] enthält.

Hesse definiert über die Pistorius-Figur, in der experimentellen Versuchsanordnung der Fiktion, sein Verhältnis zu seinem Therapeuten Josef Bernhard Lang neu. Er tut dies, indem er die Phänomene der Übertragung gegenüber Lang über das Medium der Schrift schrittweise reduziert, ohne dass dies auf faktischer Ebene unmittelbare Konsequenzen zeigen müsste. Zugespitzt formuliert: Im Roman *Demian* spielt Hermann Hesse über die Figuren Sinclair und Pistorius probeweise die schrittweise Abnabelung von seinem Therapeuten Josef Bernhard Lang durch. Was zu Sinclairs Bruch mit Pistorius führen wird, ähnelt deshalb nicht zufällig auf fatale Weise dem, was Hesse letztlich auf Distanz zur Jungschen Psychoanalyse und zu ihrem Vertreter Josef Bernhard Lang bringen wird. Es ist, was Emil Sinclair, für Pistorius tief verletzend, im Roman *Demian* »antiquarisch« nennt und was in den Augen Hesses der Jungschen Analyse als Manko anhaftet: »das gelehrsame Beharren auf einer vorwiegend vergangenheitsorientierten Erforschung mythologischer Archetypen mittels vergleichender Religionsgeschichte«.[127] Im *Demian* heißt es dazu:

> Wir [Pistorius und Sinclair] lagen am Boden vor dem Feuer, und er [Pistorius] sprach von Mysterien und Religionsformen, die er studierte, an denen er sann, und deren mögliche Zukunft ihn beschäftigte. Mir erschien dies alles mehr kurios und interessant als lebenswichtig, es klang mir Gelehrsamkeit, es klang mir müdes Suchen unter Trümmern ehemaliger Welten entgegen. Und mit einem

124 Volker Michels: Materialien zu Hermann Hesses »Demian« (wie Anm. 102), S. 29. Michels hat in seiner verdienstvollen Materialsammlung die Ähnlichkeiten zwischen Pistorius und Josef Bernhard Lang en détail herausgearbeitet. Vgl. Michels, S. 28–33.

125 Ebd., S. 120.

126 Ebd., S. 28.

127 Ebd., S. 31.

> Male spürte ich einen Widerwillen gegen diese ganze Art, gegen diesen Kultus der Mythologien, gegen dieses Mosaikspiel mit überlieferten Glaubensformen.[128]

Osman Durrani verdichtet in einer glücklichen Formulierung den *Demian* auf die Formel: »[...] der Roman ist das Selbstgespräch, das Hesse mit sich führt, in einer Art Parallele zu den Gesprächen mit dem Psychiater.«[129] Als Hesse im Oktober 1917 eine Reinschrift des *Demian* Manuskripts an den S. Fischer Verlag nach Berlin geschickt hat, dauert es, bedingt durch die Kriegswirren, noch 20 Monate, ehe *Demian* im Juni 1919 in Berlin unter dem Pseudonym Emil Sinclair erscheint. Josef Bernhard Lang bekommt den Roman zeitnah zu lesen und begeht, gegen Hesses ausdrückliche Bitte, eine Indiskretion, indem er C. G. Jung mitteilt, um wen es sich bei dem Autor handelt. Jung findet das Buch laut J. B. Lang »hervorragend« und wähnt Hesse »auf der rechten Linie«[130] in Sachen Individuation. Lang selbst muss sich zwangsläufig in der Figur des Pistorius wiedererkannt haben, vermeidet jedoch im Brief an Hesse Bemerkungen darüber und identifiziert sich stattdessen mit der Hauptfigur Emil Sinclair. Der Therapeut bleibt weiter in den Mustern seiner Gegenübertragung verstrickt:

> Ich stehe zur Zeit am gleichen Problem [wie E. Sinclair], nur ist es bei mir der Stier, den ich Zeit meines Lebens furchtbar gefürchtet habe und der mich jetzt in den Träumen verfolgt. Ich bin zur Zeit furchtbar gequält und brate im höllischen Feuer, wirklich physisch, dass ich kaum schlafen kann im Bett, es ist nicht angenehm, mein Anus droht die ganze Nacht in Feuer aufzugehen und tagsüber kann ich kaum sitzen, dabei ist es mir entsetzlich schlecht und doch habe ich viel zu tun.[131]

Langs Zustand verschlechtert sich in den nächsten Wochen so dramatisch, dass er am 12. Januar 1920 C. G. Jung in einem Brief um Hilfe bittet, und sich für den »anstössigen Inhalt«[132] seiner [nicht überlieferten] Phantasien entschuldigt.

Hesse, der die Analyse bei Lang in dieser Phase beendet hat, gerät jetzt zunehmend in die Rolle des in die Pflicht genommenen Ratgebers angesichts Josef Bernhard Langs scheiternder Ehe und die daran gekoppelten seelischen Krisen. Der Dichter, der Josef Bernhard Lang zeitlebens als Mediziner angesichts einer

---

128 Hesse, Demian (wie Anm. 113), S. 123.

129 Osman Durrani (wie Anm. 17), S. 433.

130 Brief Josef Bernhard Lang an Hermann Hesse, 5.12.1919, »Die dunkle, wilde Seite der Seele« (wie Anm. 15), S. 143.

131 Ebd., S. 143.

132 J. B. Lang an C. G. Jung, 12. Januar 1920, »Die dunkle, wilde Seite der Seele« (wie Anm. 15), S. 156.

schier endlosen Liste eigener körperlichen Beschwerden in Anspruch nimmt und nehmen wird,[133] reagiert auf die Ausfälle Langs gegen »die Einehe«[134] und den »divergenten Verlauf [...] unser beider Libido«[135] [Lang und seine Ehefrau] eher belehrend als empathisch. Hesse kritisiert Langs pessimistische Einstellung zum Leben« und mahnt seinen Freund und ehemaligen Therapeuten, »mit einem Rest an Sorgfalt an die irdischen Dinge gebunden zu bleiben.«[136]

Gleichzeitig scheitern Josef Bernhard Langs Versuche, durch Ort- und Stellenwechsel seinem Leben ab 1923 eine positive Wende zu geben. Herbe Schicksalsschläge kommen hinzu. Im Sommer 1933 erliegt J. B. Langs geliebte Tochter Karly 24-jährig nach kurzer Ehe einer Blutvergiftung. Lang selbst ist sieben qualvolle Jahre lang in einen Prozess wegen »Gehilfenschaft bei Abtreibung«[137] verstrickt. Wegen dieser Affäre muss der Therapeut sozial geächtet den Psychologischen Club C. G. Jungs in Zürich, dem er lange angehörte, verlassen. Von Anfang an versucht sich J. B. Lang im Kontakt mit Hermann Hesse auch als Maler und Dichter zu betätigen, der seine Krisen schreibend und zeichnend zu bewältigen sucht. Von Anfang an werden Josef Bernhard Lang bei diesem Unterfangen von seinem Gegenüber die Grenzen aufgezeigt. Als Lang Hesse Anfang 1918 um die Beurteilungen seiner schriftlichen »Phantasien« bittet, lässt der Berufsschriftsteller keinen Zweifel an der literarischen Hierarchie und sendet seinem kreativ unsicheren Gegenüber brieflich ein »vergiftetes Lob«:

> Sie meinen, Ihre neueren Phantasien seien doch nur für Sie selbst wertvoll, literarisch aber nicht. Das stimmt nicht – schon der starke Eindruck, den sie mir machen, sagt ja das Gegenteil. Meine ungefähre Auffassung davon ist diese: Ihren Phantasien fehlt, um sie rein als Dichtungen zu werten, noch etwas am

133 Die Briefe an Lang sind gesättigt mit der Bitte um Medikamente gegen Gicht, Ischias, Schlaflosigkeit, Augenbeschwerden, Zahnschmerzen, Wetterempfindlichkeit, Klagen über mangelnde sexuelle Aktivität, diverse Nervenschwächen. Vgl. Klaus Brath: Hermann Hesse: Alles andere als ein robustes Naturell. In: Deutsches Ärzteblatt 109 (2012), S. 31f.

134 Vgl. Brief Josef Bernhard Lang vom 23. September 1919 an Hermann Hesse, »Die dunkle, wilde Seite der Seele« (wie Anm. 15), S. 103.

135 Vgl. Brief Josef Bernhard Lang vom 14.06.1920 an Hermann Hesse, »Die dunkle, wilde Seite der Seele« (wie Anm. 15), S. 171.

136 Vgl. Brief Hermann Hesse an Josef Bernhard Lang vom 19. Juni 1920, »Die dunkle, wilde Seite der Seele« (wie Anm. 15), S. 174. Im Gegenzug zeigt Hesse wenig Hemmung, die eigenen Todeswünsche und suizidalen Neigungen in seinen eigenen Briefen permanent zu thematisieren. Vgl. etwa die Briefe an J. B. Lang vom 28. November 1920, Ende August 1926, Oktober 1927, erste Hälfte Januar 1931, Mitte Januar 1931, Dezember 1933.

137 Vgl. den Kommentar von Thomas Feitknecht, dem die biographischen Daten zum Leben J. B. Langs im Wesentlichen entnommen sind: »Die dunkle, wilde Seite der Seele« (wie Anm. 15), S. 17ff.

> künstlerischen Ausdruck. Sie selbst sagten mir, daß diese Blätter zum Teil in größter, fieberhafter Hast hingeschrieben seien. In diesem Fieber empfängt nun zwar jeder Künstler seine Stoffe und Inspirationen, aber mit der raschen, momentanen Notiz ist zwar das Stoffliche gerettet, das Künstlerische aber noch nicht geleistet.[138]

Hesse sieht sich gegenüber Lang in dieser Phase des Kontakts als »ein Führer nach der Kunst hin« und akzeptiert diesen lediglich in der Anfangsbeziehung als »Führer [...] im Verhalten zur eigenen Seele.«[139]

Nach der Veröffentlichung des *Demian* spielt Josef Bernhard Lang als Therapeut und Seelenführer für Hesse eine zunehmend geringere Rolle.[140] Stattdessen wird Langs Rolle als Heiler von Hesses Körper immer wichtiger; ein Arzt, der »Bienengiftkuren durchführte, Vitaminspritzen verabreichte und regelmäßig eine ganze Apotheke nach Montagnola schickte«.[141] Diese primär medizinische Funktion Langs für Hesse weitet sich in den 1930er Jahren aus.[142]

---

138 Brief Hesse an J. B. Lang vom 22.01.1918, »Die dunkle, wilde Seite der Seele« (wie Anm. 15), S. 77.

139 Brief Hesse an J. B. Lang vom 17.03.1918, »Die dunkle, wilde Seite der Seele« (wie Anm. 15), S. 81.

140 Hesse wird sich 1921 noch einer weiteren Analyse bei C. G. Jung unterziehen und 1925/26 im Umfeld erneuter Eheprobleme mit der 20 Jahre jüngeren Fabrikantentochter Ruth Wenger und der problembelasteten Niederschrift des Romans *Der Steppenwolf* noch einmal kurzfristig J. B. Langs Dienste in Anspruch nehmen. Zu diesem Zeitpunkt ist sein Glaube an die heilende Wirkungsmacht der Psychoanalyse bereits erheblich relativiert.

141 Hesse erweist sich dabei regelmäßig als »anspruchsvoll[er] und kapriziös[er]« Patient. Er erwartet »Zuwendung von Lang und reagierte gereizt und unwillig, wenn er sich vernachlässigt vorkam und wenn die gewünschten Medikamente ausblieben. Vgl. dazu den Kommentar T. Feitknechts in: »Die dunkle, wilde Seite der Seele« (wie Anm. 15), S. 20. Mit einer gewissen Regelmäßigkeit finden sich aus diesem Grunde Briefe Hermann Hesses, die, mit bitterem Selbstmitleid gespickt, Vorwürfe an Lang offen aussprechen:

»Lieber Longe, Ich sehe, daß du mein Briefchen nicht gelesen hast – vielmehr, daß der Anruf, den es enthielt, dich nicht erreicht hat. Ich lebe seit einem Jahr in der Hölle einer immer teuflischer werdenden Neurose, und mein damaliger Brief an dich war, ebenso wie der vor einigen Tagen, ein Anruf an den Arzt. Ich kann nicht sagen, daß ich Hoffnung hätte, aber ich versuchte es eben, so wie man bei großen Schmerzen eben um sich haut oder Grimassen schneidet.« Vgl. Brief Hermann Hesse an J. B. Lang vom November 1936. In: »Die dunkle, wilde Seite der Seele« (wie Anm. 15), S. 340.

142 Lang steckt zu diesem Zeitpunkt in einem Abtreibungsprozess und selbst bis zum Hals in Schwierigkeiten. Zumindest in diesem Prozess erweist sich Hesse als unermüdlicher Helfer, schickt Geld zur Bestreitung der Aufenthaltskosten Langs in Zürich, aktiviert Freunde, die Material zu Langs Verteidigung beschaffen und spricht ihm über den brieflichen Austausch immer wieder Mut zu. Vgl. dazu »Die dunkle, wilde Seite der Seele« (wie Anm. 15), S. 20.

Von der Jungschen Psychoanalyse hat sich der Dichter zu diesem Zeitpunkt bereits ebenso sichtbar wie von ihrem Repräsentanten Josef Bernhard Lang emanzipiert. Im Brief Hesses an C. G. Jung kommt Hesse auf seine wachsende Distanz zur Psychoanalyse am Beispiel des Freudschen Konzept der Sublimierung[143] explizit zu sprechen. Hesse sieht darin einen »wichtige[n] Begriff in der ganzen Kulturfrage« und konstatiert gegenüber C. G. Jung offen: »Und hier sind wir allerdings verschiedener Gesinnung.«[144] Er fährt fort:

> Für Sie, den Arzt, ist Sublimieren etwas Gewolltes, Überführung eines Triebs in ein uneigentliches Gebiet der Anwendung. Für mich ist Sublimierung letzten Endes auch »Verdrängung«, aber ich wende das hohe Wort nur an, wo es mir erlaubt scheint, von »geglückter« Verdrängung zu reden, also von Auswirkung eines Triebs auf einem zwar uneigentlichen, aber kulturell hochrangigen Gebiet, zum Beispiel den der Kunst [...]. Und wo ein begabter Mensch mit einem Teil solcher Triebkräfte solche Dinge fördert, finde ich seine Existenz und sein Tun von höchstem Wert, auch wenn er vielleicht als Individuum pathologisch ist. Was mir also während einer Psychoanalyse unerlaubt scheint: das Ausbiegen in ein Scheinsublimieren, das scheint mir erlaubt, ja höchst wertvoll und erwünscht, wo es gelingt, wo das Opfer Frucht trägt. Eben darum ist ja die Psychoanalyse für Künstler so sehr schwierig und gefährlich, weil sie dem, der es ernst nimmt, leicht das ganze Künstlertum zeitlebens verbieten kann. Geschieht das bei einem Dilettanten, dann ist es gut – geschähe es bei einem Händel oder Bach, so wäre es mir lieber, es gäbe gar keine Analyse und wir behielten dafür den Bach.[145]

In diesem Brief ist auf das Deutlichste die Linie des Konflikts zwischen Psychoanalyse und Dichtung im Sinne Hesses markiert. Das künstlerische Produkt steht letztlich über der analytischen Tätigkeit. Die Psychoanalytiker, für die »ein echtes Verhältnis zur Kunst unerreichbar ist, es fehlt allen dafür das Organ«[146], bedrohen dort, wo sie das Individuum von den ungeordneten Phantasien des Unbewussten zu heilen suchen, das aus eben diesen Phantasien geborene Kunstwerk. Und offenkundig meint Hesse im Brief an C. G. Jung nicht nur die Schöpfungen eines Händel oder Bach. Er meint zuallererst das eigene

143 Unter Sublimierung versteht Freud bekanntlich die Ablenkung eines Triebes auf menschliche Handlungen, zumeist künstlerische Betätigung und intellektuelle Arbeit, »die scheinbar ohne Beziehung zur Sexualität sind, deren treibende Kraft aber der Sexualtrieb ist.« Vgl. Laplanche/Pontalis, Vokabular der Psychoanalyse (wie Anm. 19), S. 478ff. (Zitat S. 478).

144 Hermann Hesse: Brief an C. G. Jung vom September 1934. In: ders.: Briefe von Hermann Hesse. Frankfurt a. Main 1951, S. 144.

145 Ebd., S. 145f.

146 Hermann Hesse: Brief an Emanuel Maier, April/Mai 1950. In: Hermann Hesse: Gesammelte Briefe. Vierter Band 1949–1962. Frankfurt a. Main 1986, S. 57.

künstlerische Schaffen, seine eigenen Erfahrungen mit der Psychoanalyse. Lange vor dem Brief an Jung 1934 hat Hesse in *Klingsors letzter Sommer* diese Gefahr einer möglichen Austreibung der künstlerischen »Pathologien« durch die Psychoanalyse mit Hilfe seiner seine Dichtung zum Ausdruck gebracht. Klingsor erfährt im Rausch und der unabdingbar an diese Form der Entgrenzung gekoppelten Todesangst seine Schaffenskraft. Würde er nun – im Sinne der Psychoanalyse – von dieser Todesangst »geheilt«, hätte dies zwangsläufig auch die Löschung seines kreativen Impulses zur Folge. Hesse bringt in der Erzählung über die Figur des Magiers diesen Widerspruch zwischen ungehemmter Kreativität und gesteuerter, kanalisierter psychologischer Analyse explizit zum Ausdruck. Der Magier sagt über Klingsor, welchen er Li Tai Pe nennt, und dessen immer wieder aufbrechende Angst vor dem Tode Folgendes:

> Gegen den Tod brauch ich keine Waffe, weil es keinen Tod gibt. Es gibt aber eines: Angst vor dem Tod. Die kann man heilen, gegen die gibt es eine Waffe [...] Aber Li Tai Pe will nicht. Li liebt ja den Tod, er liebt seine Angst vor dem Tode, seine Schwermut, sein Elend, nur die Angst hat ihn ja all das gelehrt, was er kann und wofür wir ihn lieben.[147]

Überdeutlich wird diese Position Hesses im Konflikt zwischen Psychoanalyse und Kunst in einem Brief vom April 1950 an Herbert Schulz, in welchem der mittlerweile 73-jährige Hesse nüchtern und distanziert auf seine 34 Jahre zurück liegenden Erfahrungen mit Josef Bernhard Lang und der Jungschen Psychoanalyse zurückblickt:

> Die Psychoanalyse lernte ich 1916 kennen, als mein privates Leben, zusammen mit dem Druck des Krieges, etwas zu schwierig geworden war. Der Arzt [J. B. Lang] war nicht überlegen, er war zu jung [Lang ist knapp 4 Jahre jünger als Hesse] und hatte zu viel Respekt vor der Berühmtheit, aber es war ihm ernst und er wurde mir ein sehr lieber Freund, auch noch Jahrzehnte nachdem von Analyse zwischen uns nicht mehr die Rede war. Erst sehr spät, lang nach der (vorwiegend Jungschen) Analyse, merkte ich allmählich, daß mein Freund zur Kunst gar kein Verhältnis hatte, obwohl er sehr für sie schwärmte, und mit der Zeit wurde mir klar, daß dies bei allen Psychoanalytikern der Fall war, obenan bei Jung, kein einziger von den vielen, die ich kannte, sah in der Kunst etwas anderes als eine Ausdrucksform des Unbewußten; der neurotische Traum eines beliebigen Patienten war ihnen ebenso wertvoll und weit interessanter als der ganze Goethe. Mit dieser Erkenntnis war ich erst endgültig und völlig von der analytischen Atmosphäre frei.[148]

---

147 Hesse, Klingsors letzter Sommer (wie Anm. 13), S. 318.

148 Hermann Hesse: Brief an Herbert Schulz, April 1950. In: Gesammelte Briefe (wie Anm. 146), S. 54.

Josef Bernhard Lang selbst ist bei der Formulierung dieser Zeilen seit knapp fünf Jahren tot. Im Frühjahr 1944 erleidet Lang einen Schlaganfall, von dem er sich de facto nicht mehr vollständig erholt. Zwei Jahre zuvor war Langs über Jahre hinweg obsessiv verfolgtes eigenes künstlerisches Projekt, sein erstes und einziges Buch *Hat ein Gott die Welt erschaffen*,[149] erschienen. Lang knüpft an den Text große Hoffnungen, muss aber angesichts der ausbleibenden Resonanz des Publikums eine bittere Enttäuschung hinnehmen. Symptomatisch für die mittlerweile gewachsene Distanz Hesses ist auch dessen Reaktion auf Langs Buch. Der Dichter folgt nach eigener Aussage den »philologischen Feinheiten mit Bewunderung,« moniert aber den »Titel und die Unmasse von Druckfehlern«.[150] Als sich Josef Bernhard Langs Zustand nach dem Schlaganfall 1944 zunehmend verschlechtert, schreibt Hesse an Wilhelm Fink, einen ehemaligen Mitschüler aus Maulbronn:

> Ein lieber Freund von mir liegt schwerkrank, der Arzt hält ihn für verloren, auch hat er schon vor einem Jahr einen Schlaganfall gehabt. Nun ist es wunderlich: dieser Mann, von Priestern in Einsiedeln bei ungenügender Kost streng katholisch-pfäffisch erzogen, hat zeitlebens in zwei infantilen Formen das damals empfangene Stigma bewahrt: er ist physisch immer hungrig geblieben und nie recht satt geworden, konnte zu Zeiten nachts aufstehen und pfundweise Zucker oder Brot essen etc. Und zweitens behielt er zeitlebens die trotzige Pose des Gottlosen oder Empörers und hat noch im Alter ein recht gelehrtes Buch gegen seinen persönlichen Feind Jahwe geschrieben. Jetzt, dem Tode nah, lässt er sich dankbar die katholischen Gebete vorsprechen, nicht vom Priester zwar, aber von einer Frau, die ihn pflegen hilft [Emmy Ball-Hennings, Witwe des 1927 verstorbenen, zum Katholizismus konvertierten Biographen Hesses, Hugo Ball], und spricht gläubig sein ora pro me oder ora pro nobis mit.[151]

Der ehemalige Patient hat sich, orientiert man sich am Duktus und Inhalt dieses Briefes, endgültig von seinem ehemaligen Therapeuten und Mentor »befreit«. Die Übertragungen des Unbewussten scheinen nachhaltig im Bewusstsein angelangt und von ihm zurückgewiesen zu sein. Der über Jahrzehnte im Briefwechsel mit Todesangst und Selbstmord kokettierende und das Ende vorgeblich herbeisehnende Hermann Hesse wird seinen vier Jahre

149 Der 135 Seiten lange Text zeugt von Langs intensiver Auseinandersetzung mit der Gnosis und den mystischen Schriften des frühen Christentums. Er belegt Langs stupende Gelehrsamkeit und unternimmt den Versuch einer Widerlegung der christlichen Schöpfungslehre, wie sie in Gen.1 ff dargestellt ist, mit Hilfe der Techniken Jungscher Psychoanalyse und gnostischer Wissensbestände.

150 Brief Hermann Hesses an J. B. Lang vom Juli 1942. Vgl.: »Die dunkle, wilde Seite der Seele« (wie Anm. 15), S. 402.

151 Hermann Hesse: Brief an Wilhelm Fink vom 21.03.1945. In: Hermann Hesse: Gesammelte Briefe. Dritter Band 1936–1948. Frankfurt a. Main 1982, S. 265f.

jüngeren Analytiker Josef Bernhard Lang um mehr als 17 Jahre überleben. Am 24. April 1945 wird Lang »wegen eines postapoplectischen Verwirrtheitszustandes« in die psychiatrische Klinik nach St. Urban gebracht, wo er selbst knapp ein halbes Jahrzehnt als Arzt tätig gewesen war. An diesem Ort stirbt Josef Bernhard Lang am 3. Juni 1945 kurz vor dem Ende des zweiten Weltkrieges an einer Hirnblutung.

Hesse wird ihm in einem Kondolenzschreiben an seine Tochter Marly warme und berührende Worte hinterherrufen und Josef Bernhard Lang als »offene[n] vertrauensvolle[n], keines Argen fähige[n] Freund« bezeichnen, »den man schon seiner Unschuld und unzerstörbaren Kindlichkeit wegen lieben musste, auch wenn er nicht dazu noch der Menschenfreund und Arzt und der begabte Gelehrte gewesen wäre.«[152]

De mortuis nil nisi bene – Über die Toten sprich nur gut! In Hesses 1930 verfasster Erzählung *Die Morgenlandfahrt* tritt Josef Bernhard Lang in der Figur des »Longus« in Erscheinung, ein Name, den Hesse in seinen Briefen an Lang in der Anrede häufig verwendete. Über diesen Longus heißt es in der Erzählung, sichtbar auf Josef Bernhard Lang, Hesses Analytiker Jungscher Prägung, Bezug nehmend:

> Ich fand Longus im Gehölze sitzen, ein pergamentenes Buch auf den Knien, in das er griechische und hebräische Zeichen schrieb: Worte, aus deren Buchstaben Drachen flogen und farbige Schlangen sich bäumten. Er sah mich nicht [...] »Longus«, sagte ich leise, »lieber Freund!« Er hörte mich nicht, meine Welt war ihm fern, er war versunken.[153]

---

152 Vgl.: »Die dunkle, wilde Seite der Seele« (wie Anm. 15), S. 25.

153 Hermann Hesse: Die Morgenlandfahrt. In: ders.: Sämtliche Werke, Bd. 4., hg. von Volker Michels, Frankfurt a. Main 2001, S. 549f.

»Und meine Werke sind nur Leichen!« Techniken der Literarisierung von Todesangst bei Annette von Droste-Hülshoff

Am Montag, den 8. Februar 1819, schreibt die 22-jährige westfälische Adelstochter Annette von Droste-Hülshoff einen langen Brief an den 69-jährigen Juristen und Schriftsteller Anton Mathias Sprickmann. Sprickmann steht seit 1811 in Kontakt zur Familie und fungiert als eine Art »literarischer Ansprechpartner [...] von Droste-Hülshoff.«[1] Die junge Dame gilt in ihrem Umfeld gemeinhin als hochbegabt. Früh zeigt sich bei ihr eine ausgeprägte literarische Ausdrucksfähigkeit. Bereits die Siebenjährige verfasst erste Gedichte,[2] der 12-jährigen wird eine – von der Familie freilich abgelehnte – Einladung zur Publikation im poetischen Taschenbuch *Mimigradia* des Herausgebers Friedrich Raßmann«[3] angetragen. Die selbstbewusst dominante Mutter unterstützt das Talent ihrer Tochter und dokumentiert Annettes Schaffen in Sammelhandschriften.[4] Die 15-jährige sucht neben dem Einfluss von Privatlehrern Kontakte zu Einflussgrößen der literarischen Szene und wird auf diese Weise 1812 mit dem damals 62-jährigen Juraprofessor und ehemaligen Sturm-und-Drang Autor Sprickmann bekannt.[5]

Annette von Droste-Hülshoffs aus den Briefen sprechendes Selbstbewusstsein gegenüber dem fast fünfzig Jahre älteren Sprickmann überrascht. Eine in der gesellschaftlichen Sphäre ihrer Epoche bis dahin noch nicht

---

* Vgl. Am siebzehnten Sonntage nach Pfingsten. In: Annette von Droste-Hülshoff. Sämtliche Werke in zwei Bänden. Hg. von Bodo Plachta/Winfried Woesler. Bd. 1, Frankfurt a. Main 1994, S. 460.

1 Vgl. den Artikel von Jochen Grywatsch zu Anton Mathias Sprickmann. In: Cornelia Blasberg/Jochen Grywatsch (Hg.): Annette von Droste-Hülshoff Handbuch. Walter de Gruyter Berlin/Boston 2018, S. 28.

2 Vgl. Das erste Gedicht, Sämtliche Werke in zwei Bänden. Bd. 1, (wie Anm. *), S. 326.

3 Vgl. den Artikel *Stationen der Lebensgeschichte* von Jochen Grywatsch. In: Annette von Droste-Hülshoff-Handbuch (wie Anm. 1), S. 5.

4 Laut Grywatsch sind aus »dem Zeitraum bis 1811 [...] 39 Texte überliefert, die zunehmend Bildungseinflüsse zu erkennen geben und damit Drostes literarischen Entwicklungsgang erhellen [Shakespeare, Cervantes, Walter Scott, Klopstock]. Vgl. Grywatsch (wie Anm. 1), S. 5.

5 Dieser pflegt enge Beziehungen zu Autoren des Göttinger Hains und ruft 1773 die erste Dichtervereinigung Westfalens (Literarische Gesellschaft) ins Leben. Vgl. Grywatsch (wie Anm. 1), S. 26.

 | DOI:10.30965/9783957437068_005

hervorgetretene junge Frau korrespondiert mit einer »hochrangige[n] und anerkannte[n] Respektsperson«[6] der Zeit auf intellektueller Augenhöhe.[7] Im berühmten Brief Droste-Hülshoffs von Anfang 1819, aus dem eine längere Passage zitiert wird, die zum Zentrum dieser Analyse hinführen soll, berichtet die Droste eingangs relativ voraussehbar vom Fortlauf ihrer literarischen Eigenproduktionen und den Reaktionen ihres sozialen Umfelds darauf.[8] Es folgt die Schilderung vom Abbruch einer geplanten Novelle, die das Schicksal einer Heldin »mit einer innerlich schon ganz zerstörten, und auch äußerlich sehr zarten und schwächlichen Constitution«[9] zum Gegenstand hatte und von der Verfasserin abgebrochen wurde als sie bemerkte, »daß ich, anstatt etwas Neues zu erfinden, an den Lieblingsstoff unserer Zeithen geraten bin.«[10] Danach kommt Annette von Droste-Hülshoff auf den eigentlichen Gegenstand ihres Schreibens zu sprechen:

> O, mein Sprickmann, [...] Ich muß mich einer dummen und seltsamen Schwäche vor Ihnen anklagen, die mir wirklich manche Stunde verbittert, aber lachen Sie nicht, ich bitte Sie noch einmahl, mein Plagedämon hat einen romantischen und geckenhaften Namen er heißt »Sehnsucht in die Ferne«, – nein nein, Sprickmann, es ist wahrhaftig kein Spaß, Sie wissen, daß ich eigentlich keine Thörin bin, ich habe mein wunderliches, verrücktes Unglück nicht aus Büchern und Romanen geholt, wie ein jeder glauben würde, aber niemand weiß es, Sie wissen es ganz allein, und es ist durch keine äußern Umstände in mich hinein gebracht, es hat immer in mir gelegen, wie ich noch ganz ganz klein war, ich war gewiß erst 4 oder 5 Jahr, denn ich hatte einen Traum, worin ich 7 Jahr zu seyn meinte, und mir wie eine große Person vorkam, da kam es mir vor als gieng ich mit meinen Eltern, Geschwistern und zwey Bekannten spatzieren, in einem Garten, der gar nicht schön war, sondern nur ein Gemüsgarten mit einer graden Allee mitten durch in der wir immer hinauf giengen, nachher wurde es wie ein Wald, aber die Allee, mitten durch, blieb, und wir giengen immer voran, das war der ganze Traum, und doch war ich den ganzen folgenden Tag hindurch, traurig, und weinte, daß ich nicht in der Allee war, und auch nie hinein kommen

6 Ebd., S. 29.

7 Den folgenden Brief vom Februar 1819 fand Walter Benjamin so bemerkenswert, dass er ihn in seine Anthologie Deutsche Menschen. Eine Folge von Briefen mit aufnahm. Vgl. Walter Benjamin: Deutsche Menschen. Eine Folge von Briefen. Frankfurt a. Main 1972, S. 44–47.

8 Konkret handelt sich um die hoch ironische Schilderung der Beurteilung von Drostes Versepos »Walther, ein Gedicht in sechs Gesängen« im eigenen Bekanntenkreis. Vgl. dazu Walter Gödden: Die andere Annette. Annette von Droste-Hülshoff als Briefschreiberin. Paderborn 1991, S. 118f.

9 Annette von Droste-Hülshoff. Brief an Anton Mathias Sprickmann, 8. Februar 1819. In: Historisch-kritische Ausgabe. Briefe 1805–1838. Bd. 8.1. Bearbeitet von Walter Gödden. Hg. von Winfried Woesler. Tübingen 1987, S. 25.

10 Ebd., S. 26.

> konnte, aber so erinnere ich mich, daß, wie meine Mutter uns eines Tages viel von ihrem Geburtsorte, und den Bergen, und den uns damals noch unbekannten Groseltern erzählte, ich eine solche Sehnsucht darnach fühlte, daß, wie sie einige Tage nachher zufällig bey Tische ihre Eltern nannte, ich in ein heftiges Schluchzen, ausbrach, so, daß ich musste fortgebracht werden, dies war auch vor meinem siebenten Jahre, denn, als ich sieben Jahr alt war, lernte ich meine Groseltern kennen, ich schreibe Ihnen diese unbedeutenden Dinge nur, um Sie zu überzeugen, daß dieser unglückselige Hang zu allen Orten, wo ich nicht bin, und allen Dingen, die ich nicht habe, durchaus in mir selbst liegt, und durch keine äußern Dinge herein gebracht ist, auf die Weise werde ich Ihnen nicht ganz so lächerlich scheinen, mein lieber, nachsichtsvoller Freund
>
> [...]
>
> seit einigen Jahren hat dieser Zustand aber so zugenommen, daß ich es wirklich für eine große Plage rechnen kann, ein einziges Wort ist hinreichend, mich den ganzen Tag zu verstimmen, und leider hat meine Phantasie so viel Steckenpferde, daß eigentlich kein Tag hingeht, ohne daß Eins von Ihnen auf eine schmerzlich-süße Weise aufgeregt würde [...] entfernte Länder, große interessante Menschen, von denen ich habe reden hören, entfernte Kunstwercke, und dergleichen mehr haben alle diese traurige Gewalt über mich, ich bin keinen Augenblick mit meinen Gedanken zu Hause, wo es mir doch so sehr wohl geht, und selbst wenn Tage lang das Gespräch auf keinen von diesen Gegenständen fällt, seh ich Sie in jedem Augenblick, wo ich nicht gezwungen bin, meine Aufmerksamkeit angestrengt auf etwas andres zu richten, vor mir vorüberziehn, und oft mit so lebhaften an Wirklichkeit grenzenden Farben und Gestalten, daß mir für meinen armen Verstand bange wird
>
> [...]
>
> sagen Sie! was soll ich von mir selbst denken? und was soll ich anfangen, um meinen Unsinn loszuwerden? mein Sprickmann, ich fürchtete meine eigne Weichheit, wie ich anfing, Ihnen meine Schwäche zu zeigen, und stattdessen bin ich über dem Schreiben ganz muthig geworden, mich dünkt, heute wollte ich meinen Feind wohl bestehn, wenn er auch einen Anfall wagen sollte [...] Ihre Nette[11]

Vordergründig werden hier von der jungen Briefeschreiberin gegenüber dem deutlich älteren Mentor der vertraute Gefühlston und das Pathos der Epoche Empfindsamkeit und der ihr eigenen selbstgenießerischen Klagetöne angestimmt. Droste-Hülshoff generiert sich gegenüber Sprickmann, dies hat Walter Gödden, der Herausgeber ihrer Briefe, zu Recht festgestellt, als »introvertierte Persönlichkeit mit leicht entzündlicher Phantasie und einem Hang zur Selbstanalyse«.[12] Andere Autoritäten der Droste-Forschung gehen in der Beurteilung dieses Briefes an Sprickmann wesentlich weiter. Clemens Heselhaus konstatiert in Drostes Dichtung das Verfahren eines »halluzinativen

11 Ebd., S. 26ff.

12 Gödden (wie Anm. 8), S. 114.

Realismus«,[13] der sich bereits in diesem frühen Brief Ausdruck verschaffe. Heselhaus fährt fort:

> Dasselbe, was sie schon früh als »ihr wunderliches verrücktes Unglück bezeichnet hatte und dem sie außerordentliche literarische Anstrengungen verdankte, bewirkte nicht zuletzt auch den Zusammenbruch ihrer Schaffenskraft: die eigentliche halluzinative Veranlagung. Es ist nicht verwunderlich, daß die Krankheitsgeschichte der Droste schon immer sehr stark interessiert hat.[14]

Emil Staiger sieht gar den »berühmte[n] Brief vom Februar 1819 [...] ganz erfüllt von Verzweiflung über diesen Widerstreit eines dunklen künstlerischen Dranges und einer ebenso rätselhaften Bedürftigkeit«.[15] Die Biographie von Barbara Beuys konstatiert angesichts des im Sprickmann-Brief zum Ausdruck gebrachten »Plagedämon[s]« der Droste: »Warum sollte sich die intensive und lebhafte Phantasie des Kindes verflüchtigt haben, wo in der Jugendzeit noch viel mehr und bewußtere Optionen und Gefühle sich bemerkbar machen und daraus die verunsichernde Suche nach der Identität erwächst? [...] Die Momente der Fremdheit, die schon das Kind fühlte, sind geblieben.«[16]

Der zentrale Punkt all dieser benannten Äußerungen für diese Untersuchung ist: Früh bereits werden die dichterischen Zeugnisse Annette von Droste-Hülshoffs von ihr selbst, ihrem Umfeld und in logischer Konsequenz auch von der auf diese Zeugnisse reagierenden Droste-Forschung[17] in mögliche Verbindungen mit dem Auftreten körperlicher und/oder psychosomatischer Krankheitsbefunde gebracht. Krankheitsbefunde, die bis heute nicht schlüssig aufgearbeitet werden konnten. Woran hat Annette von Droste-Hülshoff de facto gelitten? Woran ist sie gestorben? Das 2018 erschienene Droste-Handbuch bringt diesen Zustand des Nicht-Wissens auf den Punkt: »Sicher ist, dass die Autorin an einer komplexen Krankheitssituation litt, die von mehreren Faktoren beeinflusst wurde.«[18] Die Hypothesen reichen von einer Tuberkulose

---

13 Clemens Heselhaus: Annette von Droste-Hülshoff. Werk und Leben. Düsseldorf 1971, S. 6.

14 Ebd., S. 308.

15 Emil Staiger Annette von Droste-Hülshoff. Frauenfeld ^{2}1962, S. 9.

16 Barbara Beuys. »Blamieren mag ich mich nicht«. Das Leben der Annette von Droste-Hülshoff. München/Wien 1999, S. 108f.

17 Nüchterner, aber nicht weniger deutlich konstatieren die Herausgeber des Droste-Handbuchs auf dem Stand der aktuellen Forschung bei dem Brief an Sprickmann »Gefühlsunmittelbarkeit« (Jochen Grywatsch (wie Anm. 1), S. 29), bzw. »ein nicht ausgeschöpftes literarisches Potential, ein[en] unrealisierte[n] Überschuss an dichterischer Kreativität.« (Cornelia Blasberg: Korrespondenzen. In: Droste-Handbuch (wie Anm. 1), S. 97).

18 Grywatsch (wie Anm. 1), S. 12.

Erkrankung,[19] über den Befund Morbus Basedow, einer Autoimmunerkrankung der Schilddrüse,[20] hin zu den jüngeren Diagnosen Retinopathia praematorum, einer Netzhauterkrankung in Folge einer Frühgeburt[21] und dem jüngst gestellten Post mortem Befund eines Magenkarzinoms.[22] Hinzu kommen Hypothesen zu einer vermeintlich »neuropathisch-psychopathischen«[23] Anlage der Dichterin. Sie äußern sich, glaubt man der Forschung, unter anderem in psychomotorischen Hemmungen der Antriebskraft, ausgeprägtem hypochondrischem Wahn, häufiger Nervosität, Angstzuständen und hormonellen Störungen in Form von Appetitlosigkeit mit starker Gewichtsabnahme.[24] Auf dem Höhepunkt einer persönlichen Krise listet die Droste ihre Krankheitssymptome in einem Brief an den Homöopathen Clemens von Bönninghausen im November 1829 en détail in einer schier endlosen Liste auf.[25] Davon wird noch die Rede sein.

Die komplexe Sachlage wird nicht gerade erleichtert durch den Umstand, dass seitens der Forschung divergierende medizinische/naturphilosophische Befunde zur Deutung ein- und derselben literarischen Textphänomene herangezogen werden. Dieser vom Wissenschafts- und Medizinhistoriker Dietrich von Engelhardt als »fiktionale Funktion der Medizin«[26] bezeichnete Konnex eines vertieften Verständnisses »der Bedeutung von Krankheit [...]

---

19 Erstmals durch Hulda Eggert: Drostebiographie und Drostelegende. In: Süddeutsche Monatshefte 26,2 (1928/29), S. 137–144.

20 Sie führt zu einer Schilddrüsenüberfunktion und geht häufig mit einer Schilddrüsenvergrößerung (Stuma) einher. Im Falle Droste von Hülshoffs erzeugt die Krankheit eine endokrine Orbiopathie, welche für den auf den bildnerischen Darstellungen der Dichterin beobachtbaren hervortretenden Augapfel (Exophthalmus) verantwortlich ist. Erstmals: Walter K. Fränkel: War die Krankheit der Annette von Droste-Hülshoff eine Tuberkulose? In: Die Medizinische Welt. 7. Jahrgang (25.02.1933), S. 255f.

21 Mit dieser Frühgeburt – Droste-Hülshoff wurde im siebten Schwangerschaftsmonat geboren – gehen bei der Dichterin eine ausgeprägte Kurzsichtigkeit (Myopie) und nach der Auffassung Meyer-Schwickeraths psycho-physische Symptome (ungewöhnliche Intelligenz) einher. Vgl. Gerhard Meyer-Schwickerath: Das Annette von Hülshoff-Syndrom. In: Klinische Monatsblätter für Augenheilkunde 184 (1984), S. 574–577.

22 Jolyon Timothy Hughes: The Annette von Droste-Hülshoff Syndrome; https://www.academia.edu/9289561/The_Annette_von_Droste_Hülshoff_Syndrome (Zugriff: 14.08.2019).

23 Margret Terhechte: Das Krankheitsbild der Annette von Droste-Hülshoff. In: Jahrbuch der Droste-Gesellschaft 3 (1959), S. 129–136.

24 Vgl. dazu Anette Reiter: Mein wunderlich verrücktes Unglück. Melancholie bei Annette von Droste-Hülshoff. Regensburger Skripten zur Literaturwissenschaft. Hg. von Hans-Peter Neureuter. Regensburg 2003, S. 50f.

25 Vgl. Annette von Droste-Hülshoff. Brief an Clemens Maria von Bönninghausen, 22. Februar 1829. In: Historisch-kritische Ausgabe. Briefe 1805–1838 (wie Anm. 10), S. 102.

26 Dietrich von Engelhardt: Medizin und Literatur in der Neuzeit. Darstellung und Deutung. Stuttgart 1991, S. 12.

für Thema und Struktur des literarischen Werkes«[27] führen im Falle Annette von Droste-Hülshoffs Arbeiten zu erheblichen Deutungsproblemen und interpretatorischen Widersprüchen. Drei fast beliebig gewählte Beispiele aus einer langen Liste an Befunden mögen hier genügen: Handelt es sich bei der körperlichen und psychischen Krise der Arztfigur im Versepos *Des Arztes Vermächtnis* um die Darstellung einer nicht näher spezifizierten Form von Kopfschmerz (»Mich dünkt in dieser Stunde litt mein Hirn/Brand und Gekrimmel fühlt' ich in der Stirn«),[28] um Katalepsie (Starrsucht), um die mentalen Manifestationen eines »magnetischen Schlafs« oder um die im Körper sich Ausdruck verschaffende »immanente Seite eines transzendenten Geschehens«[29] als Ausdruck einer ungesühnten Schuld? Führen die von Mönchen in einer Totengruft aufgebahrten Leichen unbekannter Wanderer in *Das Hospiz auf dem großen St. Bernhard* durch den drastisch-detaillierten, rein medizinisch gesteuerten Blick auf die toten Körper Vergänglichkeit als somatischen Prozess, als »reines Naturphänomen«[30] vor? Oder rufen die Leichname »tradierte Topoi« und »Vanitas-Motive«[31] auf, welche die barocken Bilder der Vergänglichkeit am Ende in das Licht christlicher Heilsversprechung überführen? Oder aber thematisiert die exzessive Darstellung von Todesangst im locus horribilis[32] der Gruft am Beispiel der Figur des Großvaters Benoit kompensatorisch jenes heillose Spiel von Angstphantasien angesichts des allgegenwärtigen Todes, von welchem bereits ein Brief der 16-jährigen Annette von Droste-Hülshoff an ihren Mentor Anton Sprickmann Zeugnis ablegt?[33] Schließlich: Lässt sich das vermutlich 1816 entstandene Gedicht *Unruhe* mit Versen wie »O! das pocht das glüht in meiner Brust/Rastlos treibts mich um

---

27 Ebd., S. 13.

28 Annette von Droste-Hülshoff: Des Arztes Vermächtnis. In: Annette von Droste-Hülshoff. Sämtliche Werke in zwei Bänden. Hg. von Bodo Plachta/Winfried Woesler. Bd. 2, Frankfurt a. Main 1994, S. 282.

29 Vgl. Ronald Schneider: Annette von Droste-Hülshoff. Stuttgart ²1995, S. 52–60, (Zitat S. 59).

30 So die Deutungslinie von Barbara Thums: Abstiege ins Totenreich bei Annette von Droste-Hülshoff und Adalbert Stifter. In: ZwischenZeiten. Zur Poetik der Zeitlichkeit in der Literatur der Annette von Droste-Hülshoff und der »Biedermeier«-Epoche. Hg. von Cornelia Blasberg. Droste-Jahrbuch Bd. 9 (2011/12), S. 137–157 (Zitat S. 143).

31 Vgl. Florian Schmidt: Das Hospiz auf dem großen St. Bernhard. In: Droste-Handbuch (wie Anm. 1), S. 171–178 (Zitat S. 174).

32 Zur Raumdarstellung im Text vgl. Lothar Köhn: Nicht-Ort, Heterotopie in Brief und Versepos der Droste. In: Jochen Grywatsch (Hg.): Raum. Ort. Topographien der Annette von Droste-Hülshoff. Droste-Jahrbuch 7 (2009), S. 197–213.

33 Annette von Droste-Hülshoff an Anton Mathias Sprickmann, 20. Dezember 1814. In: Historisch-Kritische Ausgabe. Briefe 1805–1838 (wie Anm. 9), S. 4ff.

im engen Leben/Und zu Boden drücken Raum und Zeit«[34] als literarisierte Darstellung von »Nervousness [...] headaches, nausea, [...] abdominal discomfort«[35] und damit als medizinischer Befund lesen? Oder aber ist mit diesen Zeilen eher auf ein psychosomatisches Problem angespielt, etwa auf »das semantische Feld melancholisch gestimmter, metaphorisch von oben nach unten, also grüblerisch in abgründige Tiefe zielender Reflexion?«[36]

Folgende Untersuchung setzt sich drei Ziele, die schrittweise in jeweils einem Unterkapitel verfolgt werden:

a. Krankheit protokollieren

Von Anfang sind die Briefe und privaten Zeugnisse Annette von Droste-Hülshoffs »voll von Klagen über Krankheitssymptome und Schmerzen verschiedenster Art.«[37] Unzweifelhaft ist dabei, dass die Droste ihre Krankheiten »sprechend« werden lässt. Im Falle von Droste-Hülshoffs meint dies, dass ihre eigenen Krankheitsbefunde in Briefen an Freunde, Familie und – zentral – gegenüber Ärzten benannt werden. In einem ersten Schritt wird es darum gehen, eben diese Krankheitssymptome ins Blickfeld zu nehmen. Im Zentrum steht dabei die Behandlung Annette von Droste-Hülshoffs durch den Homöopathen Clemens von Bönninghausen.[38] Die Wahl dieses Heilers kann in der damaligen Zeit – zumal durch eine alleinstehende Frau erfolgend – als maximal unkonventionell gelten.[39] Annette von Droste-Hülshoff listet in den

---

34 Annette von Droste-Hülshoff: Unruhe. In: Annette von Droste-Hülshoff. Sämtliche Werke in zwei Bänden. Hg. von Bodo Plachta/Winfried Woesler. Bd. 1, Frankfurt a. Main 1994, S. 596.

35 Vgl. Jolyon Timothy Hughes: The Annette von Droste-Hülshoff Syndrome; https://www.academia.edu/9289561/The_Annette_von_Droste_Hülshoff_Syndrome (Zugriff: 15.08.2019).

36 Vgl. Jürgen Gunia: Unruhe. In: Droste-Handbuch (wie Anm. 1), S. 113–116 (Zitat S. 114f.).

37 Anette Reiter (wie Anm. 24), S. 47.

38 Nach dem Tod ihres Bruders Ferdinand im Juni 1829, den sie in seinen letzten Wochen pflegt, gerät die Droste in eine anhaltende schwere Krise, die bei ihr manifeste körperliche Symptome im Gefolge hat, auf welche die traditionelle Medizin ihrer Zeit kein probates Mittel zu kennen scheint. Daraufhin wendet sich die Dichterin an Clemens Bönninghausen, den ersten Schüler Samuel Hahnemanns. Hahnemann gilt als Begründer der Homöopathie. 1810 veröffentlicht er sein Buch »Organon der rationellen Heilkunde« (spätere Auflagen tragen den Titel »Organon der Heilkunst«). Dieses Werk enthielt bereits alle Wesenszüge der Homöopathie, wurde aber in den kommenden Jahren noch erheblich überarbeitet und ergänzt. Es wird bis heute als Grundlagenwerk der Homöopathie angesehen.

39 Weder war die Homöopathie gesellschaftlich etabliert, noch stand sie in einem allzu guten Ruf. Vgl. hierzu Anthony Campbell: Homeopathy in Perspective. A critical appraisal. 2008.

Briefen an Bönninghausen ihre Krankheitssymptome in einer Vollständigkeit auf, wie es davor und danach nie wieder der Fall sein wird.

b. Krankheit literarisieren

In einem zweiten Schritt ist zu zeigen, auf welche Art und Weise besagte Krankheitssymptome in die Texte Annette von Droste-Hülshoffs einfließen, genauer: literarisiert werden. Eine zentrale Quelle bietet hier das 1834/1835 entstandene Versepos *Des Arztes Vermächtnis*. An dieser Dichtung lässt sich klar nachweisen, dass Droste-Hülshoff in ihr selbst vorhandene, zumeist durch persönliche Krisen ausgelöste gesundheitliche Probleme mit dem Ziel der Angstminderung[40] in einer Art symbolischen Übertragung an den Perspektivfiguren von *Des Arztes Vermächtnis* ausagiert. Der im Epos immer wieder benannte, mysteriös übertragene Befund eines »Brand[s] im Gehirn« wird dabei von der Autorin mit einer im Text häufig aufscheinenden Todesangst des Arztes in Verbindung gebracht. Todesangst markiert aus biologischer Perspektive »eine schwer erträgliche Negation aller Selbsterhaltungsinstinkte des Menschen«.[41] Derartige Negativaffekte durchziehen das Versepos und

40 Angst wird in dieser Untersuchung aus heuristischen Gründen in der Unterscheidung zum verwandten Begriff der Furcht gebraucht. Die Verfechter dieses Konzepts berufen sich »üblicherweise auf Kierkegaard, Freud oder die Existenzphilosophie« (C. Begemann, S. 4). Bei Kierkegaard unterscheidet sich die Furcht von der Angst, indem sie »auf etwas Bestimmtes« (Kierkegaard, S. 488) gerichtet ist, während »die Angst hingegen einen Zustand [bezeichnet], in dem das gefährliche Objekt nicht identifiziert werden kann und/oder kein taugliches Mittel gegen die Gefahr zur Verfügung steht« (Eibl, S. 157). Diese tendenziell an Konzepten der Evolutionsbiologie orientierte Definition genügt für die Zwecke dieser Untersuchung. Ab und an fließen lediglich noch partielle Überlegungen aus diversen Angsttheorien der Philosophie, Anthropologie und Psychoanalyse ergänzend mit ein. Vgl. Christian Begemann: Furcht und Angst im Prozeß der Aufklärung. Zu Literatur und Bewußtseinsgeschichte des 18. Jahrhunderts. Frankfurt a. Main 1987; Sören Kierkegaard: Der Begriff Angst. In: ders.: Die Krankheit zum Tode. Hg. von Hermann Diem/Walter Rest. München 1976, S. 445–640; Karl Eibl: Von der biologischen Furcht zur literarischen Angst, Ein Vertikalschnitt. In: KulturPoetik 12/2 (2012), S. 155–186; grundlegend auch Lars Koch (Hg.): Angst. Ein interdisziplinäres Handbuch. Stuttgart 2013.

41 Karl Eibl sieht in der Todesangst evolutionsbiologisch einen gesteigerten Selbsterhaltungstrieb bei Tier und Mensch zum Ausdruck gebracht. Er fasst mit diesem Begriff alle Verhaltensprogramme zusammen, »die der Erhaltung des Individuums dienen, Triebe der Ernährung, der Verteidigung, der körperlichen Unversehrtheit, unter Gen-Aspekt auch der Fortpflanzung« (Eibl, S. 135). Sieht der Mensch einen dieser Aspekte wesentlich bedroht, kommt es zu einer körperlichen Stressreaktion, die eine kurzfristige Steigerung der Leistungsfähigkeit bewirkt, bei häufigem Erscheinen allerdings langfristig auch schädliche körperliche Folgen zeigt. Vgl. Karl Eibl: Biologie der Angst. In: Lars Koch (wie Anm. 40), S. 130–140.

die biographischen Äußerungen der Droste in jener Phase wie ein dunkler Grundton.

c. Angst durch Naturdarstellung symbolisieren
Roland Borgards hat Teile von Droste-Hülshoffs Naturlyrik einmal als Ausdruck eines »schockhaft hypersensibilisierten Subjekt[s]« bezeichnet, »das diesen Schock als Erlebnis aufzuzeichnen bereit ist«.[42] Für die Richtigkeit dieser bei Borgards nicht weiter entwickelten Beobachtung spricht einiges. Im dritten Schritt dieser Untersuchung soll gezeigt werden, dass in den späteren Arbeiten Droste-Hülshoffs die Literarisierung ihrer Todesangst vor allem in jener Sphäre Ausdruck findet, wo eigentlich alles Leben seinen Anfang nimmt – in ihren Naturdarstellungen. Präzise analysiert wird besagte skeptische Einstellung gegenüber »Mutter Natur« über eine genauere Analyse des 1841/42 verfassten Droste Gedichts *Im Moose*. An *Im Moose* und – verknappter- an zwei weiteren Gedichten (*An einem Tag wo feucht der Wind, Der zu früh geborene Dichter*) lässt sich dokumentieren, dass Droste-Hülshoffs Fähigkeit, ihre Ängste und Krankheiten in literarischen Sinnzusammenhängen zu symbolisieren, die über den streng eingegrenzten Funktionsbereich der Medizin hinausgehen, ihrer Zeit voraus ist.[43] Fast prophetisch nehmen einige ihrer Gedichte den horror mortis in der Naturlyrik der kommenden Jahrhundertwende vorweg.[44]

1. Krankheit protokollieren: Annette von Droste-Hülshoff und ihr Arzt Clemens von Bönninghausen

Aus altem westfälischem Adel stammend, war Annette von Droste-Hülshoff (1797–1848) zeitlebens an die Maximen ihres Standes und ihrer Familie gebunden. Ihre Stellung als unverheiratet gebliebene Tochter wurde traditionsgemäß als »Verpflichtung zu familiären Dienstleistungen jeglicher Art aufgefasst.«[45] Verwandtenbesuche, Pflegedienste, Kinderbetreuung und

42 Roland Borgards: Natur. In: Droste-Handbuch (wie Anm. 1), S. 649–659 (Zitat S. 651).

43 Wilhelm Kühlmann spricht in seiner eindrucksvollen Analyse des Droste-Gedichts *An einem Tag wo feucht der Wind* nicht zufällig von Drostes später Naturlyrik als Bestandteil eines »prädarwinistischen […] naturphilosophischen Paradigmenwechsels«. Vgl. Wilhelm Kühlmann: Das Ende der »Verklärung«. Bibeltopik und prädarwinistische Naturreflexion in der Literatur des 19. Jahrhunderts. In: Jahrbuch der deutschen Schillergesellschaft 30 (1986), S. 417–453 (Zitat S. 447).

44 Vgl. hierzu Wolfgang Riedel: Horror mortis oder Mensch und Tier. In: ders.: Homo natura. Literarische Anthropologie um 1900. Berlin/New York 1996, S. 21–35.

45 Anette Reiter (wie Anm. 24), S. 38.

weitläufige gesellschaftliche Kontaktpflege im Münsterland nahmen die Dichterin zeitlich stark in Beschlag. Von ihrem Umfeld als »schriftstellernde Dame von Stande« ohnehin kritisch gemustert, versucht Droste-Hülshoff aufopfernd, den sozialen Aufgaben gerecht zu werden. Sie tut dies über lange Phasen hinweg »mit eben so viel Freudigkeit und Anmuth [...] wie ein Ackerpferd den Pflug zieht.«[46] Neben der nötigen Ruhe und Muse für die literarische Tätigkeit mangelt es Annette von Droste-Hülshoff daneben früh an einer der wichtigsten Gaben auf Erden: Gesundheit.

Das früheste Zeugnis »einer psychischen Krise, die sich auf das körperliche Befinden auswirkte«,[47] ist ein Brief der damals 18-jährigen Droste an ihren Mentor Sprickmann. Ausgelöst durch zwei Todesfälle im familiären Umfeld, fällt die junge Frau in eine Art melancholische Hypochondrie, die sie dazu bringt, sich ihren eigenen Tod vor Augen zu führen. Diese Befindlichkeit ist an eine körperliche Symptomatik gekoppelt:

> Die schnelle Auflösung aller dieser Personen (denn auch eine Mutterschwester hat plötzlich zwey allerliebste Kinder verlohren) rief mir vernehmlich die Worte, »auch du mußt sterben« Ein Ton der in meiner Brust wiederhallte, und noch dadurch verstärkt wurde, daß ich mir, wie man glaubte, durch zu vieles angestrengtes Singen ein immerwährendes Uebelbefinden zugezogen hatte, obgleich ich nur wenig Schmerzen fühlte, so brachte mich doch eine täglich zunehmende Magerkeit und Blässe, das Verschwinden meines Appetits, eine immerwährende Mattigkeit, und die mit einem solchen Zustande unzertrennlich verbundene Niedergeschlagenheit, auf den Gedanken der Auszehrung, und stellte mir oft den Gedanken einer nahen Auflösung recht lebhaft und ernstlich vor Augen.[48]

Antriebsstörungen, Appetitlosigkeit und Gewichtsabnahme im Duktus empfindsamer Weltschmerztradition vorgetragen, gekoppelt mit pubertärer Todeskoketterie angesichts einer allzu leicht entflammbaren Phantasie – so könnte etwas zugespitzt die Ferndiagnose dieser Passage lauten. Abstrahiert von allen Strategien der Selbstinszenierung scheint Fakt zu sein, dass bereits die jugendliche Droste-Hülshoff körperliche und psychische Anfälligkeiten aufweist. Knapp vier Jahre später ist – wiederum in einem Brief an Sprickmann – von »einem Kopfschmerz« die Rede, »der äußerst nachtheilig auf die Augen wirkte« und chronische Natur anzunehmen droht (»und

46 Brief an Christoph Bernhard Schlüter, 2. Januar 1835. In: Historisch-kritische Ausgabe. Briefe 1805–1838 (wie Anm. 9), S. 156.

47 Anette Reiter (wie Anm. 24), S. 48.

48 Brief an Anton Mathias Sprickmann, 20. Dezember 1814. In: Historisch-kritische Ausgabe. Briefe 1805–1838 (wie Anm. 9), S. 4f.

habe mich hiebey, wie die Ärzte behaupten, sehr vor Rückfällen zu hüten«.[49] Zwei Jahre zuvor klagt die 19-jährige über ihren »schwache[n] miserable[n] Körper«[50], der sie am Briefeschreiben hindere. Solche Äußerungen mögen – wie bereits erwähnt – partiell dem entwicklungspsychologischen Reifungsprozess einer pubertierenden jungen Frau geschuldet sein. Sie können jedoch nicht die fragile physische und psychische Konstitution Annette von Droste-Hülshoffs verbergen. Von körperlicher Robustheit kann jedenfalls keine Rede sein.

Eine erste schwere und länger anhaltende Krankheitsphase stellt sich dann 1829 nach dem Tod des geliebten Bruders Ferdinand ein. Annette hatte ihren an Schwindsucht erkrankten Bruder im Winter 1828 bis zu dessen Tod im Juni 1829 gepflegt. Sie ist nach dessen Ableben von der panischen Angst gepeinigt, sich infiziert zu haben. Als in den folgenden Wochen vorgeblich Symptome einer Lungentuberkulose auftreten (Husten, niedriges Fieber, Gewichtsverlust) und die betreuenden Ärzte keine Besserung ihres Zustands herbeiführen können, wendet sich die Droste im September 1829 an den Homöopathen Clemens von Bönninghausen. Dieser hat keine medizinische Ausbildung und gilt unter der klassischen Ärzteschaft als Scharlatan, der eher als versierter Botaniker, denn als Humanmediziner anzusehen ist.[51] Droste-Hülshoff kennt diese Vorbehalte, lässt sich jedoch in ihrer Entscheidung nicht beeinflussen und wird Bönninghausens erste Patientin.[52] Der selbst ernannte Homöopath führt von Anfang an ein so genanntes Krankheitsjournal, in welchem er den Gang der Behandlung seiner Patienten protokolliert. Die »Erstanamnesen umfassen anfangs mehr als eine Seite – später manchmal auch nur einige

---

49 Ebd., S. 15.

50 Brief an Anton M. Sprickmann, Ende Februar 1816. In: Historisch-kritische Ausgabe. Briefe 1805–1838 (wie Anm. 9), S. 9.

51 Bönninghausen befasst sich erst seit kurzer Zeit mit Homöopathie, als Annette von Droste-Hülshoff im August 1829 seine Patientin wird. Dank seiner botanischen Kenntnisse war er 1824 auf Grund seiner Schrift *Prodomus florae Monasteriensis* zum Direktor des botanischen Gartens in Münster ernannt worden. Eine Lizenz zur offiziellen Ausübung seiner homöopathischen »Heilkunst« erhielt Bönninghausen erst 1843 durch eine Kabinettorder Friedrich Wilhelm IV. Vgl. Walter Gödden: Tag für Tag im Leben der Annette von Droste-Hülshoff. Zürich 1996, S. 111.

52 An Sophie von Haxthausen berichtet von Droste-Hülshoff am 7. Juli 1830: »[...] und die Aerzte haben eine Menge ihrer einträglichsten Patienten verloren, da Böninghusen, wie sie spöttisch sagen, – ein Docktor für die vornehmen Leute und sonderlich für Damen ist, die sich zugleich gern über Litteratur und schöne Kunst unterhalten.« Vgl. Annette von Droste-Hülshoff: Historisch-kritische Ausgabe. Briefe 1805–1838 (wie Anm. 9), S. 106.

Seiten«.[53] Im Falle der Patientin Annette von Droste-Hülshoff setzt das Journal des Homöopathen mit folgenden Zeilen ein:

> 1. Fräulein Nettchen von Droste- Hülshoff
> Einige 30 Jahre alt, blond und sehr aufgeregten Gemüthes, mit ungewöhnlichem Verstand und ausgezeichneten Talenten für Poesie und Musik, litt seit längerer Zeit an Engbrüstigkeit, und hatte sich fest in den Kopf gesetzt [sic!], daß sie durch die Pflege ihres im letzten Frühjahre an der Schwindsucht verstorbenen Bruders ebenfalls von der Krankheit angesteckt sei. Auch ihr Arzt, der ihr mancherlei Arzneien verschrieben, welche aber sämtlich ihre Beschwerden vermehrten, erklärte sie für schwindsüchtig und stellte ihr eine sehr ungünstige Prognose.[54]

Bönninghausen konstatiert in der sich anschließenden Erstdiagnose dann folgende Symptome:

> eine allgemeine sehr bedeutende Abmagerung mit Hinschwinden der Kräfte; verdächtige Röthe auf den eingefallenen Wangen; beständige Stiche in der linken Seite, und fortwährende Brustbeklemmung wie von zusammengeschnürtem Brustkasten, dabei grosse Nieder-geschlagenheit und Hoffnungslosigkeit hinsichtlich der Genesung, fest glaubend, sie sei von ihrem Bruder, den sie in den letzten 5 Wochen seines Lebens Tag und Nacht gepflegt, angesteckt worden.[55]

Der Homöopath verschreibt als Erstmaßnahme das Riechen an Nux vomica[56], wonach laut seinen Aufzeichnungen »nach einer halben Stunde die Seitenstiche verschwanden«.[57] Auffällig ist bereits zu Beginn der Behandlung, dass Bönninghausen weder der Position der Ärzte noch der Auffassung seiner Patientin, es handele sich bei den beobachtbaren Symptomen Droste-Hülshoffs um Anzeichen einer Tuberkulose, allzu großen Glauben zu schenken scheint. Mit dieser Einschätzung steht der Homöopath im Übrigen nicht alleine da. Annettes Schwester Jenny schreibt im August 1829 der besorgten Mutter, Annettes Krankheit bestehe im Wesentlichen in »Nervenreiz

53 Martin Dinges/Klaus Holzapfel: Von Fall zu Fall: Falldokumentation und Fallredaktion. Clemens von Bönninghausen und Annette von Droste-Hülshoff. In: Zeitschrift für Klassische Homöopathie 2004 (48), S. 149–167 (Zitat S. 152).

54 Clemens von Bönninghausen: Das erste Krankheitsjournal (1829–1830). Bearbeitet von Luise Kunkle. Hg. vom Institut für Geschichte der Medizin der Robert-Bosch-Stiftung. Essen 2011, S. 3.

55 Ebd., S. 4.

56 Die in Südostasien beheimatete »Gewöhnliche Brechnuss«, eine Baumart aus der Familie der Brechnussgewächse, ist ein homöopathisch angewandtes Mittel gegen Übelkeit. Vgl. Elisabeth Mandl: Arzneipflanzen in der Homöopathie. Wien 1997, S. 146.

57 Bönninghausen (wie Anm. 54), S. 4.

und Krampf« und werde durch »allerley Ideen und Apprehensionen«[58] noch vermehrt. Bönninghausen scheint in eine ähnliche Richtung zu tendieren, denn er verordnet Annette von Droste-Hülshoff neben Nux vomica noch Lycopodium, ein homöopathisches Mittel gegen Reizhusten. Zusätzlich wird durch den Homöopathen Droste-Hülshoffs »diät gehörig geordnet«.[59] Die erwünschte Gewichtszunahme tritt ein, das Krankenjournal vermerkt nach dem Besuch Bönninghausens am 12. Oktober 1829: »[...] und schon hatte sie sichtbar wieder am Fleische zugenommen«.[60] Allerdings treten jetzt plötzlich neue Symptome auf. »Ziehender Kopfschmerz im Hinterkopfe und im Nacken; Wundheit des Gaumens und des Zahnfleisches, [...] im Munde Rauchgeschmack; Jücken auf der Herzgrube; stechendes Jücken an den Händen«.[61] Annette von Droste-Hülshoff hatte sich ab Anfang Oktober 1829 erneut ins Rüschhaus, dem Landsitz der Familie, zurückgezogen. Als Bönninghausen seine Patientin am 6. November bei seinem nächsten Besuch dort mit verschlechterter Gesundheit antrifft, führt er dies zunächst auf den Ablauf der Wirkdauer des Lycopodiums zurück. Droste-Hülshoff hatte – ob auf Wunsch Bönninghausens oder aus eigenem Antrieb lässt sich nicht mehr ermitteln – »ihren gegenwärtigen Krankheitszustand bereits aufgeschrieben«.[62] Die Auflistung der eigenen Symptome durch die Droste lässt, um es vorsichtig zu sagen, an Detailliertheit nichts zu wünschen übrig. So heißt es:

> 5a. Zuweilen Stiche im Kopfe.
> 7. öftere Röthe und Hitze *einer* Wange, gewöhnlich der Rechten.
> 8. Schielen.
> 13. Knacken der Kinnladen beim Essen.
> 14. Empfindlichkeit der Zähne gegen Wärme.
> 16. Wundheit des Gaumens.
> 17. Zuweilen Kitzel in der Kehle, wobei sich die Beklemmung und der Reiz zum Aufstossen vermindert.
> 21. Ein unaufhörlicher Drang zum leeren Aufstossen, welches aber, wenn ich ihm nachgebe, das Übel verschlimmert, so daß es nun unaufhörlich vor dem Halse liegt, und den Athem benimmt.
> 21. Zuweilen Aufschwulken der genossenen Speisen, bald sauer, bald süßlich, bald geschmacklos.

58 Zitiert nach Walter Gödden: Annette von Droste-Hülshoff. Leben und Werk. Eine Dichterchronik. Bern 1994, S. 157.

59 Bönninghausen (wie Anm. 54), S. 4.

60 Ebd., S. 5. Zum detaillierten Behandlungsverlauf vgl. Dinges/Holzapfel (wie Anm. 53), S. 153ff.

61 Bönninghausen (wie Anm. 54), S. 5.

62 Ebd., S. 6.

> 23. Etwas Druck auf der Herzgrube, und überall das unangenehme überladene Gefühl, wie von verdorbenem Magen.
> 23. Wiederum einen Tag lang Jucken auf der Herzgrube.
> 24. Seitenstiche, nur selten und einzeln, aber dann heftiger als sonst; zuweilen ein dumpfer geringer Druck in der Seite.
> 28. Zuweilen Neigung zur Diarrhoe.
> 28. Abgang kleiner Madenwürmer.
> 37. Beklemmendes Zusitzen der Brust.
> 37. (49) beim Liegen auf dem Rücken ein schweres Gewicht auf der Brust, welches den Athem sehr erschwert, so daß ich nur ganz leise und wenig athme.
> 50. Neigung zum Strecken und Dehnen, wonach die Beklemmungen stets schlimmer werden.
> 51. Ein innerliches Zittern, wie wenn alle Eingeweide und auch etwas in der Brust, beständig rüttelte, mit gewaltigem Froste.
> 52. Große Beängstigung, immerwährend.
> 53. Große Schwermuth, mit Furcht vor einer Gemüthskrankheit, Todesgedanken, Verzweiflung an der Genesung, und den Kopf voll Sterbescenen u.d.gl.[63]

Spätestens bei Lektüre von Punkt 53, »Große Schwermut, mit Furcht vor einer Gemütskrankheit, Todesgedanken, Verzweiflung an der Genesung, und den Kopf voll Sterbescenen«,[64] muss Clemens von Bönninghausen klar geworden sein, dass nicht zuletzt die Psyche seiner Patientin in Mitleidenschaft gezogen war. Die körperlichen Befunde stellen sekundäre Symptome eines psychischen Konflikts dar. Von einer Erkrankung an Tuberkulose, diese These sei gewagt, kann im Jahre 1829 bei Annette von Droste-Hülshoff, mit hoher Wahrscheinlichkeit noch nicht die Rede sein.[65] Bönninghausen erkennt den primären Konfliktherd und stellt die Behandlung auf »Calcarea in der 18. Potenz«[66] um, ein homöopathisches Mittel gegen Depressionen und Erschöpfung.[67] Um eine endogene Depression, eine Erschöpfungsdepression mit sich anschließendem körperlichen Befund, dürfte es sich bei Annette von Droste-Hülshoff in jener Phase gehandelt haben. Ihr Zeitalter verfügt in seinen medizinischen/psychosomatischen Wissensbeständen noch nicht

63 Brief an Clemens von Bönninghausen, 6. November 1829. In: Historisch-kritische Ausgabe. Briefe 1805–1838 (wie Anm. 9), S. 101f.

64 Ebd., S. 102.

65 Zu einem gegensätzlichen Befund kommt die frühe Studie von Hulda Eggert, welche die Droste bereits 1829 mit einem »Lungenleiden« (S. 28) und dem »Tuberkelbazillus« (S. 54) infiziert sieht. Vgl. Hulda Eggert: Annette von Droste-Hülshoff. Ein Dichterleben. Lübeck 1933.

66 Dinges/Holzapfel (wie Anm. 53), S. 155.

67 Vgl. zum detaillierten Behandlungsverlauf: Friedrich Kottwitz: Bönninghausens Leben. Hahnemanns Lieblingsschüler. Berg am Starnberger See 1985, S. 109–145.

über ein solches Vokabular und so spricht Droste-Hülshoff selbst von »Furcht vor einer Gemütskrankheit.«[68]

Von diesem Zeitpunkt an durchziehen immer wieder latent aufscheinende Todesängste die Briefe der Droste wie ein dunkler Grundton. Ausgelöst werden sie zumeist durch persönliche Krisen[69] oder periodisch auftretende Schmerzen auf Grund verschiedener Krankheitssymptome (Kopfschmerzen, Stechen in der Brust, Rheumatismus, Husten, Rückenschmerz etc.).[70]

Ernsthaft körperlich erkrankt Annette von Droste-Hülshoff dann Anfang 1835, nämlich an Malaria (Wechselfieber).[71] Erneut bricht dabei die seit dem Ableben ihres Bruders 1829 gespeicherte Todesangst eruptiv hervor. In einem Brief an einen weiteren literarischen Ratgeber, Christoph Bernhard Schlüter,[72] äußert sich die Droste am 27. März 1835 zu diesem Punkt:

> ich bin indessen übel genug dran gewesen, – krank, krank, immer krank, – zuerst in zwey Absätzen das kalte Fieber [Malaria], was zusammen fast sechs Wochen hinnahm, und seitdem immer Rheumatismus, und immer im Kopfe, – ich habe wohl eher dran gelitten, aber diese Beständigkeit bin ich nicht an ihm gewohnt, sonst wars heute im Kopfe, morgen im Arme, übermorgen im Rücken, – nun muß

68 Brief vom 6. November 1829 (wie Anm. 63), S. 102.

69 Die von der Droste-Forschung als »Jugendkatastrophe« gekennzeichnete Krise gestaltet sich wie folgt: Die 21-jährige Annette verliebt sich in den drei Jahre älteren, mittellosen Jurastudenten Heinrich Straube, gerät dann jedoch im Sommer 1820 durch die inszenierten Avancen des attraktiven Juristen August von Arnswaldt (der in einem perfiden Experiment ihre Treue zu Straube mit dessen Wissen auf die Probe stellen will) in einen Gefühlszwiespalt, der schließlich zum Bruch beider Männer mit ihr und zu einem familiären Skandal führt. Weitaus gravierender sind die psychischen Konsequenzen für die Dichterin. Annette von Droste-Hülshoff lastet sich ihre zeitweilige Gefühlsverwirrung als schwere Sünde an und etabliert einen Bewusstseinszustand, der sich immer wieder in einen melancholischen Schuld- und Versündigungswahn gegenüber Gott hineinsteigert. Von diesem inneren Kampf legt der 1819/20 begonnene Gedichtband »Geistliche Lieder« Zeugnis ab. Vgl. zur »Jugendkatastrophe« Ronald Schneider: Annette von Droste-Hülshoff. Stuttgart [2]1995, S. 31f.

70 Vgl. zu den Symptomen einen weiteren Brief an Clemens von Bönninghaus vom 25. Februar 1830. In: Historisch-kritische Ausgabe. Briefe 1805–1838 (wie Anm. 9), S. 103.

71 Vgl. den Brief an Sibylle Mertens-Schaffhausen vom 19. Februar 1835. Dort heißt es: »Ich bin krank, Billchen, [...] das Wechselfieber ists, was mich so mitnimmt, nur, leider, wechselt es nicht, – alle Tage die Gott giebt, von Abends Neun, bis Nachmittag drey – in den wenigen freyen Stunden, eben jetzt z. B., bin ich wie Einer, der an Katzenjammer leidet, halb krank, halb zerschlagen, halb besoffen, und zu allem unfähig, so geht es schon seit 5 Wochen.« In: Historisch-kritische Ausgabe. Briefe 1805–1838 (wie Anm. 9), S. 159.

72 Vgl. zu Rolle und Funktion C. M. Schlüters für Droste-Hülshoff: den Kommentar von Walter Gödden. Iin: Annette von Droste-Hülshoff: Historisch-kritische Ausgabe. Hg. von Winfried Woesler. Bd. VIII,2. Briefe 1805–1838. Kommentar. Bearbeitet von Walter Gödden. Tübingen 1999, S. 487–492.

> der arme Kopf allein die ganzen Einquartierungslasten tragen [...] und habe ich nicht selbst, zwey mahl in jedem Jahr, in der Frühlings- und Herbst-Œquinoxien einen ganz fatalen Zeitraum, voll Schmerzen und Hinfälligkeit, – ich weiß, daß ich in Gottes Hand stehe, und bin nicht thöricht verliebt in's Leben, aber die Ueberzeugung, die ich seit 6 Jahren hege[!], daß ein AEQUINOCTIUM[73] mich einmahl eh mans denkt, fortnehmen wird, mag doch viel zu meiner ernsten Stimmung beytragen.[74]

Novalis formulierte in seinen Fragmenten einmal die Idee, dass »Krankheiten, besonders langwierige, Lehrjahre der Gemütsbildung und Lebenskunst«[75] werden könnten. Annette von Droste-Hülshoff kannte dieses Fragment mit hoher Wahrscheinlichkeit nicht, hätte seinem Inhalt jedoch wohl ohne Zögern zugestimmt. Im Jahre 1829, als Todesangst die Dichterin bei der Pflege ihres Bruders quält und die Droste glaubt, selbst an Tuberkulose erkrankt zu sein, beginnt sie, »Stoff- und Motivsammlungen mit kleinen Handlungskernen«[76] anzulegen. Aus einem dieser Stoffe wird 1834 jenes Versepos entstehen, welches ihre Todesangst auf eine faszinierende Art und Weise literarisiert: *Des Arztes Vermächtnis.*

2. Krankheit literarisieren: Des Arztes Vermächtnis

Emil Staiger hat in einer frühen und wirkungsmächtigen Studie zum Versepos *Des Arztes Vermächtnis* in punkto Arztfigur »die physiologische Entwaffnung des Menschen«[77] konstatiert. Staiger liest den Text Droste-Hülshoffs dabei offen biographisch als Fallbeispiel einer Identität, welche sich mit schrankenloser existentieller Angst konfrontiert sieht:

---

73 Immer wieder klagt Droste-Hülshoff über Äquinoktialbeschwerden, Krankheitserscheinungen, die sich zur Zeit der Tag- und Nachtgleiche (Frühlings-, Herbstanfang) einstellen. Droste-Hülshoff empfindet diese Phase als ihrer Gesundheit nicht zuträglich und spielt mit hoher Wahrscheinlichkeit aus heutiger Perspektive auf eine grundsätzliche Störung des Biorhythmus' mit aufgehobenem Schlaf- und Wachrhythmus an. Vgl. auch den Brief der Droste an ihre Mutter Therese von Droste-Hülshoff vom 11. März 1820.

74 Brief an Christoph Bernhard Schlüter, 27. März 1835. In: Historisch-kritische Ausgabe. Briefe 1805–1838 (wie Anm. 9), S. 164–169 (Zitate: S. 164 und S. 169).

75 Novalis: Fragmente und Studie n 1799–1800. In: ders.: Schriften. Die Werke Friedrich von Hardenbergs. Hg. von Paul Kluckhohn/Richard Samuel in Zusammenarbeit mit Hans-Joachim Mähl und Gerhard Schulz. Bd. 3, Darmstadt ³1983, S. 686.

76 Gödden (wie Anm. 58), S. 111.

77 Emil Staiger: Annette von Droste-Hülshoff. Zürich/Leipzig 1933, S. 26.

> Ohnmächtiges Grauen, das Lebensgefühl der zarten, mit allzu schrankenloser Empfänglichkeit begabten Frau ist hier des Zufälligen und Vergänglichen einer Stimmung entkleidet und anerkannt als Grundverfassung des Menschen an sich, die tief in jedem Einzelnen schlummert.[78]

Die »nackte Fabel«[79] der Erzählung besteht zunächst darin, dass ein Jüngling sich daran macht, das hinterlassene Manuskript seines Vaters zu studieren. Es handelt vom »traumatische[n] Erlebnis einer Nacht vor 40 Jahren, das, so der Vater, seinen Geist zerrüttet«[80] habe. Die Geschichte des Vaters, eben des *Arztes Vermächtnis*, berichtet davon, spät in der Nacht zu einem Verwundeten geholt worden zu sein, der einer Räuberbande angehörte. Nach einem Ritt durch eine magisch aufgeladene Natur, bei welcher ihm die Augen verbunden sind, erreicht der Arzt im tiefen Walde eine Höhle, in welcher er einen schwer verletzten Mann vorfindet. Der Arzt verabreicht dem Verletzten »Äther, Naphta, kann den Moribunden aber nicht mehr retten«.[81] Was danach geschieht, gehorcht den anarchischen Gesetzen einer Traum-, genauer: Alptraumlogik. Der Arzt wird am Lager des Kranken von Todesangst erfasst, als er erkennt, diesen nicht mehr retten zu können (»Da hab ich auch gefühlt, zu diesem Mahl/Wie Todesangst in vollem Laube thut«)[82]. Von da an nistet sich die wahnhafte Idee in seinem Geist ein, dass der Tod des Patienten auch sein Ende bedeuten werde. Wie im Halbschlaf nimmt er anschließend neben sich am Lager des Kranken eine Frau namens Theodora (griechisch: »Gottesgabe«) wahr. Er erinnert sich daran, diese Frau vor drei Jahren auf einem Maskenball in Wien gesehen zu haben. Der Arzt registriert einen weiteren Mann, einen Jüngling, am Bett des Räubers und hört diesen den Satz »Sie folgt dir!«[83] zu dem Sterbenden sagen. Dieser Jüngling, im Text urplötzlich von nun an »der Dunkle« genannt, nimmt dem Arzt den Schwur ab, das Geschaute niemals einem anderen Menschen zu verraten. Nach getanem Schwur überschlagen sich die Ereignisse. Der Arzt wird von dem Jüngling »im wilden Rott

78 Ebd., S. 25f.

79 Ebd., S. 25.

80 Vgl. Bernhard Greiner: Des Arztes Vermächtnis: In: Droste-Handbuch (wie Anm. 1), S. 178–186 (Zitat S. 180).

81 Vgl. Claudia Liebrand: Psychografie zwischen Poe und Kafka: Des Arztes Vermächtnis. In: Claudia Liebrand: Kreative Refakturen. Annette von Droste-Hülshoffs Texte. Freiburg 2008, S. 123–163 (Zitat S. 130).

82 Annette von Droste-Hülshoff: Des Arztes Vermächtnis. In: Annette von Droste-Hülshoff: Historisch-kritische Ausgabe. Hg. von Winfried Woesler. Bd. III, 2. Epen. Dokumentation. Bearbeitet von Lothar Jordan. Tübingen 1991, S. 696.

83 Des Arztes Vermächtnis (wie Anm. 82), S. 702.

aus der Höhle an den Ausgangsort«[84] seiner Reise zurückgebracht. Allein gelassen im Grase liegend und »verfallen in eine Schreckensstarre«,[85] glaubt er, akustischer Zeuge von Theodoras Ermordung durch die Räuber zu werden. Kurz darauf vernimmt er den Schrei einer Frau. Bei Tagesanbruch findet der zutiefst geängstigte Arzt zunächst keine Spuren der Tat. Danach blickt er in eine Felsspalte, und verzweifelt an der Widersprüchlichkeit seiner eigenen Wahrnehmung:

> Der Rand war schroff, und bröcklicht das Gestein, – / Und – höre mich – ob Röthel in der Schicht? – / Roth war die Wand – unmöglich wär es nicht – / Und hör – am Grunde sah ich Etwas ragen,/Das weiß und zuckend an der Zacke hing/ Mir schiens ein Tuch vom Wellenschlag getragen,/Der Himmel wolle daß ich falsch gesehn!/Vielleicht im Spalt sich eine Taube fing,/Doch damals meint ich ins Gericht zu gehn – /[86]

Soweit zum Handlungsverlauf. Augenscheinlich ist, dass die Erzählung maximale Unsicherheit an der Darstellung einer stabilen Wirklichkeitswahrnehmung bei ihrem Protagonisten zum Ausdruck bringt (»Ob Traum, ob Wirklichkeit, das frägt sich da«[87]). Dies zeigt sich zum einen an der »Verwischung der Erzählinstanzen«,[88] zum anderen wesentlich an der Gestaltung der Arztfigur. Ihr durchweg prekärer Identitätsstatus oszilliert an der Grenze zwischen körperlicher/psychischer Labilität und Wahnvorstellung/Geisteszerrüttung. Droste-Hülshoff entwickelt dieses Verfahren einer »Verrätselung und Verdunkelung des Textes«[89] durch den fragilen Bewusstseinshorizont ihrer Hauptfigur dabei vollkommen intentional. In einer hinterlassenen Prosazusammenfassung von *Des Arztes Vermächtnis* notiert sie:

---

84 Greiner (wie Anm. 80).

85 Ebd., S. 180.

86 Des Arztes Vermächtnis (wie Anm. 82), S. 710f.

87 Ebd., S. 708.

88 Gemeint ist damit eine Ich-Erzählinstanz, die am Anfang des Textes lediglich implizit und erst in der vorletzten Zeile der Erzählung dann explizit hervortritt. Weiterhin als Perspektivfigur der Sohn des Arztes, der das ihm hinterlassene Manuskript des Vaters liest. Schließlich die Etablierung einer Art Metaebene des Textes, welche immer zu Unterbrechungen des Handlungsverlaufs führt (»Hier folgt ein Blatt, bekritzelt und zerpflückt,/ Quer über'n Raum die wilden Schnörkel fahren« etc.)Vgl. dazu Bastian Reinert: Metaleptische Dialoge. Wirklichkeit als Reflexionsprozess in Annette von Droste-Hülshoffs Versepos Des Arztes Vermächtnis. In: Claudia Liebrand/Irmtraud Hnilica/ Thomas Wortmann: Redigierte Tradition. Paderborn 2010, S. 77–93 (vor allem S. 84f.).

89 Reinert (wie Anm. 88), S. 90.

> Der Eingang führt uns den Sohn des Arztes vor, wie er die hinterlassene Handschrift seines, vorzüglich in der letzten Lebenszeit, von fixen Ideen gequälten Vaters öffnet, – sie enthält die Begebenheit welche seinem ohnehin überspannten Kopfe den eigentlichen Stoß gegeben – obgleich die Darstellung wenigstens nicht durchgängig klar seyn darf, so ist die Sonderung des Wahren vom Eingebildeten doch sehr leicht [...] beym Arzte haben Todesangst, Grausen, innere Vorwürfe, Erkältung, die unglückliche Anlage seines Gehirns entwickelt, doch scheint er späterhin geheilt, und eine Reihe von Jahren hin, nur durch eine stets heiße Stelle am Kopfe an sein Uebel erinnert worden zu seyn, bis das Alter ihm alle Leiden verdoppelt zurück geführt hat.[90]

Lothar Jordan hat in seinem Kommentar zur Historisch-kritischen Ausgabe plausibel herausgearbeitet, dass die Droste über die Schilderung der Arztfigur einen Bezug zu ihrem eigenen psychisch/physisch problematischen Gesundheitszustand in jener Phase herstellt.[91] Belegt werden kann dies zunächst durch den Entwurf eines Widmungsgedichts von Droste-Hülshoff an die Freundin Sibylle Mertens-Schaaffhausen. Es entstand im Herbst 1834, also unmittelbar im Umfeld der Textproduktion von *Des Arztes Vermächtnis* (zwischen Februar 1833 und September 1834). Darin heißt es:

> Nicht wie vergangner Tage heitres Singen/Der Ton den ich in frischer Jugend fand,/Nein anders muß das düstre Lied erklingen/[...] Das schaudernd sich dem kranken Haupt entwand.[92]

Die Rede vom »kranken Haupt« ist hier wörtlich zu nehmen. Die bereits benannten Briefe der Dichterin an ihren Homöopathen Bönninghausen dokumentieren die selbstreflexiven Fähigkeiten Droste-Hülshoffs in Bezug auf die Vorgänge im eigenen Körper. Häufig gilt ihre Aufmerksamkeit dabei »Mißempfindungen im Bereich des Kopfes«.[93] Einige Belege aus den Briefen Drostes an Bönninghausen und den Aufzeichnungen aus dessen Krankenjournal müssen hier genügen:

> »5a Zuweilen Stiche im Kopfe. 7. Öftere Röthe und Hitze einer Wange, gewöhnlich der Rechten.«[94]
>
> »Kopfweh, vorzüglich im Hinterkopf, morgens gelind, Nachmittags stärker, abends sehr heftig.«[95]

90 Des Arztes Vermächtnis (wie Anm. 82), S. 733.
91 Ebd., S. 648ff.
92 Ebd., S. 648f.
93 Ebd., S. 649.
94 Vgl. zur Auflistung ebenfalls Des Arztes Vermächtnis (wie Anm. 82), S. 650f.
95 Historisch-kritische Ausgabe. Briefe 1805–1838 (wie Anm. 9), S. 102.

»zuweilen etwas Schmerz im Ohre und Kopfe rechts, beim willkürlichen Husten.«[96]

»Oefters ziehender Kopfschmerz im Hinterkopfe und im Nacken.«[97]

Dieser rein medizinische Wissensbestand eines nicht exakt definierbaren Kopfschmerzes, jenes »kranken Hauptes« des Widmungsbriefs, wird von Droste-Hülshoff in *Des Arztes Vermächtnis* nun in einer Art sprachlichem Therapieversuch eingesetzt.

Im Versepos wird der Arzt bereits zu Beginn seines nächtlichen Ritts mit verbundenen Augen Richtung Räuberhöhle als physisch und psychisch labil geschildert (»Mir war wohl schwül als ich zum Zügel griff,/Seekranken war mirs gleich auf leckem Schiff,/ Verwirrung hatte mich betäubt zum Heil«).[98] Droste-Hülshoff macht jedoch an dieser Stelle explizit klar, dass der gereizte Geist der Arztfigur vor den Erlebnissen in der Räuberhöhle lediglich orientierungslos und verängstigt, jedoch nicht traumatisiert ist. Unmittelbar vor dem Eintritt in die Höhle, beim Abnehmen der Augenbinde, heißt es dazu: »Oft sinn' ich wie mir Alles noch so klar,/Ich war betäubt drum scheint mirs sonderbar,/Ja, Angst ist fein, und schier bewusstlos doch/Mechanisch sammeln ein die Sinne noch.«[99] Das eigentliche Trauma erfährt die Arztfigur nach dem Verlassen der Räuberhöhle. Dies geschieht durch eine »brennende« und »heiße« Berührung seiner Stirne seitens des »Dunklen«. Der junge Räuber legt seine Hand auf den Kopf des Arztes und zeichnet ihn wie mit einem Kainsmal. Der physische Kontakt lässt die traumatische Spur von da an im körperlichen Symptom des Kopfschmerzes sichtbar werden. Dazu heißt es bei der Droste:

> Vom Hagedorn, der eben blühend stand,/Noch drückt' Er einen Zweig mir in die Hand, Legt mir aufs Haupt die Rechte, sie war heiß,/Dann schnell gewendet eh ich mich verwahrt, Behend' umfaßt' Er, wirbelt mich im Kreis,/Fort war Er! – hin! vollendet war die Fahrt! – [...] Mich dünkt in dieser Stunde litt mein Hirn, – /Brand und Gekrimmel fühlt ich in der Stirn, – /Gesumme hört' ich wie von fernen Glocken,/Und mir im Auge schossen Feuerflocken.[100]

Der von Droste-Hülshoff explizit hergestellte Zusammenhang zwischen dem »Brand in der Stirn« und der Berührung durch die Hand des Dunklen verknüpft nachhaltig psychologisches Geschehen mit physiologischem Symptom. Es kommt im Epos zu einer dauerhaften Schädigung des Gehirns beim Arzte, zu

96 Bönninghausen, Das erste Krankheitsjournal (wie Anm. 54), S. 6.
97 Ebd., S. 5.
98 Des Arztes Vermächtnis (wie Anm. 82), S. 693.
99 Ebd., S. 695.
100 Ebd., S. 706f.

einer symbolischen »Brandmarkung« durch die Hand des Jünglings, die den Arzt für den Rest seines Lebens seelisch und körperlich zeichnet. Im Versepos bleibt ihm »am Kopf die heiße Stelle«[101] für immer erhalten und die Bilder der Erinnerung an den »Dunklen«, den jungen Räuber, nisten sich in den Träumen des älter werdenden Arztes dauerhaft ein. Am Ende des Versepos resümiert der Erzähler:

> Das Alter kam, das Alter stellt sich ein,/Ach Gott! Du weist nicht wie voll Brand mein Hirn, Wenn mir der Dunkle nächtlich rührt die Stirn,/Genau wie scheidend er gestreckt die Hände Auch jetzt ich fühle wie das Blut sich dämmt/Geduld – Geduld – da kömmt Er – kömmt Er – kömmt! – Das Blatt ist leer, hier hat die Schrift ein Ende.[102]

Vieles spricht wie bereits erwähnt dafür, dass Annette von Droste-Hülshoff »in die Figur des Arztes, [...] die eigenen von ihr und anderen als dramatisch und lebensbedrohlich erlebten psycho-physischen Befindlichkeitsstörungen eingeschrieben«[103] hat. Dies hat die Droste-Forschung nach der initialisierend wirkenden Studie Emil Staigers mehrfach so gesehen.[104] Die wichtigere Frage ist jedoch: Mit welcher Absicht wird dieses dramatische Element seitens der Droste in das Versepos integriert?

Eine erste, noch vorläufige und zu prüfende Hypothese könnte lauten: um Drostes eigene, immer wieder durch Krankheit und persönliche Krisen aufkeimende Todesangst psychisch in Schach zu halten.

Früh macht sich diese Angst vor dem Tode bei Annette von Droste-Hülshoff bemerkbar. Bereits die 18-jährige klagt im zitierten Brief an ihren Mentor Sprickmann über Todesahnungen, ausgelöst durch zwei Todesfälle im familiären Umfeld.[105] Die 24-jährige wird Zeugin, wie die Leiche von Prinz Nikolaus von Russland durch Münster transportiert wird und beklagt in einem Brief an Therese von Wolff-Metternich im Juli 1821:

> Ich finde die Art, so aufrecht sitzend Leichen zu transportiren, vorzüglich greulich, und mich dünkt seine junge Frau, die zweyte Prinzessin von Preußen

---

101 Ebd., S. 711.

102 Ebd., S. 711.

103 Claudia Liebrand, Kreative Refakturen (wie Anm. 81), S. 144.

104 Als Belege können hier neben Lothar Jordans Kommentar in der Historisch-Kritischen-Ausgabe die Arbeiten von Clemens Heselhaus (wie Anm. 13), S. 92ff. und Ronald Schneider (wie Anm. 28), S. 52ff. gelten.

105 Brief an Anton Mathias Sprickmann, 20. Dezember 1814. In: In: Historisch-kritische Ausgabe. Briefe 1805–1838 (wie Anm. 9), S. 4f.

muß es nie wieder vergessen können, wenn sie ihn so in seinem Wägelchen, ganz von der Sonne gedörrt, auf einige hundert Stunden Weges ankommen sieht.[106]

Einen ersten offenen Ausbruch der latent schwelenden Todesangst bilden die nach der Jugendkatastrophe[107] entstandenen *Geistlichen Lieder*. Gegenüber Anna von Haxthausen bekennt von Droste-Hülshoff im März 1821: »Der Zustand meines ganzen Gemüthes, mein zerrissenes schuldbeladenes Bewusstsein liegt offen darin [*Geistliche Lieder*] dargelegt, doch ohne ihre Gründe.«[108] Eben diese Gründe lassen sich durch genaue Lektüre des Textes sehr wohl benennen. So liefert etwa das Gedicht *Am siebzehnten Sonntage nach Pfingsten* innerhalb der *Geistlichen Lieder* einen für diese Untersuchung entscheidenden Hinweis. Dort heißt es in der vierten Strophe:

> Berühre mich; denn ich bin tot/Und meine Werke sind nur Leichen! /Hauch über mich; denn blutig rot/Die Sünde ließ mir ihre Zeichen! / O wende du den Donnerschlag,/Der über meinem Haupte brach,/Und laß die dumpfen Nebel weichen![109]

Der Anthropologe David Parkin hat in seinem Essay *Towards an Apprehension of Fear*[110] festgehalten, dass die »angstvolle Beziehung der Gläubigen zu Gott noch im 19. Jahrhundert mit positiven Attributen wie Ehrfurcht, Verehrung und Respekt assoziiert«[111] war. Dies ist – bei allen zum Ausdruck gebrachten Glaubenszweifeln – in der Lyrik Drostes im *Geistlichen Jahr* beobachtbar.[112] Entscheidend dabei: Die angstbesetzte Erfahrung eigener Sterblichkeit wurde – bis zur Neuzeit – in der Hoffnung auf seelische Unsterblichkeit ertragen. Der Kampf gegen die Todesangst gestaltete sich als ein Kampf um die

---

106 Brief an Therese von Wolff-Metternich vom 20. Juli 1821. In: In: Historisch-kritische Ausgabe. Briefe 1805–1838 (wie Anm. 9), S. 55.

107 Vgl. Fußnote 69.

108 Brief an Anna von Haxthausen, März 1821. In: Historisch-kritische Ausgabe. Briefe 1805–1838 (wie Anm. 9), S. 53.

109 Vgl. Am siebzehnten Sonntage nach Pfingsten. In: Annette von Droste-Hülshoff. Sämtliche Werke in zwei Bänden. Hg. von Bodo Plachta/Winfried Woesler. Bd. 1, Frankfurt a. Main 1994, S. 460.

110 David Parkin: Towards an apprehension of fear. In: David Scrution (Hg.): Sociophobics: The Anthropology of Fear. Boulder/London 1986, S. 93–109.

111 Zitiert nach Lars Koch: Angst und Moderne. In: Lars Koch (Hg.): Angst. Ein interdisziplinäres Handbuch. Stuttgart/Weimar 2013, S. 3.

112 Der Streit innerhalb der Droste-Forschung, ob im Geistlichen Jahr eine der Moderne verpflichtete »Infragestellung des Glaubens« oder eine der katholischen Lehre eng verpflichtete Lyrik zum Ausdruck kommt, soll hier nicht weiterverfolgt werden. Vgl. dazu Thomas Wortmann: Geistliches Jahr in Liedern auf alle Sonn- und Festtage. In: Droste-Handbuch (wie Anm. 1), S. 123–153, vor allem S. 123–134 (Zitat S. 132).

Erhaltung der Seele, ausgetragen auf dem Schlachtfeld von sterblichem Körper und unsterblichem Geist.[113] Der Körper konnte bei dieser Schlacht dort, wo er den Strategien des Geistes nicht zu folgen vermochte, geopfert werden. Mit der aufkommenden Moderne ändern sich diese Verhältnisse grundlegend. Die Studien von Philippe Ariès und anderen dokumentieren eindringlich, wie sich über die zunehmende Intimisierung des Familienraums, über das Verschwinden beschriebener religiös verankerter Übergangsriten[114] und über den einsetzenden Individualisierungsschub ein signifikantes Anschwellen der Todesangst im 18. und 19. Jahrhundert bemerkbar macht (vgl. Einleitung).[115]

In einer solch entzauberten Moderne, und Annette von Droste-Hülshoffs Werk streift diesen Übergang in das neue Zeitalter mit ihrem Werk exemplarisch, büßt das kompensatorische Konzept einer Bewältigung aufkeimender Todesangst durch den Glauben an das – wie auch immer geartete – Göttliche für eine zunehmende Gruppe von Menschen an Tragfähigkeit ein.[116] Es entstehen, bei Droste-Hülshoff wird dies handgreiflich spürbar, erste Zweifel des Individuums an der tröstenden Gewissheit eines ausgleichenden Jenseits. In einem Brief an ihren Vertrauten, den Philosophen Christoph Bernhard Schlüter, bringt die Dichterin die mit dieser entstehenden Mentalität

113 Thomas Macho: Todesmetaphern. Frankfurt a. Main 1987, S. 81. Machos Studie bildet bis heute eine der umfassendsten kulturwissenschaftlichen Abhandlungen zum Thema.

114 Dieser These nach errichten religiöse Riten und Glaubenspraktiken vor allem Dämme gegen die Vernichtung der physischen und sozialen Existenz des Verstorbenen. Nicht nur Begräbnis- sondern auch Geburts-, Initiations- und Hochzeitsriten sorgen auf diese Weise für ein Moment des Austausches zwischen Leben und Tod. Vgl. dazu Arnold van Gennep: Les rites de passage. Etude systématique des rites de la porte et du seil, de l'hospitalité, de l'adoption. New York 1969.

115 Ariès Untersuchungen sind in zwei Publikationen zugänglich: die *Studien zur Geschichte des Todes im Abendland.* München 1976, sowie die voluminöse, mit reichhaltigem Belegmaterial ausgestattete *Geschichte des Todes.* München 1980. Ariès' historisch-chronologische Studien haben lebhafte Auseinandersetzungen ausgelöst. Ihr fehlender kulturvergleichender Ansatz sowie die Vernachlässigung religions- und kirchengeschichtlicher Aspekte bei der Instrumentalisierung der Todesfurcht sind nicht unwidersprochen geblieben. Vgl. zur Diskussion von Ariès Studien Alois Hahn: Tod und Individualität. In: Kölner Zeitschrift für Soziologie und Sozialpsychologie 31 (1979), S. 746–765.

116 Was die Korrelation von Todesangst und Religiosität angeht, zeigen die Studien der sogenannten Thanatopsychologie interessante Ergebnisse. Personen mit einem mittleren Intensitätsgrad religiöser Überzeugung zeigen die stärkste Angst vor Tod und Sterben. Schwach religiöse oder ungläubige Menschen weisen ebenso wie stark Gläubige geringe Angst vor Tod und Sterben auf. Besonders bemerkenswert ist, dass diese Verhältnisse auch bei Sterbenden vorgefunden werden. Vgl. Ann M. Downey: Relationship of religiosity to death anxiety of middle-aged males. In: Psychological Report 54 (1984), S. 811–822; Wolfgang Wittkowski: Psychologie des Todes. Darmstadt 1990, S. 90–101.

verbundene emotionale Befindlichkeit im August 1839 am Beispiel einer kleinen Kindheitsepisode auf den Punkt:

> Es liegt etwas sehr Herbes im Vergehn, in der Unmöglichkeit Vergangenes, auch nur für Augenblicke, wieder ganz herzustellen. Ich erinnere mich, daß ich, als Kind, meinen seligen Vater fragte, »ob er im Himmel auch seinen Leberflecken auf der Hand haben würde?« – er antwortete, »dort werden wir glänzend von allen Flecken rein, und wenn er seinen Körper wieder annähme, werde er seyn, wie mit 23 Jahren.« ich wollte mich damals wohl todt weinen, daß ich statt meines lieben Vaters einen ganz fremden jungen Menschen finden sollte; das ist albern, und doch ein sehr natürliches Gefühl .[117]

Hier ist offenkundig bereits ein Zweifel an den klassischen Traditionsbeständen der christlichen Religion formuliert. Das Angebot des metaphysischen Traditionsbestands vermag die Todesangst/Verlustangst des Kindes – zumindest in der Erinnerung der erwachsenen Frau – nicht mehr zu zerstreuen. Der Tod bleibt angstbesetzte »Unvertrautheitszone«,[118] bleibt etwas Untragbares, Undenkbares, Unfassbares. Wie jedoch – diese Anfrage steht wie eine Art Menetekel über *Des Arztes Vermächtnis* – vermag der Mensch, als »das einzige Wesen in der Welt, das weiß, daß es sterben muß«,[119] im Angesicht einer solchen Zumutung sinnvoll zu existieren? Nicht zuletzt um eine Antwort auf diese Frage kreisen die an der Grenze zum Wahn angesiedelten Reflexionen/Emotionen des Arztes auf seiner nächtlichen Odyssee.

Eine der von Droste-Hülshoff dabei gewählten literarischen Antwortstrategien führt tief in ihre persönliche Problematik hinein. Der Mensch, durch sein Zuviel an Wissen aus der Ordnung der Natur heraus gefallen, muss sich eine »eigene Natur« erschaffen, sich ein eigenes Leben und folgerichtig auch – mit einem Wort Rilkes aus dem *Stundenbuch* – »einen eigenen Tod geben«.[120]

Dies geschieht bei Droste-Hülshoff über einen Prozess, der als eine Art »ästhetische Entkoppelung«[121] der Angst bezeichnet werden kann. Dies meint in einem ersten Schritt auf eine ganz basale Weise nur, dass der angstbesetzte Zustand ausgesprochen bzw. niedergeschrieben wird, ohne dass seine

---

117 Brief an Christoph Bernhard Schlüter vom 22. August 1839. In: Historisch-kritische Ausgabe. Briefe 1839–1842. Bearbeitet von Walter Gödden und Ilse-Marie Barth. Hg. von Winfried Woesler. Tübingen 1993, S. 57.

118 Lars Koch (wie Anm. 40), S. 6.

119 Thomas Macho (wie Anm. 113), S. 108.

120 Vgl. zum anthropologischen Status des Todes die grundlegende Untersuchung von Edgar Morin: L'homme et la Mort. Paris 1970. Einen guten Überblick über die Literatur zur Behandlung der Todesmotivik in der Dichtung bietet Joachim Pfeiffer: Tod und Erzählen. Wege der literarischen Moderne um 1900. Tübingen 1997, S. 19ff., S. 229–237.

121 Vgl. Karl Eibl: Biologie der Angst. In: Lars Koch (wie Anm. 40), S. 137.

möglichen Konsequenzen »bis zu einer realen Endhandlung durchgeführt«[122] werden müssen. So werden etwa bei Droste in den *Geistlichen Liedern* ihre Glaubenszweifel durch die ständig wachsenden medizinischen/naturwissenschaftlichen Wissensbestände im Gedicht *Am dritten Sonntage nach Ostern* unmittelbar zur Sprache gebracht. Dort heißt es:

> Heiß ist der Tag;
> Die Sonne prallt von meiner Zelle Wand,
> Ein traulich Vöglein flattert ein und aus;
> Sein glänzend Auge fragt mich unverwandt:
> Schaut nicht der Herr zu diesen Fenstern aus?
> Was fragst du nach?
> Die Stirne muß ich senken und erröten.
> O bittre Schmach!
> Mein Wissen mußte meinen Glauben töten.[123]

An dieser Stelle schlägt vorbehaltloser Glaube an eine von Gott geschaffene und harmonische Natur konfliktträchtig in prüfende kulturelle Aktivität um. Literatur, die Symbolwelt der Zeichen, bietet sich nun für Droste-Hülshoff als ein solch kulturelles Prüfungsmedium an.

Auf die Situation Annette von Droste-Hülshoffs in der Phase der Entstehung von *Des Arztes Vermächtnis* konkret gewendet: Dort wo die körperliche (mögliche Ansteckung durch Tbc nach dem Tod des Bruders/daran gekoppelte psychosomatische Effekte) und seelische (der Tod des Bruders) Krise Droste-Hülshoff schmerzhaft auf ihre angstbesetzte Sterblichkeit stößt, kommt die beschriebene kulturelle Strategie zur Anwendung. Die Dichterin schreibt die Geschichte eines Arztes und einer Frau, mit denen sie nicht identisch ist, die jedoch mit Zügen ihrer körperlichen und seelischen Verfasstheit ausgestattet werden. Der elementare Zweck dieser Strategie liegt darin, die im Zuge der Krisis gemachten Erfahrungen und Verletzungen, Niederlagen und Schmerzen gleichermaßen zu benennen und ein Stück von sich »weg zu bringen«.

Auf diese Weise kann Todesangst, präziser: das absolut sichere Wissen um unsere Sterblichkeit, zu einem »Kultur-Generator«[124] werden. Der Ägyptologe

---

122 Ebd. S. 137.

123 Vgl. Am dritten Sonntage nach Ostern. In: Annette von Droste-Hülshoff. Sämtliche Werke in zwei Bänden. Hg. von Bodo Plachta/Winfried Woesler. Bd. 1, Frankfurt a. Main 1994, S. 415.

124 Jan Assmann: Der Tod als Thema der Kulturtheorie. Frankfurt a. Main 2000, S. 14.
Diese Vorstellung findet sich bereits bei Schopenhauer im berühmten Diktum gespiegelt, dass »schwerlich [...] auch ohne den Tod, philosophirt werden würde.« In: Die Welt als Wille und Vorstellung fasst Schopenhauer die Zeugnisse der Kultur als »das von der reflektirenden Vernunft aus eigenen Mitteln hervorgebrachte Gegengift der

Jan Assmann hat die mentalitätsgeschichtlichen Dimensionen einer solch »kulturwissenschaftlichen Thanatologie«[125] ins Blickfeld genommen:

> Die Kultur entspringt dem Wissen um den Tod und die Sterblichkeit. Sie stellt den Versuch dar, einen Raum und eine Zeit zu schaffen, in der der Mensch über seinen begrenzten Lebenshorizont hinausdenken und die Linien seines Handelns, Erfahrens und Planens ausziehen kann in weitere Horizonte und Dimensionen der Erfüllung, in denen erst sein Sinnbedürfnis Befriedigung findet und das schmerzliche, ja unerträgliche Bewußtsein seiner existenziellen Begrenzung und Fragmentierung zur Ruhe kommt. Ohne Fantasmen der Unsterblichkeit oder doch zumindest einer Fortdauer über den allzu engen Horizont unseres Erdendaseins hinaus kann der Mensch nicht leben: Sie bilden den von Illusionen umstellten Horizont, in dem allein menschliches Handeln sich als sinnvoll erfahren kann [...] Selbst wer den Tod für das absolute Ende von allem hält und zutiefst davon überzeugt ist, mit seinem Ende ins Nichts zu versinken, investiert sich doch in Handlungen, deren Folgen ihn überdauern und deren Planung an den Horizont seiner Existenz sowohl in der Sozialdimension synchroner Vernetzung als auch in der Zeitdimension diachroner Verankerung überschreiten.[126]

Todesbewusstsein ist diesem Verständnis nach – neben Technik und Sprache – eine wesentliche Quelle der Kulturentstehung.[127] Ein solches Bewusstsein literarisch festzuhalten, dies hat Hartmut Böhme zu Recht betont, bietet symbolische Sicherung »gegen Tod und Not, die großen Eltern der Angst«.[128]

Je älter Annette Droste-Hülshoff wird und je näher sie damit de facto ihrem eigenen Tod rückt, desto ausgefeilter werden ihre Strategien der literarischen Angstverminderung. Zunehmend ist dabei in den späteren Arbeiten die literarische Auseinandersetzung mit ihrer Todesangst dort zu finden, wo alles Leben seinen Anfang nimmt – in ihren Naturdarstellungen.

Gewißtheit des Todes.« Vgl. Arthur Schopenhauer: Die Welt als Wille und Vorstellung. Bd. II/2 (Zürcher Ausgabe), S. 543.

125 Assmann (wie Anm. 124), S. 87.

126 Ebd., S. 13f.

127 Vgl. Hartmut Böhme: Einleitung. Zur Kulturgeschichte der Angst seit 1800. In: Lars Koch (wie Anm. 40), S. 275–283.

128 Hartmut Böhme: Zur Kulturgeschichte der Angst und der Katastrophe. In: Anne Fuchs/Sabine Strümper-Krobb (Hg.): Sedimente, Gefühle, Empfindungen. Zur Geschichte der Literatur des Affektiven von 1770 bis heute. Würzburg 2003, S. 34.

3. Angst durch Naturdarstellung symbolisieren: Im Moose

In der ersten Phase nach der Niederschrift von *Des Arztes Vermächtnis* scheint sich der Gesundheitszustand Annette von Droste-Hülshoffs erst einmal für einen gewissen Zeitraum stabilisiert zu haben. Zumindest berichtet sie am 12. Januar 1837 ihrer Mutter, nicht krank gewesen zu sein, allerdings nicht ohne im selben Brief nachzufragen, woran die Eltern der Cousine des ehemaligen Hülshoffer Sekretärs Friedrich Hüger gestorben seien.[129] Bereits im März 1837 jedoch zeigt sich der in *Des Arztes Vermächtnis* literarisierte Schmerz an ihrem Körper variierend erneut. Im Brief an Christoph Bernhard Schlüter heißt es dazu:

> Meine Mutter ist gestern, Abends, nach Münster gewandert und kömmt Morgen zurück, – ich habe sie nicht begleiten können, denn die bösen Gesichtsschmerzen, womit ich mich schon seit Monaten habe herum schlagen müssen, klopfen immer noch an, bald stärker bald gelinder [...] Bewegung in freyer Luft thut mir kein großes Leid, aber die kalte Kellerluft der Kirchen ist etwas Entsetzliches für Gesichtsschmerzen, sie legt sich an wie Glatteis, von Minute zu Minute starrer, bis man wieder genug hat, für einige Wochen.[130]

Glaubt man den Aufzeichnungen ihres Arztes Clemens von Bönninghausen, gehen die Jahre 1838 und 1839 dann »ohne schwere Krankheitszustände vorüber«.[131] Diese Befindlichkeit ändert sich wiederum und »ab dem Jahr 1839 verstärken sich die Todesahnungen der Droste.«[132] Angesichts einer kritischen Rezension ihrer Gedichte in der »Cölner Zeitung« schreibt die Dichterin am 17. November 1839 an Wilhelm Junkmann:

> Vor einem Jahre würde mich dieses Blatt wahrscheinlich verstimmt haben, jetzt kam ich mir wie eine Todte vor, und habe es ohne den mindesten Eindruck aus der Hand gelegt, – [...] bethen Sie für mich, daß ich nicht gar zu unreif weggenommen werde, – es hat große Gefahr! der heftige Blutandrang nach dem Kopfe nimmt von Jahr zu Jahr mehr Ueberhand, und ich zweifle kaum an einem plötzlichen Ende. – doch darf ich plötzlich nennen, was ich Jahre lang voraus sehe?[133]

---

129 Brief an Therese von Droste-Hülshoff, 12. Januar 1817. In: Historisch-kritische Ausgabe. Briefe 1805–1838 (wie Anm. 9), S. 199ff.

130 Brief an Christoph Bernhard Schlüter, 23. März 1837. In: Historisch-kritische Ausgabe. Briefe 1805–1838 (wie Anm. 9), S. 217f.

131 Vgl. Kottwitz (wie Anm. 67), S. 123.

132 Anette Reiter (wie Anm. 24), S. 51f.

133 Brief an Wilhelm Junkmann, 17. November 1839. In: Historisch-kritische Ausgabe. Bd. IX,1, Briefe 1839–1842. Bearbeitet von Walter Gödden und Ilse-Marie Barth. Hg. von Winfried Woesler. Tübingen 1993, S. 88.

Bereits Anfang Januar 1840 machen sich verstärkt Symptome von Husten, Erbrechen und Atemnot bemerkbar, so dass die Dienste Bönninghausens von der Droste in Anspruch genommen werden müssen.[134] Die Dichterin reagiert mit dem bereits etablierten Versuch einer »ästhetischen Entkopplung«[135] der durch häufiges Kranksein ausgelösten Todesahnungen, sprich: Sie initiiert Versuche, die unter permanenten physiologischen Drucksituationen ausgelösten Ängste durch Niederschrift in ihrer psychischen Dynamik symbolisch zu beschwichtigen. Auf diese Weise entsteht im Winter 1841 das ursprünglich in Ich-Form verfasste Gedicht *Der zu früh geborene Dichter*.[136]

»Womöglich aus Scheu, die eigene Vorgeschichte zu entblößen«, schreibt die am 12. Januar 1797 (nach anderen Quellen: 10. Januar 1797) als Frühgeburt auf die Welt gekommene Annette von Droste-Hülshoff sich im Gedicht »in eine männliche Rolle hinein.«[137] Nur durch die allergrößte Sorgfalt und langjährige Erfahrung einer Amme konnte Droste-Hülshoff als überaus schwächlicher Säugling am Leben erhalten werden. Die Droste wird ab und an »diese zu frühe Geburt als Hauptursache ihrer [...] kränklichen Konstitution«[138] empfinden und setzt sich durch das Zur-Sprache-Bringen ihrer Instabilität mit dieser Befindlichkeit offensiv auseinander. Das Gedicht setzt mit folgender Strophe ein:

> Acht Tage zählt' er schon, eh ihn/Die Amme konnte stillen,/
> Ein Würmchen, saugend kümmerlich/An Zucker und Kamillen,/
> Statt Nägel nur ein Häutchen lind,/Däumlein wie Vogelsporen,
> Und Jeder sagte: »armes Kind!/Es ist zu früh geboren!«[139]

Es folgt der chronologisch beschriebene Prozess einer scheiternden dichterischen Sozialisation. Danach heißt es in der fünften Strophe:

> So ward denn eine werte Zeit/Vertrödelt und verstammelt,/
> Lichtblonde Liederlein juchheit, Und Weidenluft gesammelt;
> Wohl fielen Tränen in den Flaum/Und schimmerten am Raine,
> Erfaßte ihn der glühe Traum/Von einem Palmenhaine[140]

134 Vgl. Kottwitz (wie Anm. 67), S. 123.

135 Vgl. dazu Karl Eibl: Von der biologischen Furcht zur literarischen Angst. Ein Vertikalschnitt. In: KulturPoetik 12/2 (2012), S. 155–186 (Zitat S. 167).

136 Vgl. Der zu früh geborene Dichter. In: Annette von Droste-Hülshoff. Sämtliche Werke in zwei Bänden. Hg. von Bodo Plachta/Winfried Woesler. Bd. 1, Frankfurt a. Main 1994, S. 112f.

137 Meyer-Schwickerath (wie Anm. 21), S. 575.

138 Kottwitz (wie Anm. 67), S. 110.

139 Der zu frühe geborene Dichter (wie Anm. 136), S. 112.

140 Ebd., S. 113.

Droste selbst wird in einem Brief an Levin Schücking auf dessen kritische Nachfrage eine Deutung dieses Verses liefern: »der im Zeitalter des schlechten Geschmacks geborne Dichter findet nirgends Anleitung zu Höherem, – er sieht »ringsum keine Palme« (deshalb klimmt er an der Weide auf und jauchzt in die Alme (singt Idyllen et cet)«.[141] Das Gedicht endet mit dem erneuten Hinweis auf die psychische Bedeutung der Frühgeburt und der erneuten, wie ein sprachlicher Exorzismus klingenden Beschwörung der Todesangst (»Ach, arme Frist«/»Die Scholle winkt«):

> Ach, arme Frist, an solchem Schaft/Mit mattem Fuß zu klimmen,/
> Die Sehne seiner Jugendkraft,/Vermag er sie zu stimmen?
> Und bald erseufzt er: »hin ist hin!/Vertrödelt ist verloren!
> Die Scholle winkt, weh mir, ich bin/Zu früh, zu früh geboren!«[142]

Das Gedicht entsteht – wohl nicht zufällig – in einer Phase von Droste-Hülshoffs Existenz, in welcher ein neuer Mensch in ihr innerlich weitgehend abgeschottetes Leben tritt: Levin Schücking, Sohn der 1831 verstorbenen Autorin und Droste-Freundin Katharina Busch-Schücking. Von »allen Freundschaftsbeziehungen, die Droste« je in ihrem Leben pflegte, »war die zu Schücking zweifellos die produktivste, aber auch störanfälligste und heikelste.«[143] Der um 17 Jahre jüngere Schücking avanciert in einem Prozess, der in der Droste-Forschung hinlänglich thematisiert worden ist und hier nicht noch einmal en détail entwickelt werden muss,[144] »von der Rolle des Schützlings zum engen Vertrauten respektive zum literarischen Gesprächspartner und Agenten«.[145] Aus der anfänglichen Quid pro Quo Situation – Schücking sorgte für Kontakte im Literaturbetrieb und Publikationsmöglichkeiten, die Droste lieferte im Gegenzug Texte für Schückings Schreib- und Herausgeberprojekte – entsteht eine wachsende »Sympathie, die zwischen Herbst 1839 und Herbst 1841 in regelmäßigen wöchentlichen Besuchen Schückings im Rüschhaus« bei der

---

141 Der zu früh geborene Dichter (wie Anm. 136), S. 746.

142 Ebd., S. 114.

143 Vgl. zu dem in der Droste-Forschung viel diskutierten Kontakt die umsichtige Darstellung von Jochen Grywatsch: Levin Schücking. In: Droste-Handbuch (wie Anm. 1), S. 33–37 (Zitat S. 33).

144 Genannt seien Walter Gödden: Die andere Annette. Annette von Droste-Hülshoff als Briefeschreiberin. Paderborn 1991, S. 131–137; Manfred Schier: Levin Schücking. Münster 1988; Levin Schücking: Lebenserinnerungen [1886]. Neu hg. von Walter Gödden und Jochen Grywatsch. Bielefeld 2009.

145 Vgl. Jochen Grywatsch: *Stationen der Lebensgeschichte*. In: Annette von Droste-Hülshoff-Handbuch (wie Anm. 1), S. 16.

Droste ihren »Ausdruck fand«.[146] Die Beziehung zu dem jungen Mann scheint Droste-Hülshoff in jener Phase unentbehrlich geworden zu sein, denn als sie im Oktober 1841 ebenfalls zur Schwester nach Meersburg reiste, hatte sie mit deren Hilfe Schückings »Anstellung als Bibliothekar für Laßbergs umfangreiche Sammlung vor allem mittelalterlicher Literatur«[147] in die Wege geleitet. Ob es in diesem Meersburger Winter 1841/42 bei gemeinsamen Spaziergängen, Unternehmungen und literarischen Gesprächen »zu einem diskret versteckten Liebesverhältnis«[148] zwischen der 44-jährigen Adligen und dem 27-jährigen mittellosen Schücking kam, bleibt spekulativ. Wichtig dagegen ist, dass Schückings Anwesenheit und Ansporn[149] bei Droste eine ungeheure literarische Produktivität auslösen. Dieser Kreativitätsschub sorgt dafür, dass die Dichterin zwischen September 1841 und April 1842 etwa sechzig Gedichte verfasste und damit den Grundstock einer neuen Sammlung legte. Droste spart in dieser Phase gegenüber Schücking nicht mit überschwänglich wirkendem Lob. So heißt es etwa: »weiß der Henker, was du für eine inspirierende Macht über mich hast«[150] oder aber, emotional noch weitaus ungeschützter, im Brief vom 5. Mai 1842:

> denn du bist ein hochmüthiges Thier, und hast Einen doch nur lieb, wenn man was Tüchtiges ist und leistet [...] mein Talent steigt und stirbt mit deiner Liebe – was ich werde, werde ich durch dich und um deinetwillen, sonst wäre es mir viel lieber und bequemer mir innerlich allein was vorzudichten.[151]

---

146 Ebd., S. 17f. Diese Besuche waren nicht zuletzt der Abwesenheit von Therese von Droste-Hülshoff, Annettes Mutter, geschuldet. Diese hielt sich von Herbst 1840 bis Mai 1841 bei ihrer anderen Tochter Jenny auf, die seit 1838 als Jenny von Laßberg mit Mann und Kindern die Burg Meersburg bewohnte. Annette von Droste-Hülshoff hatte sich, ganz entgegen ihrer sonstigen peniblen Pflichterfüllung der Mutter gegenüber, partout einer Mitreise verweigert. Der offenkundige Grund lag in dem Bestreben, den Kontakt mit Schücking unbeaufsichtigt ausbauen zu können. Als im Oktober 1841 ein weiterer Besuch in der Schweiz zur Diskussion stand, zeigte sich die Dichterin wesentlich aufgeschlossener, da Schücking – durch Betreiben der Schwester kurz zuvor eingestellter Bibliothekar – mit von der Partie sein konnte.

147 Grywatsch (wie Anm. 1), S. 33.

148 Ebd., S. 35.

149 Schückings Lebenserinnerungen zufolge kam es zu einer literarischen Wette, die von Droste gewonnen wurde, da sie »im Laufe der nächsten Monate einen ganzen Band lyrischer Gedichte aus dem Aermel schütteln konnte.« Vgl. Schücking (wie Anm. 144), S. 81.

150 Brief an Levin Schücking vom 5. Mai 1842. In: Historisch-kritische Ausgabe. Bd. IX,1, Briefe 1839–1842. Bearbeitet von Walter Gödden und Ilse-Marie Barth. Hg. von Winfried Woesler. Tübingen 1993, S. 293.

151 Ebd., S. 295.

Je höher der Flug, desto tiefer der Fall. Im Mai 1842 reist Schücking aus Meersburg ab, um eine Hofmeisterstelle bei Salzburg anzutreten. Er wird sich knapp ein Jahr später mit der 27-jährigen Louise von Gall verloben und sie am 7. Oktober 1843 heiraten. Der gemeinsame »unglücklich verlaufende Besuch des Ehepaars auf der Meersburg 1844«[152] forciert die Entfremdung. Und so kommt Annette von Droste-Hülshoff allzu schnell in die gefürchtete und von ihr sprachlich beschworene Situation, sich »innerlich allein was vorzudichten«. Nach Schückings Abreise stockt, wenig überraschend, Drostes Kreativität für einige Zeit. Der Schmerz über den Verlust der vertrauten Bindung wiegt schwer.[153] Kurz nach seiner Abreise schreibt von Droste-Hülshoff an Schücking:

> Hör zu! – In den ersten acht Tagen war ich todtbetrübt, und hätte keine Zeile schreiben können, wenn es um den Hals gegangen wäre. – ich lag wie ein Igel auf meinem Kanapee, und fürchtete mich vor den alten Wegen am See wie vor dem Tode.[154]

Krankheitssymptome, von Droste-Hülshoffs engrammiertes psychisches Muster auf persönliche Krisen zu reagieren, setzen erneut und heftig ein. Das Jahr 1843 beginnt für Annette von Droste- Hülshoff mit einer sechswöchigen Erkrankung mit Fieber und Husten, von welcher sie Levin Schücking ebenfalls berichtet.[155] Noch deutlich dramatischer fällt die Beschreibung ihres Zustands im Brief an Schücking vom 26. April 1843 aus:

> Es ist mir sehr drückend gewesen Ihnen, [...] so lange nicht schreiben zu können, aber ich bin seit zwey Monaten sehr krank, – im März höchst elend, so daß ich jeden Tag zu sterben glaubte [!] – man hat mich hieher gebracht [zurück nach Münster], um immer unter den Augen des Arztes zu seyn [Bönninghausen], und jetzt ist es seit zehn Tagen bedeutend besser, – was mir fehlt? – ich habe es für Schwindsucht gehalten, es sollen aber nur innere Nervenkrämpfe seyn, und jetzt scheint es auch so, da ich mich so plötzlich und rasch bessere, und bey

152 Grywatsch (wie Anm. 1), S. 36. Vgl. zu diesem Punkt das Gedicht *Lebt wohl* von Droste-Hülshoff (HKA I, S. 325).

153 Ebd., S. 20.

154 Brief an Levin Schücking vom 5. Mai 1842. In: Historisch-kritische Ausgabe. Bd. IX,1, Briefe 1839–1842. Bearbeitet von Walter Gödden und Ilse-Marie Barth. Hg. von Winfried Woesler. Tübingen 1993, S. 287.

155 Brief an Leving Schücking vom 16. Februar 1843. Darin heißt es: »Ich denke mir mein gutes Kind ist besorgt über mein langes Schweigen, und auch mit Recht, denn ich bin wirklich sechs Wochen lang wieder recht miserabel dran gewesen, habe mich halb todt gehustet, mitunter Fieber gehabt, und sogar die Leute dahin erschreckt, daß sie einige Nächte bei mir gewacht haben.« Vgl. Annette von Droste-Hülshoff. Historisch-kritische Ausgabe X,1, Briefe 1843–1848. Hg. und bearbeitet von Winfried Woesler. Tübingen 1992, S. 6f.

> weitem weder so kraftlos noch mager geworden bin, wie zwey Monate unausgesetzten Leidens ohne Nachtruhe und fast ohne Nahrung dies voraus setzen ließen.[156]

Auf dem Krankenblatt von Drostes Arzt Bönninghausen sind für diese Phase einige »Eintragungen verzeichnet, jedoch keine Diagnose.«[157] Die interessanteste dieser Eintragungen lässt darauf schließen, dass Bönninghausen in der Tat erneut der Schwindsucht-Diagnose seiner Patientin keine allzu große Bedeutung schenkt, sondern die körperliche Symptomatik primär für das Produkt psychisch generierter Angstzustände hält. Der Eintrag vermerkt: »Husten mit Auswurf und Magenschmerz in Folge von Ärger mit Judiquation«[158] [Urteilsvermögen]. Einiges spricht für diese Einschätzung, so etwa Drostes Bemerkung gegenüber Elise Rüdiger »in große Angst versetzt« zu sein[159] oder Drostes etwas makaber wirkende Passage über ihre schwerkranke Dienstmagd Marie im besagten Brief an Levin Schücking:

> ... gesund bin ich noch lange nicht, – huste noch sehr, habe immer Halsweh, jeden Abend noch Fiebermahnungen, und mit Schlaf und Apetit gehts auch nicht über das Nothdürftigste hinaus, dennoch fühle ich mich gegen früher wie im Himmel, und sehe an der unverhohlenen Freude des Arztes daß ich wirklich auf entschiedener Besserung bin, – in Rüschhaus [Landsitz D. H.] hätte ich mich nie erholt, denn unser armes Mariechen wird sterben, an Scropheln [griech: »Drüsengeschwulst«] in der Lunge die jetzt aufbrechen, und da das gute Ding, die, wie alle wirklich Schwindsüchtigen, nicht im Geringsten APREHENSIV [Großschreibung Droste, apprehensiv = furchtsam] ist, sich nicht abhalten ließ sich täglich einige Male zu mir herauf zu quälen, um mich mit der Aehnlichkeit unsrer Zustände zu trösten, so können Sie denken wie dies auf mich wirkte.[160]

Diese von der Droste-Forschung bislang übersehene Passage dokumentiert eindringlich, wie angstbesetzt Annette von Droste-Hülshoff ihrem eigenen körperlichen Befinden in Zeiten persönlicher Krisen gegenübertritt und – wichtiger noch – wie stark sie in der Diagnose ihres Krankheitsbilds vom Urteil ihres sozialen Umfelds sich abhängig zeigt. Eine starke Bestätigung dieser Einschätzung liefert auch der Brief der Mutter, Therese von Droste-Hülshoff, an Annettes Schwester Jenny, ebenfalls vom März 1843:

---

156 Brief an Levin Schücking vom 26. April 1843 (wie Anm. 155), S. 33.

157 Kottwitz (wie Anm. 67), S. 12.

158 Ebd., S. 142.

159 Brief an Elise Rüdiger vom 21. März 1843 (wie Anm. 155), S. 32.

160 Brief an Levin Schücking vom 26. April 1843 (wie Anm. 155), S. 34.

> Nette ist in dieser Zeit wirklich recht fatal gewesen und eigentlich erst seit 5 Tagen so weit besser, daß sie aus dem Zimmer geht, 8 Tage war es so arg mit ihr, daß sie wieder ganz in ihre ehemaligen Flausen verfiel, vom Starrkrampf und lebendig begraben sprach, und Sophie [Sophie von Haxthausen] und mich ganz zur Verzweiflung brachte, […] jetzt ist es […] um vieles besser, besonders dadurch, daß sie einsieht, daß es nicht gleich Hals-ab geht.[161]

Erneut muss sich für Droste-Hülshoff die Frage gestellt haben: Wie ist einer solchen, immer wieder in der eigenen Existenz auftretenden und grassierenden Todesangst sinnvoll zu begegnen? Oder, analytischer gefragt: Wie kann der Tod in einer Zeit, deren aufklärerische Denkmodelle sich von religiöser Dogmatik schrittweise abkoppelt, vom Individuum ertragen werden? Wie kann das eigene Erlöschen im Bewusstsein den Status einer »prosaischen Faktizität, die alle Sinngebungsversuche in Frage stellt«,[162] transzendieren? In jenem Meersburger Winter 1841/42, der Zeit mit Levin Schücking, verfasst Droste-Hülshoff in jenem Schaffensrausch, welcher der erotischen Anziehung wohl mit geschuldet war, ein Gedicht namens *Im Moose*. In ihm wird die Zukunftsvision eines Ichs beschrieben, welche ins Zentrum von dessen Todesangst führt. Das Gedicht setzt mit folgenden Strophen ein:

> Als jüngst die Nacht dem sonnenmüden Land/Der Dämmrung leise Boten hat gesandt,/
> Da lag ich einsam noch in Waldes Moose./Die dunklen Zweige nickten so vertraut,/
> An meiner Wange flüsterte das Kraut,/Unsichtbar duftete die Haiderose./
> […]
> Ringsum so still, daß ich vernahm im Laub/Der Raupe Nagen, und wie grüner Staub/
> Mich leise wirbelnd Blätterflöckchen trafen./Ich lag und dachte, ach so Manchem nach,/
> Ich hörte meines eignen Herzens Schlag,/Fast war es mir als sey ich schon entschlafen.[163]

Die beschriebene Szenerie wird in Drostes Lyrik häufiger gestaltet. Jochen Grywatsch hat sie mit einer einleuchtenden Formel als »Orte der

161 Therese von Droste-Hülshoff an Jenny von Laßberg, 25.3.1843. Zitiert nach Anette Reiter: Mein wunderliches verrücktes Unglück (wie Anm. 24), S. 52.

162 Lars Koch: Angst in der Literatur. In: ders.: Angst. Ein interdisziplinäres Handbuch (wie Anm. 40), S. 240.

163 Vgl. *Im Moose*. In: Annette von Droste-Hülshoff. Historisch-kritische Ausgabe. Gedichte zu Lebzeiten. Bd. I,1. Bearbeitet von Winfried Theiss. Hg. von Winfried Woesler. Tübingen 1985, S. 81.

Ich-Behauptung«[164] charakterisiert. Solche Orte der Selbstversicherung sind bei Droste-Hülshoff oft Plätze innerhalb der Natur (»in Waldes Moose«), in welche sich das Ich zur Besinnung zurückgezogen hat. Die in den ersten beiden Strophen geschilderte Idylle ist ebenfalls einschlägig für Droste, da sie »den Mensch nicht als distanzierten Beobachter, sondern als affizierten Teilnehmer der Natur zeigen«[165] (»Ringsum so still, daß ich vernahm im Laub/Der Raupe Nagen, und wie grüner Staub/Mich leise wirbelnd Blätterflöckchen trafen«). Zudem werden die meisten Sinneseindrücke des Ichs nicht über optische, sondern primär akustische/olfaktorische/taktile Wahrnehmungsquellen organisiert. Mag sein, dass hier die mit dem Alter zunehmende Kurzsichtigkeit Droste-Hülshoffs unbewusst eine Rolle bei der Niederschrift gespielt haben mag.[166]

In einem nächsten Schritt weicht der Blick des Ichs von der sinnlich vielfältigen Wahrnehmung äußerer Naturdetails zurück ins Innere, hin zur akustischen Wahrnehmung des eigenen Herzschlags. Von hier an verlässt Droste-Hülshoff die Ebene reiner Naturbeschreibung vollständig. Das erzählende Ich zieht sich in eine Art Imaginationsraum zurück, in welchem überraschend diesem »Ich sein Herzschlag nicht als Lebenszeichen«, sondern als mögliches körperliches Zeichen für »seinen Tod«[167] erscheint (»Ich hörte meines eignen Herzens Schlag,/Fast war es mir als sei ich schon entschlafen«).

Das Ich befindet sich nun in einem Zustand, der halb Tagtraum, halb Nahtodeserfahrung[168] ähnelt. Zunächst scheint in der folgenden Strophe die Imagination das Ich mit Bildern seiner Vergangenheit (»Das Kinderspiel, der

164 Vgl. Jochen Grywatsch: Wo Träume lagern lang verschollner Zeit. Zum Verhältnis Raum und Zeit in den Epen und der Landschaftsprosa der Annette von Droste-Hülshoff. In: Cornelia Blasberg/Jochen Grywatsch (Hg.): ZwischenZeiten. Zur Poetik der Zeitlichkeit in der Literatur der Annette von Droste-Hülshoff und der »Biedermeier«-Epoche. Droste-Jahrbuch 9 (2011/2012), Hannover 2013, S. 211.

165 Roland Borgards: Natur. In: Droste-Handbuch (wie Anm. 1), S. 649–659 (Zitat S. 655).

166 Wallenhorst taxiert in seiner Dissertation die Myopie Droste-Hülshoffs auf 10–15 Dioptrien. Vgl. Josef Wallenhorst: Die Augenbeschwerden der Annette von Droste-Hülshoff und ihre Auswirkungen auf Psyche und Schaffen der Dichterin. Dissertation Münster 1950.

167 Anke Kramer: Im Moose. In: Droste-Handbuch (wie Anm. 1), S. 276–279 (Zitat S. 277).

168 Das Phänomen des »Lebensfilms«, der als Kriterium einer Nahtodeserfahrung häufig von Betroffenen geschildert wird, zumeist jedoch keine rein chronologische Abfolge von der Wiege bis zur Bahre zeigt, sondern die Darstellung emotional besonders prägender Ereignisse beinhaltet. Vgl. Raymond Moody: Leben nach dem Tod. Die Erforschung einer unerklärlichen Erfahrung. Reinbek bei Hamburg [34]2002; Ina Schmied-Knittel: Nahtod-Erfahrungen. In: Gerhard Mayer/ Michael Schetsche/ Ina Schmied-Knittel/ Dieter Vaitl: An den Grenzen der Erkenntnis. Handbuch der wissenschaftlichen Anomalistik. Stuttgart 2015, S. 164–176.

frischen Jahre Lauf) bis hin zum gegenwärtigen Moment zu versorgen (Gedanken tauchten aus Gedanken auf/, […] Und endlich trat die Gegenwart hervor/Da stand die Welle, wie an Ufers Borden«).

Ab jetzt, und dieser Punkt ist für die Untersuchung entscheidend, geht dieser Imaginationsraum »in eine Zukunftsvision über, die bis zum Tod des Ich reicht«.[169] Das Ich katapultiert sich in eine Sphäre, welche die lineare Folge der Zeit sprengt und den festgelegten Ablauf von Vergangenheit-Gegenwart-Zukunft in ihrer üblichen Folge durcheinander mischt. Was zuvor – im Moose liegend – eine Szenerie der Stille und meditativen Einkehr zu sein schien, wird dabei in den letzten drei Strophen des Gedichts zu einer Welt voller Angst, in welcher die Vorherrschaft des Todes erdrückend offenkundig wird. Es ist die Angst vor dem eigenen Vergehen und die Angst vor dem Vergehen jener Menschen, die das Ich liebt/liebte, welche zur Sprache kommen:

> Die Bilder meiner Lieben sah ich klar,/In einer Tracht, die jetzt veraltet war,/ Mich sorgsam lösen aus verblichnen Hüllen,/Löckchen vermorscht, zu Staub zerfallen schier,/
> Sah über die gefurchte Wange mir/Langsam herab die karge Träne quillen.
> Und wieder an des Friedhofs Monument,/Dran Namen standen die mein Lieben kennt/
> Da lag ich betend, mit gebrochnen Knieen,/ Und – horch, die Wachtel schlug! Kühl strich der Hauch–/ Und noch zuletzt sah ich, gleich einem Rauch,/ Mich leise in der Erde Poren ziehen.
> Ich fuhr empor, und schüttelte mich dann,/Wie einer, der dem Scheintod [!] erst entrann,
> Und taumelte entlang die dunklen Hage,/Noch immer zweifelnd, ob der Stern am Rain
> Sey wirklich meiner Schlummerlampe Schein,/Oder das ew'ge Licht am Sarkophage.[170]

Das Ich erwacht in der letzten Strophe »wie einer, der dem Scheintod erst entrann« in der Dunkelheit im Moose des Waldes. Es vermag selbst nach diesem vermeintlichen Erwachen bei von Droste-Hülshoff letztlich nicht zweifelsfrei entscheiden, ob das von ihm wahrgenommene Licht auf dem Rückweg ins nächtlich erleuchtete Heim der »Schlummerlampe« oder eher der »nach katholischem Brauch an den Sarg gestellte[n] Kerze«,[171] (»das ew`ge Licht am Sarkophage«) als Energiequelle entstammt. Die wenig tröstende Conclusio der Vision eines vom Ich per Imagination antizipierten Endes lautet: Der Tod durchströmt unentwirrbar und unaufhaltsam Natur und mensch-

169 Anke Kramer (wie Anm. 167), S. 277.
170 Vgl. *Im Moose* (wie Anm. 163), S. 82.
171 Anke Kramer (wie Anm. 167), S. 279.

liche Existenz als Bestandteil eben dieser Natur. Nachvollziehbar haben die vorhandenen Analysen zu diesem Gedicht betont, der Text lasse »jeglichen Ansatz einer Todüberwindung vermissen.«[172] Versteht man das Gedicht vor dem Hintergrund von Drostes individueller, psychischer Dynamik einer gesteigerten Todesangst, so lässt es sich jedoch sehr wohl mit einer anderen Lesart als eine Art Heilungsritual[173] lesen, sprich: als Praxis, die durch symbolische Beschwörung maximaler Angst in Wahrheit angstmindernd wirken soll. Droste-Hülshoff verwendet im Zuge einer solch symbolischen Beschwörung des Todes unter anderem eine rhetorische Figur, die in der Antike als Prosopopoeia[174] bezeichnet wird. Diese Technik, mit »der Stimme eines anderen zu sprechen«, sieht die Möglichkeit vor, einem anderen Menschen, einem Tier oder auch einem unbelebten Objekt menschliche Eigenschaften zuzuschreiben, es zu personifizieren und in anthropomorpher Sprache reden zu lassen.[175] Die Prosopopoeia vermag auf diese Weise dem, was eigentlich keine menschliche Stimme und kein menschliches Zeichen trägt, Bedeutsamkeit und Zeichenhaftigkeit zu verleihen. Quintilian schreibt im 9. Buch seiner *Institutionis Oratoriae* dieser rhetorischen Figur erhebliche Wirkungsmacht zu. Sie vermöge, so der Rhetor:

---

172 Vgl. Arthur Brall: Vergangenheit und Vergänglichkeit: Zur Zeiterfahrung und Zeitdeutung im Werk Annette von Droste-Hülshoffs. Marburg 1975, S. 18. Vgl. weiterhin Renate Böschenstein: Zur Struktur des Idyllischen im Werk der Annette von Droste-Hülshoff. In: Renate Böschenstein: Idylle, Todesraum und Aggression. Beiträge zur Droste-Forschung. Hg. von Ortrun Niethammer. Bielefeld 2007, S. 15–35.

173 Wolfgang Braungart schreibt zu diesem Punkt in einer wichtigen Studie: »Im Hinblick darauf, was Literatur orientierend, sinngebend, Ordnung stiftend und beglaubigend in unserem Leben leistet, wie sie als bestimmte, ästhetisch ausgezeichnete und geregelte Handlung soziale Situationen definiert, lässt sie sich […] als dem Ritual ähnliches Geschehen begreifen.« Vgl. Wolfgang Braungart: Literatur und Ritual. Tübingen 1996, S. 17.

174 Eine Prosopopoeia (gr: προσωποποιία, prósopon = Gesicht, Person, poiéin = machen, tun) gilt in der Rhetorik als probates Mittel, mit dessen Hilfe ein Sprecher oder ein Schriftsteller sich dem Publikum dadurch mitteilt, dass er als eine andere Person oder als ein anderes Objekt spricht. Prosopopoeiae werden hauptsächlich verwendet, um einen Perspektivwechsel beim Rezipienten zu forcieren. So spricht etwa Cicero in seiner bekannten Rede *Pro Caelio* als Appius Claudius Caecus, ein strenger alter Mann. Auf diese Weise soll dem Leser eine bessere Perspektive auf die Handlungen des Klägers gegeben werden.

175 So lässt etwa der Verfasser des Buches Jesus Sirach im Alten Testament die Weisheit in personifizierter Form auftreten und sie zum Volk und zu den Rezipienten des Textes sprechen (Vgl. Jesus Sirach, 24,1–3) ; oder aber es findet sich in Jeremia 47, 6f. ein Dialog zwischen dem Propheten Jeremia und dem Schwert des Herrn.

> die Götter vom Himmel zu stürzen, die Toten zu evozieren und Städten und Staaten Stimmen zu geben[176]

Exakt an dieser Evokation der Toten liegt Annette von Droste-Hülshoff. Von Anfang an wird in diesem Gedicht, dem, was eigentlich nicht sprechen kann, menschliche Rede- und Ausdrucksfähigkeit verliehen: Die Nacht »sendet [...] leise Boten«, die »dunklen Zweige nickten so vertraut«, »an meiner Wange flüsterte das Kraut« – die Natur wird personifiziert und kommuniziert mit dem in einem Schwellenzustand (Wachen/Traum, Leben/Tod) sich befindlichen Ich. Als dieses Ich schließlich im Imaginationsraum der Dichtung stirbt, wird es zum Bestandteil der kommunizierenden Natur, wird als Rauch durchlässig für Luft, Wasser und gelöste Stoffe: »Und noch zuletzt sah ich, gleich einem Rauch, Mich leise in der Erde Pore ziehen.« Mit Hilfe der Prosopopoeia wird den Toten und Abwesenden eine Stimme verliehen, »die personenhaft ist, also physiognomisch auftritt«, und das eigentliche Ich, den eigentlichen Kommunikator entlastet, indem ein extrem angstbesetzter Zustand auf den Schultern eines imaginär Sterbenden abgeladen wird.[177] Was in den Ohren eines Menschen des 21. Jahrhunderts merkwürdig klingen mag, beschäftigt die Epoche Droste-Hülshoffs über den Einzelfall hinaus: die Frage nach einer Möglichkeit, mit den Toten zu kommunizieren und bei ihnen Rat einzuholen.[178] Die junge Annette Droste-Hülshoff, inspiriert von den Diskursen ihrer Epoche um Magnetismus, Mesmerismus und Galvanismus,[179] versucht wohl lediglich in ihrer Jugend, ebenfalls auf »direktem Wege« mit den Toten in Kontakt zu treten, bleibt aber erfolglos. Im Zyklus des *Geistlichen Jahrs* heißt es dazu in *Am dritten Sonntage nach Pfingsten*:

---

176 Marcus Fabius Quintilianus: *Ausbildung des Redners. Zwölf Bücher*, hrsg. von Helmut Rahn., Darmstadt [5]2011, Neuntes Buch, Kapitel 2 (lateinisch und deutsch; einzige vollständige Übersetzung in Deutsch).

177 Vgl. hierzu Hartmut Böhme: Fetischismus und Kultur. Eine andere Theorie der Moderne. Reinbek bei Hamburg 2006, S. 394f.

178 In Jung-Stillings *Theorie der Geisterkunde* (1808) und Friedrich Wilhelm Schellings *Stuttgarter Privatvorlesungen* (1810) wird etwa ernsthaft im Rahmen eines philosophischen Systems die Möglichkeit erwogen, mit den Toten zu kommunizieren. Schelling deduziert im zweiten Teil seiner Vorlesungen die Existenz einer solchen Sphäre, in welche der Mensch nach seinem Tode gelangen und zu der er auch bereits zu Lebzeiten in psychisch exponierten Zuständen wie Traum, Krankheit oder magnetischem Schlaf Kontakt aufnehmen könne. Schelling hatte die Vorlesungen nach einer tiefen persönlichen Krise, ausgelöst durch den Tod seiner Frau Caroline, entworfen und damit den Nerv der Zeit getroffen. Vgl. dazu Jürgen Daiber: Der Mittagsdämon. Zur literarischen Phänomenologie der Krise der Lebensmitte. Paderborn 2006, S. 84–104.

179 Vgl. Josefine Nettesheim: Die geistige Welt der Dichterin Annette von Droste-Hülshoff. Münster 1967, S. 36–55.

> Wie brünstig flehend/hab ich so oft in mancher Nacht/An meine Toten mich gewandt!/Wie manchen Stundenschlag bewacht,/Wenn grau und wirbelnd lag das Land!/Und nicht ein Zeichen ward mir je,/Kein Knistern in des Lagers Näh,/Kein Schimmer längs den Wänden gehend.[180]

Im Moose belegt – ebenso wie Droste-Hülshoffs wohl berühmteste Naturgedichte *Die Mergelgrube* und *An einem Tag wo feucht der Wind* – dass die Dichterin für eine umstandslose Vitalisierung physikotheologischer Naturlyrik oder romantisierender biblisch christlicher Sehnsuchtstopik nicht zur Verfügung steht. Die eindringlichen Studien von Winfried Woesler[181] und Wilhelm Kühlmann[182] zu *An einem Tag wo feucht der Wind* haben deutlich gemacht, dass Drostes späte Naturlyrik sehr wohl Bestandteil jenes »prädarwinistischen [...] naturphilosophischen Paradigmenwechsels« ist, welcher sich aus dem »Theoriezusammenhang der spätromantischen Versöhnungslehre«[183] löst. Diesem Verständnis nach sind Prozesse der Natur ebenso anarchisch wie harmonisch, ebenso die Zwecke des Einzelnen ignorierend wie Quelle und Nahrung spendend, ebenso die »immer furchtbare Mühle des Todes«[184] in Gang haltend, wie den Ursprung allen Lebens bildend. Oder, in den Worten des Philosophen Karl Rosenkranz: »Giebt man den Wolf zu, so muß man ihn auch das Lamm fressen lassen.«[185]

An einem Tag wo feucht der Wind entsteht 1846 und ist das letzte von Annette von Droste-Hülshoff verfasste Naturgedicht. Das Gedicht handelt, glaubt man dem Herausgeber der Historisch-kritischen-Ausgabe von Droste-Hülshoffs Werken, »nicht nur bildreich vom Tod in der Natur, Droste erwartete damals, wie wir aus biographischen Zeugnissen wissen, auch ihr eigenes Ende.«[186] Im September 1846 war die Dichterin wieder einmal nach Meersburg zur Schwester gereist, das Klima am Bodensee, welches schon mehrfach ihrer

---

180 Vgl. Am dritten Sonntage nach Pfingsten. In: Annette von Droste-Hülshoff. Sämtliche Werke in zwei Bänden. Hg. von Bodo Plachta/Winfried Woesler. Bd. 1, Frankfurt a. Main 1994, S. 432.

181 Winfried Woesler: Die ächzende Kreatur. In: Claudia Liebrand/Thomas Wortmann: Interpretationen. Gedichte von Annette von Droste-Hülshoff. Stuttgart 2014, S. 179–190.

182 Wilhelm Kühlmann: Das Ende der »Verklärung«. Bibeltopik und prädarwinistische Naturreflexion in der Literatur des 19. Jahrhunderts. In: Jahrbuch der deutschen Schillergesellschaft 30 (1986), S. 417–453.

183 Ebd., S. 447.

184 Novalis: Die Lehrlinge zu Sais. In: Werke, Tagebücher und Briefe Friedrich von Hardenbergs. Hg. von Hans-Joachim Mähl/Richard Samuel. 2 Bde. Darmstadt 1978, S. 210f.

185 Karl Rosenkranz: Die Verklärung der Natur. Eine skeptische Untersuchung. In: ders.: Studien. Erster Teil. Reden und Abhandlungen. Zu Philosophie und Literatur. Berlin 1839, S. 188 (Zitiert nach Kühlmann (wie Anm. 182), S. 429.

186 Winfried Woesler (wie Anm. 181), S. 189.

angegriffenen Gesundheit zuträglich war, sollte erneut helfen. Wiederum hatte sich unmittelbar zuvor eine persönliche Krise ereignet, die im endgültigen Bruch mit dem ehemals vertrauten Freund Levin Schücking kulminierte.[187] Und wiederum hatte die Dichterin mit körperlicher Symptomatik (»miserabel! – 6–7mal im Tage Erbrechen – ein erstickender Husten und Schleimandrang – immer Fieber – kein Schlaf«)[188] auf die einströmenden psychischen Belastungen reagiert. In Meersburg begibt sich von Droste-Hülshoff erstmals seit langer Zeit in die Behandlung eines allopathischen Arztes, nicht ohne sich die bange Frage zu stellen: »was wird mein Homöopath sagen!«[189] Eine in Meersburg sich anfangs einstellende Gesundheitsverbesserung (»Auf meine Gesundheit wirkt das Clima bereits sehr gut, meine Kopf- und Magenschmerzen sind verschwunden, nur mit dem Gehen sieht es noch PAUVRE aus«)[190] ist nicht von Dauer. Ein neuer Arzt wird konsultiert, doch das körperliche und seelische Befinden der Patientin bleibt trotz eines unklaren diagnostischen Befunds schlecht. Im Brief an die in dieser letzten Lebensphase engste Freundin Elise Rüdiger klagt Annette von Droste-Hülshoff:

> [...] ich mußte gleich zu Bette, und zwey Aerzte annehmen, (Einen aus der Stadt, und den sehr geschickten Brunnenarzt von Ueberlingen) – da habe ich denn viele Medizin geschluckt, und bin immer elender darnach geworden, zuletzt so nervenschwach, daß mir jedes Wort klang wie eine Posaune, und zuweilen im Stockfinstern mir das Zimmer für einige Sekunden erleuchtet schien wie vom grellsten Sonnenschein, und ich die kleinsten Gegenstände genau unterscheiden konnte, – zudem nahm mein Magen auch gar nichts mehr an, selbst Wasser und Haferschleim mußte ich sogleich wieder von mir geben – und dabey immer Fieber und Beklemmungen, – immer halb todt husten, – Ach Lies! ich war schrecklich elend und wünschte auch gar nicht wieder besser zu werden, nur todt! todt! – Endlich erklärte der Brunnenarzt: mir tauge keine Medizin – ohne Ausnahme, – ich sey in allen innern Theilen völlig gesund, aber meine Nerven in einem Zustande der Ueberreizung, wie ihm noch nie vorgekommen.[191]

187 Schücking hatte 1846 den Roman *Die Ritterbürtigen* publiziert, der nach Meinung Droste-Hülshoffs vertrauliche Informationen aus der westfälischen Adelsgesellschaft präsentierte und diese als »blasiert, ungebildet und stockkonservativ« (Grywatsch, S. 24) portraitierte. Quelle dieser Indiskretionen konnte nach öffentlicher Meinung nur Droste-Hülshoff sein. Den Vertrauensmissbrauch kommentiert die Dichterin in einem Brief an Christoph Bernhard Schlüter vom 15. April 1846 mit den Worten: »Schücking hat an mir gehandelt wie mein grausamster Todfeind« (HKA X,1, S. 369). Sie bricht jeden weiteren Kontakt zu Levin Schücking endgültig ab. Vgl. Jochen Grywatsch (wie Anm. 1), S. 24f.

188 Brief an Elise Rüdiger vom 16. Februar 1847 (wie Anm. 155), S. 417.

189 Brief an Pauline von Droste-Hülshoff vom 14. Oktober 1846 (wie Anm. 155), S. 411.

190 Ebd., S. 411.

191 Brief an Elise Rüdiger vom 16. Februar 1847 (wie Anm. 155), S. 422.

Der Patientin wird angesichts ihrer starken nervlichen Überreizung von ihrem allopathischen Arzt strengste Ruhe verordnet.[192] Doch der körperliche schlechte Gesundheitszustand Annette von Droste-Hülshoffs bleibt bestehen und verfestigt sich ab März 1847. Im August 1847 hat die Dichterin ihr Zimmer in Meersburg fast ein Jahr so gut wie nicht verlassen.[193] Noch immer besteht laut von Droste-Hülshoff die

> Aussage aller meiner Aerzte, (ich bin jetzt schon in den Händen des Dritten), [daß ich] durchaus nicht krank seyn soll, – nicht mahl nervenleidend, sondern nur gränzenlos nervenschwach – und dieser miserable Zustand (sein Anfang liegt in meiner zu frühen Geburt, seine gegenwärtige Steigerung in meinem fünfzig Jahren) soll mehrere Jahre, in denen ich nur VEGETIREN darf, anhalten, und dann?[194]

Der Brief lässt zunehmende Resignation bezüglich der Möglichkeit einer nochmaligen Genesung spürbar werden. Die Dichterin vertraut dem Urteil ihrer mittlerweile drei betreuenden Ärzte nicht mehr und zeigt sich eher davon überzeugt, dass sich an ihrem Zustand nichts Elementares mehr ändern wird. Wie schon so oft wird in einem Brief (an Elise Rüdiger) die Möglichkeit ihres baldigen Todes beschworen. Dieses Mal liegen die Dinge anders. Noch immer zwar bekräftigt Annette von Droste-Hülshoff ihre Nähe zum Tod und ihre baldige Erwartung zu sterben. Die in diesen Äußerungen üblicherweise aber mitschwingende Todesangst ist – jetzt da der Tod tatsächlich kommen und in Droste-Hülshoffs Leben sich ereignen wird – gänzlich verschwunden. Im besagten Brief an Elise Rüdiger vom August 1847 heißt es dazu:

> Doch wie Gott will! ich bin jede Stunde bereit, und meinem Schöpfer sehr dankbar, daß er mir durch das beständige Gefühl der Gefahr eine vollkommene Befreundung mit dem Tode, so wie, durch eben dieses Gefühl, eine doppeltinnige und bewuste Freude an allen, auch den kleinsten, Lebensfreuden, die mir noch zu Theil werden, gegeben hat.[195]

Am 24. Mai 1848 stirbt Annette von Droste-Hülshoff im Alter von 51 Jahren in ihrem Turmzimmer auf der Meersburg nach wiederholtem Bluthusten.[196]

---

192 Die Darstellung der letzten Lebensphase Annette von Droste-Hülshoffs orientiert sich an Anette Reiter: Mein wunderliches verrücktes Unglück (wie Anm. 24), S. 55f.

193 Vgl. dazu den Brief an die Freundin Elise Rüdiger vom 7. August 1847 (wie Anm. 155), S. 425.

194 Ebd., S. 425.

195 Ebd., S. 426.

196 Am 22. Mai ließ die Dichterin wegen Bluthustens in der Nacht den Arzt rufen, erholte sich jedoch daraufhin. Als sie am 23. Mai weiterhin leicht Blut hustet, »erklärt sie dem Arzt,

Ob die »Grundproblematik« de facto »in einer Lungentuberkulose« bestand, »die schließlich ursächlich für ihren Tod wurde«[197] oder ob es sich statt Lungenembolie um Herzversagen, die Folgen eines Magenkarzinoms oder aber jahrzehntelange Stressphänomene handelte, die sich in diversen changierenden körperlichen Symptomen Ausdruck verschaffte, lässt sich – damit wird die Forschung leben müssen – mit völliger Sicherheit nicht sagen.

Unklar ist auch, weshalb die fast lebenslange Todesangst Annette von Droste-Hülshoffs im Angesicht ihres tatsächlichen Endes weicht. Neuere empirisch-psychologische Untersuchungen legen nahe, »dass der Gedanke an die Unausweichlichkeit des eigenen Todes durch eine Art von psychischem Immunsystem in Schach gehalten wird.«[198] Der Prozess wird mit dem sprechenden Namen »Terror-Managment-Theory«[199] (vgl. Einleitung) gekennzeichnet.

Annette von Droste-Hülshoffs »Terror-Mangament-Theory«, dies sollte deutlich geworden sein, ihr probates Heilmittel gegen eine häufig im Bewusstsein sich meldende Todesangst, war – neben ihrem Glauben – ihre Dichtung. Am Schönsten vielleicht drückt sich diese »Selbstbehauptung des poetischen Subjekts«[200] angesichts seiner allezeit möglichen Auslöschung/Auflösung

daß sie die Sterbesakramente – die Tröstungen ihrer [katholischen] Kirche – empfangen möchte. Der jedoch rät ab, weil [...] er keine Gefahr für ihr Leben sieht« (Beuys, S. 397). Am Vormittag des 24. Mai besucht der Arzt seine Patientin erneut und ist mit ihrem Zustand zufrieden. Er nimmt anschließend zusammen mit der Schwester Jenny Laßberg und ihrer Familie im entfernten Esszimmer das Mittagsmahl ein. Die Nichte Annette von Droste-Hülshoff bleibt bei der Kranken und holt – als sich erneut Bluthusten bemerkbar macht – den Arzt zurück. Während der sich – zusammen mit Annettes Schwester – auf den Weg ins Krankenzimmer macht, stirbt von Droste-Hülshoff. Vgl. Barbara Beuys: »Blamieren mag ich mich nicht«. Das Leben der Annette von Droste-Hülshoff (wie Anm. 16), S. 397. In der Darstellung des letzten Todestages folge ich Beuys.

197 Jochen Grywatsch, Droste-Handbuch (wie Anm. 1), S. 12.

198 Eibl (wie Anm. 40), S. 136.

199 Hierzu zeigen die Experimente von de Wall/Baumeister zwei zentrale Strategien der Probanden: a) reine Verdrängung der bedrohenden Gedanken an den Tod, b) Ersetzung dieser bedrohenden Gedanken durch »clutching at happy thoughts« (Wall/Baumeister, 984). Dazu heißt es in der Studie: [...] »denial of death is the basis for much human motivation, and Greenberg/Pyszczynski and Salomon (1986) elaborated this insight into a systematic psychological theory, known as terror management theory [...] Our central hypothesis was that one response to the threatening idea of death is the commencement of a nonconscious search for emotionally pleasant, positive information. Clutching at happy thoughts may serve the function (central to terror management theory) of preventing the conscious mind from being paralyzed by the terror of death.« Vgl. C. Nathan de Wall/Roy F. Baumeister: From Terror to Joy. Automatic Tuning to Positive Affective Information Following Mortality Salience. In: Psychological Science 18 (2007), S. 984–990.

200 Vgl. Wolfgang Braungart: Im Grase. In: Droste-Handbuch (wie Anm. 1), S. 428.

in einem ihrer berühmtesten Gedichte Droste-Hülshoffs aus: dem 1844 entstandenem *Im Grase*. Hypersensitiv strahlend und in seiner Zugewandtheit gegenüber der Schöpfung trotz/wegen ihrer Vergänglichkeit ist es ein ästhetisches Antidot gegen den Tod:

> Süße Ruh', süßer Taumel im Gras,/Von des Krautes Arom umhaucht,
> Tiefe Flut, tief, tief trunkne Flut,/Wenn die Wolk' am Azure verraucht,
> Wenn aufs müde schwimmende Haupt/Süßes Lachen gaukelt herab,
> Liebe Stimme säuselt und träuft/Wie die Lindenblüth' auf ein Grab.
> Wenn im Busen die Todten dann/Jede Leiche sich streckt und regt,
> Leise, leise den Odem zieht,/die geschloss'ne Wimper bewegt,
> Todte Lieb', todte Lust, todte Zeit,/All die Schätze, im Schutt verwühlt,
> Sich berühren mit schüchternem Klang/Gleich den Glöckchen, vom Winde umspielt.
> Stunden, flücht'ger ihr als der Kuß/Eines Strahls auf den trauernden See,
> Als des zieh'nden Vogels Lied,/Das mir niederperlt aus der Höh',
> Als des schillernden Käfers Blitz/Wenn den Sonnenpfad er durcheilt,
> Als der flücht'ge Druck einer Hand,/Die zum letzten Male verweilt.
> Dennoch, Himmel, immer mir nur/Dieses Eine nur: für das Lied
> Jedes freien Vogels im Blau/Eine Seele, die mit ihm zieht,
> Nur für jeden kärglichen Strahl/Meinen farbig schillernden Saum,
> Jeder warmen Hand meinen Druck/Und für jedes Glück meinen Traum.[201]

201 Vgl. Im Grase. In: A. von Droste-Hülshoff. Historisch-kritische Ausgabe, Bd. I,1 (wie Anm. 163), S. 328.

KAPITEL V

Angsttage – Freud, das Kokain und die Literatur

Am 15. Juli 1896 schreibt der 40-jährige Neurologe Sigmund Freud einen Brief an seinen Intimus Wilhelm Fließ, seines Zeichens Spezialist für Hals- und Nasenkrankheiten in Berlin. Der Beginn des Schreibens kündigt ein Ereignis an, dessen Folgen für Freud ebenso radikal wie unabsehbar sein werden. Freuds Brief setzt mit folgenden Worten ein:

> Mein teurer Wilhelm!
> Eben Deinen Brief erhalten und mich sehr gefreut, was ich alles von Dir hören werde. Schade nur, daß ich nicht sicher weiß, wann. Es liegt nämlich so: der Alte hat Blasen- und Mastdarmlähmung, läßt in der Ernährung nach und ist dabei geistig überfrisch und euphorisch. Ich glaube wirklich, daß es seine letzte Zeit ist, kenne aber nicht seinen Termin und getraue mich nicht weg, am wenigsten über zwei Tage und auf einen Genuß, dem ich ganz nachhängen möchte. Dich in Berlin treffen, einige Stunden den neuen Zauber von Dir hören und dann plötzlich auf eine Nachricht Tag oder Nacht zurückreisen müssen, die doch dazu ein bloßer Schreckschuß gewesen sein kann – dem möchte ich gerne ausweichen, und dieser Furcht opfere ich das brennende Bedürfnis, wieder einmal ganz zu leben mit dem Kopf und dem Herzen zugleich.[1]

Bei dem »Alten« handelt es sich um den 81-jährigen Jakob Freud, Sigmund Freuds Vater, der sich im fortgeschrittenen Stadium einer schweren Krebserkrankung, eines Darmkarzinoms, befindet. Was die geistige »Überfrische« und »Euphorie« des Vaters angeht, spielt Freud mit seiner Beobachtung auf eine Hypothese an,[2] die der befreundete Fließ in seinem umstrittenen Buch *Die Beziehung zwischen Nase und weiblichen Geschlechtsorganen* (1897) entwickeln wird. Der neben medizinischen Spekulationen[3] auch zu obskurer Zahlenmystik neigende Wilhelm Fließ glaubt, dem Prozess des Sterbens in dessen

---

* Der Aufsatz ist erstmals in einer deutlich abgewandelten Form unter dem Titel erschienen: Therapeutisches Scheitern. Freud, das Kokain und die Literatur. In: Hofmannsthal Jahrbuch zur Europäischen Moderne 26 (2018), S. 261–307.

1 Sigmund Freud: Brief an Wilhelm Fließ, 15. Juli 1896. In: Sigmund Freud: Briefe an Wilhelm Fließ 1887–1904. Herausgegeben von Jeffrey Moussaieff Masson. Bearbeitung der deutschen Fassung von Michael Schröter. Frankfurt a. Main 1986, S. 205.

2 Vgl. Anm. 1, S. 205.

3 Fließ vertritt in diesem Werk die Ansicht, dass »Nasenbeschaffenheit und Sexualzyklus […] in einem engen Verhältnis zueinander« stehen und »empfindliche Störungen der Nase« daher »auf sexuellen Fehlhaltungen und Nervenzerrüttung basieren. Vgl. dazu Peter-André Alt: Sigmund Freud. Der Arzt der Moderne. München 2016, S. 179.

 | DOI:10.30965/9783957437068_006

intrinsischem Verlauf auf die Schliche gekommen zu sein. Laut Fließ handelt es sich beim Todestag um einen gemäß seiner Zyklustheorie periodisch auftretenden »Angsttag«[4], dem zwingend eine Phase der Euphorie vorausgeht. Jene Phase, die aus der Perspektive Sigmund Freuds gerade sein erkrankter Vater durchläuft.

Freud gibt sich angesichts des bevorstehenden Todes seines Erzeugers nach außen hin nicht sonderlich erschüttert. Zumindest heißt es im Fortlauf des Briefs an Wilhelm Fließ: »Der Zustand des Alten deprimiert mich übrigens nicht. Ich gönne ihm die wohlverdiente Ruhe, wie er sie selbst wünscht. Er war ein interessanter Mensch, innerlich sehr glücklich; er leidet jetzt sehr wenig, löscht mit Anstand und Würde aus.«[5] Das Urteil der Freud Biographen fällt angesichts dieses psychischen Reflexes eines Sohnes auf den herannahenden Tod seines Vaters äußerst uneinheitlich aus.[6]

In einem Punkt immerhin ist sich die Forschung einig: Die Trauerarbeit, welcher sich Freud unterziehen muss, nachdem sein Vater am 23. Oktober 1896 stirbt, deutlich später als vom Sohne ursprünglich vermutet, führt zur Zuspitzung jenes krisenhaften Zustandes, der Freud ab Juli 1897 zu einem Experiment radikaler Introspektion führen wird. Sigmund Freud bezeichnet dieses Experiment im Vorwort zur zweiten Auflage seiner *Traumdeutung* als »Selbstanalyse« und setzt es unmittelbar mit dem Tod des Vaters in Korrelation.

> Auch das Material dieses Buches, diese zum größten Teil durch die Ereignisse entwerteten oder überholten eigenen Träume, an denen ich die Regeln der Traumdeutung erläutert hatte, erwies bei der Revision ein Beharrungsvermögen, das sich eingreifenden Änderungen widersetzte. Für mich hat dieses Buch nämlich noch eine andere, subjektive Bedeutung, die ich erst nach seiner Beendigung verstehen konnte. Es erwies sich mir als ein Stück meiner Selbstanalyse, als meine Reaktion auf den Tod meines Vaters, also auf das bedeutsamste Ereignis, den einschneidendsten Verlust im Leben eines Mannes.[7]

---

4 Vgl. dazu Alt (wie Anm. 3), S. 180f.

5 Brief an Wilhelm Fließ (wie Anm. 1), S. 206.

6 Dieses Urteil schwankt zwischen respektvoller Wertschätzung eines Mannes von tiefer Weisheit, dessen Ende jedoch unbewusst die eigene tiefsitzende Todesangst im Filius aktivierte (vgl. Max Schur: Sigmund Freud. Leben und Sterben. Frankfurt a. Main 1973, S. 31ff.), über einer Freud unterstellten spontanen Reaktion eines »liebevoll[en] Vergessen[s]« (vgl. Peter Gay: Freud. Eine Biographie für unsere Zeit. Frankfurt a. Main 2001 [4. Aufl.], S. 105), hin zur These einer zeitversetzt einsetzenden »Trauer [...] ungewöhnlich in ihrer Intensität« (Gay, S. 105), bis zu der Annahme, dass »Freud sich befremdlich kalt gegenüber dem sterbenden Vater verhielt«, auch wenn »sein Tod ein Geschehen [blieb], das ihn innerlich tief berührte« (vgl. Peter-André Alt (wie Anm. 3), S. 251.

7 Sigmund Freud: Die Traumdeutung. In: ders.: Gesammelte Werke (GW), Band II/III, Frankfurt a. Main 1942, S. X.

Ernest Jones hat Freuds Selbstanalyse als dessen »kühnstes Unternehmen – […] die Analyse seines eigenen Unbewußten« bezeichnet: »Wie alle bahnbrechenden Leistungen, so fällt es auch hier der Nachwelt schwer, die ganze Bedeutung dieser Tat zu ermessen. Ihre Einzigartigkeit bleibt bestehen.«[8]

Lässt man einmal den Duktus der Heldengeschichtsschreibung beiseite, so ist festzuhalten, dass sich Freud mit seinem Selbstexperiment erheblichen psychischen Risiken aussetzte und dass die Erfahrung des väterlichen Todes auslösende Wirkung bei der Aktivierung der nun einsetzenden Prozesse hatte. 1905 bemerkt Freud aus der Distanz von acht Jahren im *Bruchstück einer Hysterie-Analyse* dazu: »Wer wie ich die bösesten Dämonen, die unvollkommen gebändigt in einer menschlichen Brust wohnen, aufweckt, um sie zu bekämpfen, muß darauf gefaßt sein, daß er in diesem Ringen selbst nicht unbeschädigt bleibe.«[9]

Diese Dämonen waren vielfältig. Auf dem Gebiete der Sexualität bestanden sie vor allem in der späten Einsicht Freuds, einer Fehleinschätzung aufgesessen zu sein, als er den Ursprung hysterischer Symptome seiner Patienten in frühkindlichem Missbrauch verortete.[10] Das Begehren – so die Einsicht Freuds im Zuge seiner Selbstanalyse – wurde nicht durchweg gewaltsam von außen durch Erwachsene an Kinder herangetragen. Freud entdeckte die – nach den Maßstäben seines bürgerlich-viktorianischen Milieus – schockierenden Versatzstücke des infantilen Sexuallebens.[11] Doch seine Aufzeichnungen machen in ihrer rückhaltlosen Offenheit auch vor einer Demontage des eigenen Selbstkonzepts nicht halt:

> »Egoistische Strebungen, Größensucht und Ehrgeiz, Unzufriedenheit mit der bescheidenen sozialen Herkunft, Eifersucht des alternden Mannes auf die Jugend der Söhne […] eine vorübergehende deutschnationale Gesinnungsphase, […] Furcht vor Antisemitismus, Sehnsucht nach voller gesellschaftlicher Integration durch die Erlangung einer Professur.«[12]

---

8 Ernest Jones: Das Leben und Werk von Sigmund Freud. Bd. I, Bern 1960, S. 373.

9 Sigmund Freud: Bruchstück einer Hysterie-Analyse. In: ders.: Gesammelte Werke (GW), Band V, Frankfurt a. Main 1942, S. 272.

10 Vgl. zu diesem Punkt Ernest Jones (wie Anm. 8), S. 374, Peter Gay (wie Anm. 6), S. 108–114.

11 Diese Entdeckung vollzog sich nicht zuletzt durch die Analyse von Freuds eigener Initiation in die Sexualität. Freud litt nach eigener Einschätzung unter einer neurotischen Mutterbindung, welcher er in den Briefen an Wilhelm Fließ Züge von »Hysterie« zuschreibt. Zugleich wird im durch Analyse seiner Träume die »Schlüsselrolle seiner Kinderfrau Monika Zajic bewusst«, die Freud gegenüber Fließ als »Lehrerin in sexuellen Dingen« beschreibt. Vgl. Brief an Wilhelm Fließ, 4. Oktober 1897 (wie Anm. 1), S. 290. Vgl. zusätzlich: Peter-André Alt (wie Anm. 3), S. 256f.

12 Vgl. Sigmund Freud: Selbstdarstellung. Schriften zur Geschichte der Psychoanalyse. Hg. und eingeleitet von Ilse Grubrich-Simits. Frankfurt a. Main 1971, S. 28.

Zudem führen ab 1893 in unregelmäßigen Abständen auftretende Herzbeschwerden zu aufkeimenden Schüben von Todesangst, die Freud in den Briefen an Wilhelm Fließ eingesteht.[13] Kurzum: Der Selbstanalysand schont sich nicht beim Blick in den inneren Spiegel.[14] Die Schonungslosigkeit dieses Blicks war einzig und allein dem Ziel geschuldet, möglichst tragfähiges Material zur Entschlüsselung der Sprache des Unbewussten zusammen zu tragen.[15]

Auf eine dieser im Zuge der Selbstanalyse zu Tage geförderten Entdeckungen Freuds, die ebenfalls nicht in die Beschönigungstendenz und den Hang zu autobiographischer Glättung vieler anderer Werke aufweist, wird im Folgenden näher eingegangen: Es handelt sich um die von Ernest Jones als *Kokainepisode*[16] bezeichneten Geschehnisse in Freuds Existenz zwischen 1884–1887.

In einem ersten hinführenden Schritt sollen Freuds eigene Erfahrungen mit der Droge Kokain sowie sein therapeutisches Experiment eines Morphinentzugs durch Kokain am Freunde Ernst Fleischl von Marxow aufgearbeitet

---

13 Vgl. dazu die Briefe an Wilhelm Fließ vom 19. April 1894 und 16. April 1896.

14 Freud zeigte parallel zur Selbstanalyse Zeit seines Lebens wenig Bereitschaft, diese inneren Entdeckungen öffentlich zu machen. Tendenzen zur »Selbstverhüllung, ja Verheimlichung finden sich nicht nur in Freuds früher Jugend und in der Verlobungszeit, in der er mit seiner Braut eine »Geheimchronik« führte, auch später noch war er, vor allem hinsichtlich seiner Kindheitserlebnisse, selbst in der Familie »wortkarg«. Bis ins hohe Alter bediente er sich zum Selbstschutz fortgesetzter ausgeklügelter Strategien.« Vgl. Sigmund Freud: Selbstdarstellung. Schriften zur Geschichte der Psychoanalyse (wie Anm. 12), S. 28.

15 Als Beleg für diese These kann gelten, dass Freud mehrmals in seinem Leben »Tabula rasa« machte und große Teile seiner Briefe und privaten Zeugnisse vernichtete. Im April 1885 bekannte er gegenüber seiner Verlobten Martha Bernays:

> »Ein Vorhaben habe ich allerdings fast ausgeführt, welches eine Reihe von noch nicht geborenen, aber zum Unglück geborenen Leuten schwer empfinden wird. Da Du doch nicht erraten wirst, was für Leute ich meine, so verrate ich's Dir gleich: es sind meine Biographen. Ich habe alle meine Aufzeichnungen seit vierzehn Jahren und Briefe, wissenschaftliche Exzerpte und Manuskripte meiner Arbeiten vernichtet. […] Alle alten Freundschaften und Beziehungen haben sich dabei mir nochmals präsentiert und stumm den Todesstreich empfangen […] alle meine Gedanken und Gefühle über die Welt im allgemeinen und, soweit sie mich betraf, im besonderen sind für unwert erklärt worden, fortzubestehen. […] Aber das Zeug legt sich um einen herum wie der Flugsand um die Sphinx, bald wären nur mehr meine Nasenlöcher aus dem vielen Papier herausgeragt; ich kann nicht reifen und nicht sterben ohne die Sorge, wer mir in die Papiere kommt.« Vgl. Brief an Martha Bernays, 28. April 1885. In: Sigmund Freud/Martha Bernays: Spuren von unserer komplizierten Existenz. Die Brautbriefe Bd. 4, September 1884 – August 1885. Hg. von Gerhard Fichtner/Ilse Grubrich-Simits und Albrecht Hirschmüller. Frankfurt a. Main 2019, S. 360f.

16 Ernest Jones (wie Anm. 8), S. 102–125.

werden.[17] Ziel der erneuten Darstellung dieser in der Forschung bereits analysierten Episode[18] ist eine Neugewichtung auf folgende These hin: An Freuds Kokainepisode kann gezeigt werden, dass sein tragisch missglückender Versuch Fleischl von Marxow vom Morphin zu entwöhnen, erhebliche Schuldgefühle bei ihm selbst auslösen. Das Scheitern des Morphin-Entzugs wird im Therapeuten unter anderem Ängste aktivieren, die Freud auf die Unausweichlichkeit des eigenen Todes stoßen.

Zweitens: Der Versuch der Bearbeitung dieser Schuldgefühle missglückt Freud im Rahmen seiner sich ab 1897 anschließenden Selbstanalyse. Das Scheitern dieses Versuchs einer Auflösung der eigenen angstbesetzten Widerstände fließt dabei als literarisiertes Traumprotokoll in Freuds *Traumdeutung* (1899) ein. Konkret handelt es sich dabei um vier eigene Träume Freuds, welche die Kokainepisode thematisieren (*Botanische Monographie, Drei Parzen, Graf Thun, Irmas Injektion*). Freud integriert sie eigenständig als Untersuchungsmaterial in die *Traumdeutung.* Vor allem die beiden Träume *Drei Parzen* und *Irmas Injektion* zeigen dabei eindringlich das scheiternde Bemühen Freuds um eine Aufarbeitung der Fleischl-Episode. Im Gefolge dieses Scheiterns lässt sich an Freuds Träumen besagtes Motiv latenter Todesangst nachweisen.

Drittens wird Freud in einem nächsten Schritt in der Weiterentwicklung seiner Selbstanalyse eine Technik der Reintegration zuvor abgespaltener Erinnerungsvorgänge kreieren, die er in sein psychoanalytisches Verfahren integriert. Er macht dieses Verfahren 1914 zum Gegenstand eines zehnseitigen Aufsatzes namens *Erinnern, Wiederholen und Durcharbeiten.*[19] Die im Aufsatz entwickelten Abläufe beziehen – dies ist zu zeigen – ihre spezifisch

---

17 Diese Aufarbeitung erfolgt auf Basis der von Freud zwischen 1884–1887 publizierten Schriften zum Kokain (*Über Coca* (1884), *Beitrag zur Kenntnis der Cocawirkung* (1885), *Über die Allgemeinwirkung des Cocains* (1885), *Gutachten über das Parke Cocain* (1885) sowie *Bemerkungen über Cocainsucht und Cocainfurcht mit Beziehung auf einen Vortrag W. A. Hammonds* (1887)). Weiterhin fließt der private Briefwechsel Freuds in jener Phase (primär mit der Verlobten Martha Bernays und dem Arztkollegen und Freund Wilhelm Fließ) in die Textanalyse ein. Vgl. zum Briefwechsel die erst in jüngster Zeit vollständig erschienenen »Brautbriefe« zwischen Sigmund Freud und seiner Verlobten Martha Bernays. Albrecht Hirschmüller hat diesem Briefwechsel im dritten Band ein lesenswertes Vorwort zur Freuds Beschäftigung mit dem Kokain (Bd. 3, S. 11–23) beigefügt. Sigmund Freud/Martha Bernays: Warten in Ruhe und Ergebung, Warten in Kampf und Erregung. Die Brautbriefe Bd. 3, Januar 1884 – September 1884. Hg. von G. Fichtner/Ilse Grubrich-Simits und Albrecht Hirschmüller. Frankfurt a. Main 2015; Sigmund Freud/Martha Bernays: Spuren von unserer komplizierten Existenz. Die Brautbriefe Bd. 4, (wie Anm. 15).

18 Die Forschungsliteratur zum Thema fließt in die Untersuchung ein und wird im Folgenden sukzessive benannt.

19 Sigmund Freud: GW, Bd. X, S. 126–136.

therapeutische Heil- und Erkenntniskraft nicht zuletzt durch eine Integration von literarisch inspirierten Verfahrenstechniken, deren erste Spuren einer »Poesietherapie avant la lettre« bereits in der *Traumdeutung* nachweisbar sind.

Viertens schließlich soll belegt werden, dass Freud dieses weiter entwickelte Verfahren erneut als Deutungsmuster der Aufarbeitung seiner eigenen Rolle in der Fleischl-Kokainepisode auf sich anzuwenden sucht. Mit wiederum fragwürdigem Ergebnis in Sachen Therapieerfolg.[20] Ihre – wenn überhaupt– partiell therapeutische Wirksamkeit in punkto Kokainepisode und Todesangst erreicht die Selbstanalyse Freuds erst in den späten Schriften *Selbstdarstellung* (1925/1934), *Das Unbehagen in der Kultur* (1930) und dem Briefwechsel der letzten Lebensjahre.

1. Die Kokainepisode

a) *Freuds Selbstexperimente mit Kokain*

Anfang April 1884 entdeckte Freud im *Centralblatt für die medicinischen Wissenschaften* eine Rezension zu einem kurzen Aufsatz Theodor Aschenbrandts. Aschenbrandts Artikel war vier Monate zuvor in der *Deutschen Medicinischen Wochenschrift* erschienen und stellte einen in Europa noch weitgehend unbekannten Wirkstoff vor, an dessen Erforschung nun Sigmund Freud erhebliche Zukunftshoffnungen knüpfte.[21] Am 21. April 1884 schreibt der enthusiasmierte Freud an seine Verlobte Martha Bernays:

> Mit einem Projekt und einer Hoffnung trage ich mich jetzt auch, die ich Dir mitteilen will; vielleicht wird's ja auch nichts weiter. Es ist ein therapeutischer Versuch. Ich lese von dem Kokain, dem wirksamen Bestandteil der Kokablätter, welche manche Indianerstämme kauen, um sich kräftig für Entbehrungen und Strapazen zu machen. Ein Deutscher [T. Aschenbrandt] hat nun dieses Mittel bei Soldaten versucht und wirklich angegeben, daß es wunderbar kräftig und leistungsfähig mache. Ich will mir nun das Mittel kommen lassen und auf Grund naheliegender Erwägungen es bei Herzkrankheiten [!], ferner bei nervösen Schwächezuständen, insbesondere bei dem elenden Zustande nach der

20 Freud thematisiert diese Gefahr der langwierigen, nahezu »unabschließbaren Analyse« im Aufsatz. Dies bewahrt ihn jedoch nicht davor, selbst in die hellsichtig skizzierte Falle zu tappen. Freud, der »den Mechanismus der Verdrängung in der Traumdeutung als erster entdeckte«, ist nicht davor geschützt, »selbst unter ihren Einfluss zu geraten«. Vgl. dazu: Alt (wie Anm. 3), S. 120.

21 Die folgende Darstellung der Kokainepisode Freuds folgt wesentlich dem vorzüglichen Kommentar von Albrecht Hirschmüller in Sigmund Freud: Schriften über Kokain. Herausgegeben und eingeleitet von Albrecht Hirschmüller. Frankfurt a. Main 1996, S. 9–40; weiterhin: Peter-André Alt (wie Anm. 3), S. 112–120.

> Morphiumentziehung (wie z. B. Fleischl) versuchen. Vielleicht arbeiten schon viele andere damit, vielleicht taugt es nichts, aber das Versuchen will ich nicht unterlassen, und Du weißt, was man oft versucht und immer will, das gelingt dann einmal. Mehr als einen solchen glücklichen Wurf brauchen wir nicht, um an unsere Hauseinrichtung denken zu dürfen.[22]

Aschenbrandt hatte in seiner Studie vom 12. Dezember 1883 in der *Medicinischen Wochenschrift* während einer Waffenübung eines bayerischen Armeekorps den Soldaten Kokain verabreicht und dabei einer beträchtliche Erhöhung der Leistungsfähigkeit, insbesondere der Marschfähigkeit unter erschwerten Bedingungen, sowie länger ausbleibende Erschöpfung durch Nahrungs- und Schlafentzug festgestellt.[23] Das weckte die Neugier Freuds, der 1884 als schlecht bezahlter Assistenzarzt des Wiener Allgemeinen Krankenhauses ein verstärktes Interesse daran hatte, sich durch wissenschaftliche Forschungen einen Namen zu machen. Der im Brief an die Verlobte beschworene »glückliche Wurf« war zunächst einmal ganz vordergründig an die Hoffnung geknüpft, durch eine präzise Analyse der klinischen Wirksamkeit des Kokains die wissenschaftliche Reputation in den Kreisen des eigenen Faches zu steigern und dadurch den beruflichen Aufstieg zu beschleunigen. Ehe und Familiengründung, seit der Verlobung im Juli 1882 mit Martha Bernays Freuds erklärtes Ziel, waren unabdingbar an diesen Aufstieg als Arzt und Wissenschaftler geknüpft. Freuds früher Biograph Ernest Jones vermerkt zu diesem Punkt lakonisch: »Es stimmt, daß Freud sich mit seinen Untersuchungen über das Kokain einen gewissen Namen zu machen hoffte.«[24]

Freud war fest entschlossen, sich mit dem Wirkstoff[25] detailliert auseinanderzusetzen. Bei der Prüfung neuer Arzneistoffe war Ende des 19. Jahrhunderts dazu ein klassisches Procedere vorgeschrieben:

> Genauere Beschreibung des Pharmakons, Tierversuch, Selbstversuch, klinische Erprobung. Der erste Schritt war der traditionelle Weg der Botanik und der Pharmakognosie, der zweite wurde durch die experimentelle Pharmakologie verfolgt. Beide waren schon getan: Die Kokainpflanze war botanisch genau beschrieben, das 1860 daraus isolierte Kokain war chemisch recht gut untersucht,

---

22 Sigmund Freud: Brief an Martha Bernays 21. April 1884, in: Freud/Bernays: Die Brautbriefe Bd. 3 (wie Anm. 17), S. 278f.

23 Vgl. Martin Stingelin: Das Rätsel Freud. Bruchstücke zu einer Biografie: Die Affäre der Psychoanalyse mit dem Kokain. In: Literaturkritik.de Nr. 1, Januar 2006 (http: literaturkritik.de/id/8981 (Zugriff: 11. März 2020)).

24 Ernest Jones (wie Anm. 8), S. 108.

25 1858 gelang Friedrich Gaedecke in Rostock die Isolierung des Wirkstoffs Kokain aus der Coca-Pflanze, 1859 wiederholte Friedrich Wöhler diese Analyse erfolgreich. Vgl. Peter-André Alt (wie Anm. 3), S. 114.

und über die physiologischen Wirkungen lagen sorgfältige Studien vor, auch wenn sich die Beobachter nicht in allem einig waren. Freud konnte davon ausgehen, daß die Substanz brauchbar und jedenfalls in kleinen Dosen [im Falle Freuds: 50–100mg] ungiftig war. Der Selbstversuch war also der nächste logische Schritt und den tat Freud unverzüglich.[26]

Am 24. April 1884 bestellt Freud über die Wiener Engelapotheke bei der Arzneimittelfirma Merck in Darmstadt ein Gramm Kokain zu drei Gulden und 33 Kreuzer, für Freud eine horrende Summe, welche »zehn Prozent seines Monatseinkommens« ausmachte; eine »hohe Investition, die ihm, dem Sparsamen«[27], zunächst einiges Kopfzerbrechen bereitete. Am 30. April 1884 nimmt Freud die erste kleinere Dosis Kokain über die Nase zu sich [50mg] und ist von der Wirkung angetan.[28] Er registriert eine Verlangsamung seines Pulses von 88 auf 72 Schläge die Minute, »fühlt eine Zunahme der Selbstbeherrschung, fühlt sich lebenskräftiger und arbeitsfähiger.«[29] Nach mehreren weiteren Versuchen, die sich durch wachsende experimentelle Systematisierung auszeichnen – Messung der Zunahme der Armmuskelkraft unter Kokaineinfluss mit dem Dynamometer, Prüfung einer Verkürzung der psychischen Reaktionszeit mit dem Exnerschen Neuramöbimeter[30] – zeigt sich Freud euphorisiert über die Ergebnisse seines Selbstversuchs:

> Ich habe diese gegen Hunger, Schlaf und Ermüdung schützende und zur geistigen Arbeit stählende Wirkung der Coca etwas ein dutzendmal an mir selbst erprobt [...] Langanhaltende, intensive geistige oder Muskelarbeit wird ohne Ermüdung verrichtet, Nahrungs- und Schlafbedürfnis, die sonst zu bestimmten Tageszeiten auftreten, sind wie weggewischt.[31]

Von diesem Zeitpunkt an wird der Kokainkonsum bei Freud für die nächsten Jahre zu einer »lieben Gewohnheit«.[32] Freud nimmt die Droge zum einen, weil er von ihrer physiologischen Verträglichkeit überzeugt ist. Die Epoche, in welcher er sozialisiert wird, ist sich bis Mitte der 1880er Jahre noch in keiner Weise darüber bewusst, dass sich bei Kokain im Gefolge seiner euphorisierenden Wirkung diverse Formen körperlicher und seelischer Ab-

---

26 Sigmund Freud: Schriften über Kokain. Kommentar von Albrecht Hirschmüller (wie Anm. 21), S. 12.

27 Alt (wie Anm. 3), S. 114.

28 Vgl. zu Folgendem die Darstellung bei Alt (wie Anm. 3), S. 114.

29 Sigmund Freud: Über Coca. In: ders.: Schriften über Kokain (wie Anm. 21), S. 62.

30 Sigmund Freud: Beitrag zur Kenntnis der Cocawirkung. In: ders.: Schriften über Kokain (wie Anm. 21), S. 92ff.

31 Sigmund Freud: Über Coca (wie Anm. 17), S. 62.

32 Stingelin (wie Anm. 24, Zugriff: 11. März 2020).

hängigkeit einzustellen vermögen. Freud wird diese Erfahrung in seinem unmittelbaren Umfeld zeitnah auf gravierende Art und Weise machen. Zum Zeitpunkt der Niederschrift von *Über Coca*, Mitte 1884, ist für ihn »die Einnahme von Kokain ein fast alltäglicher Vorgang«, den er über einen längeren Zeitraum hinweg »bedenkenlos wiederholte.«[33] Er verwendet die Droge bei Hals- und Nasenschmerzen, gegen Müdigkeit, Erschöpfung, gegen die bereits erwähnten Herzrhythmusstörungen, bei Reiseübelkeit und depressiven Verstimmungen. Als Freud am 18. Februar 1886 auf einen Empfang des berühmten Neurologen Charcot geladen ist, schildert er der Verlobten eindringlich die seine Verkrampfung im Umgang mit Menschen lösende Wirkung des Kokains:

> Du kannst Dir ungefähr mein mit Neugier und Befriedigung gemischtes Grauen denken. Weiße Handschuhe und Krawatte, selbst ein neues Hemd, Frisieren der letzten noch übrigen Haare, und so weiter. Etwas Cocain, um das Maul öffnen zu können.[34]

Im August 1887 hat Freud sich für eine einmonatige Reservistenübung bei der k.k. Landwehr in Olmütz einzufinden, um dort »Vorlesungen über das Sanitätswesen im Felde zu halten, in aller Frühe kurz nach vier Uhr auf[zu]stehen und an absurden Schlacht-Inszenierungen teil[zu]nehmen.«[35] Er vermag die geistige Ödnis in Verbindung mit den körperlichen Anstrengungen nur durch die Einnahme von Kokain zu bewältigen. Die Briefe an den befreundeten Wilhelm Fließ berichten noch im Januar 1895 von einer »Kokainisierung der linken Nase«, mit deren Hilfe Freud – in Unkenntnis der eigentlichen medizinischen Zusammenhänge – seine entzündeten Schleimhäute beruhigen wollte. Die ab 1893 verstärkt auftretenden Herzrhythmusstörungen – mit hoher Wahrscheinlichkeit der jahrelangen Arbeitsüberlastung geschuldet – führen bei Freud dann zu Episoden akut einsetzender Todesangst, welche er fatalerweise ebenfalls mit Kokaineinnahmen bekämpft. So heißt es im Brief an Wilhelm Fließ vom 20. April 1895: »Heute kann ich schreiben, weil ich bessere Hoffnung habe; ich habe mir aus einem elenden Anfall mit einer Kokainisierung herausgeholfen.«[36] Und am 12.06.1895, nach einem Abklingen besagter Angstsymptome schreibt Freud an Fließ: »Es geht mir I–IIa. Ich brauche viel Kokain.«[37]

---

33 Alt (wie Anm. 3), S. 115.

34 Sigmund Freud: Brief an Martha Bernays, 18. Januar 1886. In: Freud, Briefe 1873–1939. Hg. von Ernst L. Freud. London 1960, S. 188.

35 Alt (wie Anm. 3), S. 157.

36 Brief an Wilhelm Fließ, 20. April 1895 (wie Anm. 1), S. 127.

37 Brief an Wilhelm Fließ, 12. Juni 1895 (wie Anm. 1), S. 134.

b) *Das »Kokainexperiment« mit Ernst Fleischl von Marxow*

Anti-Depressivum, Lokalanästhetikum, Steigerungsmittel körperlicher und geistiger Arbeitskraft – Freuds Selbstexperimente mit Kokain fallen, wie gezeigt, gerade in der Anfangsphase des Kontakts mit der unbekannten Droge ab Sommer 1884 durchweg positiv aus. Für Freud wird »die Einnahme von Kokain ein fast alltäglicher Vorgang, den er bedenkenlos wiederholte«.[38] Die Euphorie der ersten Monate des Selbstversuchs spiegelt sich am deutlichsten im Brief an die Verlobte Martha Bernays vom 2. Juni 1884 wider. Der Brief ist unmittelbar vor der Niederschrift von Freuds *Über Coca* verfasst, welche ab Mitte Juni 1884 erfolgt. Im Schreiben wirkt der oft so nüchterne und methodisch streng argumentierende Wissenschaftler angesichts des von ihm erforschten Wirkstoffs geradezu erotisch befeuert:

> Wehe, Prinzeßchen, wenn ich komme. Ich küß Dich ganz wohl und füttere Dich ganz dick, und wenn Du unartig bist, wirst Du sehen, wer stärker ist, ein kleines sanftes Mädchen, das nichts ißt, oder ein großer wilder Mann, der Kokain im Leib hat. In meiner letzten schweren Verstimmung habe ich wieder Coca genommen und mich mit einer Kleinigkeit wunderbar auf die Höhe gehoben. Ich bin eben beschäftigt, für das Loblied auf dieses Zaubermittel Literatur zu sammeln.[39]

Freud hatte, fraglos beeinflusst von der stimulierenden Wirkung des Kokains, nach dem Selbstexperiment einen Schritt unternommen, dessen Folgen sich als gravierend erweisen sollten: Er setzte das Mittel »wenige Tage nach dem ersten Selbstversuch [...] auch therapeutisch ein«.[40] Versuchsobjekt ist Ernst Fleischl von Marxow, zehn Jahre älter als Freud und glänzend begabter Assistent des Physiologen Ernst Brücke, an dessen Institut auch der Famulus Freud eine Zeit lang naturwissenschaftliche Grundlagenforschung betrieben hatte.[41] Fleischl, der aus begütertem Hause stammt und dem eine glänzende wissenschaftliche Karriere vorausgesagt wurde, hatte sich bei einer unsachgemäß durchgeführten Leichensektion eine Infektion im Daumen zugezogen, die eine Amputation der Daumenkuppe verlangte.[42] Der Amputationsstumpf

---

38 Alt (wie Anm. 3), S. 115.

39 Brief an Martha Bernays vom 2. Juni 1884; In: Bernays/Freud: Die Brautbriefe 3 (wie Anm. 17), S. 381.

40 Kommentar Albrecht Hirschmüller (wie Anm. 21), S. 13.

41 Freud hatte sich in Brückes Labor zwischen 1876 bis 1882 unter anderem mit Rückenmarksstudien von Meereswirbeltieren beschäftigt und im Umfeld dieser Tätigkeit Freundschaft mit Ernst Fleischl geschlossen, der Assistent bei Brücke war. Vgl. Alt (wie Anm. 3), S. 77f.

42 Alt (wie Anm. 3). Die Beschreibung der folgenden Symptomatik folgt der Darstellung bei Alt, S. 113f.

erwies sich als extrem schmerzempfindlich, es kam zu Knotenbildungen am Stumpf, die mehrfache Nachoperationen nach sich zogen und Fleischl zu einem chronischen Schmerzpatienten machten. Um sein körperliches Leiden zu lindern, nahm Fleischl »regelmäßig Chloral, später auch Morphium, von dem er sich bald nicht mehr lösen konnte.«[43] Die gesteigerten Dosierungen der Drogen offenbarten zunehmend ihre psychisch destabilisierende Wirkung. Fleischls Konzentrationsvermögen leidet, er benötigt für die Laboranalysen die dreifache Zeit,[44] bricht mit seiner Verlobten und wird von Depressionen heimgesucht. Während eines kurzen Besuchs im Oktober 1882 bekommt Freud erstmals Einblick in den Zustand jahrelanger Agonie seines Kollegen und Freundes, der vom Morphium abhängig geworden ist:

> Ich fragte ihn, ganz trostlos, wohin das führen soll. Er sagte, seine Eltern halten ihn für einen großen Gelehrten, solange die leben, werde er ihnen nicht den Schmerz antun, die Gelehrsamkeit aufzugeben; wenn die einmal tot sind, dann schieße er sich zusammen, denn er halte es für ganz unmöglich, das lange auszuhalten. Einen Menschen, der so klar seine Lage übersieht, trösten zu wollen, ist unsinnig.[45]

Freud ist betroffen vom Schicksal des Freundes. Als er Anfang April 1884 auf Aschenbrandts Kokain Experimente mit Soldaten im *Centralblatt für die medizinischen Wissenschaften* stößt, sieht er die unverhoffte Chance, mit dem neuen, noch weitgehend unerforschten Mittel Kokain nicht nur die eigene Karriere befördern, sondern auch der fatalen Sucht des Freundes ein Ende bereiten zu können. Im Zuge der Vorbereitung auf den *Über Coca* Aufsatz war Freud auf die Experimente des amerikanischen Mediziners W. D. Bentley gestoßen, der 1878 einer »Morphinistin das gewohnte Alkaloid durch Coca ersetzt«[46] und damit eine signifikante Verbesserung ihres Gesundheitszustands erreicht hatte.[47]

---

43 Alt (wie Anm. 3), S. 113.

44 Vgl. hierzu Freuds Brief an Martha Bernays vom 22. Oktober 1882.

45 Freud, Brief an Martha Bernays vom 5. Oktober 1883. In: Sigmund Freud/Martha Bernays: Die Brautbriefe, Bd. 2: Unser Roman in Fortsetzungen. Juli 1883-Dezember 1883. Hg. von Gerhard Fichtner/Ilse Grubrich-Simitis und Albrecht Hirschmüller. Frankfurt a. Main 2013, S. 260f.

46 Sigmund Freud: *Über Coca* (wie Anm. 21), S. 77.

47 Freud schreibt in *Über Coca* zu diesem Punkt: »In den letzten Jahren ist in Amerika die wichtige Wahrnehmung gemacht worden, daß die Cocainpräparate die Kraft besitzen, den Morphinhunger bei gewohnheitsmäßigen Morphinisten zu unterdrücken und die bei der Morphinentwöhnung auftretenden schweren Kollapserscheinungen auf ein geringes Maß zurückzuführen.« Freud: *Über Coca* (wie Anm. 21), S. 77.

Anfang Mai 1884 beginnt Freud mit dem Versuch eines Morphinentzugs durch Kokain-Therapie bei Fleischl. Anfangs scheint die Therapie unmittelbar anzuschlagen. Schnell bewirken die Kokaininjektionen bei Fleischl völlige Schmerzlosigkeit am Daumenstumpf. Der Patient verzichtet auf »sein Morphinpräparat, verspürte leichtes Frieren und eine Magenverstimmung, ohne daß es zu den sonst üblichen Entzugsreaktionen mit gesteigerter nervöser Empfindlichkeit und Bewusstseinsstörungen«[48] kommt. Freund ist enthusiastisch angesichts des scheinbar leichten Entzugs und schreibt am 9. Mai 1884 an die Verlobte:

> Triumph, freue Dich mit mir. Es ist also doch aus dem Kokain was Schönes geworden. Was sehr Schönes. Denke Dir, es ist, wie ich vermutet habe, ein Mittel gegen die Morphiumgewöhnung und die schauderhaften Zustände bei der Morphiumentziehung, und der erste Patient, an dem ich das wahrnehme, ist zu meiner Freude kein Geringerer als Fleischl. Er hat seit drei Tagen kein Morphium genommen, dafür Kokain und befindet sich dabei vortrefflich, er hofft jetzt, daß er die ganze Morphinabstinenz so durchmachen kann, und dann sind wir beide glückliche Leute.[49]

Es sollte anders kommen. Bereits am 14. Mai ist die schmerzhemmende Wirkung des Kokains rückläufig, so dass bei Fleischl Injektionen mit höheren Dosierungen erforderlich werden. Freud zeigt sich »ängstlich besorgt«[50] und hat den Freund im Verdacht, parallel zu den Kokaingaben heimlich erneut Morphin zu spritzen. An die Verlobte Martha Bernays schreibt er: »Er stellt es in Abrede, aber einem Morphinisten, und selbst wenn es der Ernst Fleischl ist, darf man nicht glauben.«[51] Ein circulus vitiosus wird im Folgenden in Gang gesetzt, der sich wesentlich daraus speist, dass Freud von der physischen und psychischen Ungefährlichkeit der Droge Kokain völlig überzeugt ist.

Nach Absetzung des Morphiums durch Freud benötigt Fleischl immer größere Mengen Kokain, um die durch die Morphiumentwöhnung entstehenden Schmerzen ertragen zu können. Die stetige wachsende Dosierung des Kokains führt beim Schmerzpatienten zwar zu einer jeweils kurzfristig anhaltenden Eindämmung des Schmerzes, bringt aber mittelfristig die Verlagerung der Abhängigkeit Fleischls von Morphium zum Kokain mit sich. Ein Prozess, den Freud sich unter keinen Umständen eingestehen will. Als Fleischl

48 Alt (wie Anm. 3), S. 115.

49 Freud, Brief an Martha Bernays vom 9. Mai 1884. In: Sigmund Freud/Martha Bernays: Brautbriefe, Bd. 3 (wie Anm. 17), S. 319.

50 Ebd. S. 319.

51 Brief Freud an Martha Bernays vom 12. Mai 1884. In: Sigmund Freud/Martha Bernays: Brautbriefe, Bd. 3 (wie Anm. 17), S. 326.

am 19. Mai wegen anhaltender Schmerzen sich einer erneuten Operation bei dem Chirurgen Theodor Billroth am Daumen unterzieht, schreibt Freud am 23. Mai 1884 an die Verlobte:

> Nun, mit Fleischl steht es so: Er ist Montag operiert worden, wurde von Billroth genötigt, vorher viel Morphin zu nehmen, hatte nach der Operation die furchtbarsten Schmerzen und bekam dann er weiß selbst nicht wieviel Injektionen. Bis dahin hatte er mit dem Kokain ausgezeichnet aushalten [können]. Das Kokain hat also seine Probe sehr gut bestanden. Das Morphin wird er sich wieder abgewöhnen, sobald die Wunde geheilt ist.[52]

Fleischl war ohne Morphin ausgekommen und lediglich »die Schmerzen und die Notwendigkeit einer neuen Operation hatten [Fleischl] dazu gezwungen, wieder zum Morphin zu greifen. Das war der Stand der Dinge bei der Abfassung von Freuds erster Studie [*Über Coca*] und so stellte er sie dort auch dar.[53] Freud täuschte sich jedoch grundlegend bezüglich des Suchtpotenzials des Kokains und so ignorierte er einen verhängnisvollen Nebeneffekt seiner Therapie: Weder der Schmerz noch die Sucht werden bei Fleischl auf Dauer eliminiert. Der chronische Schmerz kehrt beim Patienten nach kurzer Zeit zurück, die Sucht wird lediglich substituiert: Weg vom Morphin hin zum Kokain, dessen Suchtpotenzial Freud dezidiert verneint. In *Über Coca* heißt es dazu:

> Bemerkenswert erscheint mir, was ich an mir selbst und anderen urteilsfähigen Beobachtern erfahren habe, daß nach der ersten und wiederholten Coca-Einnahme durchaus kein Verlangen nach weiterem Cocagebrauch eintritt, vielmehr eher eine gewisse, nicht motivierte Abneigung gegen das Mittel. Vielleicht hat dieser Umstand dazu beigetragen, daß die Coca trotz einiger warmer Empfehlungen in Europa sich keinen Platz als Genußmittel erworben hat.[54]

Am 12. Juli 1884 bemerkt Freud gegenüber der Verlobten, dass Fleischl erneut regelmäßig Kokain konsumiere. Wenige Tage später verlässt Fleischl Wien und Freud verliert den Freud und damit sein Versuchsobjekt für einige Monate aus den Augen. Fleischls Gesundheitszustand verschlechtert sich in diesem Zeitraum wieder, die Schmerzen kehren zurück und seine Leistungsfähigkeit schränkt sich erneut ein. Freud verbringt annähernd den gesamten September 1884 bei seiner Verlobten Martha Bernays in Hamburg. Als er

52 Brief Freud an Martha Bernays vom 23. Mai 1884. In: Sigmund Freud/Martha Bernays: Brautbriefe, Bd. 3 (wie Anm. 17), S. 359.

53 Hirschmüller (wie Anm. 21), S. 29.

54 Freud: Über Coca (wie Anm. 21), S. 66.

Anfang Oktober nach Wien zurückkehrt, kommt es zu einer erneuten Begegnung mit Fleischl, von welcher Freud unmittelbar der Verlobten berichtet:

> Dann bekam ich heute einen Brief von Fleischl, ich solle ihn bald besuchen und war am Abend bis jetzt bei ihm [...] Fleischl habe ich herzlich die Hand geschüttelt für das, was er uns gethan hat. Er sieht besser aus, klagt aber furchtbar und sagt, seine letzte große Entdeckung sei sein Schwanengesang gewesen [...] Interessant war noch, dass er von dem großen chemischen Fabrikanten Merck in Darmstadt, dem sein großer Cocaverbrauch aufgefallen ist, eine Anfrage erhalten hat, was er denn über Wert und Wirkung des Mittels weiß.[55]

Fleischls Kokainkonsum hatte sich derart gesteigert, dass der Hersteller des Mittels Verdacht zu schöpfen begann. Freud jedoch bleibt in seiner Einschätzung des Kokains gegenüber Fleischl bei der einmal eingeschlagenen Strategie. Im Januar 1885 unternimmt Freud den Versuch, bei »Trigeminusneuralgie [Gesichtsschmerz] den Schmerz durch Kokaineinspritzungen in den Nerv zu bekämpfen«.[56] Der Versuch, dieselbe Wirkung durch denselben Effekt mit Einspritzungen in Fleischls Neurome zu erreichen, scheitert. Freud beginnt zu diesem Zeitpunkt wohl, Verdacht in Bezug auf das Suchtpotenzial des Kokains zu schöpfen. Doch noch immer ignoriert er die warnenden Signale. Im Vortrag *Über die Allgemeinwirkung des Cocains*, gehalten am 5. März 1885 im psychiatrischen Verein in Wien, wiederholt Freud seinen Lobgesang auf das Kokain als probates Mittel beim Morphinentzug. Er führt als Exempel seine eigenen Erfahrungen mit Ernst Fleischl von Marxow an:

> Ich habe selbst Gelegenheit gehabt, eine – und zwar plötzliche – Morphinentziehung unter Cocain hier zu beobachten, und konnte sehen, daß die Person, welche bei einer früheren Entziehung die schwersten Kollapserscheinungen geboten hatte, nun mit Hilfe des Cocains arbeitsfähig und außer Bette blieb und nur durch Frieren, Diarrhoe und das von Zeit zu Zeit wiederkehrende Morphinbedürfnis an seine Abstinenz gemahnt wurde. Es wurden etwas 0.40 gr. Cocain pro die verbraucht, und nach 20 Tagen war die Morphinabstinenz überwunden. Eine Cocagewöhnung trat dabei nicht ein, im Gegenteil war eine steigende Abneigung gegen den Cocaingenuß unverkennbar.[57]

Freud orientiert sich hier nicht streng an den Fakten. Bei der Darstellung der Entziehung Fleischls gibt er als Zeitraum bis zur Morphinfreiheit 20 statt

55 Brief Freud an Martha Bernays vom 5. Oktober 1884. In: Sigmund Freud/Martha Bernays: Brautbriefe, Bd. 4 (wie Anm. 15), S. 39.

56 Ernest Jones (wie Anm. 8), S. 116.

57 Freud: Über die Allgemeinwirkung des Cocains. Vortrag, gehalten im psychiatrischen Verein am 5. März 1885. In: Sigmund Freud: Über Coca (wie Anm. 21), S. 106.

10 Tage und als verabreichte Tagesdosis Kokain 0.4 statt 0.3g. an.[58] Zudem konnte von einer »steigende[n] Abneigung« Fleischls »gegen den Cocaingenuß« zu besagtem Zeitpunkt ganz und gar keine Rede sein. Hat Freud hier bewusst gelogen und die Öffentlichkeit hinters Licht geführt, wie Han Israëls meint, der die damals noch nicht publizierten Brautbriefe Freuds an Martha Bernays ausgewertet hat und etwas Effekt heischend von der »Geburt der Psychoanalyse aus der Lüge« spricht?[59] Oder befand Freud sich lediglich in »einer komplizierten, konflikthaften Situation« zwischen »wissenschaftlicher Redlichkeit einerseits und Loyalität gegenüber dem befreundeten Patienten andererseits«, welchen er »nicht öffentlich als kokainsüchtig brandmarken«[60] wollte?

Spätestens im Mai 1885, also zwei Monate, nachdem er die oben zitierte Passage in seinem Vortrag verlesen hatte, erkennt Freud endgültig die eigentliche Dimension von Fleischls Kokainkonsum. Freud verbringt im April und Mai 1885 mehrere Nächte bei Fleischl, in denen dieser in einem warmen Bad liegend »alle Register von der hellen Verzweiflung bis zur ausgelassensten Lust an schlechten Witzen«[61] zieht. Freud berichtet der Verlobten am 21. Mai 1885:

> Ich frage mich jedesmal, ob ich noch in meinem Leben etwas so Erschütterndes und Erregendes erleben werde wie diese Nächte bei Fleischl. Es geschieht ihm ein großer Gefallen, wenn man bei ihm so lange bleibt, und seine Mitteilungen zeigen mir den hohen Grad von freundschaftlicher Vertrautheit, mit der er mich beschenkt [...] sein Gespräch, seine Erklärungen aller möglichen schweren Dinge, seine Urteile über die Personen in unserem Kreis, seine vielfache Tätigkeit, unterbrochen von den Zuständen der hochgradigsten Erschöpfung, gehalten durch Morphium und Kokain, das alles gibt ein Ensemble, von dem nicht mehr zu schreiben ist, das ich Dir einmal ganz ausführlich erzählen muß, wenn wir beisammen sitzen.[62]

Statt des durch die Kokaintherapie intendierten Morphinentzugs war Fleischl auf dem besten Wege, eine »kombinierte Morphin-Kokain-Abhängigkeit mit erheblichen Komplikationen«[63] zu entwickeln. Ein Faktum, über das sich Freud von nun an nicht länger hinwegtäuschen konnte. Er muss feststellen, dass Fleischl in den letzten drei Monaten »nicht weniger als 1800 Mark für

58 Vgl. den Kommentar von A. Hirschmüller (wie Anm. 21), S. 30.
59 Han Israëls: Der Fall Freud. Die Geburt der Psychoanalyse aus der Lüge. Hamburg 1999.
60 Kommentar Albrecht Hirschmüller (wie Anm. 21), S. 30.
61 Brief Freud an Martha Bernays vom 10. April 1885. In: S. Freud/M. Bernays: Brautbriefe, Bd. 4 (wie Anm. 15), S. 332.
62 Brief Freud an Martha Bernays vom 21. Mai 1885. In: S. Freud/M. Bernays: Brautbriefe, Bd. 4 (wie Anm. 15), S. 396.
63 Kommentar Albrecht Hirschmüller (wie Anm. 21), S. 31.

Kokain ausgegeben hatte«,[64] was einem Gramm Kokain pro Tag entsprach, also etwa das 100fache jener Dosis, die Freud in seinen Selbstexperimenten mit dem Stoff am eigenen Körper erprobt hatte. Freud gibt gegenüber seiner Verlobten Martha Bernays am 8. Juni 1885 in einem Brief zum ersten Mal explizit zu erkennen, dass sich Fleischl mit dem ständigen Kokainkonsum erheblichen Schaden zugefügt hatte.[65] Wieder einmal hatte Freud eine Nacht bei dem neben chronischen Schmerz unter schwerer Schlaflosigkeit und unter mit Krämpfen verbundenen Ohnmachtsanfällen leidenden Fleischl verbracht. Im Brief vom 26. Juni 1885 präzisiert Freud seine Erlebnisse gegenüber der Verlobten.

> Fleischl leidet, seitdem seine Schmerzen unerträglich geworden sind, an Ohnmachtsanfällen bei Nacht mit Zuckungen, während welcher man ihn nicht allein lassen soll. Überdies ist er schlaflos oder schläft sehr unregelmäßig und [ist] überhaupt in seinem ganzen Wesen maßlos, was sowohl auf Arbeit, Essen und Nichtessen, als auch auf Medizineinnehmen, Tageinteilen und dergleichen geht. Eine Menge von Exzentrizitäten, die ihm von jeher eigen waren, entwickeln sich jetzt immer mehr ungehemmt. Seitdem ich ihm das Kokain gegeben habe, konnte er die Ohnmachten unterdrücken und die Herrschaft über sich besser bewahren, aber er nahm es in so ungeheuren Mengen (1800 Mark in drei Monaten für Kokain, ungefähr ein Gramm im Tag), daß er sich schließlich eine chronische Vergiftung zuzog, gar nicht schlafen konnte und endlich eine Reihe von Nächten hintereinander ein Delirium tremens hatte, ganz ähnlich, wie die Trinker es bekommen.[66]

Noch immer spricht aus den Briefen Freuds die Überzeugung, für den desolaten Zustand Fleischls nicht verantwortlich zu sein. Der Ton der Briefe wird allerdings defensiver und Freud beginnt gegenüber der Verlobten mit Schuldzuweisungen in Richtung Fleischl zu argumentieren, die sich wie Selbstrechtfertigungen lesen (»er nahm es in so ungeheuren Mengen«, […] »Delirium tremens […] ganz ähnlich, wie Trinker es bekommen«).

Gegen Ende Juni 1885 teilt Josef Breuer, Fleischls Arzt, das Vorhaben seines Patienten mit, den Sommer außerhalb Wiens in St. Gilgen zu verbringen. An diesem Punkt verlieren sich Sigmund Freud und Ernst Fleischl von Marxow

64 Ernest Jones (wie Anm. 8), S. 116.

65 In besagtem Brief an die Verlobte heißt es: Fleischl ist wieder wohler, ich freue mich, daß Du das Kokain so gern nimmst, Du gewöhnst Dich doch gewiß nicht daran wie er; er hat schreckliche Dosen genommen, die ihm endlich sehr geschadet haben. Brief Freud an Martha Bernays vom 8. Juni 1885. In: S. Freud/M. Bernays: Brautbriefe, Bd. 4 (wie Anm. 15), S. 428.

66 Brief Freud an Martha Bernays vom 26. Juni 1885. In: S. Freud/M. Bernays: Brautbriefe, Bd. 4 (wie Anm. 15), S. 458f.

für eine längere Zeit aus den Augen. Den September 1885 verbringt Freud bei seiner Verlobten Martha Bernays in Hamburg und reist von dort aus unmittelbar nach Paris. Dort wird er am 19. Oktober 1885 erstmals den Kliniktrakt des Pariser Krankenhauses Salpêtrière betreten, um bei dem berühmten Neurologen Jean-Martin Charcot zu hospitieren. Am 21. Februar 1886 schreibt Freud von dort aus an die Verlobte: »Von Fleischl fehlt jede Nachricht, er soll in einem jämmerlichen Zustand sein, Breuer meint, es käme bald zur Krisis mit ihm«.[67]

Die Hoffnung Freuds, die Morphinsucht Ernst Fleischls von Marxow durch kontrollierte Gaben von Kokain beenden zu können und seine Schmerzen auf eine gesundheitsverträgliche Art und Weise zu lindern, hat sich zu diesem Zeitpunkt endgültig zerschlagen. Freud hat seinen Irrtum erkannt, auch wenn er ihn zu diesem Zeitpunkt nicht öffentlich bekennt. Nach außen hin bleibt Freud bei seiner in der Schrift *Über Coca* (1884) und im Januar 1885 veröffentlichten Aufsatz *Beitrag zur Kenntnis der Cocawirkung* vertretenen »These, daß das Kokain keine Abhängigkeit verursache«.[68]

Im Juli 1885 meldet sich jedoch erstmals eine kritische Stimme gegen Kokain als probates Mittel beim Morphinentzug zu Wort.

Albrecht Erlenmeyer, Psychiater und Leiter einer Privatklinik in Koblenz, veröffentlicht im Zentralblatt für Nervenheilkunde am 1. Juli 1885 einen Aufsatz, in welchem er die positive Wirkung des Kokains bei versuchtem Morphinentzug in Frage stellt.[69] Der Grund: Das Kokain war laut Erlenmeyer keineswegs so harmlos für die ans Morphium Gewöhnten, wie es seine Anhänger, gemeint war unter anderem Freud, darzustellen suchten. Im Mai 1886 legte Erlenmeyer mit einer weiteren Studie nach, welche die Kritik am Einsatz von Kokain als Substitut des Morphiums erheblich verschärfte. Erlenmeyer schreibt – und bei Freud wird sich dieser Satz nachhaltig einprägen –: »Gelingt die Substituierung des Morphiums durch Kokain, so hat [der Morphinist] den Teufel mit dem Beelzebub vertrieben«.[70]

Freud kann angesichts dieser vehementen Angriffe die bereits länger aufkeimenden eigenen Zweifel nicht länger ignorieren. In seiner letzten Studie zum Kokain, *Bemerkungen über Cocainsucht und Cocainfurcht* (1887), beharrt er noch immer auf dem therapeutischen Wert des Kokains, muss aber eingestehen, dass dieser Wert zu Missbrauch, sprich: zur Suchtentwicklung

67 Brief Freuds vom 21. Februar 1886, zitiert nach Han Israëls (wie Anm. 59), S. 115.

68 Alt (wie Anm. 3), S. 118.

69 Vgl. zu Folgendem die Darstellung bei Albrecht Hirschmüller (wie Anm. 21), S. 32.

70 Albrecht Erlenmeyer: Über Cocainsucht. Vorläufige Mitteilung. In: Deutsche Medizinal-Zeitung 7 (1886), S. 483f.

führen könne. Er tut dies bezeichnenderweise mit einer Formulierung, welche auf die Studie Erlenmeyers unmittelbaren Bezug nimmt:

> Der Wert des Cocains für die Morphinisten ging aber auf andere Weise verloren. Die Kranken selbst begannen sich des Mittels zu bemächtigen und es demselben Mißbrauche zu unterwerfen, den sie mit Morphin zu treiben gewohnt waren; das Cocain sollte ihnen ein Ersatz für das Morphin werden [...] der Cocainhunger [trat] an Stelle des Morphinhungers – dies waren die traurigen Ergebnisse des Versuches, den Teufel durch Beelzebub auszutreiben. Viele Morphinisten, die sich bis dahin in der Gesellschaft behauptet hatten, erlagen nun dem Cocain.[71]

Freud bezieht sich hier – ohne Namen zu nennen – offenkundig auf die von ihm selbst gemachte Erfahrung mit dem Freunde Ernst Fleischl von Marxow. Dennoch besteht er weiterhin darauf, sich keines Behandlungsfehlers schuldig gemacht zu haben. So heißt es in der Schrift weiter:

> Das Cocain hat bei uns keine anderen, keine eigenen Opfer gefordert. Ich habe mannigfache Erfahrungen über länger fortgesetzten Cocaingebrauch bei Personen, die nicht Morphinisten waren, und habe auch selbst das Medikament durch Monate genommen, ohne etwas von einem besonderen, dem Morphinismus ähnlichem Zustande oder von einem Verlangen nach weiterem Cocaingebrauche zu verspüren oder zu erfahren.[72]

Freud hält entstehende Kokainsucht im Umfeld eines versuchten Morphinentzugs für den Ausdruck einer »geschwächte[n] Willenskraft und Reizbedürftigkeit« von »Personen, die bereits einem Dämon verfallen waren.«[73] Er wirft im Laufe der Studie zudem Erlenmeyer Versuchsfehler vor und verweist auf medizinische Studien, die zu einem positiven Befund in punkto Kokain gelangen.[74]

Das Ganze liest sich aus heutiger Perspektive wie der Versuch einer Selbstabsolution. Freud reduziert das Problem der Suchtentwicklung ausschließlich auf eine bereits vorhandene Disposition in der Persönlichkeitsstruktur willensschwacher Probanden. Dies ignoriert die Tatsache, dass Freud im Falle Fleischls über lange Zeit hinweg an der Gültigkeit der Substitutionsthese festhält und damit an dem Glauben, dass im Falle des Kokains »Heilwirkungen ohne gleichzeitige Abhängigkeit erzeugt werden können.«[75]

---

71 S. Freud: Bemerkungen über Cocainsucht und Cocainfurcht. In: ders.: Schriften über Kokain (wie Anm. 21), S. 125.

72 Ebd., S. 126.

73 Ebd., S. 126.

74 Vgl. Hirschmüller (wie Anm. 21), S. 32.

75 Alt (wie Anm. 3), S. 120.

Im Falle des Freundes Ernst Fleischl von Marxow, für dessen Gesundung sich Freud ohne jede Frage uneigennützig und engagiert einsetzt, erweist sich diese Fehleinschätzung als fatal. Fleischl erholt sich von seiner Drogenabhängigkeit nicht mehr, er litt – glaubt man aktuellen medizinischen Befunden – an einer Polytoxikomanie,[76] einer Abhängigkeit von mehreren Suchtmitteln. Vier Jahre nach den besagten Vorfällen stirbt Ernst Fleischl von Marxow, gerade einmal 45 Jahre alt, am 22. Oktober 1891 in Wien an den Folgen jahrelangen Drogenmissbrauchs. Freud trägt an diesem Vorfall aus juristischer Perspektive keine Schuld. Dennoch muss er die Verantwortung, Fleischl in Kontakt zum Kokain gebracht zu haben, gefühlt haben. Er vergisst den Vorfall zumindest nicht. Er verdrängt ihn. Im Wartezimmer seiner Praxis, »wo zukünftig nur die Porträts engster Vertrauter Platz fanden«,[77] hängt Freud eine Photographie Ernst Fleischl von Marxows als Erinnerung an den toten Freund auf. Doch so einfach lässt sich die Erinnerung nicht zum Schweigen bringen. Sie dringt in die Träume und zwingt das Geschehene in die Schleife der Wiederholung hinein.

2. Kokain und Todesangst in Die Traumdeutung

In Freuds 1901 erschienenem Schlüsselwerk *Die Traumdeutung* finden vier eigene Träume Freuds aus den Jahren 1888–1898 Erwähnung, in denen das Kokain eine mehr oder minder große Rolle für die Entschlüsselung des latenten Trauminhalts spielt.[78] Es handelt sich zum einen um den wohl berühmtesten Traum der Psychoanalyse, *Irmas Injektion* (1895), der unmittelbar mit der Fleischl-Epsiode in Verbindung zu bringen ist. Weiterhin geht es um die zwei Träume *Botanische Monographie* und *Graf Thun* (1898). Beide Träume thematisieren Freuds im Zusammenhang mit seinen Kokain-Studien entstandenes Gefühl einer »ungerechten Zurücksetzung«.[79] Durch Freuds Schriften zum Kokain war Carl Koller, Augenarzt am Allgemeinen Krankenhaus in Wien, auf das Mittel aufmerksam geworden. Koller hatte schon seit Jahren »nach Möglichkeiten für die Betäubung des Auges gesucht und dafür

76 Vgl. dazu: Eberhard Haas: Freuds Kokainepisode und das Problem der Sucht. In: Jahrbuch der Psychoanalyse 12 (1983), S. 171–229.

77 Alt (wie Anm. 3), S. 120.

78 Eine der wenigen Studien, die sich systematisch mit dem Zusammenhang von Freuds Beschäftigung mit Kokain und der Entstehung seiner Traumdeutung befasst, bietet: Jürgen vom Scheidt: Freud und das Kokain. Die Selbstversuche Freuds als Anstoß zur »Traumdeutung«. München 1973.

79 Ebd. S. 118.

verschiedene Substanzen wie Chloral, Bromide und Morphin getestet«,[80] allerdings ohne durchschlagenden Erfolg. Koller griff nun Freuds Überlegungen einer möglichen sedierenden Wirkung des neuen Wirkstoffs auf und verwendete Kokain mit großem Erfolg für lokalanästhetische Anwendungen bei Augenoperationen. Kollers Verfahren machte Schule und wurde von Pharmakologen und anderen Augenärzten übernommen. Freud akzeptierte, dass Koller aus seinen theoretischen Überlegungen die richtigen praktischen Schlüsse gezogen hatte. Dennoch saß der Stachel in seinem Fleisch, nicht ausreichenden akademischen Profit aus der Verwertung der eigenen Befunde zum Kokain geschlagen zu haben. Am 29. Oktober 1884 beklagt er sich gegenüber Minna Bernays, der Schwester seiner Braut: »Die Kokaingeschichte hat mir allerdings viel Ehre eingebracht, aber doch den Löwenanteil anderen«.[81]

Der vierte Traum aus der *Traumdeutung*, welcher Freuds Beschäftigung mit dem Kokain thematisiert, nennt sich *Drei Parzen* und führt ins Zentrum unserer Fragestellung. Freud integriert den Traum von den Drei Parzen nicht zufällig in ein Unterkapitel (V.) der Traumdeutung, in welchem »rezente Anlässe [...] als Traumquellen auftreten«.[82]

> Nachdem ich gereist bin, müde und hungrig, das Bett aufgesucht habe, melden sich im Schlafe die großen Bedürfnisse des Lebens und ich träume: Ich gehe in eine Küche, um mir Mehlspeise geben zu lassen. Dort stehen drei Frauen, von denen eine die Wirtin ist und etwas in der Hand dreht, als ob sie Knödel machen

---

80 Hirschmüller (wie Anm. 21), S. 16.

81 Sigmund Freud: Briefwechsel mit Minna Bernays 1882–1938. Hg. von Albrecht Hirschmüller. Tübingen 2005, S. 96. Besagte narzisstische Kränkung fließt in einen Traum ein, den Freud mit dem Titel *Traum von der botanischen Monographie* in das fünfte Kapitel von *Die Traumdeutung* integriert (vgl.: Sigmund Freud: Die Traumdeutung(wie Anm. 8), S. 175). Dort heißt es: *Traum von der botanischen Monographie: Ich habe eine Monographie über eine gewisse Pflanze geschrieben. Das Buch liegt vor mir, ich blättere eben eine eingeschlagene farbige Tafel um. Jedem Exemplar ist ein getrocknetes Spezimen der Farbe beigebunden, ähnlich wie aus einem Herbarium* (Traumdeutung, S. 175). Freud liefert unmittelbar im Anschluss an die Schilderung des Traumes die Deutung gleich mit: Er verweist auf seine Kokainstudie und das durch sie erweckte Interesse des Augenarztes Carl Koller. Anschließend schildert er eine Tagesphantasie »am Vormittag des Tages nach dem Traume« (Traumdeutung, S. 176), in welcher er sich einer Augenoperation per Lokalanästhesie durch Kokain unterzog, ohne seinen Beitrag an diesem wissenschaftlichen Fortschritt preiszugeben: »Ich würde durch keine Miene verraten, daß ich an dieser Entdeckung selbst einen Anteil habe« (ebd., S. 176). Freud nimmt illusionslos seine tiefsitzende Enttäuschung über den ausbleibenden akademischen Ruhm und die verpasste Chance auf Profit durch seine Kokain-Studien in den Blick. Obwohl er selbst »das betreffende Buch geschrieben hat, scheint [im Traum] niemand außer ihm selbst davon Notiz zu nehmen, denn nur er blättert es durch« (Alt (wie Anm. 3), S. 118.

82 Freud, Traumdeutung (wie Anm. 7), S. 210.

> würde. Sie antwortet, daß ich warten soll, bis sie fertig ist. Ich werde ungeduldig und gehe beleidigt weg.[83]

Entscheidend für meine Untersuchung sind die im Zuge der freien Assoziation von Freud angestellten Wortassoziationen bezüglich der im Traum befindlichen Gegenstände, die Freud in der dem Traum unmittelbar angeschlossenen Deutung folgen lässt. Freud gibt diesen Traumgegenständen symbolischen Charakter und erinnert als latenten Trauminhalt eine von seinem Bewusstsein verdrängte »traurige Szene«:

> Und nun die Knödel! [...] Und endlich taucht die Erinnerung an einen anderen teuren Lehrer auf, dessen Name wiederum an Etwas Eßbares anklingt (Fleischl, wie Knödl), und an eine traurige Szene, in der [...] ein Mittel aus der lateinischen Küche, das den Hunger benimmt, das Kokain [eine Rolle spielen].[84]

Das laut Freud hinter dem manifesten Trauminhalt dabei zugrunde liegende Gefühl ist jenes der Todesangst, welches den Träumer im Traum getrieben durch den Affekt des Hungers zu einer rigorosen Carpe diem Haltung führt. Freud deutet den latenten Trauminhalt von Drei Parzen mit den folgenden Worten:

> Man soll sich nichts entgehen lassen, nehmen, was man haben kann, auch wenn ein kleines Unrecht (sic!) dabei mitläuft; man soll keine Gelegenheit versäumen, das Leben ist so kurz, der Tod so unvermeidlich.[85]

Die im Traum in der Küche befindlichen drei Frauen, welche dem Traum seinen Namen geben, symbolisieren laut Freud die drei Parzen. Parzen stellen bekanntlich in der römischen Mythologie jene Schicksalsgöttinnen dar, die entscheidenden Einfluss auf den »Lebensfaden« des Menschen nehmen. Nona spinnt diesen Lebensfaden, Decima entscheidet über seinen Lauf und Parca (die Geburtshelferin), welche in der römischen Literatur auch Morta genannt wird, durchtrennt am Ende eben diesen Faden. In den literarischen Adaptionen des Mythos werden die Göttinnen häufig zu Synonymen des kommenden Todes umgedichtet und Freud rekurriert in seiner Deutung des Traums explizit auf diese Bedeutung.[86]

---

83 Ebd.

84 Ebd., S. 212f.

85 Ebd., S. 213f.

86 So etwa bei Christine de Pizan: *Epistre L'Othéa* oder Jean Robert in seinen Umdichtungen von Petrarcas *Trionfi*, wo die Parzen in *Der Triumph des Todes* eingeführt werden. Vgl. dazu: Gernot Michael Müller: *Moiren*. In: Maria Moog-Grünewald (Hrsg.): Mythenrezeption.

> Die eine der Parzen also reibt die Handflächen aneinander, als ob sie Knödel machen würde. Eine sonderbare Beschäftigung für eine Parze, welche dringend der Aufklärung bedarf! Diese kommt nun aus eine anderen Kindererinnerung. Als ich sechs Jahre alt war und den ersten Unterricht bei meiner Mutter genoß, sollte ich glauben, daß wir aus Erde gemacht sind und darum zur Erde zurückkehren müssen. Es behagte mir aber nicht, und dich zweifelte die Lehre an! Da rieb die Mutter die Handflächen aneinander – ganz ähnlich wie beim Knödelmachen, nur daß sich kein Teig zwischen ihnen befindet – und zeigte mir die schwärzlichen Epidermisschuppen, die sich dabei abreiben, als eine Probe der Erde, aus der wir gemacht sind, vor. Mein Erstaunen über diese Demonstration ad oculos war grenzenlos und ich ergab mich in das, was ich später in den Worten ausgedrückt hören sollte: Du bist der Natur einen Tod schuldig.[87]

In der Deutung des Traumes koppelt sich der zuvor unvermittelt einfließende, sprechende Passus von einem »kleine[n] Unrecht«, an welches eine verborgene Schuld gekoppelt sein könnte, explizit an eine als »unbehaglich« empfundene Konfrontation mit dem eigenen Tode.

Eine solche Vorstellung bestimmt auch den Inhalt des Traums von *Irmas Injektion*. In ihm wird zudem der Bezug auf die Kokainepisode und der Behandlung Fleischl von Marxows von Freud offenbart.

Der Traum von *Irmas Injektion* ist zunächst von einem Grundgefühl der Furcht geprägt, einen ärztlichen Kunstfehler an einer Patientin begangen zu haben. Freud stellt ihn als »Schlüsseltraum« an den Anfang des zweiten Kapitels seiner *Traumdeutung*, in welchem der die »Methode der Traumdeutung« anhand »der Analyse eines Traummusters«[88] Satz für Satz durchgeht. Im Gang der Analyse wird Freuds Schuldgefühl als zentraler Bedeutungskern des Traums, als Traumgedanke, der den Gang der Darstellung motiviert, Schritt für Schritt sichtbar. Eine entscheidende Rolle in dieser Darstellung einer unabsichtlich begangenen Schuld spielt dabei sein Kokainkonsum und die von Freud verordnete Kokaintherapie Ernst Fleischl von Marxows. Deutungsmuster zu diesem Themenkomplex tauchen insgesamt dreimal in Freuds Deutung des Traums auf, ein deutliches Signal ihrer inhaltlichen Dringlichkeit.

Im Traum klagt die Patientin Irma zunächst Freud an, ihre Krankheit lediglich psychologisch zu therapieren, ihre massiven körperlichen Schmerzen jedoch zu ignorieren. In dem von Freud auf einer Druckseite umfänglich geschilderten Traum heißt es dann weiter:

Die antike Mythologie in Literatur, Musik und Kunst von den Anfängen bis zur Gegenwart (= Der Neue Pauly. Supplemente. Band 5). Metzler, Stuttgart/Weimar 2008, S. 436–440.

87 Freud, Traumdeutung (wie Anm. 7), S. 211.

88 Ebd., S. 100.

> Ich erschrecke und sehe sie an. Sie sieht bleich und gedunsen aus, ich denke, am Ende übersehe ich da doch etwas Organisches. Ich nehme sie zum Fenster und schaue ihr in den Hals. [...] Der Mund geht dann auch gut auf, und ich finde rechts einen großen Fleck, und anderwärts sehe ich an den merkwürdigen krausen Gebilden, die offenbar den Nasenmuscheln nachgebildet sind, ausgedehnte weißgraue Schorfe.[89]

Entscheidend ist nun der Deutungsbefund, welchen Freud den körperlichen Bildern des weißfleckigen Halses und der verschorften Nasenmuscheln gibt. Freud bekennt umstandslos, dass die durch den Traum ausgelösten visuellen Assoziationen ihn an seine eigenen Kokain-Experimente und die Kokainepisode mit Ernst Fleischl von Marxow erinnern.

> Die Schorfe an den Nasenmuscheln mahnen an eine Sorge um meine eigene Gesundheit. Ich gebrauchte damals häufig Kokain, um lästige Nasenschwellungen zu unterdrücken, und hatte vor wenigen Tagen gehört, daß eine Patientin, die es mir gleich tat, sich eine ausgedehnte Nekrose der Nasenschleimhaut zugezogen hatte. Die Empfehlung des Kokains, die 1885 von mir ausging, hat mir auch schwerwiegende Vorwürfe eingetragen. Ein teurer, 1895 schon verstorbener Freund hatte durch den Mißbrauch dieses Mittels seinen Untergang beschleunigt.[90]

So offenherzig und schonungslos die Deutung Freuds im Duktus ihrer kritischen Selbstanalyse auch sein mag, so stark weicht sie von den tatsächlichen Fakten ab. Mit dem »teure[n] Freund« ist offenkundig Fleischl von Marxow gemeint, der allerdings bereits am 22. Oktober 1891 an den Folgen seines Drogenmissbrauchs stirbt. Weshalb täuscht sich Freud hier um 4 Jahre in der Bestimmung des Todes eines ihm angeblich so nahestehenden Menschen? Weshalb verschweigt er die Tatsache, dass dieser Freund durch seinen Rat zu einem Morphinentzug mittels Kokains gebracht wurde? Weshalb ist hier nur allzu vage von »schwerwiegende[n] Vorwürfen« die Rede, welche »die Empfehlung des Kokains« dem praktizierenden Arzt Freud eingetragen habe? Vieles spricht dafür, dass Freud hier Fakten verdrängt oder gravierender: virulente Schuldgefühle dem Mechanismus einer bewussten Selbstzensur unterzieht.[91] Eine derartige Beschönigung und Uminterpretation der Fakten findet sich auch in den beiden anderen Deutungspassagen des Traums, in

89 Ebd., S. 111f.

90 Ebd., S. 116.

91 Völlig überzogen und spekulativ erscheint hier m.E. die Position von Michel Onfray, der Freud nicht nur ein radikales Scheitern seines »Therapieversuchs« Fleischl von Marxows bescheinigt, sondern zusätzlich unterstellt, Freud habe »das Fiasko unbedingt in einen Erfolg ummünzen« wollen und dies belegende Briefe an die Verlobte würden der

welchen das Kokain zur Sprache kommt. Im Fortlauf von Freuds Traum kommen jetzt andere Ärztefiguren ins Spiel, die den von medizinischen Versagensängsten geplagten Freud entlasten sollen.

> Ich rufe schnell Dr. M. hinzu, der die Untersuchung wiederholt und bestätigt [...] Mein Freund Otto steht jetzt auch neben ihr [Irma], und Freund Leopold perkutiert [abklopfen] sie über dem Leibchen.[92]

Hinter Dr. M. verbirgt sich Freuds langjähriger Mentor und Arztkollege Josef Breuer, mit Otto, ist Oscar Rie, Kinder- und Hausarzt der Familie Freud gemeint, Leopold spielt auf Ludwig Rosenberg an, seines Zeichens ebenfalls Kinderarzt und Teilnehmer an der wöchentlich im Hause Freud stattfindenden Tarock-Runde.[93] Die gemeinsame Diagnose der drei neu hinzugezogenen Ärzte ergibt, dass Irma unter Diphterie leidet, was den Träumer Freud zunächst »entlastet, weil das organische Leiden von seiner psychologischen Fehltherapie unabhängig zu sein scheint.«[94]

Im Folgenden geht der Träumer noch weiter und schiebt die Verantwortung für die Fehlbehandlung seinem Freund Otto (Oscar Rie) zu, welcher der Patientin eine Injektion verabreichte, die zu besagter Infektion führte. In der Darstellung des Traums durch Freud selbst heißt es dazu:

> Wir wissen auch unmittelbar, woher die Infektion rührt. Freund Otto hat ihr unlängst, als sie sich unwohl fühlte, eine Injektion gegeben [...] Man macht solche Injektionen nicht so leichtfertig [...] Wahrscheinlich war auch die Spritze unrein.[95]

Entscheidend ist nun, welche Deutung Freud selbst dieser Passage des Traums gibt. Im Akt freier Assoziation bringt er die Injektionen, welche Oscar Rie faktisch Emma Eckstein, die unter dem Decknamen Irma im Traum fungiert, 1895 in einem Wiener Hotel verabreichte, mit seiner Behandlung Ernst Fleischl von Marxows in Verbindung:

> Die Injektionen erinnern mich wieder an den unglücklichen Freund, der sich mit Kokain vergiftet hat. Ich hatte ihm das Mittel nur zur internen Anwendung

---

»kritischen Forschung« vorenthalten. Vgl. Michel Onfray: Anti Freud. Die Psychoanalyse wird entzaubert. München ^{2}2011, S. 228f.

92 Ebd., S. 112.

93 Vgl. hierzu: Alt (wie Anm. 3), S. 273.

94 Ebd., S. 273.

95 Freud, Traumdeutung (wie Anm. 7), S. 112.

> während der Morphiumentziehung geraten; er machte aber unverzüglich Kokaininjektionen.[96]

Und kurz darauf heißt es noch einmal:

> Außerdem deutet mir der obenstehende Satz [»Man macht solche Injektionen nicht so leichtfertig«] wiederum auf den verstorbenen Freund, der sich so rasch zu den Kokaininjektionen entschloß. Ich hatte Injektionen mit dem Mittel, wie gesagt, gar nicht beabsichtigt.[97]

Wiederum weicht Freud in der vorgeblich schonungslosen Traum- und Selbstanalyse von den Fakten ab. Freud praktizierte den eigenen Kokainkonsum mittels Einnahme der Droge durch Nase und Mund. Gegenüber seinem Patienten Ernst Fleischl von Marxow hatte Freud sehr wohl die »unkluge Empfehlung [gegeben], Kokain durch Injektionen zu verabreichen.«[98] Warum leugnet er diese Tatsache nun explizit zweimal in rascher Folge in einer Deutung seines eigenen Traumes, in welchem Freud selbst die Kokainepisode und Ernst Fleischl von Marxow ins Spiel bringt? Es liegt nahe, hier »eine ausgeprägte Fähigkeit zur Verdrängung«[99] ins Spiel zu bringen. Freud, dessen zentrales Schaffen in dieser Phase der Entstehung seiner *Traumdeutung* darauf gerichtet ist, die Gesetze ans Tageslicht zu befördern, mit welchem das Unbewusste unliebsame psychische Geschehnisse aus dem Bewusstsein »entsorgt«, wird selbst ein Opfer der von ihm beschriebenen und vorgeblich enthüllten psychischen Mechanismen. Im Umgang mit seinen Patienten, welche er mittels der Methode freier Assoziation vorgeblich unzensiert ihre Träume erzählen ließ, hatte Freud die Ambivalenz der menschlichen Natur studieren können. Er hatte erkannt, dass »Menschen zugleich wissen und nicht wissen können, daß sie intellektuell verstehen können, was sie sich gefühlsmäßig zu akzeptieren weigern.«[100] Eine beliebte Methode, mit allzu aufdringlichen unbequemen Gefühlen umzugehen, war dabei jene Technik, die Freud selbst als Verdrängung bezeichnete und als einen zentralen Vorgang der Traumarbeit identifizierte. Verdrängung meint bei Freud einfach den Versuch des Individuums, unliebsame und »mit einem Trieb zusammenhängende Vorstellungen (Gedanken, Bilder, Erinnerungen) in das Unbewußte

---

96 Ebd., S. 120.
97 Ebd., S. 122.
98 Vgl. Peter Gay (wie Anm. 6), vgl. auch Alt (wie Anm. 3), S. 120, Jones (wie Anm. 8), S. 116f.
99 Alt (wie Anm. 3), S. 120.
100 Gay (wie Anm. 6), S. 103.

zurückzustoßen oder dort festzuhalten.«[101] So war Freud wohl während der Geschehnisse des Jahres 1885 im Falle Ernst Fleischl von Marxows verfahren. Was jetzt, mehr als ein Dutzend Jahre später, von diesen Ereignissen wieder an die Oberfläche des Bewusstseins gelangte, waren Erinnerungen, die von Wunschvorstellungen überformt blieben. Noch.

3. Psychoanalyse als Poesietherapie: Der Aufsatz *Erinnern – Wiederholen – Durcharbeiten* (1914)

Als Kaiser Franz Joseph am 28. Juli 1914 gegenüber Serbien den Krieg erklärt, gerät das Kaiserreich in einen militaristischen Taumel, dem sich in der Anfangsphase auch der dezidierte Anti-Militarist Freud nicht vollkommen zu entziehen vermag.[102] Als mittlerweile fast Fünfzigjähriger bleibt Freud von einem Fronteinsatz verschont, allerdings wirkt sich die neue historische Situation nachteilig auf seinen beruflichen Alltag aus. Die Wiener Praxis läuft schlecht. Er finde in ganz Europa kaum noch sieben Patienten, bemerkt Freud im Oktober 1914 gegenüber seinem späteren Biographen Ernest Jones.[103]

Freud nutzt die freiwerdenden zeitlichen Ressourcen für eine verstärkt einsetzende wissenschaftliche Forschung. Zwischen 1914 und 1915 entstehen auf diese Weise eine Reihe von Abhandlungen mit »dem erklärten Ziel, die theoretischen Annahmen der Psychoanalyse zu klären und zu vertiefen.«[104] Freud plant, diese Texte in einer Monographie mit dem Titel *Zur Vorbereitung einer Metapsychologie* erscheinen zu lassen. Den Anfang macht die bereits 1914 abgeschlossene Studie *Zur Einführung in den Narzißmus*, gefolgt von einer kleineren Arbeit, die als eine der wenigen Schriften Freuds explizit um das Motiv der Todesangst kreist: *Zeitgemäßes über Krieg und Tod* (1915). Von diesem Text wird noch die Rede sein.

Kurz zuvor entsteht scheinbar als Nebenprodukt im Umfeld dieser Schriften eine kleine, lediglich zehnseitige Studie mit dem Titel *Erinnern, Wiederholen und Durcharbeiten* (1914), die für unsere Untersuchung von Belang ist. Freud unternimmt in dieser Schrift wie so häufig den Versuch einer Klärung psychoanalytischer Begrifflichkeiten. Er geht dabei von seiner analytischen Prämisse aus, dass psychische Vorgänge – das Denken, die Erinnerungen, die Triebe – im

101 J. Laplanche/J.-B. Pontalis: Verdrängung. In: Das Vokabular der Psychoanalyse. Frankfurt a. Main 1972, S. 582.

102 Vgl. Alt (wie Anm. 3), S. 583.

103 Alt (wie Anm. 3), S. 598.

104 Lothar Bayer: Metapsychologische Schriften. In: Hans-Martin Lohmann/Joachim Pfeiffer (Hg.): Freud Handbuch. Stuttgart 2013, S. 123–127, Zitat: S. 123.

Kern Gegenstände des Unbewussten sind, die nur ausschnittsweise und häufig unter großen inneren Kämpfen, mit Hilfe bestimmter Techniken (Hypnose, freie Assoziation, Traumschilderung) zur Übernahme ins Bewusstsein gebracht werden können. In *Erinnern, Wiederholen und Durcharbeiten* schildert Freud zu Beginn den Fall eines Patienten, der sich »im Hier und Jetzt der Behandlung trotzig und ungläubig gegenüber dem Arzt verhält«[105] und das vom Arzt eingeforderte Sich-Erinnern an Konflikte mit der elterlichen Autorität verweigert. Die Tatsache, dass der Patient die Erinnerung an für ihn zurückliegende unangenehme Erfahrungen nicht aktiviert, führt laut Freud zu einer Art Wiederholungszwang. Der Patient verhält sich unbewusst in einem Akt der Übertragung aktuell gegenüber dem Arzt so, wie er es früher gegenüber der elterlichen Autorität getan hat. Im Text heißt es dazu:

> Wir haben nun gehört, der Analysierte wiederholt anstatt zu erinnern, er wiederholt unter den Bedingungen des Widerstandes; wir dürfen jetzt fragen, was wiederholt oder agiert er eigentlich? Die Antwort lautet, er wiederholt alles, was sich aus den Quellen seines Verdrängten bereits in seinem offenkundigen Wesen durchgesetzt hat, seine Hemmungen und unbrauchbaren Einstellungen, seine pathologischen Charakterzüge. Er wiederholt ja auch während der Behandlung alle seine Symptome.[106]

Um diesen Wiederholungszwang zu unterbrechen, der die analytische Kur von nun an auf Schritt und Tritt begleitet, ist laut Freud die Aufforderung des Arztes an den Patienten nicht länger ausreichend, sich an bewegende Vorfälle in der eigenen Vergangenheit zu erinnern. Der Arzt muss stattdessen dem Patienten die Möglichkeit geben, sich »in den ihm unbekannten Widerstand zu vertiefen«.[107] Dies geschieht laut Freud dadurch, dass der Arzt den Akt der Übertragung psychischer Problemstellungen auf sich selbst in diesem Stadium der Kur hinnimmt und nicht sanktioniert. Ziel ist es, den Analysanden auf diese Art und Weise tiefer mit der Natur seines Widerstands vertraut zu machen und so einen Prozess des Einsetzens tatsächlicher Erinnerung zu ermöglichen. Freud schreibt dazu:

> Das Hauptmittel aber, den Wiederholungszwang des Patienten zu bändigen und ihn zum Motiv fürs Erinnern umzuschaffen, liegt in der Handhabung der Übertragung. Wir machen ihn unschädlich, ja vielmehr nutzbar, indem wir ihm sein Recht einräumen, ihn auf einem bestimmten Gebiete gewähren lassen. Wir

105 Freud Handbuch (wie Anm. 104), S. 143.

106 Sigmund Freud: Erinnern, Wiederholen und Durcharbeiten. In: ders.: Gesammelte Werke Bd. X. Werke aus den Jahren 1913–1917. Frankfurt a. Main 1946, S. 126–136, Zitat: S. 131.

107 Ebd., S. 135.

> eröffnen ihm die Übertragung als den Tummelplatz (sic!), auf dem ihm gestattet wird, sich in fast völliger Freiheit zu entfalten, und auferlegt ist, uns alles vorzuführen, was sich an pathologischen Trieben im Seelenleben des Analysierten verborgen hat.[108]

Damit aus Wiederholung tatsächliche Erinnerung werden kann, die schließlich in den erstrebten Prozess des Durcharbeitens überführbar wird, braucht es seitens des Arztes laut Freud vor allem Geduld, Zeit, ärztliche Frustrationstoleranz und Einsicht in den tatsächlichen Gang des analytischen Prozesses.

> Ich bin oft in Fällen zu Rate gezogen worden, in denen der Arzt darüber klagte, er habe dem Kranken seinen Widerstand vorgestellt, und doch habe sich nichts geändert, ja der Widerstand sei erst recht erstarkt und die ganze Situation sei noch undurchsichtiger geworden. Die Kur scheine nicht weiter zu gehen. Diese trübe Erwartung erweist sich dann immer als irrig. Die Kur war in der Regel im besten Fortgange; der Arzt hatte nur vergessen, daß das Benennen des Widerstandes nicht das unmittelbare Aufhören desselben zur Folge haben kann. Man muß dem Kranken die Zeit lassen, sich in den ihm unbekannten Widerstand zu vertiefen, ihn durchzuarbeiten, ihn zu überwinden, indem er ihm zum Trotze die Arbeit nach der analytischen Grundregel fortsetzt. Erst auf der Höhe desselben findet man dann in gemeinsamer Arbeit mit dem Analysierten die verdrängten Triebregungen auf, welche den Widerstand speisen und von deren Existenz und Mächtigkeit sich der Patient durch solches Erleben überzeugt.[109]

Die Geduldprobe des Arztes besteht für Freud darin, besagte Abläufe der Übertragung zuzulassen, sie nicht durch analytisch-suggestive Interventionen von ärztlicher Seite aus zu beschleunigen und das ein- oder mehrmalige Aussprechen des Widerstands seitens des Patienten nicht zwangsläufig für dessen Durchdringung zu halten. Hatte die von Freud in seiner Anfangsphase noch unter Einfluss seines Mentors Josef Breuer praktizierte kathartische Technik[110] noch das primäre Ziel, mit Hilfe von Hypnose die Erinnerung an den Moment der Symptombildung und das innere Reproduzieren der an diesem Moment beteiligten psychischen Vorgänge aufzurufen, so geht Freud in seiner Analyse nun einen anderen Weg. Er erkennt, dass die ein oder mehrmalige Erinnerung/Benennung an ein traumatisches Moment dieses nicht zwangsläufig aufhebt oder auch nur mildert. »Die Versöhnung mit dem Verdrängten«[111] gestaltet

---

108 Ebd., S. 134.

109 Ebd., S. 135f.

110 Vgl. Alt (wie Anm. 3), S. 196ff.

111 Erinnern, Wiederholen, Durcharbeiten (wie Anm. 106), S. 132.

sich also schwierig und verlangt weitaus mehr Zeit als häufig vom Analytiker veranschlagt.[112]

Freud macht diese Erfahrung nicht nur im Umgang mit seinen Patienten. Auch der Zugang zu den eigenen Verdrängungsmechanismen im Falle Ernst Fleischl von Marxows – dies wird im Folgenden zu zeigen sein – wird bei ihm selbst Zeit erfordern, langanhaltende innere Prozesse initiieren und ihn lebenslang beschäftigen. Freuds Verfahren zielt auf eine radikalisierte Form von Selbsterkenntnis. Die Methode, derer er sich für diese Selbstanalyse bediente, ist bekanntlich jene der freien Assoziation,[113] und das Material, auf welches er sich in diesem Zusammenhang hauptsächlich stützte, entnahm er zu wesentlichen Bestandteilen aus seinen eigenen Träumen.[114] Die intendierte Selbstanalyse wird im psychoanalytischen Prozess dabei zusammen mit dem Gegenüber des Therapeuten in Form einer mündlichen Darstellung durchgeführt.

Parallel dazu sind bei Freud schriftliche Ausdrucksformen als Mittel zur Selbsterforschung und Selbstreflexion im Prozess der Selbstanalyse von Anfang an im Einsatz. Freud selbst führt systematisch ein Traumtagebuch und nutzt dieses als Materialsammlung für ein Selbstexperiment, welches »die eigene Person zum Prüfstein seiner Hypothesen [macht], weil von ihr zuverlässigere Ergebnisse zu erwarten waren als von Dritten«.[115] Diese radikale Introspektion in die verwirrenden Windungen und Dunkelzonen des Unbewussten der Selbstanalyse verlangt auf Grund ihrer Novität nach einem Stil, der, so Freud, »des ernsten Gepräges der Wissenschaftlichkeit entbehren«[116] muss. Bereits in seinen *Studien über Hysterie* (1895) und denen dort entwickelten fünf Fallgeschichten hysterischer Symptomatik konstatierte Freud überrascht: »Ich bin nicht immer Psychotherapeut gewesen, sondern bin bei

112 Der späte Freud wird am Ende seines Lebens im Aufsatz *Die endliche und die unendliche Analyse* (1937) betonen, dass der psychoanalytische Prozess letztlich unabschließbar bleibt. Er »führte stets zu relativen Ergebnissen, zu einer Verbesserung der Lebensmöglichkeiten, selten zu dauerhafter Heilung.« Vgl.: Alt (wie Anm. 3), S. 839.

113 Die freie Assoziation basiert auf der zentralen Idee, sich im Akt der Selbstwahrnehmung einer bewussten Zielvorstellung zu enthalten. Stattdessen rückt in den Mittelpunkt der Aufmerksamkeit, was immer das Bewusstsein an Einfällen zu Personen, Ereignissen, Dingen oder Symbolen produziert. Hierbei ist es wichtig, diese Äußerungen nicht zu zensieren, keinen kritischen Einwendungen nachzugeben, auch wenn diese die produzierten Assoziationen als unpassend, unangenehm, sittenwidrig, unsinnig oder unwichtig erscheinen lassen. Vgl. Sigmund Freud: Selbstdarstellung (wie Anm. 12), S. 69.

114 Vgl. dazu Peter Gay (wie Anm. 6), S. 116.

115 Stingelin (wie Anm. 23, Zugriff: 11. März 2020).

116 Sigmund Freud: Studien über Hysterie. In: ders.: Gesammelte Werke (GW), Band I, Frankfurt a. Main 1952, S. 227.

Lokaldiagnosen und Elektroprognostik erzogen worden wie andere Neuropathologen, und es berührt mich selbst noch eigentümlich, daß die Krankengeschichten, die ich schreibe, wie Novellen zu lesen sind.«[117] Dieser literarisch geprägte Stil Freuds ist in der Forschung bereits zum Gegenstand mehrerer Untersuchungen geworden.[118] Die Tatsache, dass die Stadt Frankfurt im Juli 1930 dem Wissenschaftler Freud den drei Jahre zuvor gestifteten Goethe-Preis verleiht, zeigt zudem, dass der dichterische Duktus in Freuds Prosa bereits von den Zeitgenossen erkannt wird.[119]

Laut Freud, dies ist der Kern der kleinen Studie *Der Dichter und das Phantasieren* (1908), bietet sich »eine Gleichstellung des Dichters mit dem Tagträumer, der poetischen Schöpfung mit dem Tagtraum«[120] an. Diese und ähnliche Analogiebildungen zwischen dichterischen und psychoanalytischen Verfahrensmechanismen haben Vertreter der sogenannten »Poesietherapie«[121] etwas umstandslos zu der Aussage verführt, »das Werk Sigmund Freuds [...] als Wendepunkt in der Geschichte des kreativen und therapeutischen Schreibens«[122] zu begreifen. Die Argumentation läuft dabei wie folgt: Ähnlich wie im psychoanalytischen Gespräch komme es beim »therapeutischen Schreiben«[123] zunächst »zu einer Regression, bei der sich der Schreibende auf

---

117 Ebd., S. 227. Die Analyse der Krankheit, so konstatiert Peter-André Alt zu Recht, »kam also in der Darstellungskunst der *Studien* als unglaubliches, extrem anmutendes Ereignis zum Vorschein. Sie fand ihre Entsprechung in einer Erzählstruktur, die auf ein einzigartiges Geschehen zulief.«Vgl. Peter-André Alt (wie Anm. 3), S. 214. Freuds Darstellungskunst trägt dabei laut Alt nicht allein novellistische Züge, sie bezieht weitere literarische Gattungen wie detective stories, Erzählungen von der Nachtseite der Romantik oder »Lese-Tragödien einer kathartischen Dramaturgie« (Alt, S. 220) mit ein.

118 Vgl. zu diesem Themenkomplex Michael Rohrwasser: Freuds Lektüren. Von Arthur Conan Doyle bis zu Arthur Schnitzler: Gießen 2005; weiterhin: Patrick J. Mahony: Der Schriftsteller Sigmund Freud. Frankfurt a. Main 1989.

119 Rudolf Kayser schreibt zur Verleihung in der *Neuen Rundschau*: »Während die literarische Zunft die Verantwortung für die Sprache immer mehr verliert und in Gestaltung und Gegenständen täglich mehr in billigen Journalismus hinabgleitet, schreibt dieser Forscher eine Prosa, die zum edelsten deutschen Sprachgut gehört.« Zitiert nach Alt (wie Anm. 3), S. 795.

120 Sigmund Freud: Der Dichter und das Phantasieren. In: ders.: Schriften zur Kunst und Literatur. Frankfurt a. Main 1987, S. 177.

121 Der Begriff Poesietherapie wird dabei in der Forschung in der Regel in einem sehr weiten Sinne gebraucht: »Unter Poesietherapie kann jedes therapeutische oder selbstanalytische Verfahren verstanden werden, das durch Schreiben den subjektiven Zustand eines Individuums zu bessern versucht. Vgl. Silke Heimes: Kreatives und therapeutisches Schreiben. Göttingen ^{4}2013, S. 17. Der Terminus ist an dem von Jack Leedy geprägten Begriff *poetry therapy* orientiert. Vgl. Jack Leedy. Poetry therapy. Philadelphia 1969.

122 Heimes (wie Anm. 121), S. 12.

123 Ebd., S. 12.

verborgene, innere Triebkräfte einlasse, was in der Folge zu einer graduellen Auflösung festgefügter innerer Strukturen führe und in einem Folgeschritt, der Progression, die sich durch sprachliche Überarbeitung und Formung begleiten und forcieren lasse, zu einer Integration der freigewordenen Kräfte in die Gesamtpersönlichkeit«[124] Zusätzlich wird der von Freud im vorgestellten Aufsatz *Erinnern, Wiederholen, Durcharbeiten* propagierte »Dreischritt« der »therapeutischen Arbeit« mit dem »selbstanalytischen Schreiben« parallelisiert[125] und als Produktionsmechanismus therapeutischen Schreibens festgemacht:

> Der kreative Prozess kann in Analogie zum therapeutischen Prozess verstanden werden. Die Inspiration im Künstlerischen entspräche dem Erinnern in der Therapie, die Phase der Inkubation könnte mit der des Wiederholens gleichgesetzt werden, die Illumination entspräche der Durcharbeitung, die Verifikation der Integration. Sowohl der kreative als auch der therapeutische Prozess zielen auf eine Restitution des Ich auf der Basis eines erweiterten Dialogs mit dem Unbewussten.[126]

Obwohl die hier vorgenommene Gleichschaltung von kreativem und therapeutischem Prozess neben einigen Ähnlichkeiten auch erhebliche Ungereimtheiten aufweist,[127] bleibt offenkundig, dass Freud über seine schriftliche Tätigkeit im Falle der Kokainepisode mit Ernst Fleischl von Marxow mittels sprachlicher Darstellung Aufschluss über den eigenen Anteil an den tragisch verlaufenden Geschehnissen zu gewinnen versucht. Seine, in unterschiedlichem Ausmaß autobiographisch gefärbten und über unterschiedliche Textsorten verfassten schriftlichen Zeugnisse zu dieser Episode, stellen alle-

---

124 Ebd. S. 12.

125 Vgl. Lutz von Werder/Barbara Schulte-Steinicke/Brigitte Schulte: Die heilende Kraft des Schreibens. Ostfildern 2011, S. 22ff. Siehe weiterhin zum zentralen Einfluss Freuds auf das therapeutische Schreiben: Lutz von Werder: Lehrbuch des kreativen Schreibens. Grundlagen, Technik, Praxis. Wiesbaden ^{2}2016, S. 18f.

126 Heimes (wie Anm. 121), S. 20.

127 Bereits Freud verweist darauf, »daß sehr viele dichterische Schöpfungen sich vom Vorbilde des naiven Tagtraumes weit entfernt halten«, sprich: sich sowohl inhaltlich als auch produktionsästhetisch im kreativen Prozess hochgradig kalkulierte, strikt regelpoetisch orientierte Schöpfungen finden lassen. Weiterhin: Dichtung ist ein in der Regel individuelles schriftliches Zeugnis, Psychoanalyse ein in der Regel dialogischer mündlicher Prozess. Dichtung liegt nicht zwangsläufig als Absicht die Analyse neurotischer Strukturen zugrunde (Horaz: Prodesse et delectare); sie hat in der Regel den Akt einer öffentlichen Rezeption durch interessierte Leser zum Ziel und steht durch unterschiedliche Grade der Fiktionalität in einem komplexen Status zur Realität als Sphäre des Faktualen. All dies trifft in keinem oder nur in einem marginalen Sinne auf die psychoanalytische Tätigkeit zu.

samt den Versuch einer Annäherung an die schuldhaft empfundenen Geschehnisse dar. Angefangen von den Briefen an die Verlobte Martha Bernays (1884/85), unmittelbar während der Behandlung Fleischl von Marxows, hin zur einsetzenden Selbstanalyse und ihren Spuren im Briefwechsel mit dem Freunde Wilhelm Fließ (1896/1897), weiter zur Darstellung der Kokainepisode mittels der Deutung eigener Träume in *Die Traumdeutung* (1901), führt der Weg der Durcharbeitung des Geschehenen Freud hin zu einer unsteten, von zahlreichen Brüchen und Regressen durchzogenen Perspektive auf die eigenen, inneren Widerstände, deren nächstes beredtes Zeugnis Freuds mit persönlichen Mitteilungen am wenigsten gefilterte Darstellung bildet: Ein 1925 erschienener Text mit dem sprechenden Namen *Selbstdarstellung*.

4. Narrative Muster der »Unabschliessbaren Analyse«

a) *Selbstdarstellung* (*1925*)

1921 hatte der Leipziger Verlag Felix Meiner eine Reihe eingeführt, die sich *Philosophie der Gegenwart in Selbstdarstellungen* nannte. Ziel der Publikationen war die Etablierung einer Gattung namens »Autoergographie. Die Autoren sollten eine authentische Darstellung ihres Lebenswerks geben mit Hinweisen auf das persönliche Moment darin«.[128] Ab 1923 brachte Felix Meiner eine analoge Reihe für die Medizin auf den Weg. Das rapide Wachstum der psychoanalytischen Bewegung legte es nahe, auch ihren Gründer Sigmund Freud um einen Beitrag zu bitten. Obwohl Freud dem »furor biographicus«[129] zeitlebens äußerst kritisch gegenüber steht, sagt er zu.[130]

Freud verfasst den Text im Sommer 1924 während seiner Ferien auf dem Semmering nahe Wien.[131]

Die Anfrage fällt in eine Zeit schwerer Krisen und persönlicher Prüfungen. Im Januar 1920 stirbt Freuds Tochter Sophie, sein »Sonntagskind«, an den Folgen der Spanischen Grippe. In einem Brief vom 4. Februar 1920 äußert Freud gegenüber Sandor Ferenczi: » Jahrelang war ich auf den Verlust der Söhne gefaßt, nun kommt der der Tochter; da ich im tiefsten ungläubig bin, habe

128 Michael Schröter: Selbstdarstellung. In: Freud Handbuch (wie Anm. 104), S. 216.

129 Vorwort von Ilse Grubrich-Simitis. In: S. Freud: Selbstdarstellung (wie Anm. 12), S. 18.

130 Als Freud 1929 von einem amerikanischen Verlager aufgefordert wird, eine Art intime Biographie in der Tradition eines Rousseau vorzulegen, lehnt er empört ab mit den Worten: »Was alle Autobiographien wertlos macht, ist ja ihre Verlogenheit.« Vgl. Sigmund Freud: Brief an Edward Bernays, 10. August 1929. In: ders.: Briefe 1873–1939. Hg. von Ernst und Lucie Freud. Frankfurt a. Main ^{2}1960, S. 408.

131 Vgl. Schröter (wie Anm. 128), S. 217.

ich niemand zu beschuldigen und weiß, daß es keinen Ort gibt, wo man eine Klage anbringen kann.«[132] Im Juni 1923 stirbt der von Freud sehr geliebte viereinhalbjährige Enkel Heinele; ein Verlust, der Freud emotional ebenfalls stark trifft. Nach diesen in relativ schneller zeitlicher Folge ertönenden »Weckrufe«[n] der Todesangst«[133] diagnostiziert Freud bei sich selbst erstmals depressive Symptome.[134] Zwei Monate zuvor, im April 1923 war bei Freud eine Geschwulst in der Mundhöhle entdeckt worden, die sich – entgegen erster Aussagen des behandelnden Arztes – als Karzinom entpuppte und »in den kommenden 16 Lebensjahren, die Freud noch blieben, [...] mehr als 50 kleinere und größere Eingriffe erforderlich [machten], um die Prothese besser einzupassen, wildes Zellwachstum zu verhindern und neu wucherndes Gewebe zu schneiden.«[135]

In diesem stark belastenden Umfeld ist die Textentstehung von Freuds *Selbstdarstellung* zu verorten. Der Autor ist – entgegen seiner sonstigen Haltung – »diesmal freigebiger [...] mit persönlichen Mitteilungen [...] in Bezug auf seine Familie und sein Judentum, seine Laufbahn in Schule und Universität«.[136] Professionell bedient Freud parallel dazu die Ansprüche der Textsorte: Er liefert eine intellektuelle Biographie nach den Vorgaben der Reihe, schildert seine Erfahrungen mit Hypnose und klinischer Arbeit bei Charcot, stellt den von ihm vollzogenen Wandel von der kathartischen zu der von ihm kreierten psychoanalytischen Therapie mittels freier Assoziation dar und gibt zudem eine Zusammenfassung seiner Sexualtheorie und eine knappe Darstellung seiner Traumlehre. Für die hier untersuchte Fragestellung ist lediglich das erste Kapitel der *Selbstdarstellung* von zentralem Interesse, da es mit einer bei Freud singulären »autobiographischen Ausführlichkeit«[137] auf die frühe Phase von Freuds Schaffen bis ca. 1890 zu sprechen kommt. Entscheidend ist nun, dass Freud im eng gedrängten Raum der Schrift an einer Stelle plötzlich die weitgehend chronologische Darstellung seiner beruflichen/persönlichen Laufbahn unterbricht und den bis dahin völligen Verzicht auf selbstanalytische

---

132 Sigmund Freud: Briefe 1873–1939. Frankfurt a. Main 1968, S. 346.

133 Irvin Yalom: In die Sonne schauen. Wie man die Angst vor dem Tod überwindet. München 2010, S. 44. Yalom erstellt in dem Buch eine Liste solcher »Weckrufe«, welche dem Individuum »die Erfahrung des Aufgerütteltwerdens« (S. 43) angesichts der Aktivierung des Bewusstseins eigener Sterblichkeit vermitteln. Dazu zählen unter anderem: »Die Trauer über den Verlust eines Nahestehenden/Eine lebensbedrohliche Krankheit/ [...] Der Auszug der Kinder (»das leere Nest«) (Yalom, S. 44).

134 Hans-Martin Lohmann: Freud und seine Epoche. Die intellektuelle Biographie. In: Freud Handbuch (wie Anm. 104), S. 70.

135 Alt (wie Anm. 3), S. 657f.

136 Schröter (wie Anm. 128), S. 217.

137 Ebd., S. 270.

Deutung lockert. Auf Grund der Wichtigkeit für die folgende Analyse wird die Passage in extenso gegeben:

> Im Herbst 1886 ließ ich mich in Wien als Arzt nieder und heiratete das Mädchen, das seit länger als vier Jahren in einer fernen Stadt auf mich gewartet hatte. Ich kann hier rückgreifend erzählen, daß es die Schuld meiner Braut war, wenn ich nicht schon in jenen jungen Jahren berühmt geworden bin. Ein abseitiges (!), aber tiefgehendes Interesse hatte mich 1884 veranlaßt, mir das damals wenig bekannte Alkaloid Kokain von Merck kommen zu lassen und dessen physiologische Wirkungen zu studieren. Mitten in dieser Arbeit eröffnete sich mir die Aussicht einer Reise, um meine Verlobte wiederzusehen, von der ich zwei Jahre getrennt gewesen war. Ich schloß die Untersuchung über das Kokain rasch ab und nahm in meine Publikation die Vorhersage auf, daß sich bald weitere Verwendungen des Mittels ergeben würden. Meinem Freunde, dem Augenarzt L. Königstein, legte ich aber nahe, zu prüfen, inwieweit sich die anästhesierenden Eigenschaften des Kokains am kranken Auge verwerten ließen. Als ich vom Urlaub zurückkam, fand ich, daß nicht er, sondern ein anderer Freund, Carl Koller (jetzt in New York), dem ich auch vom Kokain erzählt, die entscheidenden Versuche am Tierauge angestellt und sie auf dem Ophthalmologenkongreß zu Heidelberg demonstriert hatte. Koller gilt darum mit Recht als der Entdecker der Lokalanästhesie durch Kokain, die für die kleine Chirurgie so wichtig geworden ist; ich aber habe mein damaliges Versäumnis meiner Braut nicht nachgetragen.[138]

H. Gundlach/A. Métraux,[139] M. Stingelin und vor allem die seit 2019 vollständig publizierten »Brautbriefe« von Freud selbst und seiner Verlobten Martha Bernays[140] liefern den eindeutigen Beleg,[141] dass Freuds Darstellung hier in mehreren Punkten von der eigentlichen Faktenlage abweicht.[142] Zum einen ist Freud am 18. Juni 1884, »als er das Druckmanuskript seiner Studie *Über Coca* beendete, nicht zwei Jahre, sondern gerade ein Jahr von seiner Verlobten Martha Bernays getrennt«.[143] Zum anderen wird Freud von »der Aussicht einer Reise« nicht während der Arbeit an *Über Coca* im Sommer 1884 überrascht. Das Treffen zwischen den Verlobten ist lange zuvor vereinbart und nimmt keinen ungeplanten Einfluss auf die Textproduktion. Entscheidender ist jedoch für diese Untersuchung ein anderer Punkt: Freud thematisiert noch einmal in einer leicht ironischen Volte seine narzisstische Kränkung bezüglich

---

138 Sigmund Freud: Selbstdarstellung (wie Anm. 12), S. 46.

139 Vgl.: Horst Gundlach/Alexandre Métraux: Freud, Kokain, Koller und Schleich. In: Psyche 33 (1979), S. 434–451.

140 Vgl. die Fußnoten 15 und 17 dieses Kapitels.

141 Vgl. weiterhin Han Israëls (wie Anm. 59), S. 45–120, Bernd Nitzschke: Sigmund Freud, Kokain und die Anfänge der Psychoanalyse. In: Klaus W. Bilitza (Hg.): Psychodynamik der Sucht. Göttingen 2008, S. 25–51.

142 Stingelin (wie Anm. 23, Zugriff: 11. März 2020).

143 Stingelin (wie Anm. 23, Zugriff: 11. März 2020).

der lokalanästhetischen Wirksamkeit des Kokains, deren Entdeckung und Ruhm Carl Koller an seiner Stelle zugefallen sind. Das eigene Versäumnis, die therapeutischen Anwendungsmöglichkeiten des Kokains im Auge nicht erkannt zu haben, wird hier in einer scheinbar launigen Wendung auf die spätere Braut und die damit einhergehenden Verpflichtungen als Ehemann verschoben.[144] Freud bekennt immerhin im Passus indirekt, dass seine Beschäftigung mit dem Kokain im Kern von dem Antrieb gespeist ist, »schon in jenen jungen Jahren berühmt geworden« zu sein.

Noch weitaus interessanter ist, was Freud in dieser persönlich gefärbten Passage der *Selbstdarstellung* verschweigt. Er verschweigt, was sowohl zentraler Gegenstand besagter Schrift *Über Coca* als auch stetig wiederkehrender Punkt in seinen früheren schriftlichen Darstellungen der Kokainepisode, in zahlreichen Briefen und den geschilderten Träumen und Deutungsversuchen von *Die Traumdeutung* war: Er verschweigt die eigenen Versuche einer therapeutischen Anwendung des Kokains beim Morphinentzug bei seinem Freund und Probanden Ernst Fleischl von Marxow.

Freud hatte in einem eigenen Kapitel von *Über Coca* das Kokain nicht nur als probates Mittel bei »Störungen der Magenverdauung, gegen Asthma und als Aphrodisiakum, [...] als Stimulans insbesondere gegen Hysterie, Hypochondrie, melancholische Hemmung, Stupor und Neurasthenie«[145] gepriesen, sondern vor allem auch als Drogenersatz gerühmt und explizit betont, »daß die Cocopräparate die Kraft besitzen, den Morphinhunger bei gewohnheitsmäßigen Morphinisten zu unterdrücken und die bei der Morphinentwöhnung auftretenden schweren Kollapserscheinungen auf ein geringes Maß zurückzuführen.«[146] In der *Selbstdarstellung* ist nun lediglich von der lokalanästhesierenden Kraft des Kokains die Rede und von der vertanen Chance frühzeitigen Ruhms wegen einer geplanten Heirat. Wollte Freud – der Textsorte intellektuelle Autobiographie geschuldet – die authentische Darstellung seines beruflichen Lebenswerks nicht mit der Darstellung beruflicher Irrtümer und ärztlicher Fehlleistungen eintrüben und kontaminieren?

---

144 Horst Gundlach und Alexandre Métraux fassen in einer Analyse des Textes dessen divergierenden Deutungsmuster seitens der Forschung treffend zusammen: »Der Absatz wird mal als intime Information, mal als Sündenbocksuche geschildert, mal als offener, mal als verdrängter Selbstvorwurf, mal als Symptom verborgener Ambivalenz, mal als einfache Feststellungen seiner [Freuds] Enttäuschungen und seines Versäumnisses«. Vgl.: Horst Gundlach/Alexandre Métraux: Freud, Kokain, Koller und Schleich. In: Psyche 33 (1979), S. 434–451, Zitat: S. 440.

145 Stingelin (wie Anm. 23, Zugriff: 11. März 2020).

146 Freud: Über Coca (wie Anm. 21), S. 77.

Erforderte die Gattung im Sinne Freuds eine Art Heldengeschichte? Oder reichen Freuds Motive tiefer?

Für andere, tiefer gehende Motive spricht manches. Als Fritz Wittels, der bis 1910 zu Freuds Anhängern im Mittwochskreis gezählt hatte, 1924 die erste Biographie über Sigmund Freud mit dem Untertitel *Der Mann, die Lehre, die Schule* publiziert, zeigt sich der Portraitierte wenig angetan. Freud hatte Wittels im Vorfeld der Publikation eine Liste mit Errata und aus seiner Perspektive faktischen Verzerrungen zukommen lassen. Als das Buch erscheint, registriert Freud zwar in einem Brief an Wittels im August 1924: »Sie haben offenbar meine Berichtigungen verwertet«, hat aber an dem vorliegenden Werk Grundlegendes zu bemängeln:

> Sie kennen meine Einstellung zu diesem Werk, sie ist nicht freundlicher geworden. Ich bleibe dabei, daß jemand, der so wenig von einem weiß wie Sie von mir, kein Recht hat, eine Biographie über den Betreffenden zu schreiben. Man wartet, bis er gestorben ist, dann muß er alles über sich ergehen lassen, und es ist ihm zum Glück auch gleichgültig.[147]

Was Freud neben diesem grundsätzlichen Einwand einer mangelnden detaillierten Kenntnis des »Untersuchungsgegenstands« dann – zeitlich parallel zur Niederschrift seiner eigenen *Selbstdarstellung* – entfaltet, ist in einem Kritikpunkt für meine Analyse bemerkenswert: Freud wirft seinem ersten Biographen vor, »in der Cocaingeschichte, auf die Sie aus mir nicht bekanntem Motiv so großes Gewicht legen«, Kollers Entdeckung der lokalanästhesierenden Wirkung des Kokains »in falsches Licht [zu] rücken«.[148] Mehr noch: Glaubt man Ernest Jones, äußerte Freud Wittels gegenüber im Umfeld von dessen Recherchen zu seiner Biographie: »Das Studium von Kokain war ein Allotrion, das ich gerne beendet hätte.«[149] Jones fährt fort: »Der Ausdruck ›Allotrion‹ mit seinem Beigeschmack des Verbotenen war Freud aus der Schulzeit vertraut, als die Lehrer damit zum Beispiel eine Liebhaberei, die von ernster Pflichterfüllung ablenkte, zu bezeichnen pflegten.«[150]

Auf der einen Seite Selbstvorwürfe im Rahmen einer privaten Äußerung, auf der anderen Seite die Verleugnung einer möglichen Schuld in punkto Fleischl von Marxow, bzw. die Abwehr von Scham- und Schuldgefühlen durch Verschiebung eigener Schuldgefühle auf die Verlobte im Rahmen einer

---

147 Sigmund Freud: Brief an Fritz Wittels vom 15. August 1924. In: Freud: Briefe 1873–1939 (wie Anm. 132), S. 368.

148 Ebd., S. 369.

149 Zitiert nach Ernest Jones (wie Anm. 8), S. 108.

150 Ebd., S. 108.

öffentlichen Selbstdarstellung. Freuds Prozess einer Durcharbeitung der Fleischl-Episode, die zu besagter Versöhnung mit dem Verdrängten führen könnte, scheint auch noch in dieser späten Phase von Freuds Existenz mitten im Gange. Die hier beobachtbare Gefühlsambivalenz führt auf die Spur jener Prozesse, die sich auch in einer Änderung von Freuds wissenschaftlichem Interesse in der letzten Phase seines Lebens widerspiegeln. Eine Abwendung von dem unmittelbaren Studium der Psychoanalyse; eine Hinwendung zu »den Wechselwirkungen zwischen Menschennatur, Kulturentwicklung und jenen Niederschlägen urzeitlicher Erlebnisse, als deren Vertretung sich die Religion vordrängt«,[151] wie es in einer sogenannten *Nachschrift zur Selbstdarstellung* (1935) heißt. Freud schreibt dort:

> [...] aber es ist doch richtig zu sagen, daß ich seit der Aufstellung der zwei Triebarten (Eros und Todestrieb und der Zerlegung der psychischen Persönlichkeit in Ich, Über-Ich und Es (1923) keine entscheidenden Beiträge mehr zur Psychoanalyse geliefert, und was ich später geschrieben habe, hätte schadlos wegbleiben können oder wäre bald von anderer Seite beigebracht worden [...] Nach dem lebenslangen Umweg über die Naturwissenschaften, Medizin und Psychotherapie war mein Interesse zu jenen kulturellen Problemen zurückgekehrt, die dereinst den kaum zum Denken erwachten Jüngling gefesselt hatten.[152]

Eine dieser Studien, die Freud im Fortlauf des Nachworts nennt, *Das Unbehagen in der Kultur* (1930), wird die These vertreten, dass »Kulturentwicklung unausweichlich mit einem Anwachsen des Schuldgefühls verbunden sei.«[153] Freud wird in dieser Schrift bei der Analyse der affektiven Grundlagen des Kulturprozesses auch auf die Rolle der Drogen zu sprechen kommen. Ein Kreis in punkto Kokainepisode beginnt sich zu schließen.

b) *Das Unbehagen in der Kultur* (*1930*)

Freud – und diese Bemerkungen führen bereits in den Kern unserer Fragestellung – geht einleitend in der Schrift von der basalen Feststellung aus, dass der Mensch nach Glück strebt, dieses Streben jedoch von einer Lebensrealität unterminiert wird, die dem Glücksstreben uneinnehmbare Grenzen setzt und ihm statt Lustprinzip letztlich Triebverzicht abverlangt. Laut Freud sind die menschlichen »Glücksmöglichkeiten« durch unsere Konstitution und Einflüsse der Außenwelt von vorneherein unaufhebbaren Beschränkungen ausgesetzt.

---

151 Freud: Selbstdarstellung (wie Anm. 12), S. 98.

152 Ebd., S. 98.

153 Lothar Bayer/Kerstin Krone-Bayer: Das Unbehagen in der Kultur. In: Freud Handbuch (wie Anm. 104), S. 178.

> Von drei Seiten droht das Leiden, vom eigenen Körper her, der, zu Verfall und Auflösung bestimmt, sogar Schmerz und Angst als Warnsignale nicht entbehren kann, von der Außenwelt, die mit übermächtigen, unerbittlichen, zerstörenden Kräften gegen uns wüten kann, und endlich aus den Beziehungen zu anderen Menschen. Das Leiden, das aus dieser Quelle stammt, empfinden wir vielleicht schmerzlicher als jedes andere; wir sind geneigt, es als eine gewissermaßen überflüssige Zutat anzusehen, obwohl es nicht weniger schicksalsmäßig unabwendbar sein dürfte als das Leiden anderer Herkunft.[154]

Da dem Menschen auf diese Weise vom Schicksal die Karten zugeteilt sind, muss sich das Lustprinzip »unter dem Druck dieser Leidensmöglichkeiten [...] zum bescheideneren Realitätsprinzip«[155] umbilden, ein Vorgang, der die libidinösen Energien in uns in Aufruhr versetzt und unsere Psyche nach Kompensationsmöglichkeiten suchen lässt.

> Das Leben, wie es uns auferlegt ist, ist zu schwer für uns, es bringt uns zu viel Schmerzen, Enttäuschungen, unlösbare Aufgaben. Um es zu ertragen, können wir Linderungsmittel nicht entbehren. (Es geht nicht ohne Hilfskonstruktionen, hat uns Theodor Fontane gesagt.) Solcher Mittel gibt es vielleicht dreierlei: mächtige Ablenkungen, die uns unser Elend geringschätzen lassen, Ersatzbefriedigungen, die es verringern, Rauschstoffe, die uns für dasselbe unempfindlich machen. Irgendetwas dieser Art ist unerläßlich.[156]

»Der Pessimismus der Argumentation«,[157] wie dies Peter André Alt mit einer schlagenden Formulierung bezeichnet hat, ist an jeder Stelle des Textes greifbar. Hier schreibt ein Mann, der Religion als tröstende Illusion zu entlarven sucht, der kulturelle Leistung ausschließlich auf Basis der Unterwerfung unserer libidinösen Kräfte sich vollziehen sieht und dem technologischer Fortschritt immer an die Gefahr der Selbstauslöschung der eigenen Spezies gekoppelt ist. Der Mensch ist laut Freud »sozusagen eine Prothesengott geworden, recht großartig, wenn er alle seine Hilfsorgane anlegt, aber sie sind nicht mit ihm verwachsen und machen ihm gelegentlich viel zu schaffen.«[158] Das zielt, ohne die autobiographische Lesart überstrapazieren zu wollen, durchaus selbstironisch und illusionslos auf Freuds zwischen 1928 und 1930 – während der Niederschrift von *Das Unbehagen in der Kultur* – wiederholte Besuche in Hermann Schröders zahnärztlicher Universitätsklinik in Berlin ab. Freud reist dorthin, um die seit der Krebsoperation in den Restkiefer eingesetzte Prothese

154 Sigmund Freud: Das Unbehagen in der Kultur. Frankfurt a. Main ^{3}2013, S. 43.
155 Ebd., S. 43.
156 Ebd., S. 41.
157 Alt (wie Anm. 3), S. 707.
158 Freud, Das Unbehagen in der Kultur (wie Anm. 154), S. 57.

richten zu lassen, welche ihm wachsende Schmerzen bereitet und seine Ess- und Sprechfähigkeit erheblich einschränkt.[159] Wenig später, im Herbst 1930, wird festgestellt, dass sich in Freuds restlichem Kiefer eine neue Geschwulst gebildet hat. Mit dieser Diagnose tritt »Freuds Krankengeschichte in ihr letztes Stadium ein: das Karzinom ruhte nicht mehr.«[160] So ist *Das Unbehagen in der Kultur* und die in ihm reflektierten Möglichkeiten zur Leidverhütung nicht zuletzt auch eine nur wenig verschleierte poetische Meditation über die Verschlechterung des eigenen körperlichen Zustands und das daran gekoppelte unerbittliche Herannahen des Todes. Auch die Passagen des Textes, die auf die tröstenden Funktionen der Drogen verweisen, sind deutlich durch Freuds eigene Erfahrungen mit Kokain und Nikotin beeinflusst. 1926 war bei Freud als Nebenwirkung einer nicht ausgeheilten Angina eine Herzmuskelentzündung festgestellt worden. Der Hausarzt Ludwig Braun verordnete »absolute Nikotinabstinenz und einen längeren Klinikaufenthalt«.[161] Der Nikotinverzicht war Freud angesichts seines Karzinoms in der Mundhöhle schon lange angeraten worden, doch er hatte die unaufhebbare Gefühlsambivalenz zwischen Lustgewinn und Triebverzicht – bei drastisch reduziertem Konsum – zu Gunsten des Nikotins entschieden. In den Drogenpassagen von *Das Unbehagen in der Kultur* spielen zudem greifbar und implizit die Erinnerungen an die Kokainepisode mit Ernst Fleischl von Marxow hinein.

> Die interessantesten Methoden zur Leidverhütung sind aber die, die den eigenen Organismus zu beeinflussen suchen. Endlich ist alles Leid nur Empfindung, es besteht nur, insofern wir es verspüren, und wir verspüren es nur infolge gewisser Einrichtungen unseres Organismus. Die roheste, aber auch wirksamste Methode solcher Beeinflussung ist die chemische, die Intoxikation. Ich glaube nicht, daß irgendwer ihren Mechanismus durchschaut [!], aber es ist Tatsache, daß es körperfremde Stoffe gibt, deren Anwesenheit in Blut und Geweben uns unmittelbare Lustempfindungen verschafft, aber auch die Bedingungen unseres Empfindungslebens so verändert, daß wir zur Aufnahme von Unlustregungen untauglich werden. Beide Wirkungen erfolgen nicht nur gleichzeitig, sie scheinen auch innig miteinander verknüpft. […] Die Leistung der Rauschmittel im Kampf um das Glück und zur Fernhaltung des Elends wird so sehr als Wohltat geschätzt, daß Individuen wie Völker ihnen eine feste Stellung in ihrer Libidoökonomie eingeräumt haben. Man dankt ihnen nicht nur den unmittelbaren Lustgewinn, sondern auch ein heiß ersehntes Stück Unabhängigkeit von der Außenwelt. […] Man weiß doch, daß man mit Hilfe des »Sorgenbrechers« sich jederzeit dem Druck der Realität entziehen und in einer eigenen Welt Zuflucht finden kann. Es ist bekannt, daß gerade diese Eigenschaft der Rauschmittel auch ihre Gefahr und Schädlichkeit bedingt. Sie tragen unter Umständen

159 Vgl. Alt (wie Anm. 3), S. 799.
160 Ebd., S. 808.
161 Alt (wie Anm. 3), S. 797.

> die Schuld daran, daß große Energiebeiträge, die zur Verbesserung des menschlichen Loses verwendet werden könnten, nutzlos verlorengehen.[162]

Die grundlegende Ambivalenz zwischen der Sehnsucht nach »unmittelbaren Lustempfindungen« und kulturvermeidender Realitätsflucht, die nichts »zur Verbesserung des menschlichen Loses« beiträgt, bleibt für Freud in punkto Drogen unauflösbar. Diese »uranfängliche Gefühlsambivalenz«[163] ist auch das Kernargument jener »verhängnisvolle[n] Unvermeidlichkeit des Schuldgefühls«, die laut Freud im Individuum als »Ausdruck des Ambivalenzkonflikts, des ewigen Kampfes zwischen dem Eros und dem Destruktions- oder Todestrieb«[164] immerzu fortbesteht.

c) *Zeitgemäßes über Krieg und Tod (1915)*

Bis heute bleibt in der Forschung ein »blinder Fleck«, weshalb Freud eben diesen Tod weitgehend aus seiner psychodynamischen Theorie ausschloss. »Warum betrachtete er die Todesfurcht nicht als ursprüngliche Quelle der Angst?«[165] Weshalb unterstellte Freud, dass »Todesfurcht keine Angst vor dem Tod sondern [lediglich] die Tarnmaske für ein anderes Problem«, für andere Ängste (Kastration, Verlassenheit) darstellte?[166] Diese Negation der Todesfurcht als Primärquelle der Angst wird von Freud dezidiert in der Schrift *Hemmung, Symptom und Angst* (1926) formuliert. Freud kommt hier verknappt auf die Rolle der Todesangst in der Entstehung der Neurosen zu sprechen und verwirft Todesangst als »Analogon der Kastrationsangst« und Angst vor »Verlassensein vom schützenden Über-Ich«. Die zentrale Passage lautet:

> Es ist nach allem, was wir von der Struktur der simpleren Neurosen des täglichen Lebens wissen, sehr unwahrscheinlich, daß eine Neurose nur durch die objektive Tatsache der Gefährdung ohne Beteiligung der tieferen unbewussten Schichten des seelischen Apparats zustande kommen sollte. Im Unbewussten

---

162 Freud, Das Unbehagen in der Kultur (wie Anm. 154), S. 44f.

163 Ebd., S. 95.

164 Die 1920 von Freud in der Schrift *Jenseits des Lustprinzips* eingeführten Schlüsselbegriffe seiner so genannten zweiten Triebtheorie – Eros, Wiederholungszwang, Todestrieb – werden von Teilen der psychoanalytischen Forschung bis heute als »unwissenschaftlich, philosophisch und höchst spekulativ« eingeschätzt. Vgl.: Thomas Aichhorn: Jenseits des Lustprinzips. In: Freud-Handbuch (wie Anm. 104), S. 158–162 (Zitat: S. 158).

165 Irvin D. Yalom: Existenzielle Psychotherapie. Bergisch Gladbach ^{5}2010, S. 86. Yaloms bedeutsame Studie ist eine der wenigen Schriften, die sich detailliert mit der weitgehenden Verdrängung der Todesangst in Freuds Arbeiten auseinandersetzen. Vgl. dazu vor allem: S. 78–95.

166 Irvin D. Yalom: In die Sonne schauen. Wie man die Angst vor dem Tod überwindet. München 2008, S. 23f.

> ist aber nichts vorhanden, was unserem Begriff der Lebensvernichtung Inhalt geben kann [!] [...] etwas dem Tod Ähnliches ist aber nie erlebt worden oder hat wie die Ohnmacht keine nachweisbare Spur hinterlassen. Ich halte darum an der Vermutung fest, daß die Todesangst als Analogon der Kastrationsangst aufzufassen ist, und daß die Situation, auf welche das Ich reagiert, das Verlassensein vom schützenden Über-Ich – den Schicksalsmächten – ist, womit die Sicherung gegen alle Gefahren ein Ende hat.[167]

Der Verdacht drängt sich auf, dass bei einem Autor, der in seinem psychiatrischen Ansatz immer nach »nach den frühesten Ursprüngen – der Dämmerung des Lebens – der Lebensweise des primitiven Menschen – der vorsintflutlichen Horde – den grundlegenden Trieben und Instinkten«[168] bohrte und ausgerechnet vor der Todesangst inne hält, Verdrängung eine Rolle gespielt haben muss.

In der kurz nach Kriegsbeginn, bei nachlassender Patientenzahl quasi als Nebenprodukt entstandener Schrift *Zeitgemäßes über Krieg und Tod* (1915), wird diese Neigung des Menschen, den eigenen Tod zu verdrängen, von Freud offen bekannt.[169]

> Wenn man uns anhörte, so waren wir natürlich bereit zu vertreten, daß der Tod der notwendige Ausgang alles Lebens sei, daß jeder von uns der Natur einen Tod schulde und vorbereitet sein müsse, die Schuld zu bezahlen, kurz, daß der Tod natürlich sei, unableugbar und unvermeidlich. In Wirklichkeit pflegten wir uns aber zu benehmen, als ob es anders wäre. Wir haben die unverkennbare Tendenz gezeigt, den Tod beiseite zu schieben, ihn aus dem Leben zu eliminieren. Wir haben versucht, ihn totzuschweigen; wir besitzen ja auch das Sprichwort: man denke an etwas wie an den Tod. Wie an den eigenen natürlich. Der eigene Tod ist ja auch unvorstellbar, und so oft wir den Versuch dazu machen, können wir bemerken, daß wir eigentlich als Zuschauer weiter dabei bleiben. So konnte in der psychoanalytischen Schule der Ausspruch gewagt werden: im Grunde glaube niemand an seinen eigenen Tod oder, was dasselbe ist: im Unbewußten sei jeder von uns von seiner Unsterblichkeit überzeugt.[170]

Bereits hier betont Freud die Weigerung oder gar Unfähigkeit des Unbewussten, an die Tatsache des eigenen Todes zu glauben. Die tiefsten Triebregungen unserer Seele kennen »nichts Negatives, keine Verneinung, [...] dem Todesglauben kommt [...] nichts Triebhaftes in uns entgegen«.[171] Insgesamt neigt der

---

167 Sigmund Freud: Hemmung, Symptom und Angst. Frankfurt a. Main 1960, S. 43f.

168 Yalom (wie Anm. 165), S. 84.

169 Sigmund Freud: Zeitgemäßes über Krieg und Tod. In: Gesammelte Werke. Bd. X: Schriften aus den Jahren 1913–1917, Frankfurt a. Main 1946, S. 324–355.

170 Ebd., S. 341.

171 Ebd., S. 350.

Mensch laut Freud von Natur aus dazu, das unabdingbare Faktum, dass »jeder von uns der Natur einen Tod schulde« entweder ganz aus seinem Bewusstsein zu verdrängen oder aber lediglich beim Sterben anderer Menschen abzureagieren. Freud hätte fraglos der Inschrift auf dem Grabe Marcel Duchamps zugestimmt: *D'ailleurs c'est toujours les autres qui meurent* – »Im Übrigen sind es immer die anderen, die sterben«.

Für diese abwehrende Einstellung dem Tode gegenüber muss jedoch – so Freuds nächster Gedankenschritt in diesem Aufsatz – von der Psyche ein erheblicher Tribut entrichtet werden: Wer den Tod aus dem Leben verbannt, kann dieses Leben nicht mehr mit vollem Einsatz leben. Seine Existenz verliert an Wert und Intensität. Der Mensch getraut sich nicht, »eine Anzahl von Unternehmungen in Betracht zu ziehen, die gefährlich, aber eigentlich unerläßlich sind wie Flugversuche, Expeditionen in ferne Länder, Experimente mit explodierbaren Substanzen.«[172] Und so – Freud zeigt hier durchaus grimmigen Humor – bleibt das Leben »so schal, gehaltlos wie etwa ein amerikanischer Flirt, bei dem es von vornherein feststeht, daß nichts vorfallen darf«.[173] Entscheidend bleibt auch hier für Freud:

> Die Todesangst, unter deren Herrschaft wir häufiger stehen, als wir selbst wissen, ist dagegen etwas Sekundäres und meist aus Schuldbewußtsein hervorgegangen.[174]

Conclusio

Freud erprobt zeitlebens – beginnend mit den Schriften über Kokain, fortgeführt in *Die Traumdeutung, Das Ungenügen in der Kultur* und in der Schrift *Zeitgemäßes über Krieg und Tod* die konsequente Strategie, die eigene Person »zum Prüfstein seiner Hypothesen« zu machen, »weil von ihr zuverlässigere Ergebnisse zu erwarten waren als von Dritten.«[175] Als er im Frühjahr 1884 auf die noch weitgehend unbekannte Droge Kokain stößt, unternimmt er zunächst eine Serie von Selbstexperimenten, ehe er den Stoff als Medikament zum Morphinentzug beim Freund Ernst Fleischl von Marxow einsetzt. Freud ist zu Beginn der Therapie offenkundig nicht klar, und hier ist er in Einklang mit dem Erkenntnisstand der Wissenschaft jener Zeit, dass sich mittels Kokains subtile Formen körperlicher und psychischer Abhängigkeit ergeben können. Für ihn

172 Ebd. S. 343.
173 Ebd., S. 343.
174 Ebd., S. 351.
175 Stingelin (wie Anm. 23, Zugriff: 11. März 2020).

wird die Einnahme von Kokain in niedriger Dosierung zwischen 1884 und 1896 zu einer vertrauten Gewohnheit und einem probaten Remedium bei Hals- und Nasenschmerzen, Herzrhythmusstörungen, Reiseübelkeit und Stimmungsschwankungen.[176] Freud selbst scheint – anders als der Freund Fleischl von Marxow – in Sachen Kokain niemals ein Suchtprofil ausgebildet zu haben.[177]

Als er 1884 mit dem Schicksal seines Freundes Ernst Fleischl von Marxow vertraut gemacht wird, steht Freud ganz offenkundig unter dem Druck, sich als junger Arzt möglichst schnell einen Namen zu machen und die geplante Gründung einer Familie auf ein bürgerlich solides finanzielles Fundament zu stellen. Gleichzeitig ist unstrittig, dass er dem Freund aus einem ärztlichen und menschlichen Impuls heraushelfen will, von der Sucht nach dem Morphium loszukommen. Dass Freud sich dabei »nicht von Vorurteilen und dogmatischen Bedenken leiten ließ«,[178] und beim Schmerzpatienten Fleischl von Marxow, der alle anderen seiner Epoche bekannten medizinischen Optionen bereits ausgeschöpft hatte, einen unkonventionellen experimentellen Pfad einschlägt, spricht für die Freud eigene charakterliche Mischung aus Empathie, Wagemut und ausgeprägtem Selbstbewusstsein. Dass er sich dabei »der Gefahr aussetzte, kritische Einwände nicht ernst genug zu nehmen«[179] und seine eigene Verantwortung für das Scheitern des Experiments über Jahrzehnte weg nur unzureichend in den Blick nahm, geht aus den erst kürzlich vollständig publizierten Briefen an die Verlobte Martha Bernays und aus seinen Analysen der eigenen Träume in *Die Traumdeutung* deutlich hervor. Freud lädt aus juristischer Perspektive keine Schuld für den nicht glückenden Morphinentzug auf sich. Er weiht Fleischl von Marxow in jeden Schritt des Kokainexperiments ein und ist fraglos vom medizinischen Impetus motiviert, den Freund und Patienten von der Sucht nach Morphium zu heilen.[180] Schuldgefühle dürften jedoch in jener Phase des Sommers 1884 entstanden sein, als

176 Vgl. hierzu: Siegfried Bernfeld: Freuds Kokain-Studien 1884–1887. Erschienen 1953, Wiederabdruck in: Siegfried Bernfeld/Suzanne Cassirer Bernfeld: Bausteine der Freud-Biographik. Hg. und übersetzt von Ilse Grubrich-Simitis. Frankfurt a. Main 1981, S. 198–236, vor allem: S. 222f.

177 Die Gegenposition vertritt eine Studie von Elisabeth Thornton. Thornton sieht die Komplexität und – aus ihrer Perspektive – Verworrenheit zahlreicher Texte Freuds ursächlich durch seinen regelmäßigen Kokain-Konsum motiviert. Eine These, die Thornton m.E. nicht überzeugend zu belegen vermag. Vgl. Elisabeth M. Thornton: Freund and Cocaine. The Freudian Fallacy. London 1983.

178 Hirschmüller (wie Anm. 21), S. 39.

179 Ebd., S. 39.

180 Siegfried Bernfeld stellt in einem wichtigen Beitrag zum Thema die These auf, »daß der Wunsch, Fleischl 1884 bei der Bekämpfung seiner Morphiumsucht beizustehen, in Freuds Abwehr seiner unbewußten Todeswünsche, im Sinne einer Reaktionsbildung

Freud erkennt, dass der Entzug nicht erfolgreich verlaufen wird und dennoch an den Kokaininjektionen festhält. Freud ignoriert zusätzlich in den zu jener Phase erschienenen Studien zum Kokain das mittlerweile zumindest erahnte Suchtpotenzial der Droge und hält weiterhin die These der – offenkundig nicht vorhandenen – Tauglichkeit des Kokains für den Morphinentzug aufrecht. Hier mag der auf dem jungen Arzt lastende gesellschaftliche Druck in der medizinischen »Community« möglichst schnell zu Ruhm und gesellschaftlicher Anerkennung zu gelangen, eine Rolle gespielt haben. Unbedingte moralische Integrität strahlt Freuds Verhalten hier wohl nicht aus.

Auf der anderen Seite ist Freud in der Selbstanalyse zu versiert, um die Widersprüche, in die er sich verstrickt hat, ignorieren zu können oder zu wollen. Die *Traumdeutung* stellt einen ersten schriftstellerischen Versuch im Sinne einer Poesietherapie dar, die Mechanismen der Verdrängung innerhalb der eigenen Psyche in punkto Fleischl von Marxow aufzuarbeiten. Die spätere, autobiographisch ergiebige *Selbstdarstellung* liefert zudem Hinweise darauf, dass Freuds »ausgeprägte Fähigkeit zur Verdrängung«[181] in punkto Fleischl und Kokainepisode intakt zu sein scheint. Die von Freud in *Das Unbehagen in die Kultur* vollzogene Überarbeitung seiner Schuldtheorie, die nun von einer »uranfänglichen Gefühlsambivalenz« im ewigen Widerstreit von kultureller Leistung und bedingungslosem Streben nach Lustgewinn ausgeht und in diesem Kontext Drogen als zentrale Ausdrucksmittel und Medien derartiger Gefühlsambivalenzen begreift, dokumentiert, dass Freud am Ende seines Lebens den Prozess des Durcharbeitens der Fleischl-Episode noch immer nicht abgeschlossen hat.[182]

Belegbar schließlich ist, dass sich in der Rundung von Freuds Leben noch einmal zwei Äußerungen finden lassen, die sein Selbstverständnis bezüglich seiner Rolle im Zusammenhang mit Ernst Fleischl von Marxow in einem neuen Lichte erscheinen lassen.

Der erste dieser Belege findet sich in einem Brief, den Freud an Josef Meller, Professor für Augenheilkunde am 8. November 1934 schreibt und den Han Israëls im Freud Museum in London entdeckt hat. Freud kommt hier noch einmal auf seine Beschäftigung mit dem Kokain um 1884 zu sprechen. Neu ist, dass er an dieser Stelle erstmals dabei auch seine Rolle und Beteiligung

---

eine Funktion erfüllte. Er wollte seinem Freund dazu verhelfen, länger zu leben und seine Schwäche zu überwinden. Vgl. Siegfried Bernfeld (wie Anm. 176), S. 233.

181 Freuds aktueller Biograph Peter André Alt kommt zu dem Schluss, dass Freud bezüglich der Kokainepisode im Zusammenhang mit Ernst Fleischl von Marxow »Schuldgefühle peinigten, die er niemals vollständig verarbeitete«. Alt (wie Anm. 3), S. 120. Eine These, deren Beleg und/oder Widerlegung schwerfällt.

182 Ebd., S. 120.

am Morphinentzug Fleischls erwähnt und sie einer kritischen Bewertung unterzieht.

> Wie war ich zum Cocain gekommen [...]? Meine Interessen waren damals längst spezialisirt, auf Hirnanatomie und neurologische Diagnostik gerichtet. Aber ein emotionelles Interesse war in mir erwacht, als ich zufällig in einer Kanadischen Zeitschrift die Notiz fand, das Alkaloid der Cocapflanze leiste ausgezeichnete Dienste bei der Morphinentwöhnung. Ich wusste, dass einer meiner hochgeschätzten Lehrer am physiologischen Institut, der mich auch seines persönlichen Umgangs würdigte, Dr. Ernst v. Fleischl, Morphinist war. Er litt an Neuromen nach einer Amputation des Daumens, die infolge einer Leicheninfektion notwendig geworden war. Um ihm Erleichterung zu schaffen, liess ich mir das Mittel von Merck kommen [...] Meine Absicht bei diesen Arbeiten misslang, vielmehr sie schlug ins Gegenteil um. In meiner damaligen Naivität hatte ich nicht bedacht [!], dass das Cocain nichts gegen die Schmerzen leisten könne, die Fleischl zum beständigen Gebrauch von Morphin trieben. Nach einer überraschend leichten Entwöhnung vom Morphin wurde er Cocainist anstatt Morphinist, entwickelte arge psychische Störungen und wir waren alle froh, als er später zum früheren und milderen Gift zurückkehrte.[183]

Freud verzichtet hier nicht nur völlig auf seine lange aufrecht erhaltene These, dass Ernst Fleischl von Marxows Morphinentzug durch die von ihm verordneten Kokaingaben ein voller Erfolg gewesen sei und kein Suchtpotenzial bezüglich des Kokains bei Fleischl geweckt habe. Wichtiger noch: Er stellt seine Rolle in der Episode erstmals in einem völlig anderen Lichte dar. Es ist plötzlich die Rede von »meiner damaligen Naivität«, von »meine Absicht misslang« und einer verordneten Therapie, deren Ziele »ins Gegenteil« umschlugen. Kurzum: Freud gesteht zumindest seine Fehleinschätzung als Mediziner in der Kokainepisode unumwunden ein. Dies weicht erheblich ab von den bis in die 1920er Jahren gewählten Strategien der Selbstdarstellung Freuds im Umfeld seiner Beschäftigung mit Kokain. In einem zweiten, von Albrecht Hirschmüller entdeckten Brief an den Züricher Mediziner Rudolf Brun vom 18.03.1936, bezeichnet Freud seine Schriften *Beitrag zur Kenntiß der Cocawirkung* (1885) und *Bemerkungen über Cocainsucht und Cocainfurcht* (*1887*) als »Jugendsünden« und zählt sie zu den Arbeiten, die niemals hätten veröffentlicht werden sollen.[184]

Der Brief Freuds reagiert nicht zuletzt auf die massiven kultur- und sozialgeschichtlichen Veränderungen im Umgang mit Kokain von den 1880er Jahren bis in die 1930er hinein. Eine »gewaltige Kokainwelle [hatte] in dieser Phase

183 Zitiert nach Han Israëls (wie Anm. 59), S. 117.

184 Sigmund Freud: Brief an Rudolf Brun vom 18.03. 1936. Zitiert nach Hirschmüller (wie Anm. 21), S. 36.

Europa überschwemmt.«[185] Das suchtbildende Potenzial des Kokains war mittlerweile unstrittig, die Droge wurde als Betäubungsmittel eingestuft und ihr Konsum war ab 1914 in den USA und ab 1916 in Europa strafbar. Mit Procain kam ab 1904 zudem ein Stoff auf den Markt, der Kokain als Lokalanästhetikum substituierte.[186] Die soziale Ächtung des Kokains durch »Ärzte, Sozialarbeiter und Polizisten«[187] war, in eklatantem Gegensatz zu den 1880er Jahren, in vollem Gange.

Freud muss zwangsläufig die Wende in diesem Diskurs zur Kenntnis nehmen. Er hält ihn jedoch nicht davon ab, an seiner positiven Einschätzung der stimulierenden, antidepressiven Kraft der Droge Kokain auch in seinen späten Jahren in einer Schrift wie *Das Unbehagen in der Kultur* festzuhalten. Aber er zwingt Freud gleichzeitig zu einer partiellen Revision seiner anfänglichen Euphorie gegenüber der Droge. Ihr Suchtpotenzial und ihr möglicher destruktiver Einfluss auf die psychische Struktur eines Menschen scheint ihm mittlerweile durch eine wachsende Zahl an Fallbeispielen allzu deutlich geworden. Möglich ist, dass Freud nicht zuletzt im Zusammenhang mit dieser sich wandelnden kulturellen Codierung des Kokains auch zu einer anderen Einschätzung seiner eigenen »Kokainepisode« mit Ernst Fleischl von Marxow gelangt. Die hier im Zuge der Selbstanalyse entstehenden Einsichten dürften schmerzhaft gewesen sein. Dafür spricht die augenfällige Zurückhaltung Freuds, sich mit dem Thema Sucht auf der Ebene seiner psychoanalytischen Schriften – von den wenig benannten Ausnahmen abgesehen – auseinander zu setzen.[188] Die privaten schriftlichen Zeugnisse der Briefe in der späten Phase dokumentieren jedoch, dass Freud den Prozess der Durcharbeitung seiner ärztlichen und menschlichen Rolle im Fall Fleischl auf der Ebene seiner privaten Existenz mit hoher Wahrscheinlichkeit vollzogen hat. Was die öffentliche Existenz – und die Beurteilung seiner Rolle als Person der Zeitgeschichte angeht – hat sich Freud bereits früh keinerlei Illusionen hingegeben. Gegenüber Fritz Wittels, bis 1910 Teilnehmer in Freuds Mittwochskreis und erster Freud-Biograph, bemerkt er am 15. August 1924 nach Erscheinen von *Sigmund*

185 Hirschmüller (wie Anm. 21), S. 37.

186 Vgl. zu diesem Themenkomplex: Hans W. Maier: Der Kokainismus. Geschichte/Pathologie. Medizinische und behördliche Bekämpfung. Leipzig 1926, vor allem: S. 46–87.

187 Ebd., S. 38.

188 Vgl. dazu: Eberhard Haas: Freuds Kokainepisode und das Problem der Sucht. In: Jahrbuch der Psychoanalyse 12 (1983), S. 171–229. Haas konstatiert in der Studie: »Gleichwohl finden sich in seinen [Freuds] späteren Schriften auffallend wenig Hinweise zum Thema Sucht. Es hat den Anschein als vermeide er dieses Gebiet, als gäbe es ein inneres konflikthaftes Hindernis, sich damit ebenso intensiv zu befassen, wie es sonst mit beinahe allen Gebieten der Psychopathologie geschehen ist« (S. 173).

Freud. Der Mann, die Lehre, die Schule sehr offen in einem Brief: »Sie haben längst erraten, daß ich mit dem Erfolg Ihres Buches über mich nicht zufrieden bin. Aber man ist ja ›ein großer Mann‹, also ein wehrloses Objekt«.[189]

Das Konzept einer verdrängten Schuld, an welche sich Todesangst koppelt, ist Freud in der Rückschau auf sein Kokainexperiment mit dem Freunde Ernst Fleischl von Marxow wohl deutlich geworden. Die Verleugnung des Todes und der an ihn gekoppelten Ängste wird dennoch weiterhin bei Freud als eine Ausgangsbedingung der menschlichen Existenz begriffen und in seinen Schriften nur an wenigen Stellen in Frage gestellt. Eine dieser seltenen Passagen findet sich am Ende der Schrift *Zeitgemäßes über Krieg und Tod*:

> Wäre es nicht besser, dem Tode den Platz in der Wirklichkeit und in unseren Gedanken einzuräumen, der ihm gebührt, und unsere unbewußte Einstelllung zum Tode, die wir bisher so sorgfältig unterdrückt haben, ein wenig mehr hervorzukehren? Es scheint das keine Höherleistung zu sein, eher ein Rückschritt in manchen Stücken, eine Regression [!], aber es hat den Vorteil, der Wahrhaftigkeit mehr Rechnung zu tragen und uns das Leben wieder erträglicher zu machen. Das Leben zu ertragen, bleibt ja doch die erste Pflicht aller Lebenden. Die Illusion wird wertlos, wenn sie uns darin stört. Wir erinnern uns des alten Spruches: Si vis pacem, para bellum. Wenn du den Frieden erhalten willst, so rüste zum Kriege. Es wäre zeitgemäß, ihn abzuändern: Si vis vitam, para mortem. Wenn du das Leben aushalten willst, richte dich auf den Tod ein.[190]

---

189 Freud, Brief an Fritz Wittels, 15. August 1924 (wie Anm. 147), S. 370f.

190 Sigmund Freud: Zeitgemäßes über Krieg und Tod (wie Anm. 169), S. 354f.

KAPITEL VI

Väter, Frauen, Mäuse und Schwindelanfälle. Zur Ambivalenz des Angstmotivs bei Franz Kafka

Gabriele Kafka, genannt Eli, wird als älteste Tochter von Julie und Hermann Kafka am 22. September 1889 in Prag geboren. Sie zeugt drei Kinder mit dem Handelsagenten Karl Hermann, den sie 1910 geheiratet hat. Die Erziehung des erstgeborenen Sohnes Felix liegt dem Paar besonders am Herzen. Reformpädagogische Konzepte machen in der Phase der Jahrhundertwende die Runde. Karl Foersters *Jugendlehre* war 1904 erschienen und hatte eine Art »Revolution der Kinderstube«[1] mit ausgelöst. Eli ist infiziert vom neuen Gedankengut einer vermeintlich kindgerechten Erziehung ihres Sohnes im Kreise Gleichaltriger. Gleichzeitig plagen die junge Frau Zweifel, nicht zuletzt ausgelöst durch die eigenen Sozialisationsmuster im engen kleinbürgerlichen Prager Milieu unter dem Diktat des patriarchalischen Vaters. Also fragt Eli im Sommer 1921 ihren sechs Jahre älteren Bruder, den Juristen Franz Kafka, um Rat.

Kafka nimmt seit 1915 regen Anteil an der Erziehung und Entwicklung der Kinder seiner Schwester. Er rät, den mittlerweile 10-jährigen Felix in der *Neuen Schule Hellerau* unterzubringen, einem »Landerziehungsheim nach dem Vorbild der reformpädagogischen Odenwaldschule«.[2] Kafkas Argumente für die vorgeschlagene Maßnahme fallen dabei radikal aus. Er zitiert in einem Brief an seine Schwester unter anderem Jonathan Swift, der im sechsten Buch von *Guilliver's Travels* konstatiert: »Eltern dürfe man am wenigsten unter allen Menschen die Erziehung der Kinder anvertrauen.«[3] Eli Kafka ist skeptisch. Kommt eine solche Maßnahme für ein 10-jähriges Kind nicht allzu früh und vermag ein solches Experiment nicht traumatisch auf ein kindliches Gemüt zu wirken? Ihr Bruder widerspricht dem vehement. Interessant ist seine Beweisführung:

> Der Eigennutz der Eltern – das eigentliche Elterngefühl – kennt ja keine Grenzen. Noch die größte Liebe der Eltern ist im Erziehungssinn eigennütziger als die kleinste Liebe des bezahlten Erziehers. Es ist nicht anders möglich. Die Eltern stehn ja ihren Kindern nicht frei gegenüber, wie sonst ein Erwachsener dem Kind

1 Reiner Stach: Kafka. Die Jahre der Erkenntnis. Frankfurt a. Main 2011, S. 333.

2 Ebd., S. 334.

3 Franz Kafka: Brief an Elli Hermann, Herbst 1921. In: ders.: Briefe 1902–1924. Gesammelte Werke. Hg. von Max Brod. New York 1958, S. 343.

 | DOI:10.30965/9783957437068_007

> gegenübersteht, es ist doch das eigene Blut – noch eine schwere Komplikation: das Blut beider Elternteile. Wenn der Vater (bei der Mutter ist es entsprechend) »erzieht«, findet er z. B. in dem Kind Dinge, die er schon in sich gehaßt hat und nicht überwinden konnte und die er jetzt bestimmt zu überwinden hofft, denn das schwache Kind scheint ja mehr in seiner Macht als er selbst, und so greift er blindwütend, ohne die Entwicklung abzuwarten, in den werdenden Menschen, oder er erkennt z. B. mit Schrecken, daß etwas, was er als eigene Auszeichnung ansieht und was daher (daher!) in der Familie (in der Familie!) nicht fehlen darf, in dem Kinde fehlt, und so fängt er an, es ihm einzuhämmern, was ihm auch gelingt, aber gleichzeitig mißlingt, denn er zerhämmert dabei das Kind [...] Das sind, aus Eigennutz geboren, die zwei Erziehungsmittel der Eltern: Tyrannei und Sklaverei in allen Abstufungen, wobei sich die Tyrannei sehr zart äußern kann (»Du mußt mir glauben, denn ich bin deine Mutter!«) und die Sklaverei sehr stolz (»Du bist mein Sohn, deshalb werde ich dich zu meinem Retter machen«), aber es sind zwei schreckliche Erziehungsmittel, zwei Antierziehungsmittel, geeignet, das Kind in den Boden, aus dem es kam, zurückzustampfen.[4]

Die leibliche Familie als Ort der Unfreiheit also, als »Käfig der Erwachsenen«, die sich »an den Kindern nur austoben«,[5] wie es in einem weiteren Brief an die Schwester aus dem Herbst 1921 heißt. Hier spricht einer, der zwei Jahre zuvor, zwischen dem 10. und 13. November 1919, auf hundertdrei handschriftlichen Seiten verzweifelt versucht hatte, mit der eigenen Familienaufstellung halbwegs ins Reine zu kommen. Kafkas berühmter *Brief an den Vater*, dies ist bekannt, wird von ihm niemals abgeschickt. Das Grundmuster des Briefes besteht in einem imaginären Dialog zwischen Vater und Sohn, in welchem sich die Stimme des Sohnes Rechenschaft über ihr Verhältnis zum Vater zu geben versucht und sich dabei immer wieder probeweise in dessen Position versetzt. Peter-André Alt hat in seiner Kafka Biographie drei Grundfiguren benannt, die den *Brief an den Vater* und auch »Kafkas literarische Arbeiten strukturieren: Angst, Kampf und Tausch.«[6] Ausschlaggebend für meine folgende Untersuchung ist das Motiv der Angst.

»Ich war ein ängstliches Kind; trotzdem war ich gewiß auch störrisch«,[7] heißt es kurz nach Beginn des Briefs. Der Text setzt ein mit der Behauptung, sein Verfasser, Kafka, verspüre Furcht[8] vor dem Vater und habe den vorliegenden

---

4 Ebd., S. 345f.

5 Ebd., S. 339.

6 Peter-André Alt: Franz Kafka. Der ewige Sohn. München²2008, S. 564.

7 Brief an den Vater. In: Franz Kafka: Nachgelassene Schriften und Fragmente. Apparatband II. Hg. von Jost Schillemeit. Frankfurt a. Main 1992, S. 148.

8 Kafka gebraucht die Begriffe Angst und Furcht an dieser Stelle weitgehend synonym. Dies ist etwas überraschend, da Kafka spätestens ab Frühjahr 1918 sich einer genaueren Lektüre der Schriften Sören Kierkegaards unterzieht. Kierkegaard gilt »gemeinhin als Urheber der Unterscheidung zwischen der Angst als einem ungerichteten, gegenstandslosen Gefühl und

Brief »zur Begründung dieser Furcht«[9] überhaupt erst geschrieben. Die Angst wird im Brief im Folgenden als »Grunderlebnis des Kindes«,[10] dargestellt: die Angst vor der körperlichen Dominanz des Vaters, vor seiner cholerischen Art, die zu nicht vorhersagbaren Machtdemonstrationen – siehe das berühmt gewordene »Pawlatsche-Erlebnis«[11] – führen konnten, die Angst vor drohenden Schlägen, zu denen es faktisch wohl selten kommt, die permanente Angst vor schulischem Versagen,[12] die das Kind in den Augen des Vaters zum Versager stempeln würden, die Angst in den Gesichtern der Bediensteten, die vor der Tyrannei des Vaters erzitterten usw.

---

der Furcht, die sich stets auf bestimmte Gegenstände oder Sachverhalte beziehen soll.« Vgl. Christoph Demmerling/Hilde Landweer: Philosophie der Gefühle. Von Achtung bis Zorn. Stuttgart/Weimar 2007, S. 83.

9 Brief an den Vater (wie Anm. 7), S. 143.

10 Alt (wie Anm. 6), S. 564.

11 Die Passage im Brief an den Vater lautet wie folgt: »Ich winselte einmal in der Nacht immerfort um Wasser, gewiß nicht aus Durst, sondern wahrscheinlich teils um zu ärgern, teils um mich zu unterhalten. Nachdem einige starke Drohungen nicht geholfen hatten, nahmst Du mich aus dem Bett, trugst mich auf die Pawlatsche [umlaufende Laubengänge der Innenhöfe] und ließest mich dort allein vor der geschlossenen Tür ein Weilchen im Hemd stehn. Ich will nicht sagen, daß das unrichtig war, vielleicht war damals die Nachtruhe auf andere Weise wirklich nicht zu verschaffen, ich will aber damit Deine Erziehungsmittel und ihre Wirkung auf mich charakterisieren. Ich war damals nachher wohl schon folgsam, aber ich hatte einen inneren Schaden davon. Das für mich Selbstverständliche des sinnlosen Ums-Wasser-Bittens und das außerordentlich Schreckliche des Hinausgetragen-werdens konnte ich meiner Natur nach niemals in die richtige Verbindung bringen. Noch nach Jahren litt ich unter der quälenden Vorstellung, daß der riesige Mann, mein Vater, die letzte Instanz fast ohne Grund kommen und mich in der Nacht aus dem Bett auf die Pawlatsche tragen konnte und daß ich also ein solches Nichts für ihn war.« Brief an den Vater (wie Anm. 7), S. 149.

12 Vgl. dazu ebenfalls: Brief an den Vater (wie Anm. 7), S. 196f: »Niemals würde ich durch die erste Volksschulklasse kommen, dachte ich, aber es gelang, ich bekam sogar eine Prämie; aber die Aufnahmeprüfung ins Gymnasium würde ich gewiß nicht bestehn, aber es gelang; aber nun falle ich in der ersten Gymnasialklasse bestimmt durch, nein, ich fiel nicht durch und es gelang immer weiter und weiter. Daraus ergab sich aber keine Zuversicht, im Gegenteil, immer war ich überzeugt – und in Deiner abweisenden Miene halte ich förmlich den Beweis dafür – daß, je mehr mir gelingt, desto schlimmer es schließlich wird ausgehn müssen. Oft sah ich im Geist die schreckliche Versammlung der Professoren (das Gymnasium ist nur das einheitlichste Beispiel, überall um mich war es aber ähnlich), wie sie, wenn ich die Prima überstanden hatte, also in der Sekunda, wenn ich diese überstanden hatte, also in der Tertia u. s. w. zusammenkommen würden, um diesen einzigartigen himmelschreienden Fall zu untersuchen, wie es mir, dem Unfähigsten und jedenfalls Unwissendsten gelungen war, mich bis hinauf in diese Klasse zu schleichen, die mich, da nun die allgemeine Aufmerksamkeit auf mich gelenkt war, natürlich sofort ausspeien würde, zum Jubel aller von diesem Albdruck befreiten Gerechten. Mit solchen Vorstellungen zu leben ist für ein Kind nicht leicht.«

Das Gefühl der Angst ist jedem Menschen vertraut. Bei Kafka ist es von Anfang an sowohl Gegenstand seines Lebens als auch seiner Literatur. »Und außerdem ist ja mein Wesen: Angst«,[13] wird Kafka in einem Brief an die Geliebte Milena Jesenská etwas kokettierend festhalten und in einem weiteren Brief ergänzen: »ja ich bestehe aus ihr und sie ist vielleicht mein Bestes.«[14]

Im Falle des Dichters Franz Kafka herrscht in der Forschung seltene Einstimmigkeit darüber, dass Angst einen jener zentralen Faktoren bildet, über den sich Kafkas Leben ebenso wie seine literarische Produktion deuten lässt. Drei knappe Belege aus den maßgebenden biographischen Arbeiten zu diesem Autor mögen diese These stützen. Peter-André Alt konstatiert in seiner 2005 erschienenen Studie *Der ewige Sohn*: »Angst ist für Kafka immer wieder eine existentielle Chiffre, denn sie bildet das Kontaktmedium, über das er die Wirklichkeit und das eigene Ich erfährt.«[15] Reiner Stach formuliert angesichts des bereits geschilderten »Pawlatsche« Erlebnisses im *Brief an den Vater* im letzten Teil seiner dreibändigen Kafka Biographie 2014:

> Kafkas Erlebnis auf der »Pawlatsche« [an Prager Wohnhäusern häufig auffindbare Laubengänge im Innenhof] zählt zu Recht zu den Schlüsselszenen seiner psychischen Biographie. Allein der bildliche Gehalt – das kleine Kind, das unter nächtlichem Himmel und beinahe nackt vor der verschlossenen Tür seiner Eltern steht – ist stark genug, um die drei fundamentalen Motive in Kafkas Welt – Macht, Angst, Einsamkeit, in ihren wechselseitigen Abhängigkeiten blitzartig zu erhellen.[16]

Und Klaus Wagenbach, der erste namhafte Biographie Franz Kafkas, vermerkt in der Neuausgabe von *Franz Kafka. Eine Biographie seiner Jugend* 2006: »Kafka wollte nur die Werke [...] erhalten wissen, die direkt von der ›Angst‹ sprechen.«[17]

Angst ist also wahrnehmbar bei Kafka, in seiner Existenz und in seiner Literatur. Um welche Ängste jedoch, konkret gesprochen, handelt es sich neben der bereits beschriebenen Angst vor dem Vater?

Und – der nahe liegende zweite Fragekomplex – an welcher Stelle und mit welcher Intention fließen diese Ängste in Kafkas literarische Darstellungen ein? Schließlich, drittens und im Gang der Analyse an erster Stelle zu verhandeln: Was eigentlich meint Angst als Wissensbestand bei Kafka? Aus welchen kulturhistorischen zeitgenössischen Diagnosen speist sie sich?

---

13 Brief an Milena, 12. Juni 1920. In: Franz Kafka: Briefe an Milena. Erweiterte und neu geordnete Ausgabe. Hg. von Jürgen Born und Michael Müller. Frankfurt a. Main 1983, S. 57.

14 Brief an Milena vom 9. August 1920 (wie Anm. 13), S. 201.

15 Alt (wie Anm. 6), S. 564.

16 Reiner Stach: Kafka. Die frühen Jahre. Frankfurt a. Main 2017, S. 76f.

17 Klaus Wagenbach: Franz Kafka. Biographie seiner Jugend. Berlin 2006, S. 9.

Wissensbestände 1: Freud – Erwartungsangst, Situations- und Mäusephobien

Kafka wird auf die Lehre Freuds weniger durch systematisches Studium als vielmehr durch Vortragsbesuche, Gesprächszirkel und Zeitschriftenartikel aufmerksam.[18]

In einem Brief an den Freund Felix Weltsch bemerkt er einmal, dass er den »verdammt psychologischen Theorienkreis« nicht liebe, aber wohl von ihm »besessen« sei.[19] Im Brief an Willy Haas im Juli 1912 konstatiert er gegenüber den Arbeiten Freuds »nur einen großen leeren Respekt«[20] und begründet dies später mit dem in seinen Augen vermessenen Anspruch der Psychoanalyse, die Persönlichkeit eines Menschen bis in ihre tiefsten Wurzeln auf Basis monokausaler Erklärungsmuster verfolgen und dort analysierte »Defekte« der Psyche dann heilen zu können. Kafka empfindet diese Idee als geradezu

---

18 Kafka dürfte vor allem durch die Lektüre von Schriften einiger Schüler Sigmund Freuds ab 1910 mit zentralen Inhalten der Psychoanalyse (Mechanismen der Traumarbeit, Technik der Assoziation, Theorie des ödipalen Konflikts, Symboldeutung, erste Grundzüge der Neurosenlehre) in Berührung gekommen sein. Zu diesen Schülern gehörten Wilhelm Stekel, der 1912 im *Prager Tageblatt* einige Artikel veröffentlicht hatte, und Theodor Reik, der in der von Kafka gelesenen Zeitschrift *Pan* seit Herbst 1911 Artikel über Flaubert, Schnitzler und Freud publizierte. Unter den Zeitschriften, die Kafka las, hatte schon 1910 *Die neue Rundschau* mit einem Aufsatz des Psychologen und Mediziners Willy Hellpach relativ ausführlich über die Psychoanalyse informiert. Gesprächsgegenstand war sie nachweislich auch in dem Prager Salon von Berta Fanta, in dem viel über Philosophie und Psychologie debattiert wurde und den Kafka sporadisch besuchte. Schließlich bildeten nicht zuletzt die regelmäßigen Treffen mit seinen Freunden Max Brod und Felix Weltsch für Kafka wichtige Informationsquellen. 1913 veröffentlichten Brod und Weltsch ein Buch, das unter dem Titel »Anschauung und Begriff« eine ambitionierte Wahrnehmungspsychologie menschlicher Urteilsbildung entwarf, die sich stellenweise auf Schriften Freuds berief.

Vgl. zu diesem Themenkomplex: Thomas Anz: Die Leiden einer Generation. Kafka und die Psychoanalyse. Literaturkritik.de http://literaturkritik.de/public/rezension.php?rez_id=12104. Erschienen am 22.07.2008, Zugriff: 11.03.2020. Hartmut Binder: Kafka und die Psychoanalyse. In: ders.: Motiv und Gestaltung bei Franz Kafka. Bonn 1987, S. 92–115.

19 Brief an Felix Weltsch Mitte/Ende Oktober 1917 (wie Anm. 3), S. 187.

20 Die erste, beiläufige Erwähnung Freuds findet sich in einer Tagebuchnotiz vom 10. Juli 1912, die zweite neun Tage später in besagtem Brief an Willy Haas, der Kafka begeistert über seine Lektüre eines Buches von Freud berichtet hatte. Kafka antwortete ihm: *Von Freud kann man Unerhörtes lesen, das glaube ich. Ich kenne leider nur wenig von ihm und viel von seinen Schülern und habe deshalb nur einen großen leeren Respekt vor ihm. Wenn es sich um das Buch von Freud handelt, das Sie in Ihrer Bibliothek hatten, so verdanken Sie eigentlich die Lektüre mir, denn ich hatte, als ich bei Ihnen war, die Hand schon danach ausgestreckt.* Vgl. Franz Kafka: Briefe 1900–1912. Hg. von Hans-Gerd Koch, Frankfurt a. Main 1999, S. 162.

absurd. »Ich kann Dir und niemandem begreiflich machen, wie es in mir ist«, schreibt er am 2. Dezember 1920 an Milena Jesenská, »wie könnte ich begreiflich machen, warum es so ist; das kann ich nicht einmal mir selbst begreiflich machen.«[21] Parallel dazu ist Kafka der Gedanke allzu vertraut, dass Träume, Tagträume, unbewusste Phantasien, Ängste und unbewältigte Konflikte das Verhalten eines jeden Menschen entgegen dessen explizitem Willen zu steuern vermögen. Früh auch protokolliert Kafka seine Träume und sucht nach einem Schlüssel, ihnen Bedeutung geben zu können.[22] Berühmt geworden ist Kafkas Tagebucheintrag vom 23. September 1912, in welchem der Dichter den rauschhaften Glückszustand der vorangegangenen Nacht beschreibt, in welcher er seine Erzählung *Das Urteil* in »einem Zug geschrieben« hatte. Kafka notiert lakonisch: »Gedanken an Freud natürlich«.[23]

Eine bisher von der Forschung meines Wissens noch nicht berührte Schnittstelle zwischen Kafka und Freud findet sich im Verständnis und der Darstellung des Phänomens der Angst. Jene Überlegungen zur Angst, die Freud primär in seinen *Vorlesungen zur Einführung in die Psychoanalyse (1916/1917)* und der Studie *Hemmung, Symptom und Angst* (1926) entwickelt, lesen sich phasenweise wie ein Kompendium zum Verständnis der Angstdarstellungen bei Kafka. Dort, wo Freud versucht, »die Probleme menschlichen Denkens, Fühlens und Verhaltens durch Rückführung auf theoretische Begriffe erklären«[24] und letztlich »auflösen« zu können, wählt Kafka den Weg der bildlichen Konkretion, den Weg hinein in die Literatur. Es ist auffällig und schwerlich ein Zufall, bis in welche Details sich Überlegungen Freuds zu Phänomenen der Angst in der Erfahrungswelt der Texte Kafkas wieder auffinden und nachweisen lassen. Dies gilt es im Folgenden zu zeigen.

In seinen *Vorlesungen zur Einführung in die Psychoanalyse*, die Freud in den zwei Wintersemestern 1915/16 und 1916/17 »vor einer aus Ärzten und Laien und aus beiden Geschlechtern gemischten Zuhörerschaft«[25] hält, nennt er die 25. Vorlesung knapp und lakonisch *Die Angst*.[26]

---

21 Franz Kafka: Briefe 1918–1920. Hg. von Hans-Gerd Koch, Frankfurt a. Main 2013, S. 374.

22 Vgl. zu diesem Komplex das Kapitel »Gedanken an Freud« bei Stach (wie Anm. 16), S. 69–89.

23 Tagebucheintrag vom 23.09.1912. In: Franz Kafka. Tagebücher. Hg. von Hans-Gerd Koch, Michael Müller und Malcolm Pasley. Frankfurt a. Main 1990, S. 461.

24 Stach (wie Anm. 16), S. 73.

25 Sigmund Freud: Vorwort zu den Vorlesungen zur Einführung in die Psychoanalyse. In: ders: Gesammelte Werke. Bd. 11. Frankfurt a. Main 1940.

26 Ebd., S. 407–426.

Im Kern differenziert Freud seine Theorie der Angst zunächst an drei Typen krankhafter Angst aus, die er voneinander unterscheidet.[27] Eingangs der Vorlesung macht Freud dabei auf die Schwierigkeit aufmerksam, auf »Grundlage welcher Kriterien Angstreaktionen als krankhaft klassifiziert werden können.«[28] Gefühle der Angst sind laut Freud zunächst einmal jedem vertraut, auch dem psychisch Gesunden. Diese Form der Angst stellt eine wesentliche biologische Funktion dar und bildet ein Warnsignal innerhalb einer als feindlich erlebten Umwelt, welches einen Überlebensvorteil schafft. Freud bezeichnet diese Formen der »natürlichen« Angst als Realangst.

> Sie verstehen mich ohne weiteres, wenn ich diese Angst als Realangst bezeichne, im Gegensatz zu einer neurotischen. Die Realangst erscheint uns nun als etwas sehr Rationelles und Begreifliches [...] sie ist eine Reaktion auf die Wahrnehmung einer äußeren Gefahr, d. h. einer erwarteten, vorhergesehenen Schädigung, sie ist mit einem Fluchtreflex verbunden, und man darf sie als Äußerung des Selbsterhaltungstriebes ansehen. Bei welchen Gelegenheiten, d. h. vor welchen Objekten und in welchen Situationen die Angst auftritt, wird natürlich zum großen Teil von dem Stande unseres Wissens und von unserem Machtgefühl gegen die Außenwelt abhängen.[29]

Dieser Angst gegenüber stehen nun die drei neurotischen Formen von Ängstlichkeit. Als erste Form benennt Freud eine Form »allgemeiner Ängstlichkeit«, die er als »eine sozusagen frei flottierende Angst« auffasst und die laut Freud

> bereit ist, sich an jeden irgendwie passenden Vorstellungsinhalt anzuhängen, die das Urteil beeinflußt, die Erwartungen auswählt, auf jede Gelegenheit lauert, um sich rechtfertigen zu lassen. Wir heißen diesen Zustand »Erwartungsangst« oder »ängstliche Erwartung«. Personen, die von dieser Art Angst geplagt werden, sehen von allen Möglichkeiten immer die schrecklichste voraus, deuten jeden Zufall als Anzeige eines Unheils, nützen jede Unsicherheit im schlimmen Sinne aus.[30]

Ernst Bloch wird das Phänomen der Angst einmal in einem anderen Zusammenhang als »Erwartungsaffekt«[31] bezeichnen; sie ist – im Gegensatz zur Realangst – auf das Kommende, Noch-nicht-Existente oder auch niemals

---

27 Vgl. zu Folgendem die konzise Darstellung zur Angst in Demmerling/ Landweer, Philosophie der Gefühle (wie Anm. 8), S. 63–92.

28 Ebd., S. 70.

29 Freud (wie Anm. 25), S. 408.

30 Ebd., S. 412.

31 Ernst Bloch: Das Prinzip Hoffnung. Bd. 1, Frankfurt a. Main 1954, S. 350f. Den Hinweis verdanke ich Lars Koch, in: Angst in der Literatur. Vgl. Lars Koch (Hg.): Angst. Ein interdisziplinäres Handbuch. Stuttgart/Weimar 2013, S. 236–251 (S. 248).

Existente gerichtet und vermag sich zu einem Zustand auszuweiten, den Freud als »Angstneurose«[32] bezeichnet. Die Beschreibung einer solchen Angstneurose, die aus einem Übermaß an Erwartungsangst besteht, welche selten oder nie Realität wird, aber dennoch den Betroffenen nahezu permanent ängstigt, findet sich idealtypisch in Kafkas bereits mehrfach erwähntem *Brief an den Vater* dargestellt.

Es geht um Kafkas Angst vor körperlicher Züchtigung durch die väterliche Autorität. Als faktisch gesichert kann gelten: Hermann Kafka schlägt seinen Sohn so gut wie nie, die Mutter lässt es nicht zu, Kafka vergleicht ihre Funktion innerhalb der Familienaufstellung »unbewußt« mit der »Rolle eines Treibers in der Jagd.«[33] Doch der grobe, cholerisch veranlagte, dem jungen Kafka übermächtig erscheinende Vater brüllt seine Kinder an (primär den Ältesten, seinen Sohn Franz und die jüngere Schwester Ottla), droht häufig mit Schlägen, nimmt mögliche Schlaggegenstände in die Hand, führt den Akt des Schlagens jedoch nicht aus. So wird im Kinde eine Erwartungsangst erzeugt, die sich bei Franz Kafka zu der von Freud beschriebenen Angstneurose ausweitet:

> Es ist auch wahr, daß Du mich kaum einmal wirklich geschlagen hast. Aber das Schreien, das Rotwerden Deines Gesichts, das eilige Losmachen der Hosenträger, ihr Bereitliegen auf der Stuhllehne war für mich fast ärger. Es ist, wie wenn einer gehenkt werden soll. Wird er wirklich gehenkt, dann ist er tot und es ist alles vorüber. Wenn er aber alle Vorbereitungen zum Gehenktwerden miterleben muß und erst wenn ihm die Schlinge vor dem Gesicht hängt, von seiner Begnadigung erfährt, so kann er sein Leben lang daran zu leiden haben.[34]

Erwartungsangst ist in der Regel höher als Realangst. Die aktuelle Erwartung einer imaginierten oder bei anderen Menschen wahrgenommenen negativen Erfahrung ist in der Regel angstbesetzter als die später real gemachte Erfahrung selbst. Kafka nimmt hier zum einen die empirischen neurophysiologischen Befunde des 21. Jahrhunderts vorweg.[35] Zum anderen fließt in der Darstellung der Scheinhinrichtung wohl die Lektüre von Dostojewskis *Autobiographischen*

---

32 »[E]in auffälliges Maß von Erwartungsangst gehört aber regelmäßig einer nervösen Affektion an, die ich als ›Angstneurose‹ benannt habe und zu den Aktualneurosen rechne.« Freud (wie Anm. 25), S. 412.

33 Brief an den Vater (wie Anm. 7), S. 167.

34 Ebd., S. 168.

35 Vgl. dazu Joseph Ledoux: Das Netz der Gefühle. Wie Emotionen entstehen. München 1998; Jaimal Yogis: Die faszinierende Welt der Angst. Das verborgene Potenzial eines ungeliebten Gefühls. München 2014.

Schriften im Winter 1919 ein,[36] einem »Blutsverwandten«[37] Kafkas, dem 1849 erst im Angesicht seines Exekutionskommandos die Begnadigung mitgeteilt wird. Ein traumatisches Erlebnis, welches Dostojewskis Literatur massiv beeinflusst.

Im Gegensatz zur Erwartungsangst, die in unterschiedlichen Situationen und Kontexten aufzutreten vermag, ist der zweite Angsttypus bei Freud zwingend »an gewisse Objekte oder Situationen geknüpft«.[38] Freud nennt diese Formen pathologischer Angst Phobien und vergleicht sie mit den »zehn ägyptischen Plagen, nur daß ihre Anzahl weiter über die Zehn hinausgeht.«

> Hören Sie, was alles Objekt oder Inhalt einer Phobie werden kann: Finsternis, freie Luft, offene Plätze, Katzen, Spinnen, Raupen, Schlangen, Mäuse, Gewitter, scharfe Spitzen, Blut, geschlossene Räume, Menschengedränge, Einsamkeit, Überschreiten von Brücken; See- und Eisenbahnfahrt usw.[39]

Freud unterscheidet drei Gruppen dieser Phobien. Jene, bei denen »manche der gefürchteten Objekte und Situationen [...] auch für uns Normale etwas Unheimliches, eine Beziehung zur Gefahr« haben. Derartige Phobien sind laut Freud auch »für uns Normale [...] nicht unbegreiflich, wiewohl in ihrer Stärke sehr übertrieben.«[40] Freud nennt als Beispiel die Schlangenphobie und als Gewährsmann Charles Darwin, der seiner Angst vor einer ihn attackierenden Schlange nicht Herr werden konnte, obwohl diese durch eine Glasscheibe von ihm getrennt war. Bei Kafka findet sich in einem Brief an Milena Jesenská die metaphorische Rede von den »Schlangen der Angst«,[41] welche der Dichter um seinen Kopf zucken fühlt. In einem Brief an Felice Bauer hatte Kafka zuvor schon einmal einen ähnlichen Tiervergleich genutzt: »Und ich allein habe doch alle Sorge und Angst in mir, lebendig wie Schlangen, ich allein sehe ununterbrochen in sie hinein, nur ich weiß, wie es um sie steht.«[42] Ob sich über diese Bildvergleiche eine Schlangenphobie Kafkas ausdrückt, darf

36 Vgl. Joseph P. Strelka: Dostojewski und Kafka. Acta Universitatis Lodziensi. Folia Germanica 1 (1997), S. 19–34 (S. 33).

37 Ebd., S. 20.

38 Freud (wie Anm. 25), S. 413.

39 Ebd.

40 Ebd.

41 Brief an Milena (wie Anm. 13), S. 60.

42 Brief an Felice Bauer vom 22.08.1913. In: Franz Kafka. Briefe an Felice und andere Korrespondenz aus der Verlobungszeit. Hg. von Erich Heller u. Jürgen Born. New York 1967, S. 450.

jedoch bezweifelt werden, zumal das Motiv der Schlange von Kafka auch in völlig divergierenden semantischen Kontexten eingesetzt wird.[43]

Zur zweiten Gruppe von Phobien rechnet Sigmund Freud jene, »in denen noch eine Beziehung zu einer Gefahr besteht, wobei wir aber gewöhnt sind, diese Gefahr gering zu schätzen und sie nicht voranzustellen. Hierher gehören die meisten Situationsphobien.«[44]

Freud nennt als Beispiele für solche Situationsphobien Eisenbahn-, bzw. Schiffsreisen. Im Sinne Freuds handelt es sich dabei um Situationen, die sich für den halbwegs gesunden Menschen zumeist als unproblematisch darstellen, beim Phobiker jedoch angstauslösend wirken:

> Wir wissen, daß es auf der Eisenbahnfahrt eine Chance des Verunglückens mehr gibt, als wenn wir zu Hause bleiben […], wissen auch, daß ein Schiff untergehen kann, wobei man dann in der Regel ertrinkt, aber wir denken nicht an diese Gefahren und reisen angstfrei mit Eisenbahn und Schiff.[45]

Bei Kafka klingt das deutlich anders. Von Angstfreiheit kann in dem im Herbst 1917 in Zürau entstandenen Aphorismus nach der unmittelbar zuvor erfolgten Tuberkulose Diagnose[46] nicht die Rede sein:

> Wir sind, mit dem irdisch befleckten Auge gesehn, in der Situation von Eisenbahnreisenden, die in einem langen Tunnel verunglückt sind, und zwar an einer Stelle wo man das Licht des Anfangs nicht mehr sieht, das Licht des Endes aber nur so winzig, daß der Blick es immerfort suchen muß und immerfort verliert wobei Anfang und Ende nicht einmal mehr sicher sind. Rings um uns aber haben wir in der Verwirrung der Sinne oder in der Höchstempfindlichkeit der Sinne lauter Ungeheuer und ein je nach der Laune und Verwundung des Einzelnen entzückendes oder ermüdendes kaleidoskopisches Spiel.Was soll ich tun? oder Wozu soll ich es tun? sind keine Fragen dieser Gegenden.[47]

Kafka bietet hier bildmächtig eine zur Parabel auf die conditio humana angesichts unklarer metaphysischer Befindlichkeit geronnene Situationsphobie. Verwirrung, Hochsensibilität der Sinne, ein Unglück in einem Eisenbahntunnel

---

43 So etwa in Kafkas letztem Roman *Das Schloß*, in dem das identische Aussehen der beiden Gehilfen von K. mit einem Schlangenvergleich ausgedrückt wird: *Ihr unterscheidet Euch nur durch die Namen, sonst seid Ihr Euch ähnlich wie* – er stockte, unwillkürlich fuhr er dann fort – *sonst seid Ihr Euch ja ähnlich wie Schlangen.* Franz Kafka: Das Schloß. In: Franz Kafka: Schriften – Tagebücher – Briefe. Kritische Ausgabe. Hg. von Jürgen Born [u.a.]. New York 1982, S. 33.

44 Freud (wie Anm. 25), S. 413.

45 Ebd.

46 Vgl. Alt (wie Anm. 6), S. 452f.

47 Oktavheft G (Oktober 1917 – Januar 1918) (wie Anm. 7), S. 33.

voller Ungeheuer, vielleicht imaginiert, vielleicht real, ein Einzelner, der als »verwundet« bezeichnet wird und dessen Bewusstsein hilflos dem kaleidoskopischen Spiel der Phantasmen seines Geistes ausgesetzt scheint. Hier wird die Darstellung einer Situationsphobie von Kafka genutzt, um Fragen des Religiösen und der Metaphysik im Angesicht aufkeimender Todesangst jenseits aller konventionalisierter Glaubenssysteme zu verhandeln. Dazu später mehr.[48]

Bei der dritten Form der Phobie lässt sich keine Realangst im Sinne Freuds mehr ausmachen. Die potentielle Gefahr, welche der angstauslösenden Situation für den Phobiker innewohnt, ist allenfalls noch auf symbolischer Ebene rekonstruierbar. Diese Phobie ist für die Existenz Kafkas und als Motiv seiner Literatur eindeutig nachweisbar.

> Es erübrigt uns eine dritte Gruppe von Phobien, denen unser Verständnis überhaupt nicht mehr nachkommt. Wenn ein starker, erwachsener Mann vor Angst nicht durch eine Straße oder über einen Platz der ihm so wohlvertrauten Heimatstadt gehen kann, wenn eine gesunde, gut entwickelte Frau in eine besinnungslose Angst verfällt, weil eine Katze an ihren Kleidersaum gestreift hat oder ein Mäuschen durchs Zimmer gehuscht ist, wie sollen wir da die Verbindung mit der Gefahr herstellen, die offenbar doch für die Phobischen besteht?[49]

Am 6. September 1917 erläutert Franz Kafka mit seinem Vorgesetzten Eugen Pfohl angesichts der erfolgten Lungentuberkulose-Diagnose »ernsthaft erwogene Möglichkeit einer Pensionierung«.[50] Am 12. September 1917 reist Kafka in das zwei Bahnstunden von Prag entfernte Dorf Zürau, wo seine Schwester Ottla einen landwirtschaftlichen Betrieb unterhält. Kafka will und muss zur Ruhe kommen. Er sucht Abstand von der Familie, der als quälend empfundenen Arbeit und – nicht zuletzt – von der Verlobten Felice Bauer, welche er am 22. Dezember 1917 »mit Rücksicht auf seinen Gesundheitszustand«[51] um die Auflösung der Verlobung bitten wird. Kafka verbringt den Winter 1917/18 hier in Zürau in einem spartanisch eingerichteten Zimmer im Erdgeschoss des Hofes. Er sehnt sich nach der vermeintlichen Stille des Landlebens. Doch der Stadtbewohner muss sich erst eingewöhnen. Elektrisches Licht existiert nicht

48 Vgl. zur näheren Deutung der Passage: Monika Schmitz-Emans: Franz Kafka. Epoche-Werk-Wirkung. München 2011, S. 142.

49 Ebd., S. 414.

50 Alt (wie Anm. 6), S. 454. Die folgende Darstellung bezieht sich im Kern auf das Kapitel *Ein Winter auf dem Land* in besagter Studie Alts (S. 454–460).

51 Ebd., S. 458.

in Zürau und wer nachts nicht schlafen kann oder in der Nacht schreiben will, benötigt Petroleum für die Lampe.[52]

Da die Freunde nicht vor Ort sind, schreibt Kafka Briefe aus dem winterlichen Dörfchen nach Prag. Aus eben diesen Briefen wissen wir, dass neben den Vorzügen der Zivilisation sich noch etwas wider Erwarten in Zürau nicht fand, wonach Kafka dringend suchte: Stille. Oskar Baum berichtet Kafka unmittelbar nach seiner Ankunft Mitte September 1917: »Ruhe allerdings [...] gibt es auch hier nicht und ich werde aufhören, sie im Leben noch zu suchen. Mein Zimmer ist zwar in einem stillen Haus, aber gegenüber ist das einzige Klavier von Nordwestböhmen untergebracht, in einem großen Hof, dessen Tiere einander überschreien.«[53] In solchen Fällen blieb Kafka nichts anderes übrig, als sich in seiner Kammer auf die Stille der Nachtruhe zu freuen. Dort aber finden sich in den schrittweise kälter werdenden Herbstnächsten zunehmend jene Tiere ein, auf die »Kafka mit geradezu phobischem Schrecken reagierte«:[54] Mäuse. In einem ersten Brief an Felix Weltsch Mitte November 1917 sucht Kafka seine Angst vor Mäusen noch mit einer Art grimmigem Humor zu begegnen:

> Lieber Felix, der erste große Fehler von Zürau: eine Mäusenacht, ein schreckliches Erlebnis. Ich selbst bin ja unangetastet und mein Haar ist nicht weißer als gestern, aber es war doch das Grauen der Welt. Schon früher hatte ich es hie und da (ich muß jeden Augenblick das Schreiben unterbrechen, Du wirst den Grund noch erfahren), hie und da in der Nacht zart knabbern gehört, einmal war ich sogar zitternd aufgestanden und habe nachgesehn, es hörte dann gleich auf – diesmal aber war es ein Aufruhr. Was für ein schreckliches stummes lärmendes Volk das ist. Um zwei Uhr wurde ich durch ein Rascheln bei meinem Bett geweckt und von da an hörte es nicht auf bis zum Morgen. Auf die Kohlenkiste hinauf, von der Kohlenkiste hinunter, die Diagonale des Zimmers abgelaufen, Kreise gezogen, am Holz genagt, im Ruhen leise gepfiffen und dabei immer das Gefühl der Stille, der heimlichen Arbeit eines gedrückten proletarischen Volkes, dem die Nacht gehört. Um mich gedanklich zu retten, lokalisierte ich den Hauptlärm beim Ofen, den die Länge des Zimmers von mir trennt, aber es war überall, am schlimmsten, wenn einmal ein ganzer Haufen irgendwo gemeinsam hinuntersprang. Ich war gänzlich hilflos, nirgends in meinem ganzen Wesen ein Halt, aufstehn, anzünden wagte ich nicht, das Einzige waren einige Schreie, mit denen ich sie einzuschüchtern versuchte. So verging die Nacht, am Morgen konnte ich vor Ekel und Traurigkeit nicht aufstehn, blieb bis 1 Uhr im

52 Vgl. Stach (wie Anm. 1), S. 224. Was es noch nicht gibt in Zürau, hat der Kafka Biograph Reiner Stach bildhaft aufgelistet: »Kein Strom, kein fließendes Wasser, keine befestigten Straßen. Kein Kaffeehaus, kein Kino, keine Buchhandlung, kein Zeitungskiosk. Kein Postamt, kein Telefon im Dorf, die Bahnstation Michelob [...] nur mit dem Pferdekarren zu erreichen. Und vor allem: keine Freunde.«

53 Brief an Oskar Baum, Mitte September 1917 (wie Anm. 3), S. 166.

54 Stach (wie Anm. 1), S. 226.

> Bett und spannte das Gehör, um zu hören, was eine Unermüdliche den ganzen Vormittag über im Kasten zum Abschluß dieser Nacht oder zur Vorbereitung der nächsten arbeitete. Jetzt habe ich die Katze, die ich im Geheimen seit jeher hasse, in mein Zimmer genommen, oft muß ich sie verjagen, wenn sie auf meinen Schoß springen will (Schreibunterbrechung); verunreinigt sie sich, muß ich das Mädchen aus dem Erdgeschoß holen; ist sie brav (die Katze), liegt sie beim Ofen, und beim Fenster kratzt unzweideutig eine vorzeitig erwachte Maus. Alles ist mir heute verdorben, selbst der gute dumpfe Geruch und Geschmack des Hausbrotes ist mäusig. [...] Meine Gesundheit ist recht gut, vorausgesetzt, daß die Mäusefurcht der Tuberkulose nicht zuvorkommt.[55]

Der Lärm, welchen die Mäuse veranstalten, stört nicht nur Kafkas Nachtruhe und aktiviert dessen ohnehin vorhandenen Hang zur Schlaflosigkeit, sondern er verhindert auch jene zentrale, von Kafka als existentiell begriffene Tätigkeit: das Schreiben.[56] Dass es sich bei diesem Vorgang jedoch um mehr als eine Störung, mithin ein minderes psychisches Hindernis, sondern um eine veritable Phobie handelt, offenbart dann ein weiterer Brief Franz Kafkas an Max Brod knapp einen Monat später:

> Lieber Max, nur Zufall, daß ich erst heute antworte und eben auch die Zimmer-Licht- und Mäuseverhältnisse. Aber mit Nervosität und einem Stadt-Dorf-Austausch hat das nichts zu tun. Das was ich gegenüber den Mäusen habe, ist platte Angst. Auszuforschen woher sie kommt, ist Sache der Psychoanalytiker, ich bin es nicht. Gewiß hängt sie wie auch die Ungezieferangst mit dem unerwarteten, ungebetenen, unvermeidbaren, gewißermassen stummen, verbissenen, geheimabsichtlichen Erscheinen dieser Tiere zusammen, mit dem Gefühl, daß sie die Mauern ringsherum hundertfach durchgraben haben und dort lauern, daß sie sowohl durch die ihnen gehörige Nachtzeit als auch durch ihre Winzigkeit so fern uns und damit noch weniger angreifbar sind. Besonders die Kleinheit gibt einen wichtigen Angstbestandteil ab, die Vorstellung z. B. daß es ein Tier geben sollte, das genau so aussehen würde wie das Schwein, also an sich belustigend, aber so klein wäre wie eine Ratte und etwa aus einem Loch im Fussboden schnaufend herauskäme – das ist eine entsetzliche Vorstellung.[57]

»Vorherrschaft der Tiere«, hatte das Tagebuch am 15.09.1917 als eine der ersten Zürauer Eindrücke vermerkt. Kafka wäre nicht Kafka, würde er nicht seine Mäusephobie literarisch aufarbeiten. Statt Max Brods Ratschlägen zu folgen, Mäusefallen aufzustellen (»Es gibt ausgezeichnete Fallen, glaube ich, sehr

---

55 Brief an Felix Weltsch, Mitte November 1917 (wie Anm. 3), S. 197ff.

56 Vgl. zu diesem Themenkomplex: Jürgen Daiber: Franz Kafka und der Lärm. Klanglandschaften der frühen Moderne. Münster 2015.

57 Brief an Max Brod, Dezember 1917 (wie Anm. 3), S. 205.

grausame Instrumente mit Kopfzerschmettern und Ersäufen«[58]) oder in ein »mäuseloses Sanatorium«[59] zu wechseln, verwandelt Kafka seine Mäusephobie in Literatur. Dies geschieht durch eine Art energetischen Tausch: Die Angst des Schreibenden angesichts der ausgebrochenen und diagnostizierten Tuberkulose vor Krankheit und Tod wird auf jenes Objekt verschoben, welches eben diese Angst als für Kafka kaum nachvollziehbare Phobie erst aktiviert: die Maus. Seine Mäuse werden zu »Figuren einer Verwandlung, deren Platz der Schreibtisch ist: Bilder des Schreibenden und des Schreibens«[60] in einer existentiell grundlegend unsicheren und von latenter Todesangst aufgeladenen Welt. Kafkas erste Mäusegeschichte entsteht im Februar/März 1917 und findet sich im Oktavheft C. Sie spielt das Motiv des drohenden Todes bereits an, ohne den mit ihm verbundenen Angstaspekt zu betonen.[61] Dies geschieht dann erst in Kafkas wohl bekanntester Mäusegeschichte, die im Spätherbst 1920 entsteht und postum 1931 unter dem Titel *Kleine Fabel* publiziert wird.

> *Kleine Fabel*
>
> »Ach«, sagte die Maus, »die Welt wird enger mit jedem Tag. Zuerst war sie so breit, daß ich Angst hatte, ich lief weiter und war glücklich daß ich endlich rechts und links in der Ferne Mauern sah, aber diese langen Mauern eilen so schnell auf einander zu daß ich schon im letzten Zimmer bin und dort im Winkel steht die Falle, in die ich laufe.« »Du mußt nur die Laufrichtung ändern«, sagte die Katze und fraß sie.[62]

Der Text hat unzählige Deutungsvarianten erfahren. Peter-André Alt hat ihn einleuchtend nicht als Fabel, sondern als »eine Erzählung« bezeichnet, »die

---

58 Max Brod an Franz Kafka am 28.11.1917. In: Max Brod – Franz Kafka. Eine Freundschaft II. Briefwechsel. Hg. von Malcolm Pasley. Frankfurt a. Main 1989, S. 200.

59 Max Brod an Franz Kafka am 5. Dezember 1917. Ebd., S. 204.

60 So ein Begleittext zu einer Handschrift in der Ausstellung *Kafkas Mäuse*, die vom 10. April bis 7. Juli 2013 im Literaturarchiv in Marbach zu sehen war.

61 »Als die kleine Maus, die in der Mäusewelt geliebt wie keine andere gewesen war, in einer Nacht unter das Falleisen kam und mit einem Hochschrei ihr Leben hingab für den Anblick des Specks, wurden alle Mäuse der Umgebung in ihren Löchern von einem Zittern und Schütteln befallen, mit unbeherrscht zwinkernden Augen blickten sie einander der Reihe nach an, während ihre Schwänze in sinnlosem Fleiß den Boden scheuerten. Dann kamen sie zögernd, einer den andern stoßend, hervor, alle zog es zu dem Todesort. Dort lag sie, die kleine liebe Maus, das Eisen im Genick, die rosa Beinchen eingedrückt, erstarrt den schwachen Leib, dem ein wenig Speck so sehr zu gönnen gewesen wäre. Die Eltern standen daneben und beäugten die Reste ihres Kindes.« Oktavheft C (Februar/März 1917). In: Franz Kafka. Nachgelassene Schriften und Fragmente. Apparatband I. Hg. von Malcolm Pasley. Frankfurt a. Main 1993, S. 336.

62 Konvolut 1920 (August bis Spätjahr 1920) (wie Anm. 7), S. 343.

ihren Lesern den Täuschungscharakter aller Auslegungen vor Augen stellt«.[63] Die Tatsache, dass die Maus als Hauptfigur dieser Geschichte Angst verspürt, hat jedoch meines Wissens in keiner dieser Deutungen das besondere Interesse der Interpreten hervorgerufen. Dies ist im Lichte von Kafkas Mäusephobie und dem ihm innewohnenden Angstpotenzial wohl zu revidieren. Von der Angstneurose und den Phobien unterscheidet Freud schließlich »einen dritten Typ krankhafter Angst«.[64] Freud räumt ein, dass diese Form neurotischer Angst »uns vor das Rätsel [stellt], daß wir den Zusammenhang zwischen Angst und drohender Gefahr völlig aus den Augen verlieren.«[65] In der Regel handelt es sich bei diesem von Freud als »freier Angstanfall«[66] bezeichneten Phänomen um einen von äußeren Situationsbedingungen losgelösten Affektausdruck, der oft an intensiv ausgebildete körperliche Symptome gekoppelt ist (»Zittern, [...] Schwindel [...] Herzpalpitation [...] Atemnot«[67]). Freud bringt diese Art von Angst in Verbindung mit dem unklaren Krankheitsbild der Hysterie, betont die für den Beobachter ebenso wie für den Betroffenen unverständliche Plötzlichkeit des Anfalls, nennt jedoch benannte physiologische Kriterien, die aus heutiger Sicht als Symptome einer Panikattacke gelten können.[68] Kafka hat derartige Anfälle am eigenen Leibe erfahren und sie in seiner Literatur unter dem Schlagwort der »Seekrankheit auf hohem Lande« prominent gemacht.[69] Wir werden ihnen in Kafkas Auseinandersetzung mit dem dänischen Philosophen Sören Kierkegaard im Folgenden begegnen.

---

63 Alt (wie Anm. 6), S. 572.

64 Demmerling/Landweer, Philosophie der Gefühle (wie Anm. 8), S. 71.

65 Freud (wie Anm. 25), S. 415.

66 Ebd.

67 Ebd.

68 In der späteren Arbeit *Hemmung, Symptom und Angst* (1926) fasst Freud das Symptom des Schwindels als Bestandteil einer verdrängten Realangst, insbesondere der Kastrationsangst auf, die Freud bekanntlich für eine reale hält. Die Neigung zu Schwindelanfällen wird damit stark in den Bereich eines »spezifisch psychologischen Verständnisses« verschoben und als körperlicher Hinweis auf verdrängte Konflikte interpretiert. Vgl. dazu Rolf-Peter Janz/Fabian Stoermer/Andreas Hiepko (Hg.): Schwindelerfahrungen. Zur kulturhistorischen Diagnose eines vieldeutigen Symptoms. Amsterdam/New York 2003, S. 28f.

69 Vgl. zu diesem Themenkomplex die Bachelorarbeit (unpubliziert) von Ramona Reichenberger: Franz Kafka und der Stress. Kafkas Identität im Spannungsfeld von Stress, Krankheit und Schreibprozess. Regensburg 2017.

Wissensbestände 2: Kierkegaard – Sexualangst, Schwindel und Selbstbeobachtung

Kafkas Tagebuch vom 21. August 1913 vermerkt zum ersten Mal die Begegnung mit dem Werk des dänischen Philosophen Sören Kierkegaard:

> 21. August. Ich habe heute Kierkegaard Buch des Richters bekommen. Wie ich es ahnte, ist sein Fall trotz wesentlicher Unterschiede dem meinen sehr ähnlich, zumindest liegt er auf der gleichen Seite der Welt. Er bestätigt mich wie ein Freund.[70]

An Kierkegaard ziehen Kafka »zunächst autobiographische Berührungspunkte an; in dessen konfliktträchtiger Verlobung mit der jungen Regine Olsen, die er nach einjähriger Verbindung im Oktober 1841 gegen den Willen der Braut auflöste, findet Kafka Parallelen zu seiner eigenen Situation.«[71] Kafka plant – analog zu Kierkegaard – sich aus einem ambivalenten Impuls heraus mit einer Frau zu verloben. In seinem Falle werden sogar drei Verlobungen mit der Prokuristin Felice Bauer (2x) und der Handelsangestellten Julie Wohryzek daraus.[72]

Vor allem das Verhältnis Franz Kafkas zu Felice Bauer nimmt über die Tagebucheintragungen und dem extensiven Briefwechsel Kafkas mit der bei der ersten Begegnung im August 1912 sechsundzwanzig Jahre alten Frau eine Gestalt an, die Georg Guntermann in einer glücklichen Formulierung als die »Halbdistanz des Junggesellen«[73] charakterisiert hat. Zentral an dieser Halbdistanz ist: Sie wird in Kafkas Beziehung zu Felice Bauer im Wesentlichen über das Medium der Schrift erzeugt. Im Falle Kafkas durch einen schier endlosen Briefverkehr mit der jungen Frau und die parallel dazu erfolgende quälende Selbstreflexion angesichts dieses Kontakts im Tagebuch.

Kafka schickt in den Jahren 1912/1914 580 Briefe an Felice von Prag nach Berlin, in manchen Phasen verfasst er zwei pro Tag. Zu persönlichen Treffen zwischen den Partnern kommt es kaum, was primär nicht der räumlichen

---

70 Tagebucheintrag vom 21. August 1913 (wie Anm. 23), S. 578.

71 Alt (wie Anm. 6), S. 460.

72 Die erste erfolgt Ostern 1914 und wird am 12. Juli 1914 nach einem Treffen, welches Kafka als »Gerichtshof im Hotel« bezeichnen wird, wieder aufgelöst. Die zweite Verlobung erfolgt im Juli 1916 nach gemeinsam verbrachten Ferientagen in Marienbad und wird von Kafka nach dem Ausbruch der Tuberkulose im Winter 1917 beendet. Vgl. zu Details. Reiner Stach: Kafka. Die Jahre der Entscheidungen. Frankfurt a. Main[4] 2003, S. 470–506; Alt (wie Anm. 6), S. 375–384.

73 Georg Guntermann: Vom Fremdwerden der Dinge beim Schreiben. Kafkas Tagebücher als literarische Physiognomie des Autors. Tübingen 1991, S. 41.

Distanz geschuldet ist. De facto schätzt Kafka die Distanz ermöglichende Form der Schrift und fürchtet die tatsächliche zwischenmenschliche Begegnung. Warum? Ebenso instruktiv wie schockierend ist in diesem Zusammenhang der »physiognomische Check«, mit dem Kafka im Tagebuch Felice Bauer bei der ersten Begegnung taxiert, immerhin einen Menschen, um dessen Nähe Kafka nach eigener Aussage im Folgenden über fünf Jahre hinweg bis zur Selbstzerfleischung ringen wird. Das Tagebuch vom 20. August 1912 vermerkt:

> Frl. Felice Bauer. Als ich am 13. VIII zu Brod kam, saß sie bei Tische und kam mir doch wie ein Dienstmädchen vor. Ich war auch gar nicht neugierig darauf, wer sie war, sondern fand mich sofort mit ihr ab. Knochiges leeres Gesicht, das seine Leere offen trug. Freier Hals. Überworfene Bluse. [...] Fast zerbrochene Nase. Blondes, etwas steifes reizloses Haar, starkes Kinn. Während ich mich setzte, sah ich sie zum erstenmal genauer an, als ich saß, hatte ich schon ein unerschütterliches Urteil.[74]

Der Tagebucheintrag widmet sich – wie so oft bei Kafka – bei der Figurendarstellung primär der Beschreibung von Bestandteilen des menschlichen Gesichts.[75] Die gewählten Attribute des Gesichts scheinen zufällig – Hals, Nase, Kinn, Haar. Die Betrachtung des fremden Antlitzes ist jedoch durchgängig geprägt von einem Widerwillen, ja, fast Abscheu des Betrachters (»knochig«, »leer«, »fast zerbrochen«, »steif«, »reizlos«) gegenüber dem betrachteten Objekt. Der Blick auf die fremde Frau vermittelt dem Beobachter Kafka zudem seine eigene Isolation im Angesicht des Gegenübers (»war auch gar nicht neugierig darauf, wer sie war, sondern fand mich sofort mit ihr ab«). Kafka ist zum Zeitpunkt des Eintrags ein 29 Jahre alter Junggeselle und wird es zeitlebens – nach drei unter dramatischen Umständen gescheiterten Verlobungen – auch bleiben.

Der Grund: Die Bindung zu einer Frau wird von Kafka als zentrale Bedrohung der Schriftstellerexistenz und der mit ihr assoziierten inneren Freiheit begriffen. Ein weiterer Punkt kommt als wichtiger Faktor im »Kampf der Geschlechter« hinzu: »Der erotische Blick gilt« bei Kafka »nicht selten Frauen mit abstoßenden Zügen; er erfasst spezifische Merkmale ihrer Kleidung, Details ihres Körpers und Gesichts, Aspekte ihres Gangs und

---

74 Tagebucheintrag vom 20. August 1920 (wie Anm. 23), S. 431f.

75 Vgl. Jürgen Daiber: Missverständnisse der Selbstbeobachtung: Kafkas Tagebücher. In: Achim Geisenhanslüke/Hans Rott (Hg.): Ignoranz. Nichtwissen, Vergessen und Missverstehen in Prozessen kultureller Transformationen. Bielefeld 2008, S. 35–61.

Momente ihrer Gebärdensprache als sexuelle Signale, die wie die Splitter eines zerstörten Mosaiks erscheinen, dessen Teile sich nicht zu einem Ganzen zusammenfügen.«[76]

Walter Benjamin hat einmal von einer »Sumpfwelt«, in der Kafkas Romane entstanden und vom »Moorboden«[77] aus dem seine Frauenfiguren aufgestiegen seien, gesprochen. Gemeint ist: Sexualität wird bei Kafka von Anfang an als etwas Dumpfes, Dunkles geschildert, eine Kraft, die ängstigt, in welcher das Ich sich zu verlieren droht, vor dessen zumeist als gewalttätig und schmutzig empfundener Triebkraft es aber parallel dazu sein Begehren dennoch nicht freizuhalten vermag. Immer wieder zwingt diese Form der Sexualität Kafkas Helden aus ihrem pseudo-unschuldigen und quasi reinen Beobachterstandpunkt heraus, in den »Schmutz« der Welt hinein. Deutliche Spuren dieser Perspektive finden sich auch in der literarischen Produktion.[78]

Der Konnex von Sexualität und Schmutz, der Kafkas Darstellungen sexueller Kontakte in seiner Literatur häufig speist, markiert jene ambivalente Besetzung von Kafkas Sexualität im Zeichen von Angst und gleichzeitigem Begehren, ängstlicher Abstoßung und anziehender Lust.[79] Die Angstseite markiert dabei primär die Angst vor der Verbindung, vor dem Hinüberfließen in einen anderen Menschen um den damit verbundenen Preis einer Art Selbstauflösung, die von Kafkas Helden durchgängig als psychische Verirrung, Verwirrung oder gar Auslöschung des Ichs gefürchtet wird.

Ein vielsagendes Beispiel findet sich hier in Kafkas letztem Roman *Das Schloss*. Es handelt sich um die Darstellung des geschlechtlichen Kontakts

---

76 Alt (wie Anm. 6), S. 184. Der Kafka Biograph Peter-André Alt hat im Durchgang durch Kafkas Tagebücher festgestellt, dass »Kafkas Libido« ihren »besonderen Stachel [...] in den masochistisch anmutenden Ekelexzessen, denen er sich immer wieder hingibt« findet; in den »Beschreibungen von alten Frauen, unreiner Gesichtshaut, verfallenen Körpern, unerfreulichen Gerüchen, abstoßenden Accessoires« (Alt, S. 184).

77 Walter Benjamin: Franz Kafka. Zur zehnten Wiederkehr seines Todestages. In: ders.: Gesammelte Schriften. Hg. von Rolf Tiedemann/Hermann Schweppenhäuser. Bd. II., Frankfurt a. Main 1977, S. 438.

78 Winfried Menninghaus hat in einer Studie zu Kafka am Romanfragment *Der Verschollene* eindringlich gezeigt, wie diese von Kafka phantasierte männliche Unschuld über das Feld »widerlicher weiblicher Praktiken« den nur halbherzig ersehnten asketischen Status verlassen muss. Wegen eines an Vergewaltigung grenzenden Missbrauchs durch ein mehr als doppelt so altes Dienstmädchen wird Karl Roßmann in *Der Verschollene* nach Amerika transportiert, um dort am Ende wieder in der Gewalt einer dicken alten Frau zu landen, die sich als kontrollsüchtige Prostituierte entpuppt. Vgl. Winfried Menninghaus: Der Verschollene oder die Trajektorie männlicher Unschuld im Feld »widerlicher« weiblicher Praktiken. In: ders.: Ekel. Theorie einer starken Empfindung. Frankfurt a. Main 1999, S. 378–392.

79 Vgl. dazu Alt (wie Anm. 6), S. 121–125.

zwischen dem Landvermesser K. und dem Schankmädchen Frieda, eigentlich die Geliebte des Kanzleivorstehers Klamm im Roman, einem zentralen Verbindungsglied zur Schlossbehörde. Im dritten Kapitel des Romans heißt es bei Kafka dazu:

> Sie umfaßten einander, der kleine Körper brannte in K.s Händen, sie rollten in einer Besinnungslosigkeit, aus der sich K. fortwährend, aber vergeblich, zu retten suchte, ein paar Schritte weit, schlugen dumpf an Klamms Tür und lagen dann in den kleinen Pfützen Biers und dem sonstigen Unrat, von dem der Boden bedeckt war. Dort vergingen Stunden, Stunden gemeinsamen Atems, gemeinsamen Herzschlags, Stunden, in denen K. immerfort das Gefühl hatte, er verirre sich oder er sei so weit in der Fremde, wie vor ihm noch kein Mensch, einer Fremde, in der selbst die Luft keinen Bestandteil der Heimatluft habe, in der man vor Fremdheit ersticken müsse und in deren unsinnigen Verlockungen man doch nichts tun könne als weiter gehen, weiter sich verirren.[80]

Die sexuelle Begegnung ist hier durchgängig unter den Vorzeichen einer ambivalenten Angst geschildert, die auf der einen Seite fürchtet, was sie auf der anderen Seite des psychischen Spektrums begehrt. Angst und Sehnsucht, »strach« und »touha«,[81] wie es tschechisch im berühmten Brief an Milena Jesenská vom 8. August 1920 heißt, paaren sich in einer Welt der Dinge, welche die Lust der Körper mit Schmutz fusioniert: Bierlachen und »sonstiger Unrat« im *Schloss-Roman* etwa. Weitere Beispiele lassen sich bei Kafka mühelos finden: das »Naturspiel« eines »Verbindungshäutchens« zwischen Mittel- und Ringfinger der rechten Hand bei Leni in *Der Prozess*[…], welches fast bis zum obersten Gelenk der kurzen Finger reichte und von K. im Dunkeln abgetastet und »staunend« immer wieder »auseinandergelegt und zusammen gezogen wird«;[82] oder die als »Leitmotiv der obsessiven Besetzung« mit »Merkmalen des Schmutzigen oder Verbotenen«[83] geschilderten Schürzen von Dienstmädchen, Arbeiterinnen und Köchinnen, »besonders hinten fest umspannt[] […] ganz wie zur Befriedigung einer Lust«[84] in den Tagebüchern und Eintragungen der Oktavhefte.

In einem Brief an Milena Jesenská vom 8. August 1920 macht Kafka dann explizit deutlich, dass für ihn über eine lange Zeit seiner Existenz hinweg das »Abscheuliche und Schmutzige« notwendig an den Sexualakt gekoppelt ist.

80 Franz Kafka: Das Schloß, 3. Kapitel (wie Anm. 43), S. 68f.

81 Brief an Milena vom 08. August 1920 (wie Anm. 13), S. 196. Vgl. dazu Alt (wie Anm. 6), S. 124.

82 Franz Kafka: Der Proceß. In: ders. Schriften – Tagebücher – Briefe. Hg. von Jürgen Born, Gerhard Neumann, Malcolm Pasley u. Jost Schillemeit. New York 1990, S. 145.

83 Alt (wie Anm. 6), S. 184.

84 Tagebucheintrag vom 11.11.1911 (wie Anm. 23), S. 242.

Kafka schildert in besagtem Brief in untypischer Offenheit seine erste Liebesnacht, die er als 20-jähriger mit einer Verkäuferin aus einem Ladengeschäft gegenüber der elterlichen Wohnung verbrachte. Ein mittlerweile 37-jähriger Mann »beichtet« gegenüber einer 24-jährigen Frau, die in einer unglücklichen Ehe feststeckt und mit welcher ihn im Moment der Niederschrift eine Affäre verbindet, seine Angst vor der Sexualität. Auf Grund seiner Wichtigkeit für meine Argumentation sei der Brief in größerem Umfang zitiert:

> Ich erinnere mich an die erste Nacht. Wir wohnten damals in der Zeltnergasse, gegenüber war ein Konfektionsgeschäft, in der Tür stand immer ein Ladenmädchen, oben wanderte ich, etwas über 20 Jahre alt, unaufhörlich im Zimmer auf und ab mit dem nervenspannenden Einlernen für mich sinnloser Dinge zur ersten Staatsprüfung beschäftigt. Es war im Sommer, sehr heiß, diese Zeit wohl, es war ganz unerträglich, beim Fenster blieb ich, die widerliche römische Rechtsgeschichte zwischen den Zähnen, immer stehn, schließlich verständigten wir uns durch Zeichen. Am Abend um 8 Uhr sollte ich sie abholen, aber als ich abends hinunterkam, war schon ein anderer da, nun das änderte nicht viel, ich hatte vor der ganzen Welt Angst, also auch vor diesem Mann; wenn er nicht da gewesen wäre, hätte ich auch Angst vor ihm gehabt. Aber das Mädchen hängte sich zwar in ihn ein, aber machte mir Zeichen, daß ich hinter ihnen gehen solle. So kamen wir auf die Schützeninsel, tranken dort Bier, ich am Nebentisch, gingen dann, ich hinterher, langsam zur Wohnung des Mädchens, irgendwo beim Fleischmarkt, dort nahm der Mann Abschied, das Mädchen lief ins Haus, ich wartete ein Weilchen, bis sie wieder zu mir herauskam und dann gingen wir in ein Hotel auf der Kleinseite.

Das alles war, schon vor dem Hotel, reizend, aufregend und abscheulich, im Hotel war es nicht anders. Und als wir dann gegen Morgen, es war noch immer heiß und schön, über die Karlsbrücke nachhause gingen, war ich allerdings glücklich, aber dieses Glück bestand nur darin, daß ich endlich Ruhe hatte vor dem ewig jammernden Körper, vor allem aber bestand das Glück darin, daß das Ganze nicht noch abscheulicher, nicht noch schmutziger gewesen war.

> Ich war dann noch einmal mit dem Mädchen beisammen, ich glaube, 2 Nächte später, es war alles so gut wie zum erstenmal, aber als ich dann gleich in die Sommerfrische fuhr, draußen ein wenig mit einem Mädchen spielte, konnte ich in Prag das Ladenmädchen nicht mehr ansehn, kein Wort habe ich mehr mit ihr gesprochen, sie war (von mir aus gesehn) meine böse Feindin und war doch ein gutmütiges freundliches Mädchen, immerfort verfolgte sie mich mit ihren nichts verstehenden Augen. Ich will nicht sagen, daß der alleinige Grund meiner Feindschaft (sicher war er es nicht) der gewesen ist, daß das Mädchen im Hotel in aller Unschuld eine winzige Abscheulichkeit gemacht hat (nicht der Rede wert), eine kleine Schmutzigkeit gesagt hat (nicht der Rede wert), aber die Erinnerung blieb, ich wußte im gleichen Augenblick, daß ich das nie vergessen werde und gleichzeitig wußte ich oder glaubte es zu wissen, daß dieses Abscheuliche und

Schmutzige, äußerlich gewiß nicht notwendig, innerlich aber sehr notwendig mit dem Ganzen zusammen hänge und daß mich gerade dieses Abscheuliche und Schmutzige (dessen kleines Zeichen mir ihre kleine Handlung, ihr kleines Wort gewesen war) mit so wahnsinniger Gewalt in dieses Hotel gezogen hatte, dem ich sonst ausgewichen wäre mit meiner letzten Kraft.

Und so wie es damals war, blieb es immer. Mein Körper, oft jahrelang still, wurde dann wieder geschüttelt bis zum Nicht-ertragen-können von dieser Sehnsucht nach einer kleinen, nach einer ganz bestimmten Abscheulichkeit, nach etwas leicht Widerlichem, Peinlichem, Schmutzigen, noch in dem Besten, was es hier für mich gab war etwas davon, irgendein kleiner schlechter Geruch, etwas Schwefel, etwas Hölle. Dieser Trieb hatte etwas vom ewigen Juden, sinnlos gezogen sinnlos wandernd durch eine sinnlos schmutzige Welt.[85]

Diese Sexualangst Kafkas ist offenkundig eine Angst vor Entgrenzung, Ich-Verlust, eine Angst, die das psychische Schicksal von Millionen bürgerlicher Männer[86] des frühen 20. Jahrhunderts widerspiegelt und in Kafkas Schilderung unverhohlen projektiv auf das weibliche Gegenüber übertragen wird. Im Tagebuch vom 21. Juli 1913 bringt Kafka den Kern dieses Angstmotivs auf den Punkt: »Die Angst vor der Verbindung, dem Hinüberfließen. Dann bin ich nie mehr allein.«[87]

»Das definitive Handbuch dieses Syndroms«[88] war 1903, eben im Jahr von Kafkas sexueller Initiation erschienen: Otto Weiningers 600 Seiten starke Dissertation *Geschlecht und Charakter*. Die Frauenverachtung und »männliche angststeuerte Abwertung der Sexualität«[89] werden bei Weininger in abstoßender Weise geradezu zelebriert; sie finden sich jedoch in einem

85 Brief an Milena, 8./9. August 1920 (wie Anm. 13), S. 197f.

86 Sexualität wird in dieser sozialen Schicht »als vermintes Gelände wahrgenommen, in dem buchstäblich jeder Schritt neue Gefahren barg, und kein Mensch, selbst der aufgeklärteste nicht, wäre am Ende des 19. Jahrhunderts dazu imstande gewesen, wirkliche Risiken von bloßen Angstphantasien zuverlässig zu unterscheiden«: die unklaren Folgen männlicher »Selbstbefleckung«, eine Liste höchst unangenehmer und schwer zu behandelnder Geschlechtskrankheiten, bis hin zur »Katastrophe der ungewollten Schwangerschaft«. In Kafkas Nachlass fand sich eine zeittypische Broschüre aus dem Jahre 1900 von einem Autor namens »Dr. Bernstein«: *Anleitung zur Verhütung geschlechtlicher Erkrankungen für das männliche Geschlecht*. Vgl. Stach (wie Anm. 16), S. 193.

87 Tagebucheintrag vom 21. Juli 1913 (wie Anm. 23), S. 569.

Bei Kafka ist diese Angst, darauf hat Wolfgang Lange in einer profunden Studie verwiesen, nicht ausschließlich »sexualistisch« zu verstehen, sondern eben auch »als die Angst Kafkas um seine schriftstellerische Potenz, eine Angst, die [...] in der Befürchtung kulminiert, er könne in der Ehe seine intime Leidenschaft, sein Schreiben nicht ausleben, da eine Ehe keine andere Leidenschaft neben sich dulde«. Vgl. Wolfgang Lange: Über Kafkas Kierkegaard-Lektüre, in: DVjS 60 (1986), S. 286–308 (Zitat S. 289).

88 Stach (wie Anm. 16), S. 261.

89 Ebd., S. 261.

deutlich komplexeren Kontext auch als eine Angstform bei Kafka wieder. In einer erstaunlich selbstkritischen Passage heißt es bei Weininger dazu: »der Haß gegen die Frau« ist »immer nur noch nicht überwundener Haß gegen die eigene Sexualität.«[90]

Man hat diese Sexualangst Kafkas nun wahlweise als Reflex auf die bigotte Sexualmoral der eigenen Epoche, als Opposition und »Gegenbild der väterlichen Vitalität«[91] oder als übersteigerten Ausdruck eines um des Schreibens willen selbst auferlegten asketischen Ideals[92] gelesen: »Verzicht auf Wärme, auf Fleisch, auf Drogen, auf Medikamente«[93] und, eben auch: auf Sexualität.

Daran mag manch Wahres sein, aber monokausale Deutungsmuster greifen als alleinige Erklärung von Kafkas Angststrukturen in diesem Zusammenhang wohl nicht.[94] Kafka war sich völlig im Klaren darüber, dass er bezüglich seiner Angststruktur deutlich außerhalb der Norm einzuordnen war. Er lebte in psychischen Welten, die so genannten »normalen Menschen« verschlossen waren und verschlossen blieben. Die von Kafka praktizierte Form der Sexualangst war aus seiner Perspektive nicht zuletzt auch ein ambivalentes Privileg: Sie blieb motivierend für die Praxis seiner Kunst, aber auf menschlicher Ebene war ihretwillen ein hoher Preis zu entrichten.[95]

Auf eine weitere Spur in dieser Richtung, eine Deutungslinie, welche die multifaktoriellen Einflussgrößen der Angst berücksichtigt, sei deshalb in diesem Zusammenhang noch verwiesen. Sie ist in der Kafka Forschung bis dato nahezu komplett außer Acht geblieben.

---

90 Otto Weininger: Taschenbuch und Brief an einen Freund. Leipzig/Wien 1921, S. 66. Passage findet sich bei: Stach (wie Anm. 16), S. 263.

91 Alt (wie Anm. 6), S. 124.

92 Vgl. Stach (wie Anm. 72), S. 480f.

93 Ebd., S. 480.

94 Der Kafka Biograph Reiner Stach hat meines Erachtens zu Recht auf diesen Punkt verwiesen: »Kafkas Angst war umfassender, und sie war durchaus berechtigt: unbeherrschbare Stimmungsschwankungen, Zwangsphantasien, überwältigende Tagträume, wie Flammen ins Bewusstsein schießende Triebimpulse, äußere Impressionen, die das Ich für Stunden überfluteten«. Ebd., S. 482.

95 Für diese »Angstlust der Intimität«, die Kafka quälte und »die er weder geliebten Frauen noch engen Freunden verständlich machen konnte« fand Kafka für den Biographen Reiner Stach »das Schwimmen im unendlichen Gewässer als die überzeugendste Metapher« Stach (wie Anm. 16), S. 122. Im Brief an Max Brod vom 13. Januar 1921 heißt es bei Kafka dazu: *So wie wenn einer der Verlockung nicht widerstehen kann in das Meer hinauszuschwimmen, glückselig ist so getragen zu sein, »jetzt bist Du Mensch, bist ein grosser Schwimmer« und plötzlich richtet er sich auf, ohne besonders viel Anlass und sieht nur Himmel und Meer und auf den Wellen ist nur sein kleines Köpfchen und er bekommt eine entsetzliche Angst, alles andere ist ihm gleichgültig, er muss zurück und wenn die Lunge reisst. Es ist nicht anders.* Vgl. Franz Kafka an Max Brod (wie Anm. 58), S. 299.

Nach der Diagnose der Lungentuberkulose beginnt Kafka Anfang 1918 mit einer erneuten, diesmal deutlich gründlicheren Lektüre von Kierkegaards Schriften *Entweder-Oder* und *Die Wiederholung.* Diese Lektüre hat in der Kafka Forschung durchaus Resonanz ausgelöst.[96] Kaum genauere Analysen in punkto Angststrukturen bei Kafka hat jedoch dessen Studium eines anderen Kierkegaard-Textes ausgelöst. Er befindet sich ebenfalls in Kafkas Bibliothek; Kafkas Beschäftigung mit dem Text lässt sich nicht exakt datieren. Es handelt sich um Kierkegaards 1844 erschienene Schrift *Der Begriff Angst.*[97] Kafka ist – anders als bei der ersten Begegnung mit Kierkegaard – bei diesem zweiten Kontakt mit dem Werk des dänischen Philosophen von einer weitgehend affirmativen und identifikatorischen Lektüre mittlerweile weit entfernt. Aufschlussreich ist in diesem Zusammenhang die Tagebucheintragung vom 27.08.1916:

> Laß auch den unsinnigen Irrtum, daß du Vergleiche anstellst, etwa mit Flaubert, Kierkegaard, Grillparzer [allesamt Junggesellen]. Das ist durchaus Knabenart.[98]

In seinen einleitenden Überlegungen zum *Begriff Angst* definiert Kierkegaard die Emotion der Angst zunächst als Emotion, »welche in der Unschuld gesetzt ist.«[99] Mit dem Begriff der Unschuld wird bei Kierkegaard der Zustand des Menschen vor dem Sündenfall gekennzeichnet, mithin religionsphilosophisch interpretiert.[100] Kierkegaard deutet dabei überraschend den Sündenfall als »psychischen Vorgang, der sich – angestoßen durch Gottes Verbot, vom Baum der Erkenntnis zu essen – im Kopf Adams zuträgt«.[101] Entscheidend ist nun, dass im Sinne Kierkegaards vor dem Sündenfall, im Stadium der Unschuld also, der Geist sich nicht ausschließlich in friedvoller Ruhe befindet, sondern – da der Geist sich bereits als ein »träumender Geist« erweist – sich »noch etwas Anderes« offenbart. Dieses »Andere« zeigt sich dem träumenden

96 Vgl. dazu Alt (wie Anm. 6), S. 460ff., Thomas Anz: Identifikation und Abscheu. Kafka liest Kierkegaard. In: Manfred Engel/Dieter Lamping (Hg.): Franz Kafka und die Weltliteratur. Göttingen 2006, S. 83–92; Wolfgang Lange: Über Kafkas Kierkegaard-Lektüre (wie Anm. 87).

97 Alt konstatiert dazu: »Neben *Entweder-Oder* liest er [Kafka] in späteren Jahren, wie der Bestand seiner Bibliothek vermuten läßt, *Der Begriff Angst* (1944), *Stadien auf des Lebens Weg* (1845), *Die Krankheit zum Tode* (1849) und das ›Stundenbuch‹ *Der Pfahl im Fleisch aus den Erbaulichen Reden* (1844)« (wie Anm. 6), S. 461.

98 Tagebucheintrag vom 27.08.1916 (wie Anm. 23), S. 803.

99 Sören Kierkegaard: Der Begriff Angst. Frankfurt a. Main 1984, S. 41.

100 Vgl. zu Folgendem die Darstellung bei Demmerling/Landweer, Philosophie der Gefühle (wie Anm. 8), S. 84ff.

101 Alt (wie Anm. 6), S. 466.

Geist als »Wirklichkeit [und somit] fort und fort als eine Gestalt, die seine Möglichkeit verlockt, [...] die aber fort ist, sobald er nach ihr greift, und die ein Nichts ist, das nur ängstigen kann.«[102] Bereits in diesem frühen Stadium der Schrift konzipiert Kierkegaard mithin ein Angstkonzept, dem eine spezifische Ambivalenz, eine »psychologische Zweideutigkeit«[103] innewohnt. Angst ist hier von Anfang an als eine »zweideutige Macht«[104] gefasst, eine Emotion, die von etwas angezogen wird, wovor sie gleichzeitig zurückschreckt. In der Angst wird der Mensch bei Kierkegaard für die Möglichkeiten sensibilisiert, seinen natürlichen und vitalen Impulsen und emotionalen Bestimmungen folgen zu können. Auf der anderen Seite ist diese Bewusstseinserfahrung belastend, weil ein ursprünglich harmonischer, »emotionsfreier« Zustand unwiederbringlich verlassen wurde und jede Emotion bei Kierkegaard lebenslang in Gefahr steht, den Modi der Täuschung und des Scheiterns zu unterliegen.

Entscheidend für den vor allzu hoher begrifflicher Abstraktion zurückschreckenden Kafka dürfte nun die Bildlichkeit sein, mit welcher Kierkegaard diesen Doppelcharakter der Angst des träumenden Geistes, des Menschen im Stadium von Unschuld und Unwissenheit, exemplifiziert. Kierkegaard wählt als Beispiel die bei Kindern beobachtbare Angst:

> Wenn man Kinder beobachtet, wird man diese Angst angedeutet finden, [...] als ein Suchen nach dem Abenteuerlichen, dem Ungeheuren, dem Rätselhaften. [...] Diese Angst gehört dem Kinde so wesentlich zu, daß es sie nicht entbehren will; wenn sie es auch ängstigt, fasziniert es sie doch mit ihrer süßen Beängstigung.[105]

Diese Ambivalenz der Angstquellen als eine im Sinne Lessings gemischte Empfindung aus Angst und Lust finden sich in den Arbeiten Kafkas zuhauf. Allerdings – hier zeigt sich ein Unterschied zu Kierkegaard – tauchen diese Angstquellen bei Kafka zumeist in einem säkularisierten Kontext auf. Im Februar 1918 notiert Kafka dazu in sein Oktavheft, er sei weder »von der allerdings schon schwer sinkenden Hand des Christentums ins Leben geführt worden wie Kierkegaard«, noch habe er den »letzten Zipfel des davonfliegenden jüdischen Gebetsmantels [...] gefangen wie die Zionisten.«[106] Kafkas ambivalente Ängste entstammen zumeist dem Nährboden des Diesseits. So vermerkt etwa das Tagebuch am 6. Juli 1919 zur geschilderten Sexualangst:

---

102 Kierkegaard (wie Anm. 99), S. 40.

103 Ebd., S. 41.

104 Ebd., S. 42.

105 Ebd., S. 41.

106 Oktavheft H (Ende Januar 1918 – Anfang Mai 1918) (wie Anm. 7), S. 98.

»Immerfort der gleiche Gedanke, das Verlangen, die Angst.«[107] Doch auch andere Angstquellen können bei Kafka dem Muster der beschriebenen Angstambivalenz folgen: In einem Brief an Milena Jesenská wird es angesichts der Furcht Kafkas, durch das Schreiben von Briefen den Riss zwischen sinnlicher und geistiger Erfahrungswelt nicht aufheben zu können, im November 1920 heißen: »Allerdings ist diese Angst vielleicht nicht nur Angst, sondern auch Sehnsucht nach etwas, was mehr ist als alles Angsterregende.«[108] Auch Kafkas ausgeprägte Angst vor dem eigenen Vater scheint partiell dieser ambivalenten psychologischen Zweideutigkeit der Angstquelle untergeordnet zu sein. Am 24. August 1913 schreibt Kafka an die Verlobte Felice Bauer:

> Sagte ich Dir schon einmal, daß ich meinen Vater bewundere? Daß er mein Feind ist und ich seiner, so wie es durch unsere Natur bestimmt ist, das weißt Du, aber außerdem ist meine Bewunderung seiner Person vielleicht so groß wie meine Angst vor ihm.[109]

Fast zwangsläufig fließen Darstellung ambivalenter Angst auch in Kafkas Literatur ein. So heißt es etwa in der frühen Schrift *Hochzeitsvorbereitungen auf dem Lande:* »Ein Schutzmann, von einem unbestimmten Verlangen angezogen, von einer unbestimmten Angst abgehalten, schlenderte zögernd heran«.[110] Auch die Angst vor dem Tod selbst ist bei Kafka von dieser merkwürdigen Ambivalenz in der Darstellung geprägt. Die Schilderung des Endes findet bei Kafka in einer Art Zwischenraum statt, einem »Ort, der zwischen Leben und Tod liegt, Durchgang und Übergang«[111] nicht gleichzeitig zu sein vermag. Ganz im Sinne Epikurs (vgl. Einleitung) verlangt das Sprechen über den Tod, am Leben zu sein. Der wahre Tod macht dieses wahrhaftige Sprechen in Kenntnis des eigentlichen Zustandes wiederum unmöglich. Entsprechend notiert Kafka am 25. Februar 1918, ein paar Monate nach der Diagnose der tödlich verlaufenden Lungenkrankheit in eines seiner Oktavhefte:

> Die Klage am Sterbebett ist eigentlich Klage darüber, daß hier nicht im wahren Sinn gestorben worden ist, noch immer müssen wir uns mit diesem Sterben

---

107 Tagebucheintrag vom 6. Juni <Juli 1919> (wie Anm. 23), S. 845.

108 Brief an Milena, November 1920 (wie Anm. 13), S. 296.

109 Brief an Felice Bauer vom 24. August 1913 (wie Anm. 42), S. 452.

110 Fragmente aus Heften und losen Blättern. In: Franz Kafka. Hochzeitsvorbereitungen auf dem Lande und andere Prosa aus dem Nachlass. Gesammelte Werke. Hg. von Max Brod, New York 1953, S. 214.

111 Sonja Dierks: Es gibt Gespenster. Betrachtungen zu Kafkas Erzählung. Würzburg 2003, S. 107.

> begnügen, noch immer spielen wir das Spiel [...] Unsere Rettung ist der Tod, aber nicht dieser.[112]

Zurück zu Kierkegaard. Im *Begriff Angst* wird der Zwischenzustand des Menschen im Stadium von Unschuld/Unwissenheit und Schuld/Wissen mit Hilfe dessen Kierkegaard die Phase unmittelbar vor dem Sündenfall beschreibt, wie gezeigt zentral an die Stimmung der Angst gekoppelt. In der Ambivalenz einer »süßen Beängstigung«[113] verweist die Angst auf die scheinbar unendlichen zugleich jedoch aber trügerischen und unwirklichen Möglichkeiten, welche das »weder wachende noch schlafende, sondern »träumende« Bewusstsein der Unschuld vorspiegelt«.[114] Entscheidend für unsere Untersuchung ist nun, dass Kierkegaard jenen Moment der Angst, da der Geist sich dem entscheidenden Augenblick des Sündenfalls nähert und die Unschuld aus der unendlichen Fülle der Möglichkeiten des Geistes die eine »Wirklichkeit« der Endlichkeit ergreift, mit dem körperlichen Zustand eines Schwindels vergleicht. Bei Kierkegaard heißt es dazu:

> Angst kann man vergleichen mit Schwindligsein. Derjenige, dessen Auge plötzlich in eine gähnende Tiefe hinunterschaut, der wird schwindlig. Aber was ist der Grund dafür? Es ist ebenso sehr sein Auge wie der Abgrund; denn was, wenn er nicht hinab gestarrt hätte? So ist Angst der Schwindel der Freiheit, der entsteht, indem der Geist die Synthese setzen will und die Freiheit nun hinabschaut in ihre eigene Möglichkeit und da die Endlichkeit ergreift, um sich daran zu halten. In diesem Schwindel sinkt die Freiheit ohnmächtig um.[115]

Diese Idee, Angst zum einen an die körperliche Symptomatik des Schwindels[116] zu koppeln und Angst zum anderen als ambivalent aufgeladene Situation zu beschreiben, in welcher der Geist weder die Form einer bewussten und willensfreien Wahl einnehmen kann, noch die zu treffende Entscheidung ohne Einwilligung des handelnden Subjekts denkbar ist, findet sich auch bei Kafka.

---

112 Oktavheft H (Ende Januar 1918 bis um Anfang Mai 1918) (wie Anm. 7), S. 100f.

113 Kierkegaard (wie Anm. 99), S. 41.

114 Rolf-Peter Janz/Fabian Stoermer/Andreas Hiepko (Hg.): Schwindelerfahrungen (wie Anm. 68), S. 26f.

115 Kierkegaard (wie Anm. 99), S. 57.

116 Tatsächlich besteht zwischen Angst und Schwindel ein symptomatischer Zusammenhang. Insbesondere der Höhenschwindel ist immer wieder »als Folge und Ausdruck einer mehr oder weniger begründeten Angst vor dem Sturz in die Tiefe aufgefasst worden«. Freud gibt dann dem Schwindel eine »hervorragende Stellung« in der »Symptomengruppe der Angstneurose«. Vgl. Rolf Peter Janz/Fabian Stoermer/Andreas Hiepko (Hg.): Schwindelerfahrungen (wie Anm. 68), S. 28.

Bei Kafka wird der Schwindel dabei in eine physische Symptomatik eingebettet, die in der frühen Schrift *Beschreibung eines Kampfes* von der Figur des Dicken als »Seekrankheit auf festem Lande«[117] bezeichnet wird. Als etwa in Kafkas Roman *Der Proceß* die schlechte Luft auf dem Dachboden der Kanzleien[118] Josef K. Übelkeit bereitet, fragt ihn »ein Mädchen, das wohl durch K.s lautes Sprechen herbei gerufen war«: »Sie haben ein wenig Schwindel, nicht?« Wenig später stellt sich das bei Kafka zum Schwindelphänomen zugehörige Krankheitsbild auch bei Josef K. ein:

> Er war wie seekrank. Er glaubte auf einem Schiff zu sein, das sich in schwerem Seegang befand. Es war ihm, als stürze das Wasser gegen die Holzwände, als komme aus der Tiefe des Ganges ein Brausen her, wie von überschlagendem Wasser, als schaukle der Gang in der Quere und als würden die wartenden Parteien zu beiden Seiten gesenkt und gehoben.[119]

Der Schwindel ist eine körperlich und psychisch ambivalente Erfahrung, eine »Erfahrung des Übergangs, da er sich auf der Grenze zwischen der Sicherung und dem Verlust von Subjektivität bewegt: Wer vom Schwindel erfasst wird, der steht nicht mehr, aber er fällt auch noch nicht.«[120] Ein solch transitorischer Zustand ist offenkundig angstbesetzt.[121]

---

117 Franz Kafka: Beschreibung eines Kampfes (wie Anm. 61), S. 89.

118 Die Lage der Kanzleien ist alles andere als gewöhnlich: der ungelüftete Dachboden einer Mietskaserne, »die voller benutzter, belegter und angemachter Betten steht, an denen entlang Josef K. sich auf wunderliche Weise zu den Kanzleien durchzufragen hat.« Offenkundig ist die Kanzleisphäre bei Kafka »eine Zone latenter und auch immer wieder manifester Sexualität«, welche auf die schon besagte Koppelung von Kafkas Darstellungen des Sexuellen mit Attributen von Schmutz und Unreinheit gemahnt. Vgl. dazu Klaus Jeziorkowski: Das Bett. In: Hans Dieter Zimmermann (Hg.): Nach erneuter Lektüre. Franz Kafkas »Der Proceß«. Würzburg 1992, S. 95–109 (Zitate S. 98, S. 99).

119 Franz Kafka: Der Proceß (wie Anm. 82), S. 105.

120 Rolf Peter Janz/Fabian Stoermer/Andreas Hiepko (Hg.): Schwindelerfahrungen (wie Anm. 68), S. 16.

121 W. G. Sebald hat dem Phänomen des Schwindels bei Kafka eine berühmt gewordene Passage in seinem Buch *Schwindel. Gefühle* gewidmet. In dem Kapitel *Dr. Ks. Badereise nach Riva* schildert Sebald eine Episode, in welcher Kafka den Sohn des Besitzers einer jüdischen Buchhandlung durch die Straßen Prags verfolgt. Dieser Sohn symbolisiert bei Sebald Kafkas eigenes Lebensdilemma, sein »Hin-und-Her-Gerissen-Sein zwischen einer gemeinsamen Existenz mit seiner Verlobten Felice Bauer und seinem Bedürfnis, im vollkommenen Alleinesein seinen schriftstellerischen Bemühungen nachzugehen.« Laut Sebald versucht Kafka in diesem Jahr 1913 und auf der Reise nach Riva für sich zu klären, wie er aus Situationen, »wo scheinbar und gesetzmäßig nichts zu genießen ist«, einen scheinbar doch unerfindlichen Genuss gewinnt. Vgl. W. G. Sebald: Schwindel. Gefühle. Frankfurt a. Main 1990, S. 161–191; Claudia Öhlschläger/ Michael Niehaus (Hg.): W. G. Sebald-Handbuch. Leben-Werk-Wirkung. Stuttgart 2017, S. 270–274 (Zitat S. 271).

Abgeleitet von *naus* (griech. Schiff), wird in der Antike die Seekrankheit als *nausea* bezeichnet und »einerseits mit dem Erbrechen, andererseits mit einem allgemeinen Ekel oder Weltüberdruss in Verbindung gebracht«.[122] 1881 prägt John Arthur Irwin den Begriff der *motion sickness* und 1896 Ottomar Rosenbach jenen der Reisekrankheit (*Kinetose*), zu deren weit verbreiteter Unterform die Seekrankheit zählt. Burkhardt Wolf hat in einer Studie die physischen und psychischen Begleiterscheinungen des Phänomens bündig aufgelistet:

> Angst und Zittern, Schwindel und Kopfschmerz, Müdigkeit und Mattigkeit bis zur Apathie, depressive Elends- und Vernichtungsgefühle, die von der Trauer um das verlorene Leben an Land bis hin zum Zusammenbruch der Persönlichkeit reichen können – diese überlieferte Symptomatik wurde von jeher auf die Schiffsbewegung zurückgeführt: auf das Stampfen des Schiffes bei frontalem Anprall der See, durch welches das Gefühl entsteht, als wenn das Schiff in sich zusammensinkt und einem der Boden unter den Füßen entzogen wird; auf sein Rollen bei hohem Seegang, seine Pendelbewegung um die Längsachse, die den Eindruck hervorruft, als wollte sich der Boden des Schiffes nach oben kehren; und schließlich auf sein Schlingen oder Gieren, eine Kombination aus Rollen und Stampfen bei schräg heranwallender See.[123]

Kafka macht sich diese Ätiologie der Seekrankheit als Bildquelle zur Beschreibung eigener Angstmuster nicht nur in seinen literarischen Texten, sondern auch in den Tagebüchern und Briefen zu Eigen. Im *Brief an den Vater* ist schon von der »Nervenzerstörung durch Angst und Schuldbewußtsein« die Rede, welche die permanente »Sorge um meine Gesundheit«[124] mit sich bringt. Nach der sich ausbreitenden Lungentuberkulose und den dadurch notwendig werdenden Aufenthalten in Sanatorien schreibt Kafka im Mai 1921 aus Matliary an Max Brod in nautischer Bildlichkeit:

> Du schreibst immer vom Gesundwerden. Das ist ja für mich ausgeschlossen (nicht nur hinsichtlich der Lunge, auch hinsichtlich alles andern, in der letzten Zeit geht z. B. wieder eine Unruhe-Welle über mich, Schlaflosigkeit, Leiden unter dem kleinsten Geräusch und sie entstehen förmlich in der leeren Luft, [...] sieh nur diesen widerwillig lebenden Körper an, den das Gehirn, erschreckt darüber, was es angerichtet hat, nun wieder gegen sich zum Leben zwingen will.[125]

---

122 Vgl. Burkhardt Wolf: Kafkas Seekrankheit. In: Klaus R. Scherpe/Elisabeth Wagner (Hg.): Kontinent Kafka. Berlin 2006, S. 120–136. In meiner Schilderung der medizinischen Aspekte der Seekrankheit folge ich der Darstellung bei Wolf, S. 122f.

123 Ebd., S. 122f.

124 Brief an den Vater (wie Anm. 7), S. 194.

125 Franz Kafka an Max Brod, Anfang Mai 1921 (wie Anm. 58), S. 343.

Hier, in der letzten Phase von Kafkas Existenz, zeigt sich deutlicher werdend eine letzte Quelle der Angst, die Kafkas Tagebücher, Briefe und literarische Texte früh speist: die Angst vor dem Versiegen der Gesundheit und dem drohenden Tod. Eine Angst, welche bei Kafka die ohnehin schon vorhandene Neigung zu permanenter Selbstbeobachtung noch zu steigern droht und letztlich einen Angstkreislauf kreiert, von dem das Ich absorbiert wird. »Der leidenschaftliche Körperbeobachter Kafka«[126] ist in dieser Hinsicht besonders gefährdet. Früh differenziert Kafka im Tagebuch dabei zwischen einer Innerlichkeit, die auf Erkenntnis aus ist und einer Innerlichkeit, die solipsistisch in einem Modus permanenter Eigenumkreisung in sich selbst wühlt und dabei nur in sich selbst verharrt.

Am 9. Dezember 1913 notiert Kafka:

> Haß gegenüber aktiver Selbstbeobachtung. Seelendeutungen, wie: Gestern war ich so und zwar deshalb, heute bin ich so und deshalb. Es ist nicht wahr, nicht deshalb und nicht deshalb und darum auch nicht so und so. Sich ruhig ertragen, ohne voreilig zu sein, so leben wie man muß, nicht sich hündisch umlaufen.[127]

In einer Eintragung des dritten Oktavhefts Oktober 1917 forciert Kafka dann den Gedanken einer Selbsterkenntnis, die Selbstzerstörung ist, wo sie im Modus bloßer Selbstbeobachtung verharrt, anhand einer Variation des Sündenfall-Mythos unter dem Einfluss besagter Kierkegaard Lektüre:

> Erkenne dich selbst bedeutet nicht: Beobachte dich. Beobachte dich ist das Wort der Schlange. Es bedeutet: Mache dich zum Herrn deiner Handlungen. Nun bist du es aber schon, bist Herr deiner Handlungen. Das Wort bedeutet also: Verkenne dich! Zerstöre dich! also etwas Böses und nur wenn man sich sehr tief hinabbeugt, hört man auch sein Gutes, welches lautet: »um Dich zu dem zu machen, der Du bist.«[128]

Im Juni 1922 setzt Kafka seine Pensionierung bei der Arbeiter-Unfallversicherung durch. Er erhält die Hälfte der Bezüge, die sein Arbeitgeber ihm für den Fall eines erneuten Dienstantritts in Aussicht gestellt hatte. Körperlich ist Kafka in diesen Wochen in schlechterer Verfassung denn je. Er hat Gewicht verloren, schläft wenig, hustet stark und kann längere Spaziergänge nur mit regelmäßigen Atempausen absolvieren. Aufgrund der steigenden Inflation reicht die Pension knapp zum Leben, erlaubt aber keinen Aufenthalt in teuren Sanatorien. Wenn die Krankheit in den folgenden 20 Monaten schnell in ihr

---

126 Alt (wie Anm. 6), S. 463.

127 Tagebucheintrag vom 09.12.1913 (wie Anm. 23), S. 608.

128 Oktavheft G (wie Anm. 7), S. 42.

letales Stadium eintritt, so erklärt sich dies auch damit, dass Kafka sich die Wärme des europäischen Südens finanziell nicht mehr leisten kann. Stattdessen bezieht er im böhmischen Planá bei der Schwester Ottla das kleine Zimmer eines Landhauses. Hier in der ländlichen Idylle lebt das Tagebuch noch einmal kurz auf, ehe es im Juni 1923, knapp ein Jahr vor Franz Kafkas Tod, endgültig zum Verstummen kommt. Von Planá aus schreibt Kafka an den Freund Oskar Baum einen Brief, der sein Verharren in der Provinz analysiert und erneut von jener ambivalenten Angst kündet, durch gesteigerte Selbstbeobachtung die eigene gesundheitliche Situation nur zu verschlimmern:

> Im letzten oder vorletzten Grunde ist es ja nur Todesangst. Zum Teil auch die Angst, die Götter auf mich aufmerksam zu machen; lebe ich hier in meinem Zimmer weiter, vergeht ein Tag regelmäßig wie der andere, muß natürlich auch für mich gesorgt werden, aber die Sache ist schon im Gang, die Hand der Götter führt nur mechanisch die Zügel, so schön, so schön ist es, unbeachtet zu sein.[129]

Einige Monate später, am 7. April 1924, wird bei Kafka, dessen Gesundheit sich Schritt für Schritt verschlechtert hat, eine zusätzliche Kehlkopftuberkulose diagnostiziert, die sich bereits in den Rachenraum ausgedehnt hat. Die Therapie wird einzig auf »Schmerzlinderung durch Pantopon und Morphium abgestellt, da sich eine chirurgische Entfernung der Geschwüre nach dem medizinischen Standard der Zeit verbietet.«[130]

Am Mittag des 3. Juni 1924 stirbt Franz Kafka. Noch am Tag vor seinem Tod korrigiert er mit dem Bleistift in der Hand die ersten Seiten des *Hungerkünstler-Bandes*, dessen Fahnen aus Berlin eingetroffen sind. Die Angst, durch unverbindliche Selbstbeobachtung nur ein imaginäres, lockendes Spiel mit dem Tod und den ihn begleitenden Geistern zu inszenieren, ist jetzt vorüber. Von dieser Angst kündete noch der letzte uns erhaltene Tagebucheintrag Kafkas. In ihm unternimmt Franz Kafka eine abschließende Selbstbeobachtung, eine Doppelreflexion über das Ich und seine Verfasstheit im Medium der Schrift. In dieser Eintragung verneint Kafka noch einmal prägnant jene in den frühen Tagebüchern gepflegte Idee, durch gesteigerte Selbstbeobachtung zur Selbstbefreiung gelangen zu können. Was am Ende stattdessen sich zeigt, ist jene Ambivalenz der Angst, die bei Kafka von Anfang an beobachtbar ist und deren Symptome Kafka als kulturhistorische Diagnose in den Schriften Freuds und Kierkegaards widergespiegelt fand. Vor allem aber findet Kafka diese Angst in seinem eigenen Inneren. Sie bleibt ihm, glauben

---

129 Brief an Oskar Baum vom 4. Juli 1922 (wie Anm. 3), S. 382.
130 Daiber (wie Anm. 75), S. 57.

wir den schriftlichen Darstellungen der privaten Zeugnisse, bis zum Schluss. Am Ende verbindet sie sich wohl mit einer psychischen Kraft, die aus dem Grundgefühl heraus agiert, nichts mehr zu verlieren zu haben.[131] Der Tagebucheintrag lautet:

> Immer ängstlicher im Niederschreiben. Es ist begreiflich. Jedes Wort, gewendet in der Hand der Geister – dieser Schwung der Hand ist ihre charakteristische Bewegung – wird zum Spieß, gekehrt gegen den Sprecher. Eine Bemerkung wie diese ganz besonders. Und so ins Unendliche. Der Trost wäre nur: es geschieht ob Du willst oder nicht. Und was du willst, hilft nur unmerklich wenig. Mehr als Trost ist: Auch du hast Waffen.[132]

131 Vgl. dazu Peter-André Alt: Franz Kafka. Experte für die dunklen Gefühle. In: Agora 42. 4 (2017).

132 Tagebucheintrag vom 12.06.1923 (wie Anm. 23), S. 926.

KAPITEL VII

Sterben und Poesietherapie – Wolfgang Herrndorfs *Arbeit und Struktur*

1. Expressives Schreiben

In Hans Blumenbergs *Arbeit am Mythos* heißt es:

> Geschichten werden erzählt, um etwas zu vertreiben. Im harmlosesten, aber nicht unwichtigen Fall: die Zeit. Sonst und schwerer wiegend: die Furcht.[1]

Blumenbergs Funktionsbestimmung begrenzt die kulturelle Aktivität des Erzählens auf die beiden Motive des Zeitvertreibs und der Angstbewältigung. Eine in dieser Absolutheit umstrittene Reduktion, die nicht umsonst in der Phase postmodernen Erzählens auf erheblichen Widerspruch stößt. In Albrecht Koschorkes Arbeit zu den Grundzügen aktueller Erzähltheorien etwa ist dem

> Motiv ursprünglicher Angstbewältigung eine fragliche, stark durch die Ethnographie der Kolonialzeit geprägte Prämisse eingeschrieben: nämlich die Idee einer primitiven Entwicklungsstufe der Menschheit, auf der die Menschen noch voller Schrecken einem Universum unverstandener Naturmächte entgegentraten und sich mangels besserer Einsicht damit behelfen mussten, diese Naturmächte als Geister und Götter auszuphantasieren.[2]

Auch diese Gegenthese greift in ihrer Leugnung einer angstbewältigenden Funktion von Narrativen im Namen einer wie auch immer gearteten zivilisatorischen Emanzipation zu kurz. Nicht jede Produzentin erzählerischer

---

* Es handelt sich bei diesem Text um die Umarbeitung eines Vortrags, den ich auf dem 25. Deutschen Germanistentag 2016 in Bayreuth gehalten habe. Dieser Vortrag ist in seiner ursprünglichen Form erschienen unter dem Titel: Schreiben als Immunaktivität – Das Paradigma des expressiven Schreibens am Beispiel von Wolfgang Herrndorfs »Arbeit und Struktur«. Vgl. Sonja Arnold/Stephanie Catani/Anita Gröger/Christoph Jürgensen/Klaus Schenk/Martina Wagner-Egelhaaf (Hg.): Sich selbst erzählen. Autobiographie – Autofiktion – Autorschaft. Kiel 2018, S. 59–75.

1 Hans Blumenberg: Arbeit am Mythos. Frankfurt a. Main ^{5}1990, S. 40.

2 Albrecht Koschorke: Wahrheit und Erfindung. Grundzüge einer allgemeinen Erzähltheorie. Frankfurt a. Main 2012, S. 11f.

© MENTIS VERLAG, 2020 | DOI:10.30965/9783957437068_008

Fiktionen ist darauf aus, sich wie Scheherazade zu gebärden.[3] Dennoch existiert der Glaube an die heilende, therapeutisch angstreduzierende Kraft literarischen – sehr häufig – autobiographischen Schreibens, der spätestens in den Selbstanalysen eines Jean Jacques Rousseau (*Confessions*) und Karl Philipp Moritz (*Anton Reiser*) beobachtbar wird.

In diesem Schreibgestus liegt die Keimzelle der so genannten *Poesietherapie*. Mitte der 1980 Jahre setzen in systematisierender Form Bemühungen von geistes- und naturwissenschaftlicher Seite ein, das beobachtete Phänomen heilenden Schreibens seitens literaturwissenschaftlicher, psychoanalytischer und neuroimmunologischer Perspektive mit einem Theoriengebäude und empirischem Datenmaterial zu unterfüttern (vgl. Einleitung).[4]

Zwar hatten bereits Freud und C. G. Jung in ihren frühen Darstellungen von Fallgeschichten ihrer Patienten (bei Freud etwa: *Dora, Der kleine Hans, Der Rattenmann, Der Wolfsmann*) literarische Techniken eingesetzt.[5] Diese Darstellungen dienten jedoch in der Regel der Legitimierung des eigenen therapeutischen Verfahrens und kreierten kein wie auch immer geartetes Theoriengebäude zur Funktion des Erzählens.

Dies geschieht erst ein halbes Jahrhundert später. Mitte der 1980er Jahre entwickelt der Psychologe James W. Pennebaker »das Paradigma des Expressiven Schreibens«.[6]

---

3 Glaubt man Foucault, erzählt Scheherazade ihre Märchen von *Tausendundeiner Nacht* nur weiter, um den Tod, zu dem sie verurteilt scheint, unendlich hinaus zu zögern. Vgl. Michel Foucault: Was ist ein Autor. In: ders.: Schriften zur Literatur. Hg. von Martin Stingelin. Frankfurt a. Main 2003, S. 234–270, (Zitat S. 234).

4 Ganz vorläufig und kursorisch seien hier genannt Hilarion Petzold, Ilse Orth (Hg.): Poesie und Therapie. Über die Heilkraft der Sprache. Paderborn 1985; Lutz von Werder: … triffst Du nur das Zauberwort. Eine Einführung in die Schreib- und Poesietherapie. München/ Weinheim 1986; Ralph Langner (Hg.): Psychologie der Literatur. Theorien, Methoden, Ergebnisse. Weinheim/München 1986; Silke Heimes: Warum Schreiben hilft. Göttingen 2012; Silke Heimes/Petra Rechenberg-Winter/Renate Haußmann (Hg.): Praxisfelder des kreativen und therapeutischen Schreibens. Göttingen 2013; Silke Heimes: Schreib dich gesund. Übungen für verschiedene Krankheitsbilder. Göttingen 2015; Hilarion G. Petzold/ Brigitte Leeser/ Elisabeth Klempnauer (Hgg.): Wenn Sprache heilt. Handbuch für Poesie- und Bibliotherapie, Biographiearbeit und Kreatives Schreiben. Festschrift für Ilse Orth. Bielefeld 2018.

5 Vgl. dazu: Patrick J. Mahony: Der Schriftsteller Sigmund Freud. Frankfurt a. Main 1989. Eine Überblicksdarstellung zur Forschung bietet: Christiane Frey: Fallgeschichte. In: Roland Borgards et al. (Hg.): Literatur und Wissen. Ein interdisziplinäres Handbuch. Stuttgart/ Weimar 2013, S. 282–288.

6 Vgl. hierzu Andrea B. Horn/Matthias R. Mehl, Fenne große Deters: Expressives Schreiben und Immunaktivität – gesundheitsfördernde Aspekte der Selbstöffnung. In: Christian Schubert (Hg.): Psychoneuroimmunologie und Psychotherapie. Stuttgart 2011, S. 208–227, (Zitat S. 209).

In seiner ersten Studie[7] lässt Pennebaker eine Gruppe von Studierenden an vier unmittelbar aufeinander folgenden Tagen für jeweils 15 Minuten pro Tag eigene Texte verfassen. Die Teilnehmer waren zuvor in zwei Gruppen, eine Experimentalgruppe und eine Kontrollgruppe, aufgeteilt worden. Die Experimentalgruppe wurde aufgefordert, über die traumatischste Erfahrung ihres Lebens oder zumindest ein emotional stark belastendes Thema zu schreiben. Die Arbeitsaufträge des ersten Schreibtages in den Worten Pennebakers:

> In today's writing, your goal is to write about your deepest thoughts and feelings about the trauma or emotional upheaval that has been influencing your life the most. In your writing, really let go and explore this event and how it has affected you. Today, it may be beneficial to simply write about the event itself, how you felt when it was occurring, and how you feel now.[8]

Die Probanden der Kontrollgruppe waren im Gegenzug dazu angehalten, über ein oberflächliches, emotional nicht belastendes Thema einen eigenen Text zu verfassen (z. B. das persönliche Zeitmanagement). Unmittelbar nach der Schreibsitzung zeigte sich mittels eines einfach strukturierten Fragebogens, dass die Probanden der Experimentalgruppe nach der schriftlichen Fixierung des traumatischen Erlebnisses ein signifikant schlechteres Stimmungsbild aufwiesen.

> 0 1 2 3 4 5 6 7 8 9 10
>
> Not at all Somewhat A great deal
> – A. To what degree did you express your deepest thoughts and feelings?
> – B. To what degree do you currently feel sad or upset?
> – C. To what degree do you currently feel happy?
> – D. To what degree was today's writing valuable and meaningful for you?
> – E. Briefly describe how your writing went today so you may refer to this later.[9]

Zudem wurde bei den Probanden aus der Experimentalgruppe in einer ebenfalls unmittelbar nach dem Schreibauftrag erfolgten Messung ein deutlich höherer Blutdruck registriert als bei den Teilnehmern der Kontrollgruppe. Diese Effekte waren jedoch temporär und traten als direkter physischer, bzw. psychischer Reflex des Schreibauftrags auf. Langfristig, dies belegen mehrere aufeinander folgende Studien zum Expressiven Schreiben, zeigen

---

7 J. W. Pennebaker, S. K. Beall: Confronting a traumatic event: toward an understanding of inhibition and disease. Journal of Abnormal Psychology 95 (1986), S. 274–281.

8 James W. Pennebaker/John F. Evans: Expressive Writing. Words that Heal. Idyll Arbor 2014, S. 33.

9 Ebd., S. 34.

die Probanden der Experimentalgruppe, die über ein traumatisches Thema schreiben, in den folgenden sechs Monaten ein gesteigertes Gesundheits- und Wohlbefinden in Relation zu den Mitgliedern der Kontrollgruppe. Dies manifestiert sich in einer geringeren Anzahl an Arztbesuchen, günstigeren Immunparametern im Blut (höhere Proliferationsrate von T-Helferzellen), einer verbesserten Wundheilung und einem geringeren Auftreten negativer Stimmungsbilder.[10] Entscheidend für diese Effekte ist, was Pennebaker das Erzeugen »eines kognitiv-affektiven Verarbeitungsmodus«[11] nennt. Anders gesagt: Weder die rein emotional motivierte Produktion der Geschichten mittels brainstorming oder Techniken im Gefolge von Freier Assoziation/écriture automatique, noch die nüchterne, im berichtenden Duktus protokollierende Wiedergabe der traumatischen Ereignisse, zeigen langfristig heilende Wirkung. Allein das Wechselspiel von emotionalem Ausdruck und parallel laufender vertiefter kognitiver Verarbeitung erweist sich laut Pennebaker als therapeutisch relevant.

Über welche Schritte ein solch kognitiver affektiver Verarbeitungsmodus sich zum Ausdruck bringen kann, soll im Folgenden am Beispiel der Analyse von Wolfgang Herrndorfs Blog *Arbeit und Struktur* gezeigt werden. Herrndorf wird in seinem als eine Art digitales Tagebuch angelegten Blog angesichts des eigenen, unaufhaltsam herannahenden Todes mit Hilfe seiner literarischen Produktion höchst eigenwillige – und gleichzeitig effiziente – Strategien der Angstbewältigung praktizieren.

2. Wolfgang Herrndorf – *Arbeit und Struktur*

Im Februar 2010 wird bei dem Schriftsteller Wolfgang Herrndorf, zu diesem Zeitpunkt 44 Jahre alt, ein so genanntes Glioblastom, ein höchst aggressiver und unheilbarer Gehirntumor diagnostiziert. Dieser Befund erweist sich als Auslöser für den Beginn eines Blogs, den Herrndorf am 8. März 2010 beginnt und der am 20. August 2013 nach 42 Kapiteln mit regelmäßigen Eintragungen zur eigenen Befindlichkeit und Erlebniswelt endet. Der Blog ist zunächst als reines Mitteilungsmedium für den engeren Freundeskreis gedacht, wird dann jedoch ab September 2010 auf Drängen eben dieser Freunde unter dem Titel *Arbeit und Struktur*[12] von Herrndorf im Internet publiziert. Die in Buchform

10 Vgl. Andrea B. Horn et al. (wie Anm. 6), S. 210f.

11 Ebd., S. 212.

12 Die Titelidee für seinen Blog bezieht Herrndorf aus einem Telefongespräch mit einem ebenfalls an einem Glioblastom erkrankten Richter, dessen Ratschlag an den Autor

gebrachte Version des Blogs *Arbeit und Struktur* erscheint dann Dezember 2013 auf Wunsch Herrndorfs im Rowohlt Verlag Berlin, herausgegeben von Herrndorfs Lektor Marcus Gärtner und der Schriftstellerin und Herrndorf Freundin Kathrin Passig. Am 26. August 2013 hatte Wolfgang Herrndorf gegen 23.15 Uhr am Ufer des Hohenzollernkanals seinem Leben ein Ende gesetzt. Er schießt sich mit einem Revolver durch den Mund ins Stammhirn. Im Blog wird diese Handlung zuvor mehrfach sprachlich umkreist und antizipierend reflektiert. Bereits kurz nach der Diagnose des Tumors vermerkt der Blogeintrag am 30. April 2010:

> Was ich brauche, ist eine Exitstrategie. Ich hatte Cornelius gegenüber schon mal angefangen, [...] und da war ich noch vollkommen sicher, dass es nur eine Waffe sein könne. [...] Ob ich die Disziplin habe, es am Ende auch zu tun, ist noch eine ganz andere Frage. Aber es geht, wie gesagt, um Psychohygiene. Ich muss wissen, dass ich Herr im eigenen Haus bin. Weiter nichts.[13]

Wie diese Exitstrategie aussieht, legt dann bereits sehr früh der Blogeintrag vom 25.08.2010, 16:31 Uhr fest:

> Ich habe mich damit abgefunden, dass ich mich erschieße. Ich könnte mich nicht damit abfinden, vom Tumor zerlegt zu werden, aber ich kann mich damit abfinden, mich zu erschießen. Das ist der ganze Trick.[14]

Arbeit und Struktur steht und entsteht, so lässt sich zunächst festhalten, unbestritten im Zeichen der erfolgten Krebsdiagnose und damit in unmittelbarer »Tuchfühlung zu Sterben und Tod.«[15] Bereits die erste Diagnose, mit welcher Wolfgang Herrndorf seitens der Ärzteschaft konfrontiert wird, gibt unzweideutig diese Tonart vor. In einer Rückblende des Blogs auf den ersten Krankenhausaufenthalt notiert Herrndorf:

> Die Histologie verschiebt sich immer weiter, am 25.2. ist es so weit: Prof. Moskopp erklärt, es sei ein Glioblastom. Das ist etwas Gehirneigenes, das bildet

---

gewesen sei, fokussiert weiter zu arbeiten. Vgl. Maximilian Burk: »dem Leben wie einem Roman zu Leibe rücken«. Wolfgang Herrndorfs Blog *Arbeit und Struktur*. In: Annina Klappert (Hg.): Wolfgang Herrndorf. Weimar 2015, S. 85–101, (Zitat S. 90).

13 Wolfgang Herrndorf: Arbeit und Struktur (im Folgenden zitiert AS). Berlin 2013, S. 50.

14 AS, 25.08.2010, S. 86.

15 Johannes Hofmann: »fühle mich dünn in eine etwas papierene Welt hinausgebaut«. Wolfgang Herrndorf. Arbeit und Struktur. Funktionen des Blogs im Zeichen der Krankheit. Unveröffentlichte Forschungsarbeit, Regensburg 2013. Der Verfasser verdankt dieser Studie wichtige Impulse und Anregungen für diesen Aufsatz.

> keine großen Metastasen, wächst nur sehr schnell, lässt sich nicht endgültig bekämpfen und ist zu hundert Prozent tödlich.[16]

Unmittelbar nach dem im Blog in drastischem Duktus vermittelten Schock über die Nachricht (»Ich höre kaum zu. Während Prof. Moskopp redet, fällt mir ein, dass ich mich nie wieder verlieben werde, nie wieder wird sich jemand in mich verlieben. Stinkend und krebszerfressen.«)[17] beginnt Herrndorf seine verbleibenden Optionen zu prüfen. Er beauftragt Freunde mit Internetrecherchen, um seinen Informationsstand bezüglich der eigenen Erkrankung zu erhöhen:

> Ich habe Passig[18] gebeten, mir die Statistiken auszudrucken, die es gibt. Wenn noch irgendwas zu bewerkstelligen sein soll, muss ich wissen, wie lange mir bleibt. Wikipedia gibt 17,1 Monate ab Diagnose. Die [...] gefundene Gauß'sche Glockenkurve der UCLA rettet in den ersten Nächten mein Leben. Sie brennt sich in mein Hirn. Es ist absolut unwahrscheinlich, weit über den Median auszureißen, aber das Diagramm mit seinen grauen Flächen und Prozentzahlen gibt mir etwas von der Ungewissheit zurück, die man braucht, um zu leben. Es kann in drei Wochen vorbei sein oder in 6065 Tagen [...] 953 Tage für die Altersklasse 20–35, 698 Tage für meine Altersklasse. Ich bin 45. Ich fange an, mich vorsichtshalber auf drei Monate runterzurechnen. Könnte man leben, wenn man nur noch drei Monate hat? Nur noch einen Monat?[19]

Die kognitiven Bewältigungsstrategien, welcher einer Person zur Beschreibung, Erklärung und Bearbeitung des eigenen Sterbens zur Verfügung stehen, werden in der Thanatopsychologie[20] als Todeskonzept bezeichnet. Hauptforschungsgegenstand hierbei ist vor allem die Angst vor dem Sterben, die Todesangst, denn »Personen unterscheiden sich in starkem Maße darin, was genau am Tod ihnen Angst macht.«[21] Im Falle Herrndorfs sprechen die Eintragungen des Blogs in punkto Todeskonzept eine explizite Sprache. Der

16 AS, Rückblende, Teil 1: Das Krankenhaus, S. 106.

17 Ebd., S. 106.

18 Kathrin Passig, Journalistin und Schriftstellerin, Bekannte Herrndorfs und kritische Leserin seiner Texte von der ersten Stunde an. Zusammen mit Marcus Gärtner Lektorin und Herausgeberin der Druckfassung von *Arbeit und Struktur*.

19 AS, Rückblende, Teil 2: Eine Nacht, S. 107.

20 Thanatopsychologie hat »jenes Verhalten und Erleben des Menschen zum Gegenstand, das einerseits durch das Wissen um die eigene Endlichkeit und die Begegnung mit Tod und Sterben ausgelöst wird und das andererseits durch somatische Veränderungen in der Endphase des Lebens bestimmt ist.« Vgl. Joachim Wittkowski: Psychologie des Todes. Darmstadt 1990, S. 6. Vgl. zu detaillierter Beschreibung und weiterer Literatur die Einleitung, Kapitel 1.

21 Vgl. dazu Wittkowski (wie Anm. 20), S. 76ff.

Blog macht von Anfang an folgendes Statement und bleibt – in variierender Form – auch bei voranschreitender Krankheit dabei:

> Dieser Scherbenhaufen im Innern bei gleichzeitiger Unfähigkeit zu sprechen, das ist nicht meine Welt [...] Menschliches Leben endet, wo die Kommunikation endet, und das darf nie passieren. Das darf nie ein Zustand sein. Das ist meine größte Angst.[22]

> Ich möchte sterben, sobald ich ohne Bewusstsein bin und eine Rückkehr in das vorige Leben unmöglich oder nur unwahrscheinlich ist, und zwar so schnell wie möglich. Unter Leben verstehe ich schmerzfreies Leben mit der Möglichkeit zur Kommunikation.[23]

Das Bewusstsein, »Herr im eigenen Haus zu sein«, ist bei Herrndorf dabei stark an das Bewusstsein einer weitgehend intakten Fähigkeit zur Kommunikation gebunden. Und Kommunikation bedeutet bei Herrndorf in jener Phase den Zugriff auf eine intakte, funktionierende Sprache. Diese benötigt Herrndorf wiederum, um seine zentrale Copingstrategie gegenüber dem nahenden Tod und der an dieses Ereignis gekoppelten Angst zu entwickeln:

> Ich werde noch ein Buch schreiben, sage ich mir, egal wie lange ich noch habe. Wenn ich noch einen Monat habe, schreibe ich eben jeden Tag ein Kapitel. Wenn ich drei Monate habe, wird es ordentlich durchgearbeitet. Ein Jahr ist purer Luxus.[24]

Parallel zu dieser Entscheidung, die ihm verbleibende Zeit mit Arbeit zu füllen– »gemeint war damit das Schreiben von Romanen«[25] – entsteht ab März 2010 der Blog *Arbeit und Struktur*, ursprünglich als reines Informationsmedium für die Anteil nehmenden Freunde Wolfgang Herrndorfs gedacht. Der stetig wachsende Text ist, vom Genre her gedacht, Therapiebericht, journal intime, prosaische Autobiographie, [selbstanklägerische] Ich-Studie, Notizzettel [Konvulut] Alltagsprotokoll, digitales Tagebuch – und durch seine Integration von Fotographien und You Tube Videos – nicht zuletzt ein Spiel mit intermedialen Formen von Literatur.[26] Herrndorf umkreist in *Arbeit und*

---

22 AS, 7.08.2011, S. 224.

23 AS, 12.06.2012, S. 335.

24 AS, Rückblende, Teil 2: Eine Nacht, S. 107.

25 Aus dem Nachwort zu *Arbeit und Struktur* von Marcus Gärtner/Kathrin Passig. In: AS, S. 443.

26 Zu nennen wären hier beispielsweise der Eintrag vom 8.03.2010, der Herrndorfs Einweisung in die Klinik im »Pinguinkostüm« (AS, 8.03.2010, S. 10) photographisch dokumentiert, zahllose Porträtbilder, die Herrndorf unmittelbar nach diversen Operationen, im Krankenbett, unter »Beuysschem Zeigegestus« bspw. der OP-Narbe (AS 26.10.2011, S. 269)

Struktur sein Leben mit der Krankheit unter einer Perspektive, die von Anfang an in den Schraubstock zwischen Todesgewissheit und der Frage nach der noch verbleibenden Zeit für die literarische Produktion gespannt ist.

15.04.2010 12:30 Uhr

> Der Onkologe Dr. Vier nimmt die Studie zu Cilengitid, Oncovir und Talampanel auseinander, die ich ihm ausgedruckt habe. Phase-II-Studie mit noch nicht zugelassenen Medikamenten, warum ist das am Ende nicht mal nach Medikament aufgeschlüsselt? Okay, alles zu weit weg. Er spricht vom Avastin, ebenfalls Angiogenesehemmer und ohne Zulassung in Deutschland, das er, wenn es so weit ist, mit Ausnahmeregelungen bei der Krankenkasse beantragt. Aber es ist gut, dass ich gefragt habe. Ich habe das Gefühl, in guten Händen zu sein und mich mit der Sache nicht mehr befassen zu müssen. Der Verlust an Lebensqualität, der durch die Beschäftigung mit dem Elend eintritt, wird durch das Ergebnis nicht aufgewogen. Ende des Googlens. Schön nur die neuesten Zahlen, die Kai mir geschickt hat, dort überleben mittlerweile in meiner RPA-Klasse 28% Prozent vier Jahre, und 28% erreichen die Fünfjahresgrenze: praktisch ewiges Leben. Damit kann man arbeiten.[27]

Von nun an werden die immer wiederkehrenden Themen des Blogs bei Herrndorf sein: die Krankheit und die unabdingbar an sie geknüpften Ängste vor dem Sterben; die in den nächsten Wochen und Monaten folgenden Chemo- und Strahlentherapien, die Hirn-Operationen [drei insgesamt]; aber auch detaillierte Schilderungen von Herrndorfs Lektüren, so etwa in der Nennung einer Bücherliste im Eintrag vom 19.04.2010, die mit der lakonischen Bemerkung endet: »Und für den ganzen Proust reicht's halt nicht noch mal.«[28] Herrndorf integriert im Blog weiterhin seine Träume, ebenso seine Kinobesuche (Lars von Trier: *Melancholia* oder Andreas Dresens Krebsdrama *Halt auf freier Strecke* oder seinen favorisierten Film *Welcome to the Dollhouse* von Todd Solondz); er gibt die Dosierung der Medikamente und den Therapieverlauf ebenso wieder wie seine Leistungen beim regelmäßigen Fußballtraining als Spieler der Autoren-Nationalmannschaft *Autonama*. Zentral für meine Untersuchung ist dabei die Tatsache, dass sich bei Herrndorf das Wissen um die eigene Sterblichkeit zu einem »Kultur Generator ersten Ranges«[29] ausdifferenziert. Oder, in den Worten Wolfgang Herrndorfs:

---

abbilden; ein Video, in dem Herrndorf das Gedicht (*In der Heimat* von Georg von der Vring) rezitiert (Blogeintrag vom 6.9.2011, 18:25 (AS, 241) Link zum Video: http://www.wolfgang-herrndorf.de/wp-content/uploads/2011/08/Film-am-06-09-2011-um-18.25.mov).

27 AS, 15.04.2010, S. 42f.

28 AS, 19.04.2010, S. 45.

29 Jan Assmann: Der Tod als Thema der Kulturtheorie. Todesbilder und Todesriten im alten Ägypten. Frankfurt a. Main 2000, S. 14.

> Man wird nicht weise, man kommt der Wahrheit nicht näher als jeder. Aber in jeder Minute beim Tod zu sein, generiert eine eigene Form von Erfahrungswissen.[30]

Dem Schreiben, wohlgemerkt dem literarischen Schreiben, kommt in diesem Prozess der gesteigerten Bewusstwerdung ein singulärer Rang zu. Der Blog gewinnt bei Herrndorf zunehmend existentielle Funktion. Seine Niederschrift lindert – ganz im Sinne Pennebakers Konzept des expressiven Schreibens – die traumatische Erfahrung, welche die Nachricht an einer unheilbaren Krankheit zu leiden, für Herrndorf fraglos dargestellt haben muss. Der Blog stabilisiert das Ich bei seinem von diesem Moment an einsetzenden Weg in den Sterbeprozess. Er hilft bei der Eindämmung der – vor allem in der ersten Phase der Erkrankung – schubweise immer wieder einsetzenden Todesangst

> Das sonderbare Hochgefühl, das ich schon kurz nach der Histologie hatte, hält an und nimmt zu, von Schüben der Todesangst unregelmäßig unterbrochen.[31]

Der Blog trägt nicht von ungefähr den sprechenden Namen *Arbeit und Struktur*, »denn tägliche und insbesondere kognitive Arbeit ist das, was für Herrndorfs Bewältigung seines Lebens von nun an essentiell sein wird.«[32] Herrndorf ist sich dieser kulturgenerierenden Funktion seiner Krankheit von Anfang an vollkommen bewusst. Der Blogeintrag vom 19.04.2010 13:17 Uhr vermerkt:

> Am besten geht's mir, wenn ich arbeite. Ich arbeite in der Straßenbahn an den Ausdrucken, ich arbeite im Wartezimmer zur Strahlentherapie, ich arbeite die Minute, die ich in der Umkleidekabine stehen muss, mit dem Papier an der Wand. Ich versinke in der Geschichte, die ich da schreibe, wie ich mit zwölf Jahren versunken bin, wenn ich Bücher las.[33]

Entscheidend ist hier, dass Herrndorf explizit jenen kognitiv affektiven Verarbeitungsmodus des expressiven Schreibens benutzt, jenes Wechselspiel von emotionaler Involviertheit bei parallel laufend kognitiver Verarbeitung im Prozess des Schreibens. Herrndorf weiß genau, dass seine Textproduktion auf Angstbewältigung abzielt und dass eben diese Produktion von den tief reichenden Emotionen der tödlichen Krankheit quasi »befeuert« wird. Mit deutlichem Sarkasmus offenbart der Autor diese autobiographische Wurzel seines literarischen Blog-Projekts:

30 AS, 17.8.2011, S. 227.

31 AS, Rückblende, Teil 4: Das Moleskine, S. 115.

32 Zugespitzt in den Worten Johannes Hofmanns formuliert: »Ein Weiterschreiben zum Weiterleben.« Vgl. Johannes Hofmann (wie Anm. 15), S. 16.

33 AS, 19.04.2010, S. 44.

> Was Status betrifft, ist Hirntumor natürlich der Mercedes unter den Krankheiten. Und das Glioblastom der Rolls-Royce. Mit Prostatakrebs oder einem Schnupfen hätte ich dieses Blog jedenfalls nie begonnen.[34]

Arbeit und Struktur ist gesättigt mit Eintragungen, die dieses hohe Maß an schwarzem Humor angesichts des eigenen Schicksals und ein immer wieder aufscheinendes Bedürfnis über das eigene Sterben Witze zu machen dokumentieren. So heißt es etwa im Eintrag vom 10. Juli 2011:

> Ich habe keine Angst vor dem Tod, aber eine panische Angst vor der Steuererklärung.[35]

Oder aber der Blog vermerkt angesichts der Qualität des deutschen Fernsehprogramms:

> Im Frühjahr noch verursachte Heidi Klum im Fernsehen mir Todesangst.[36]

Vortragsideen werden angesichts der knapper werdenden Lebenszeit entwickelt:

> Narzisstische Persönlichkeitsstruktur und Todesangst – Vortrag von Wolfgang Herrndorf.[37]

und eine seltsame Art von Freiheit stellt sich angesichts des drohenden Endes ein:

> Kann mich in die Skrupel dieses früheren Lebens nicht mehr hineinversetzen. Ich glaube, ich könnte jetzt Banken überfallen, ohne dass mein Puls über 60 ginge.[38]

Verständlicherweise vermag Humor nicht ständig die peinigende Todesangst bei Herrndorf zu vertreiben. In solchen Fällen, etwa in der ersten Phase der Krankheit, greift der Schriftsteller zu drastischeren Methoden der Affektkontrolle. Auch hiervon berichtet der Blog in ungeschönter Deutlichkeit:

---

34 Zitiert aus dem Nachwort von Marcus Gärtner/Kathrin Passig: In AS, S. 444.
35 AS, 10.7.2011, S. 216.
36 AS, 17.1.2011, S. 183.
37 AS, Rückblende, Teil 7: Die Weltformel, S. 131.
38 AS, 10.8.2010, S. 80.

> Den sich minütlich oder sekündlich zu Wort dazwischen meldenden Gedanken an den Tod versuche ich wegzudrängen, wie ich es mit fünfzehn oder sechzehn schon einmal mit anderen störenden Gedanken getan habe. [...] Diesmal reicht eine einfache Willensentscheidung nicht aus, und ich muss eine sehr plastisch vorgestellte Walther PPK in meinem Kopf installieren, um jeden unangenehmen aufkommenden Gedanken zu erschießen: Peng, peng. Zwei Kugeln, und ich denke an etwas anderes. Das funktioniert anfangs mal über kürzere, mal über längere Zeiträume gut, aber: es funktioniert. [...]. Dass ich zur Abwehr das äußere Gebaren und – wie ich daraus schließe – auch die inneren Strategien eines Verrückten reproduziere, beunruhigt mich nicht. Es sind von mir selbst initiierte Strategien, und ich beurteile sie nach ihrer Effektivität: Mit immer größerer Zuverlässigkeit ballert es den Todesgedanken spurlos weg.[39]

Die beschriebene Copingstrategie des »Todesangst-Wegballerns« scheint für Herrndorf bedeutsam zu sein. Zumindest fügt er besagter Textpassage des Blogs noch eine Fotographie hinzu. Sie zeigt eine von Herrndorf angefertigte Zeichnung, die Herrndorf ausgestattet mit einer kuren Bildunterschrift als Exegese vor die Kameralinse hält:

Abb. 2 Wolfgang Herrndorf, AS, S. 119. Die Stimmen im Kopf: Walther, Wilhelm und Wolfgang. Rechts oben der auf 800 Tage eingestellte Hebel zur Manieregulation, der bei volliger Uberdrehtheit auf 513 Tage gedruckt werden kann. Links oben die Neue Regentin (NR).[40]

39 AS, Rückblende, Teil 5: Hashem, S. 118f.
40 Ebd., S. 119.

Die entscheidende – und im Blog durchgängig auftauchende – Bewältigungsstrategie angesichts der voranschreitenden Krankheit und der an sie gekoppelten Ängste und Geschehnisse bleibt bei Herrndorf die literarische Arbeit. In einem weiteren Punkt erfüllt *Arbeit und Struktur* hier nahezu idealtypisch ein Kriterium des Expressiven Schreibens. In *Words that Heal* heißt es bei Pennebaker dazu:

> Wenn wir an den Ausdruck »eine Geschichte konstruieren« denken, sollte die Betonung auf dem Wort »konstruieren« liegen. Von vorneherein eine Geschichte parat zu haben, mit der sich ein Trauma erklären lässt, bringt im Hinblick auf die zu erwartenden gesundheitlichen Verbesserungen eher wenig. Vielmehr müssen die Betroffenen die Geschichte während des Schreibprozesses entwickeln [Original: build] und zusammenfügen [construct]. Dann ist der Erfolg am größten. [...] Das Konstruieren einer Geschichte ist mit dem psychischen Wachstum vergleichbar. Wie eine gelungene Psychotherapie oder eine gewinnbringende zwischenmenschliche Beziehung muss es, um heilend zu wirken, mit Wandel verbunden sein.[41]

Exakt an diesem Programm des *build* and *construct,* so lässt sich zugespitzt formulieren, hält sich auch Wolfgang Herrndorf fest. In Rilkes Roman *Aufzeichnungen des Malte Laurids Brigge* heißt es einmal: »Ich habe etwas getan gegen die Furcht. Ich habe die ganze Nacht gesessen und geschrieben.«[42] Nachdem Herrndorf im Februar 2010 von der todbringenden Krankheit erfährt und erkennen muss, dass ihm nicht mehr viel Zeit zum Leben bleibt, beschließt er die verbleibende Zeit – wie gezeigt – im Kern mit Schreiben zu verbringen. Und zwar mit literarischem Schreiben, dem Schreiben von Romanen, die Herrndorf im »gesunden Zustande« begonnen, aber niemals zu Ende gebracht hatte. Dieses Motiv der Produktivität stiftenden Funktion seiner Krankheit registriert Herrndorf im Blog mit einem hohen Grad kognitiver Durchdringung:

> Ich hab dreieinhalb Romane angefangen in den letzten Jahren, einen Jugendroman [Tschick], einen in der Wüste spielenden Krimi mit B-Picture-Plot [Sand] und einen Stimmenroman [Bilder deiner großen Liebe], zuletzt noch das Konzept zu einem SF-Roman, eine Hommage an Philipp K. Dick [Mercer]. Die ersten drei haben alle schon Anfang und Ende und jeweils zwischen 300 und 600 Seiten, aber nichts davon ist geordnet, richtig zusammengefügt oder überarbeitet. Diese Überarbeitung habe ich die letzten Jahre immer wieder in Angriff genommen und mich in immer neuem Material verloren, im jugendlichen Bewusstsein, noch ewig zu leben.[43]

---

41 James W. Pennebaker: Heilung durch Schreiben. Bern 2010, S. 73.

42 Rainer Maria Rilke: Die Aufzeichnungen des Malte Laurids Brigge. In: ders.: Sämtliche Werke. Bd. 6. Frankfurt a. Main 1969, S. 721.

43 AS, S. 105.

Die Krebsdiagnose macht diesem »Bewusstsein, noch ewig zu leben« ein Ende und generiert in Herrndorf »eine Produktivität, die man vorher an ihm nicht gekannt hatte.«[44] Der Jugendroman *Tschick* wird noch 2010, wenige Monate nach dem Krankheitsbefund vollendet, 2011 liegt der fast 500 Seiten fassende und in der Wüste spielende Krimi *Sand* vor. Ein weiterer Roman bleibt unvollendet, wird aber mit dem Einverständnis Herrndorfs unter dem Titel *Bilder deiner großen Liebe* 2014 nach dessen Tod veröffentlicht. Lediglich das SF-Romanprojekt mit dem Arbeitstitel *Mercer* bricht Herrndorf 2012 aus »Kompliziertheitsgründen« ab. Herrndorf geht es bei alledem nicht um Nachruhm oder einem wie auch immer gearteten Gestus des bei Lifton als schöpferischer Modus symbolischer Unsterblichkeit bezeichneten »Wer schreibt, der bleibt« (Vgl. Einleitung). Der Blogeintrag vom 21.08.2010 23:56 Uhr vermerkt zu diesem Punkt:

> Abends mit Klaus lange über den Tod Gernhardts gesprochen, seine Arbeitseinstellung zuletzt. Mir nicht klar, wie man aus dieser Nachruhm-Sache irgendeinen Trost ziehen kann. Ich arbeite nur, um zu arbeiten.[45]

Auch der Plan einer als psychische Entlastung angedachten Weltreise wird von Herrndorf zu Gunsten seiner Romanprojekte und des Blogs verworfen. Was die Arbeit am Blog selbst angeht, so ist der Blog-Schreiber Herrndorf sich der hohen Wirksamkeit ebenso wie der kognitiven Grenzen seines autobiographischen Projekts[46] sehr wohl bewusst. In Anspielung auf Jean Jacques Rousseaus *Confessions* und Karl Philipp Moritz autobiographischen Roman *Anton Reiser* positioniert sich Herrndorf durchaus selbstbewusst in seinem Anspruch auf radikale Wahrhaftigkeit und dem parallel dazu vorhandenen Wissen um die Täuschungsanfälligkeit der eigenen kognitiven Arbeit. Der Blog vermerkt am 20.12.2011 13:36 Uhr in einer zentralen Eintragung:

> Ich plane ein Unternehmen, das kein Vorbild hat und dessen Ausführung auch niemals einen Nachahmer finden wird. Ich will vor meinesgleichen einen Menschen in aller Wahrheit der Natur zeigen, und dieser Mensch werde ich sein.« Ja, gut. Aber mit seiner Prätention, seinem Mangel an Furcht vor Tabubrecherei, der Selbstinszenierung und dem Geplapper segelt Rousseau doch einige Galaxien weiter am uneinlösbaren Anspruch vorbei als der fast zeitgleich schreibende K. P. Moritz. Ich erfinde nichts, ist alles, was ich sagen

44 AS, Nachwort, S. 443.

45 AS, 21.08.2010, S. 85.

46 Im Sinne Lejeunes Theorie des autobiographischen Pakts kann bei Herrndorfs Projekt von einer Identität der Trias Autor-Erzähler-Ich ausgegangen werden. Vgl. Maximilian Burk (wie Anm. 12), S. 88.

> kann. Ich sammle, ich ordne, ich lasse aus. Im Überschwang spontaner Selbstdramatisierung erkennbar falsch und ungenau Beschriebenes wird oft erst im Nachhinein neu beschrieben, Adjektive werden ausgetauscht, neu Erinnertes kommt hinzu. Aber nichts wird erfunden. Das Gefasel von der Unzuverlässigkeit des Gedächtnisses und der Unzulänglichkeit der Sprache spare ich mir, allein der berufsbedingt ununterdrückbare Impuls, dem Leben wie einem Roman zu Leibe zu rücken, die sich im Akt des Schreibens immer wieder einstellende, das Weiterleben enorm erleichternde, falsche und nur im Text richtige Vorstellung, die Fäden in der Hand zu halten und das seit langem bekannte und im Kopf ständig schon vor- und ausformulierte Ende selbst bestimmen und den tragischen Helden mit wohlgesetzten, naturnotwendigen, fröhlichen Worten in den Abgrund stürzen zu dürfen wie gewohnt –.[47]

Mit seinem Anspruch auf Wahrheit und sprachliche Genauigkeit, seiner Bereitschaft, das Geschriebene einem Prozess der Umarbeitung im Dienste der klaren Beschreibung des traumatischen Ereignisses zu unterwerfen [*build and construct*] und seiner Absage an den Einsatz verklärender fiktionaler Strategien entspricht Herrndorfs erzählerische Position damit zentralen Forderungen des Expressiven Schreibens.[48] Dieser bewusste Gebrauch von Techniken in *Arbeit und Struktur*, die Pennebaker mit dem kognitiv-affektiven Verarbeitungsmodus Expressiven Schreibens theoretisch zu fassen suchte, wird Herrndorf den gesamten Blog über praktizieren. Er praktiziert sie auch in den wachsenden Phasen einer sich durch die Krankheit verschlechternden Physis. Und diese setzen zwangsläufig ein. Das Glioblastom führt zu Sichtfeldausfall, sich steigernden epileptischen Anfällen, ab 2013 zu erheblich zunehmenden Sprachstörungen.

Jetzt, da der Tumor bei Herrndorf zunehmend auf Regionen des Gehirns einzuwirken beginnt, die für Sprachgenerierung und Motorik zuständig sind und die konstituierende Kraft von Schrift und Sprache ihn merklich im Stich lassen, registriert der Autor dieses fatale Geschehen in der ihm eigenen schonungslosen Genauigkeit des kognitiv-affektiven Verarbeitungsmodus

---

47 AS, 20.12.2011, S. 292.

48 Was die Konsequenz und Intensität dieser autobiographischen Krisenbewältigung angeht, so ist dieses Projekt in seinem Versuch, das »eigene Leben aus der Ich-Perspektive [...] unter bewusstem Verzicht auf jedwede Fiktionalisierung Revue passieren zu lassen«, wohl nur noch mit dem zwischen 2009 und 2011 erschienen sechsbändigen Romanwerk *Min kamp* des Norwegers Karl Ove Knausgård vergleichbar. In Deutschland sind die Bände 1–5 bisher unter den Titeln (1) Sterben, (2) Lieben, (3) Spielen, (4) Leben und (5) Träumen München 2011–2015 erschienen. Vgl. dazu: Reinhard Brennecke: Karl Ove Knausgårds *Sterben*. Eine Art Krisenbewältigung. In: Roland Berbig/Richard Faber/H. Christof Müller-Busch (Hg.): Krankheit, Sterben, Tod im Leben europäischer Schriftsteller. Bd. 2. Das 20. und 21. Jahrhundert. Würzburg 2017, S. 273–286 (Zitat: S. 273).

24.2.2013 17:30 Uhr

> Gedichte und Englisch ja immer mein Maßstab, scheinen aus welchem Grund auch immer im Zentrum meiner Anfälle zu liegen. Über den Gipfeln ist nobody, dings über den Wipfeln die Vögel im Wald, da – am Ende Ruhe.[49]

3.7.2013 09:38 Uhr

> Die Sprache seit Tagen kaputt. Ab und zu kommen Einzelne und sprechen mit dem Stammelnden. Für sie ist es kein Abschied. Es ist ein schönes Gespräch, sagen alle, man merkt überhaupt nichts, ich rede wie gewohnt, so schön, mich zu sehen, und ich will das nicht hören, ich kann nicht mal das Wort finden, das meinen Zustand beschreibt. Ich bin nicht der Mann, der ich einmal war. Meine Freunde reden mit einem Zombie, es kränkt mich, ich bin traurig, ich will weg. Ich will niemanden mehr sehen.[50]

Früh nach der Mitteilung der Krebsdiagnose hatte sich der bekennende Atheist Wolfgang Herrndorf »ein kleines Abendgebet« verfasst, eine Art trostreiches Mantra für jene Phasen, »wenn ich nicht schlafen kann oder der Boden schwindet«. Herrndorf fügt dem Eintrag hinzu: »Während ich es aufschreibe, halte ich es für das Größte, was ich je gemacht habe.«[51] Dieses Mantra wird nun ein zweites Mal, fast am Ende des Blogs, etwa einen Monat vor Herrndorfs Tod, noch einmal von ihm schriftlich fixiert. Es lautet:

15.7.2013

> Niemand kommt an mich heran
> bis an die Stunde meines Todes.
> Und auch dann wird niemand kommen.
> Nichts wird kommen, und es ist in meiner Hand.[52]

Der wohl nahezu allen menschlichen Wesen eigene Wunsch nach Kontrolle über das eigene Schicksal und den glücklichen Lauf der eigenen Existenz ist bei Herrndorf unabdingbar gekoppelt an die kognitive Kontrolle des eigenen Sprachvermögens. Als die Ich-konstituierende Funktion der Sprache bei Wolfgang Herrndorf krankheitsbedingt zu versiegen droht, als der dem Expressiven Schreiben inhärente kognitiv-affektive Verarbeitungsmodus in der Darstellung der eigenen traumatischen Erfahrungen nicht mehr aktiv

49 AS, 24.2.2013, S. 393.
50 AS, 3.7.2013, S. 418.
51 AS, S. 110.
52 AS, 15.7.2013, S. 420.

aufrecht erhalten werden kann, zieht Herrndorf die im Blog angekündigten Konsequenzen. Er endet sein Leben durch eigene Hand. Das Schreiben kann bei Herrndorf – wie immer und wie in allen anderen vergleichbaren Fällen auch – den Tod nicht besiegen. Mit hoher Wahrscheinlichkeit jedoch konnte es diesen Tod und die daran geknüpften Ängste deutlich länger auf Distanz halten und – viel wichtiger – die Qualität der dadurch verbleibenden Lebenszeit signifikant erhöhen. Wolfgang Herrndorf zumindest war in den langen Phasen seiner Krankheit von dieser therapeutischen Kraft seines Schreibens, von der Tragfähigkeit seines Konzepts *Arbeit und Struktur* überzeugt.

Der Blog vom 28.03.2011 9:40 Uhr zumindest vermerkt:

> Bilanz eines Jahres: Hirn-OP, zweimal Klapse, Strahlen, Temodal. 1 ¾ Romane, erster großer Urlaub, viele Freunde, viel geschwommen, kaum gelesen. Ein Jahr in der Hölle, aber auch ein tolles Jahr [...] Insgesamt vielleicht sogar ein bisschen glücklicher als früher, weil ich so lebe, wie ich immer hätte leben sollen. Und es nie getan habe, außer vielleicht als Kind.[53]

53 AS, 28.03.2011, S. 196f.

KAPITEL VIII

Lebenstreppen, oder: statt eines Nachworts

Bereits seit der Antike sind ikonographische Darstellungen des menschlichen Lebenslaufs nachweisbar.[1] Ab dem 13. Jahrhundert schiebt sich »in Europa eine Denkfigur in den Vordergrund, die den Lebenslauf als vertikale Bewegung des Auf- und Abstiegs«[2] interpretiert. Ab 1540 platzieren Jörg Breu der Jüngere und Cornelis Anthonisz in Amsterdam Holzschnitte auf dem Kunstmarkt, die dem menschlichen Lebenslauf das Bildprogramm einer Doppeltreppe geben. Die »Lebenstreppe« besteht in ihrem visuellen Konzept aus zehn Stufen. Fünf Stufen des Aufstiegs von der Geburt über die Kindheit, Jugendzeit, dem frühen Erwachsenensein und schließlich dem »Lebenshöhepunkt« im fünfzigsten Jahre. Danach die fünf Stufen des Abstiegs, gezeichnet von nachlassender Kraft und körperlichem Verfall, bis dem Greis nur verbleibt, als der »Kinder Spott« zu existieren und auf den Tod zu warten.

Interessant ist, dass diese dezidiert moralische Wertungsebene der einzelnen Lebensstufen in einigen Darstellungen durch Spruchbänder Verstärkung findet, denen Tiersymbole zugeordnet sind: So wurde etwa dem vierzigsten Lebensjahr der Löwe zugeordnet, dem fünfzigsten Jahre der Fuchs und dem neunzigsten Jahre häufig der Esel.[3] Frauen werden in einigen Abbildungen der Lebenstreppen mit diversen Vogelarten verglichen: die 20-jährige mit der Taube, die 30-jährige mit der Elster, die 40-jährige mit dem Pfau, die 70-jährige mit dem Geier und die 90-jährige mit der Fledermaus.[4]

---

1 Vor der Entstehung der Lebenstreppe existieren visuelle Ausgestaltungen vom Lebenslauf in Form eines Rads und der Siebenzahl der in ihm kreisenden Lebensalter. Im 15. Jahrhundert finden sich Kupferstiche auf Bandrollen, welche die »zehn Lebensalter des Mannes« als lineares Nebeneinander auf einem Blatt darstellen. Vgl. zu Details Rudolf Schenda: Die Alterstreppe – Geschichte einer Popularisierung. In: Die Lebenstreppe. Bilder der menschlichen Lebensalter. Schriften des Rheinischen Museumsamtes Nr. 23. Hg. von Peter Joerißen/Cornelia Will. Köln 1983, S. 11–25; Cornelia Will: Was ist des Lebens Sinn? – Lebensalterdarstellungen im 19. Jahrhundert. In: Joerißen/Will, S. 61–73.

2 Josef Ehmer: Lebenstreppe. In: Friedrich Jaeger (Hg.): Enzyklopädie der Neuzeit. Bd. 7. Stuttgart/Weimar 2008. S. 50–55 (Zitat S. 50).

3 Vgl. Ehmer (wie Anm. 2), S. 50.

4 Frauen wurden auf den Darstellungen der Lebenstreppe in der Regel ausschließlich über ihre soziale Funktion innerhalb der Familie definiert. Sie sind auf acht der zehn Stufen in der Regel mit Kindern und/oder mit Ehepartner abgebildet. Nur auf der ersten Stufe – als Kind – und auf der letzten Stufe – als Greisin – sind sie alleine dargestellt. Sprechend ist auch, dass Frauen auf den männlichen Lebenstreppen lediglich in der Regel für das zwanzigste und dreißigste Jahr des Mannes erscheinen. Vgl. hierzu: Lebenstreppen. In: Ex-Models.

 | DOI:10.30965/9783957437068_009

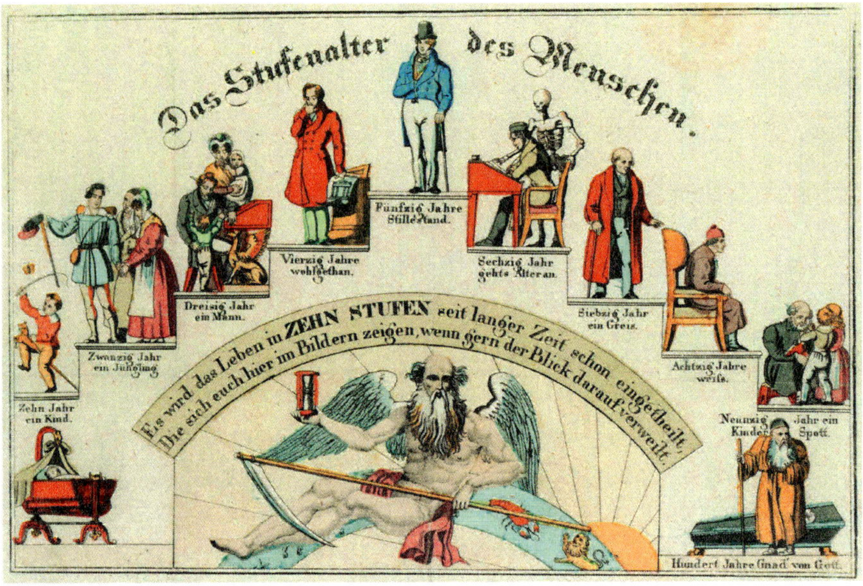

Abb. 3 Das Stufenalter des Menschen, um 1840 (Wikimedia Commons)

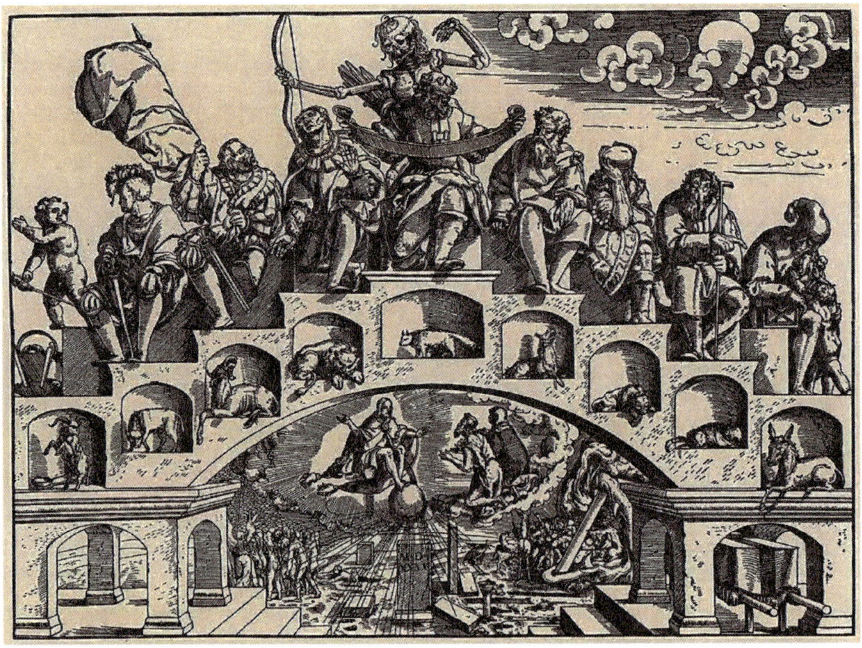

Abb. 4 Jörg Breu der Jüngere: Die Lebensalter des Mannes, um 1540

Derartige Visualisierungen der menschlichen Existenz erreichen den Höhepunkt ihrer Popularisierung im 19. Jahrhundert. »Bilderfabriken« in Europa (primär: Niederlande, England, Deutschland, Frankreich und Italien) sowie Nordamerika vertreiben Lebenstreppen in Massenauflagen und finden – angepasst an die jeweilige Region und den Zeitgeist – Eingang in »die Häuser, Werkstätten, Wirtsstuben und Wohnzimmer der unterschiedlichsten sozialen Schichten«.[5]

Dies ist umso bemerkenswerter, wenn man sich vor Augen führt, dass die zehnstufige treppenförmige Darstellung der Lebensrealität einer überwältigenden Anzahl an Menschen nicht einmal annähernd entsprach. In Deutschland etwa lag die Kindersterblichkeit im 19. Jahrhundert bei fünfzig Prozent, d. h. eine große Zahl an Individuen gelangte nicht einmal über die erste Stufe ihrer Lebenstreppe hinaus. Hauptgrund dafür: das sogenannte Kindbettfieber, bedingt durch katastrophale hygienische Verhältnisse bei der Geburt. Die durchschnittliche Lebenserwartung der Männer lag im 19. Jahrhundert – also auf dem Höhepunkt der Popularisierung der Lebenstreppen – bei 35,6 Jahren, bei Frauen um 38,4 Jahren.[6] Nur kleine, elitäre Gruppen – wie etwa Teile des Hochadels – konnten vor dem 18. Jahrhundert überhaupt einen Gedanken daran verschwenden, die vierte Treppenstufe zu erklimmen. So sah die Welt vor nur wenig mehr als 200 Jahren für eine überwältigende Anzahl an Menschen de facto aus: Die durchschnittliche Lebenserwartung (zum Zeitpunkt der Geburt) betrug um 1800 weltweit höchstens 30 Jahre, nur selten 35 Jahre. Mehr als die Hälfte aller Menschen erreichte das Erwachsenenalter nicht.

Und so lautet das dominante Erklärungsmodell zur massenhaften Verbreitung dieses Bildphänomens aus heutiger Perspektive: Visuelle Darstellungen von Lebenstreppen dienten als eine Art »kulturelle Bewältigungsstrategie« angesichts der zahllosen existentiellen Unsicherheiten für das Individuum in jener Zeit. Ein Bild des Lebens als starrer, gleichbleibender und verlässlicher Ablauf – wie ihn die Lebenstreppe suggeriert – bedient die in der beginnenden Moderne so starke Sehnsucht nach sozialer, demographischer und weltanschaulicher Stabilität.[7] Dass sich diese Hoffnung als gesellschaftliche Illusion erweisen sollte, werden bald darauf die zwei Weltkriege des

Ein Crossmedia-Projekt über Schönheitskonzepte und Altersbilder. In: http://www.exmodels.de/lebenstreppen/ (Zugriff: 14.02.2020)

5 Ehmer (wie Anm. 2), S. 50.

6 Vgl. Pro Heraldica: Deutsche Forschungsgesellschaft für Heraldik und Genealogie. Vgl. https://pro-heraldica.de/wissenswertes/lebenserwartung/ (Zugriff: 14.02.2020).

7 Vgl. Ehmer (wie Anm. 2), S. 51.

blutrünstigen 20. Jahrhunderts nachhaltig belegen. So ist es kein Zufall, wenn mit dem Beginn des Ersten Weltkriegs die Darstellungen der Lebenstreppe verschwinden.

Wie würde eine Lebenstreppe für unsere heutige Zeit aussehen? Saul Steinberg, der lange für das Magazin *New Yorker* arbeitete, hat dieses Gedankenexperiment früh vollzogen und bereits 1954 eine Lebenstreppe gezeichnet. Sie mutet aktueller denn je an. Weshalb? Die Bilder des Abstiegs in der zweiten Lebenshälfte werden bei Steinberg einfach ausgeblendet. Das Hinabschreiten der letzten vier Stufen in Richtung Altern, Krankheit, Vergänglichkeit und Tod weicht einem scheinbar immerwährenden Zustand des Dauerurlaubs. In Steinbergs Darstellung wird die Abwärtstreppe des körperlichen Verfalls durch eine vollkommen ebene Plattform ersetzt. Auf ihr hat sich ein glatzköpfiger Mann in Bermudashorts mit Sonnenbrille unter einer Palme eingerichtet, im Hintergrund ein Sonnenschirm-Ensemble. Der Tod kommt in dieser Darstellung nicht vor, die letzte Treppenstufe scheint nicht zu existieren oder aber sie wird einfach nur ausgeblendet.

Abb. 5 Lebenstreppe, Saul Steinberg 1954

Dieser Befund Steinbergs, so lächerlich er aktuell (noch) aus empirischer Perspektive erscheinen mag, erweist sich psychologisch als ungemein relevant. Eugenik, Kryonik, Biotechnologie mit dem Fokus Gentechnik und regenerativer Medizin, Gehirn-Computer-Schnittstellen, welche das Hochladen des menschlichen Bewusstseins in digitale Speicher verheißen, Prothetik – all diese Spielarten des Transhumanismus[8] vertreten das Ziel der »Menschenverbesserung« für das 21. Jahrhundert als leitendes Paradigma zunehmend offensiv. Und Menschenverbesserung meint: Altern ist tabu, um jeden Preis zu vermeiden und ein biomedizinisches Problem, welches nach einer schnellstmöglichen technischen Lösung verlangt. So schreibt nicht etwa ein *mad scientist*, sondern der Biogenetiker Aubrey de Grey in Cambridge Lieder der SENS (*Strategies for Engineered Negligible Senescence*) Foundation: »Alter [ist] der Inbegriff unseres Versagens als Art, dem Joch der Natur zu entgehen.«[9] Forschungsprojekte wie jene de Greys finden aktuell millionenschwere Unterstützung durch potente Akteure des Neokapitalismus, wie etwa den Investor und Multimilliardär Peter Thiel oder den Google-Mitbegründer Larry Page.[10] Der Wissenschaftsjournalist George Packer liefert in seiner mit dem National Book Award prämierten Monographie *Die Abwicklung. Eine innere Geschichte des neuen Amerika* ein äußerst eindringliches Porträt von Peter Thiel, der mit Investitionen in Start-up-Unternehmen wie PayPal und Facebook zu einem erheblichen Vermögen gelangte. Der Text startet mit folgender Passage:

> Peter Thiel war drei Jahre alt, als er herausfand, dass er sterben würde. Es war das Jahr 1971, er saß auf dem Teppich in der Wohnung der Familie in Cleveland. Peter fragte seinen Vater, woher der Teppich kam. »Von einer Kuh«, sagte der Vater. [...] »Und was ist jetzt mit der Kuh?« »Die Kuh ist gestorben.« »Was heißt das?« »Das heißt, die Kuh lebt nicht mehr. Alle Tiere sterben einmal. Und alle Menschen auch. Ich werde eines Tages sterben. Und irgendwann stirbst

---

8 Vgl. zum Thema: Oliver Krüger: Virtualität und Unsterblichkeit. Gott, Evolution und die Singularität im Post- und Transhumanismus. Freiburg ^{2}2019.

9 Zitiert nach: Solomon et al. (wie Kap. 1, Anm. 8), S. 143.

10 Die Firma *Calico*, 2014 als Tochter des Internetkonzerns Google gestartet, gehört jetzt zu Alphabet. In dieser Holding-Gesellschaft hat Google unter der Führung von Larry Page und Sergey Brin seine Geschäftsfelder neu geordnet. Dezidierter Fokus von *Calico* ist eine Bekämpfung der Alterskrankheiten mit dem Ziel, das Leben signifikant zu verlängern. Nicht irgendwer also möchte den Tod bekämpfen, sondern der aktuell mächtigste und reichste Konzern der Welt. Dafür verpflichtet *Calico* führende Wissenschaftler, wie etwa den Molekularbiologen Arthur Levinson, Entwickler erfolgreich eingesetzter Krebsmedikamente. Levinsons Ziel bei *Calico* ist der Kampf gegen die typischen Krankheiten des Alters mit dem Ziel einer signifikanten Verlängerung des Lebens: Krebs, Herz-Kreislauf-Krankheiten, Demenz und Diabetes. Vgl. Burkhard Schäfers: *Wie Google&Co das Leben verlängern wollen. Deutschlandfunk, 19.05.2016.* Der Physiker und Philosoph Eduard Kaeser schreibt zum selben Thema am 4.11.2017 in der *Neuen Züricher Zeitung*: »Google steckt ein Drittel seines Milliardenbudgets für Forschung in Projekte mit Schwerpunkt Verlängerung des Lebens und Verhinderung der Seneszenz. Im Silicon Valley schießen die Startups der Unsterblichkeitsindustrie wie die sprichwörtlichen Pilze aus dem Boden. Der Kapitalismus entdeckt seinen größten Gegner: den Tod.«

> du auch.« […] Es war ein verstörender Tag für Peter, den er nie ganz verwand. Selbst als Milliardär im Silicon Valley verstörte ihn die Vorstellung des Todes bis in den innersten Kern. Noch vierzig Jahre später spürte er diesem ersten Schock nach. Er hat mit dem Tod niemals Frieden geschlossen, und er hat, anders als die meisten Menschen, niemals gelernt, ihn zu ignorieren. Die anderen genossen die Ruhe einer gedankenlosen Herde, die in die Verdammnis getrieben wurde. Der Junge auf dem Kuhfell wuchs auf und begann, die Unausweichlichkeit des Todes als eine Ideologie zu sehen, nicht als eine Tatsache – die bereits hundert Milliarden Menschen das Leben gekostet hatte.[11]

Seit einigen Jahren steckt Thiel sein Geld in Start-ups wie »flüssige Nano-Computer, die Zellen reparieren. Einfrieren von Köpfen. Super-Vitamin-Cocktails, Erbschadenerkennung. Übertragung des Gehirns auf einen Computer.«[12] Google investiert – offizielle Zahlen werden nicht veröffentlicht – nach inoffiziellen Schätzungen ein Drittel seines milliardenschweren Budgets für Forschung in die »Unsterblichkeitsindustrie«. Die Angst vor dem Tod scheint die neue Triebfeder kapitalistischen Strebens zu bilden, genau wie in der von Solomon/Greenberg/Pyszczynski konzipierten Terror-Management-Theory prognostiziert:

> Wie Fledermäuse und Würmer kämpfen wir wie die Teufel, wenn wir dem eigenen Tod ins Auge blicken. Aber wir Menschen gehen sehr viel weiter. Die Andeutung der Sterblichkeit genügt, uns dazu anzuspornen, noch mehr dafür zu tun, dass wir in der Welt unsere Spuren hinterlassen.[13]

Was folgt aus alledem? Seit Jahrtausenden versucht der Mensch, seine Angst vor Sterben und Tod zu reduzieren.[14] Die aktuell einflussreichste und empirisch

---

11 George Packer: Die Abwicklung. Eine innere Geschichte des neuen Amerika. Frankfurt a. Main ²2014, S. 143.

12 Constantin Seibt: Kein Tod, keine Steuern, kein Pardon. In: Tages-Anzeiger, 15. Juni 2016, S. 13.

13 Solomon et al. (wie Anm. 8, Kap. 1), S. 76.

14 Berühmt geworden sind in diesem Zusammenhang etwa die Arbeiten von Elisabeth Kübler-Ross, welche das Sterben als einen regelhaft ablaufenden Prozess beschreibt, der sich in die fünf Phasen von 1. Nichtwahrhaben-wollen/Isolierung, 2. Zorn, 3. Verhandeln, 4. Depression, 5. Zustimmung einteilen lässt. Vgl.: Elisabeth Kübler-Ross: On death and dying (deutsch: Interviews mit Sterbenden). Originalausgabe 1969. In unserer Epoche führt Ratgeberliteratur wie jene der Sterbehelferin Bronnie Ware mit ihrem Bestseller *5 Dinge, die Sterbende am meisten bereuen* die Verkaufslisten an. Ware nennt fünf Zielvorstellungen, welche laut ihrer Erfahrung die Bilanz am Lebensende am häufigsten belasten: 1. »Ich wünschte, ich hätte den Mut gehabt, mein eigenes Leben zu leben.« 2. »Ich wünschte, ich hätte nicht so viel gearbeitet.« 3. »Ich wünschte, ich hätte den Mut gehabt, meine Gefühle auszudrücken.« 4. »Ich wünschte, ich wäre mit meinen Freunden

am besten gestützte Theorie der Gegenwart, die mehrfach skizzierte Terror-Management-Theorie (TMT), von Solomon/Greenberg/Pyszczynski, sieht in der Todesangst eine Art »existentiellen Terror«, auf welchen das Bewusstsein nicht unmittelbar, sondern durch eine vielfältige Reihe psychologischer Schutzmechanismen reagiert. Zwei Komponenten, glaubt man der TMT, reduzieren Todesangst dabei verstärkt auf ein erträgliches Maß. Die erste Komponente beinhaltet »das eigene Selbstwertempfinden [...] und die Überzeugung, dass man entsprechend den Wertmaßstäben des [eigenen] kulturellen Systems lebt«.[15] Dieser Parameter ist – wie gezeigt wurde – hochgradig ambivalent. Er führt, je nach kulturellem Wertesystem, bei einem praktizierenden Protestanten offenkundig zu anderen moralischen Einstellungsmustern als bei einem aktiven Satanisten, obwohl in punkto Todesangst in beiden Gruppen eine Angstreduktion erzeugt wird.

Interessanter für diese Untersuchung ist die zweite Komponente, welche bei Solomon/ Greenberg/Pyszczynski besagt, dass »kulturelle Symbole [...] helfen, unsere Todesfurcht im Zaum zu halten«.[16] Oder, um es in den Worten George Bernhard Shaws zu sagen: »Ohne Kunst würde die Grausamkeit der Realität die Welt unerträglich machen.«[17] Kunst und damit auch Literatur – dies zeigt sich bei so unterschiedlichen Autorinnen/en wie Annette von Droste-Hülshoff bis Wolfgang Herrndorf, kann in diesem Prozess als ein Kultur-Generator fungieren, der Todesangst einzudämmen vermag.

Dieser Mechanismus ist jedoch für die literarische Auseinandersetzung mit Todesangst kein zwangsläufiger. Auch in der Literatur gilt: Todesangst bleibt ein Ambivalenz-Phänomen. Manche Dichter suchen sich, ebenso wie Normalsterbliche, dies zeigen die Beispiele Justinus Kerners und Hermann Hesses, ihrer Todesangst zu entledigen, indem sie diese, wie von Solomon/Greenberg/Pyszczynski für unsere Gegenwart experimentell belegt (vgl. Einleitung), als Projektionsmuster auf eine zum Sündenbock erklärte Außenwelt überstülpen.

Schließlich hat sich im Laufe dieser Untersuchung ein weiteres Muster im literarischen Umgang mit der Todesangst gezeigt. Die von dem Psychohistoriker

---

in Kontakt geblieben.« 5. »Ich wünschte, ich hätte mir erlaubt, glücklicher zu sein.« Vgl. Bonnie Ware: 5 Dinge, die Sterbende am meisten bereuen. Einsichten, die ihr Leben verändern werden. München 2013.

15 Manuel Trachsel/Andreas Maercker: Lebensende, Sterben und Tod. Göttingen 2016, S. 38.

16 Solomon et al. (wie Anm. 8), S. 57.

17 George Bernhard Shaw: Zurück zu Methusalem. Originalausgabe 1921.

Robert Lifton erstmals benannte »symbolische Unsterblichkeit«,[18] die Vorstellung, durch den »schöpferischen Modus«[19] von Kunst und Literatur in den eigenen Schöpfungen, dem eigenen Werk weiterzuleben, erweist sich für einige Literaten als trügerisch. Nachruhm entpuppt sich als Illusion.[20] Einer solchen Illusion gefolgt zu sein, wird sich am Ende seiner Existenz Franz Kafka literarisch bescheinigen. Kafkas Versuch, das Schreiben über den Tod zur Bekämpfung eben dieses Todes einzusetzen, wird – nicht überraschend angesichts der tiefen Daseinsskepsis dieses Autors – als Selbsttäuschung entlarvt. Sartre notiert in seiner autobiographisch geprägten Schrift *Die Wörter* zu diesem Mechanismus: »Ich begrub den Tod im Leichentuch des Ruhmes, ich dachte nur noch an den Ruhm, aber niemals an den Tod, ohne zu bemerken, daß die beiden eine Einheit bilden«.[21]

Bei Sartre und Kafka wird am Ende massiv in Frage gestellt, ob das »Zauberkunststück« des Nachruhms, das Schreiben über den Tod zur Bekämpfung des Todes de facto tatsächlich angstreduzierend zu wirken vermag. Beide Autoren bestätigen unbeabsichtigt, was die Psychologie der Gegenwart und die Dichtung, Kunst und Philosophie über die Jahrhunderte hinweg im Modus des Gedankenexperiments bereits vielfach exemplifizierte: Todesangst ist ein Ambivalenz-Phänomen. Einerseits trifft unzweifelhaft zu, was ein Aphorismus La Rochefoucaulds bereits im 17. Jahrhundert eindringlich zum Ausdruck brachte: *Le soleil ni la mort ne se peuvent regarder fixement* (»Weder die Sonne noch den Tod kann man dauerhaft betrachten«). Andererseits legen die aktuellen Befunde von Thanatopsychologie, Existentialpsychologie und Poesietherapie weitgehend übereinstimmend nahe:

> Grundsätzlich gilt: Je mehr die Phänomene des Todes gedacht, psychisch repräsentiert und ins eigene Denk- und Vorstellungssystem aufgenommen werden können, desto weniger können sie als terroristische Macht die Psyche […] angreifen und in ihrer Existenz erschüttern.[22]

---

18 Robert Lifton: Der Verlust des Todes. Über die Sterblichkeit des Menschen und die Fortdauer des Lebens. München 1986, S. 32.

19 Ebd., S. 34.

20 Der Erfolgsautor und mittlerweile verstorbene Mitherausgeber der *Frankfurter Allgemeinen Zeitung*; Frank Schirrmacher, antwortete auf die Frage, wie er seinen Nachruhm einschätze: »Es gibt keinen Applaus, kein Résumé. Es gibt die Anerkennung nicht, die unsere Eltern uns eingeredet haben und der wir hinterherlaufen.« Vgl. Hansjörg Müller: Irren auf höchstem Niveau. Nachruf auf Frank Schirrmacher. Basler Zeitung, 14.06.2014.

21 Jean-Paul Sartre: Die Wörter. Reinbek bei Hamburg 1968 (Original: 1964), S. 111.

22 Jürgen Grieser: Der Tod und das Leben. Vergänglichkeit als Chance zur Entwicklung von Lebendigkeit. Gießen 2018, S. 35.

Eine – durchaus vorläufige – Conclusio dieser Studie könnte also lauten: Weder das Starren **auf** noch der dauerhafte Blick **weg** vom eigenen Ende reduzieren Todesangst nachhaltig. Gefragt ist die Gabe der *differentia specifica*, die Intuition für das richtige Verhalten im richtigen Augenblick. Kontrolliertes Hinschauen, eine Art weiser Probeblick, ist im Umgang mit der Todesangst gefragt. Und kaum jemand beherrscht diesen Probeblick besser als die Literatur.

Literaturverzeichnis

Primärliteratur

Von Droste-Hülshoff, Annette

– Sämtliche Werke in zwei Bänden. Hg. von Bodo Plachta/Winfried Woesler. Bd. I/Bd. II. Frankfurt a. Main 1994.
  – Das erste Gedicht. Bd. I, S. 326.
  – Im Grase. Bd. I, S. 360f.
  – Am siebzehnten Sonntage nach Pfingsten. Bd. I, S. 460.
  – Am dritten Sonntage nach Ostern. Bd. I, S. 415.
  – Am dritten Sonntage nach Pfingsten. Bd. I, S. 432.
  – Der zu früh geborene Dichter. Bd. I, S. 112.
  – Unruhe. Bd. I, S. 596.
– Historisch-kritische Ausgabe. Hg. von Winfried Woesler. Tübingen.
  – Lebt wohl/Im Moose. Bd. I,1. Gedichte zu Lebzeiten. Tübingen 1985, S. 325/S. 81.
  – Des Arztes Vermächtnis. Bd. III,2. Epen. Dokumentation. Tübingen 1991.
  – Briefe 1805–1838. Bd. VIII,1/VIII,2. Tübingen 1987/1999.
  – Briefe 1839–1842. Bd. IX,1. Tübingen 1993.
  – Briefe 1843–1848. Bd. X,1. Tübingen 1992.

Freud, Sigmund

– Schriften über Kokain. Hg. und eingeleitet von Albrecht Hirschmüller. Frankfurt a. Main 1996.
  – Über Coca (1884), S. 41–83.
  – Über die Allgemeinwirkung des Cocains, S. 99–108.
  – Beitrag zur Kenntnis der Cocawirkung (1885), S. 87–98.
  – Gutachten über das Parke Cocain (1885), S. 109–118.
  – Bemerkungen über Cocainsucht und Cocainfurcht mit Beziehung auf einen Vortrag W. A. Hammond's (1887), S. 119–134.
– Selbstdarstellung. Schriften zur Geschichte der Psychoanalyse. Hg. und eingeleitet von Ilse Grubrich-Simits. Frankfurt a. Main 1971.
– Freud, Sigmund/Bernays Martha: Die Brautbriefe. Bd. 2/Bd. 3/Bd. 4. 1882–1886. Ungekürzte Ausgabe in fünf Bänden. Hg. von Gerhard Fichtner/Ilse Grubrich-Simits und Albrecht Hirschmüller. Frankfurt a. Main 2013/2015/2019.
– Briefe 1873–1939. Hg. von Ernst Ludwig Freud. Frankfurt a. Main/London 1960/1968.
  – Briefwechsel mit Minna Bernays 1882–1938. Hg. von Albrecht Hirschmüller. Tübingen 2005.
  – Briefe an Wilhelm Fließ 1887–1904. Hg. von Jeffrey Moussaieff Masson. Bearbeitung der deutschen Fassung von Michael Schröter. Frankfurt a. Main 1986.

Herrndorf, Wolfgang
- Arbeit und Struktur. Berlin 2013.
- Tschick. Berlin 2010.
- Sand. Berlin 2010.
- Bilder deiner großen Liebe. Ein unvollendeter Roman. Berlin 2014.

Hesse, Hermann
- »Die dunkle und wilde Seite der Seele«. Briefwechsel mit seinem Psychoanalytiker Josef Bernhard Lang 1916–1944. Hg. von Thomas Feitknecht. Frankfurt a. Main 2006.
- Gesammelte Briefe. Bd. 1/Bd. 3/Bd. 4. Hg. von Ursula und Volker Michels. Frankfurt a. Main 1973/1982/1986.
- Hermann Hesse – Conrad Haußmann. Briefwechsel 1907–1922. Von Poesie und Politik. Hg. von Helga Abret. Berlin 2011.
- Sämtliche Werke. Hg. von Volker Michels. Frankfurt a. Main.
  - Roßhalde. Bd. 3. Die Romane. Frankfurt a. Main 2001, S. 4–142.
  - Die Morgenlandfahrt. Bd. 4, S. 533–592.
  - Der Steppenwolf. Bd. 4, S. 5–206.
  - Klingsors letzter Sommer. Bd. 8. Die Erzählungen 1911–1954, S. 284–333.
  - Klein und Wagner. Bd. 8, S. 210–283.
  - Der schwere Weg. Bd. 9. Frankfurt a. Main 2002, S. 115–120.
  - Tagebucheinträge. Bd. 11. Autobiographische Schriften I. Frankfurt a. Main 2003.
  - Erinnerung an Klingsors letzter Sommer. Bd. 12. Autobiographische Schriften II, S. 210–213.
  - Künstler und Psychoanalyse. Bd. 14. Betrachtungen und Berichte II, S. 351–355.
  - O Freunde, nicht diese Töne. Bd. 15. Die politischen Schriften. Frankfurt a. Main 2004, S. 10–18.
  - Wieder in Deutschland. Bd. 15, S. 54–63.
  - Die Pazifisten. Bd. 15, S. 107–113.
- Demian. Die Geschichte von Emil Sinclairs Jugend. Frankfurt a. Main 1979.
- Die Brüder Karamasoff oder der Untergang Europas. In: Ders.: Blick ins Chaos. Drei Aufsätze. Bern 1922.
- Briefe von Hermann Hesse. Hg. von Romain Rolland. Frankfurt a. Main 1951.

Kafka, Franz
- Briefe an Milena. Erweiterte und neu geordnete Ausgabe. Hg. von Jürgen Born und Michael Müller. Frankfurt a. Main 1983.
- Briefe 1902–1924. Gesammelte Werke. Hg. von Max Brod. New York 1958.
- Briefe 1900–1912/1918–1920. Hg. von Hans-Gerd Koch. Frankfurt a. Main 1999/2013.
- Briefe an Felice und andere Korrespondenz aus der Verlobungszeit. Hg. von Erich Heller u. Jürgen Born. New York 1967.
- Max Brod – Franz Kafka. Eine Freundschaft II. Briefwechsel. Hg. von Malcolm Pasley. Frankfurt a. Main 1989.

– Nachgelassene Schriften und Fragmente. Apparatband I/II. Hg. von Malcolm Pasley. Frankfurt a. Main 1992/3.
  – Oktavheft G (18. 10.1917 – Ende Januar 1918). AB II, S. 29–78.
  – Oktavheft H (Januar 1918 bis Mai 1918). AB II, S. 79–112.
  – Der Brief an den Vater (November 1919). AB II, S. 143–217.
  – Konvolut 1920 (August bist Spätjahr 1920). AB II, S. 223–362.
– Tagebücher. Hg. von Hans-Gerd Koch, Michael Müller und Malcolm Pasley. Frankfurt a. Main 1990.
– Fragmente aus Heften und losen Blättern. In: Franz Kafka. Hochzeitsvorbereitungen auf dem Lande und andere Prosa aus dem Nachlass. Gesammelte Werke. Hg. von Max Brod. New York 1953.
– Das Schloß/Der Proceß. In: Franz Kafka: Schriften – Tagebücher – Briefe. Kritische Ausgabe. Hg. von Jürgen Born [u.a.]. New York 1982/1900.

Kerner, Justinus
– Geschichte zweyer Somnambülen nebst einigen Denkwürdigkeiten aus dem Gebiete der magischen Heilkunde und der Psychologie. Karlsruhe 1824.
– Dissertatio medica sistens observata de functione singularum partium auris. Medizinische Dissertation. Tübingen 1808.
– Die Seherin von Prevorst. Eröffnungen über das innere Leben des Menschen und über das Hineinragen einer Geisterwelt in die unsere. Leipzig 1846.
– Die lyrischen Gedichte. Stuttgart 1854.
– Briefwechsel mit seinen Freunden. Bd. I/II. Hg. von Theobald Kerner. Stuttgart/Leipzig 1897.
– Ludwig Uhland: Briefwechsel. Bd. I. Hg. von Julius Hartmann. Stuttgart/Berlin 1911–1916.
– Original Briefe im Schiller-Nationalmuseum/Archiv Marbach.
  – Unveröffentlichter Brief Justinus Kerners an Julie Hartmann, 29. Nov. 1826. Teilabdruck. In: Lee B. Jennings: Probleme um Kerners ›Seherin von Prevorst‹. In: Antaios 10 (1968), S. 132–138.
  – Unveröffentlichter Brief Theodor Kerners 1897. Brief nach Otto-Joachim Grüsser: Justinus Kerner 1786–1862. Arzt – Poet – Geisterseher. Heidelberg 1987, S. 215.
  – Unveröffentlichter Brief Justinus Kerners an Julie Hartmann vom 20. Nov. 1826. Teilabdruck. In: Heinrich Straumann: Justinus Kerner und der Okkultismus in der deutschen Romantik. Zürich/Leipzig 1928.

Forschungsliteratur

Monographien

Alt, Peter-André: Sigmund Freud. Der Arzt der Moderne. München 2016.
  – Franz Kafka. Der ewige Sohn. München ²2008.

Ariès, Phillippe: Studien zur Geschichte des Todes im Abendland. München 1976.
– Geschichte des Todes. München 1980.

Assmann, Jan: Der Tod als Thema der Kulturtheorie. Todesbilder und Todesriten im alten Ägypten. Frankfurt a. Main 2000.

Ball, Hugo: Hermann Hesse. Sein Leben und sein Werk. Berlin 1947.

Batthyány, Alexander: Zur Psychologie einer Grundangst. Über abwehrende und existentielle Zugänge zum eigenen Tod. Freiburg/München 2019.

Becker, Ernest: Die Dynamik des Todes. Freiburg 1973.

Begemann, Christian: Furcht und Angst im Prozeß der Aufklärung. Zu Literatur und Bewußtseinsgeschichte des 18. Jahrhunderts. Frankfurt a. Main 1987.

Benjamin, Walter: Deutsche Menschen. Eine Folge von Briefen. Frankfurt a. Main 1972.

Bernfeld, Siegfried/Bernfeld, Suzanne Cassirer: Bausteine der Freud-Biographik. Hg. und übersetzt von Ilse Grubrich-Simitis. Frankfurt a. Main 1981.

Beuys, Barbara: »Blamieren mag ich mich nicht«. Das Leben der Annette von Droste-Hülshoff. München/Wien 1999.

Billington, Josie: Is literature healthy? Oxord University Press 2016.

Bittner, Günther: »Dir unbewußt arbeite ich in Dir«. Die Psychoanalyse Hermann Hesses bei Josef Bernhard Lang. Würzburg 2015.

Bloch, Ernst: Das Prinzip Hoffnung. Bd. 1. Frankfurt a. Main 1954.

Bock, Emil: Vorboten des Geistes. Schwäbische Geistesgeschichte und christliche Zukunft. Stuttgart 1929.

Von Bönninghausen, Clemens: Das erste Krankheitsjournal (1829–1830). Bearbeitet von Luise Kunkle. Hg. vom Institut für Geschichte der Medizin der Robert-Bosch-Stiftung. Essen 2011.

Von Bönninghausen, Clemens: Prodromus florae Monasteriensis Westphalorum. Phanerogamia. Monasterii 1824.

Blumenberg, Hans: Arbeit am Mythos. Frankfurt a. Main ^{5}1990.

Böhme, Hartmut: Fetischismus und Kultur. Eine andere Theorie der Moderne. Reinbek bei Hamburg 2006.

Brall, Arthur: Vergangenheit und Vergänglichkeit: Zur Zeiterfahrung und Zeitdeutung im Werk Annette von Droste-Hülshoffs. Marburg 1975.

Braungart, Wolfgang: Literatur und Ritual. Tübingen 1996.

Campbell, Anthony: Homeopathy in Perspective. A critical appraisal. Raleigh 2008.

Chaplin, Steve: The Psychology of Time and Death. Ashland 2000.

Cicero, Marcus Tullius: Oratio pro Caelio. Hg. Von Roland Gregory Austin. Oxford 1964.

Daiber, Jürgen: Der Mittagsdämon. Zur literarischen Phänomenologie der Krise der Lebensmitte. Paderborn 2006.
– Franz Kafka und der Lärm. Klanglandschaften der frühen Moderne. Münster 2015.

Demmerling, Christoph /Landweer, Hilde: Philosophie der Gefühle. Von Achtung bis Zorn. Stuttgart/Weimar 2007.

Dierks, Sonja: Es gibt Gespenster. Betrachtungen zu Kafkas Erzählung. Würzburg 2003.
Eggert, Hulda: Annette von Droste-Hülshoff. Ein Dichterleben. Lübeck 1933.
Ellenberger, Henry F.: Die Entdeckung des Unbewußten. Geschichte und Entwicklung der dynamischen Psychiatrie von den Anfängen bis zu Janet, Freud, Adler und Jung. Zürich 1985.
Von Engelhardt, Dietrich: Medizin in der Literatur der Neuzeit. Fünf Bände. Heidelberg 2018.
– Medizin und Literatur in der Neuzeit. Darstellung und Deutung. Stuttgart 1991.
Von Ense, Varnhagen: Denkwürdigkeiten des eigenen Lebens. Bd. I. 1785–1810. Hg. von J. Kühn. Berlin 1922.
Epikur: Brief an Menoikeus. In: Héctor Witter: Der Tod. Philosophische Texte von der Antike bis zur Gegenwart. Stuttgart 2014, S. 59–60.
Frank, Ludwig: Affektstörungen, Studien über ihre Ätiologie und Therapie. Berlin 1913.
Freud, Sigmund: Gesammelte Werke in achtzehn Bänden mit einem Nachtragsband. Hg. von Anna Freud und Marie Bonaparte. Frankfurt a. Main.
– Studien über Hysterie. Bd. I. Frankfurt a. Main 1952, S. 75–314.
– Die Traumdeutung. Bd. II/III. Frankfurt am Main 1942.
– Bruchstück einer Hysterie-Analyse. Bd. V. Frankfurt a. Main 1942, S. 161–286.
– Der Dichter und das Phantasieren. Bd. VII. Frankfurt a. Main 1966, S. 213–226.
– Die zukünftigen Chancen der psychoanalytischen Theorie. Bd. VIII. Frankfurt a. Main 1973, S. 103–116.
– Ratschläge für den Arzt bei der psychoanalytischen Behandlung. Bd. VIII. Frankfurt a. Main 1943, S. 375–388.
– Zur Dynamik der Übertragung. Bd. VIII, S. 364–374.
– Zeitgemäßes über Krieg und Tod. Bd. X. Frankfurt am Main 1946, S. 324–355.
– Erinnern, Wiederholen und Durcharbeiten. Bd. X, S. 126–136.
– Vorlesung zur Einführung in die Psychoanalyse. 27. Vorlesung. Bd. XI. Frankfurt a. Main 1966, S. 447–465.
– Jenseits des Lustprinzips. Bd. XIII. Frankfurt a. Main 1967, S. 3–73.
– Hemmung, Symptom und Angst. Bd. XIV. Frankfurt a. Main 1968, S. 113–208.
– Das Unbehagen in der Kultur. Bd. XIV, S. 421–509.
– Die endliche und die unendliche Analyse. Bd. XVI. Frankfurt a. Main 1968, S. 59–104.
– Abriß der Psychoanalyse. Bd. XVII. Frankfurt a. Main 1966, S. 64–140.
– Freud, Sigmund/Jung, C. G.: Briefwechsel. Hg. von William McGuire und Wolfgang Sauerländer. Frankfurt a. Main 1974.
– Freud Studienausgabe Ergänzungsband; Schriften zur Behandlungstechnik. Frankfurt a. Main 1982.
Gay, Peter: Freud. Eine Biographie für unsere Zeit. Frankfurt a. Main [4]2001.
Gehring, Petra: Theorien des Todes zur Einführung. Hamburg 2010.

Van Gennep, Arnold: Les rites de passage. Etude systématique des rites de la porte et du seil, de l'hospitalité, de l'adoption. New York 1969.

Gödden, Walter: Annette von Droste-Hülshoff. Leben und Werk. Eine Dichterchronik. Bern 1994.

– Die andere Annette. Annette von Droste-Hülshoff als Briefschreiberin. Paderborn 1991.

– Tag für Tag im Leben der Annette von Droste-Hülshoff. Zürich 1996.

Gilgamesch-Epos. Neu übersetzt und kommentiert von Stefan M. Maul. München 2005.

Grieser, Jürgen: Der Tod und das Leben. Vergänglichkeit als Chance zur Entwicklung von Lebendigkeit. Gießen 2018.

Gronemeyer, Reimer: Sterben in Deutschland. Wie wir dem Tod wieder einen Platz in unserem Leben einräumen können. Frankfurt a. Main 2007.

Guntermann, Georg: Vom Fremdwerden der Dinge beim Schreiben. Kafkas Tagebücher als literarische Physiognomie des Autors. Tübingen 1991.

Hahnemann, Samuel: Organon der Heilkunst. Hg. von Josef Schmidt. Heidelberg ^{6}1996 (1842).

Hartmut, Rosa: Beschleunigung. Die Veränderung der Zeitstrukturen in der Moderne. Frankfurt a. Main 2005.

Heimes, Silke: Kreatives und therapeutisches Schreiben. Ein Arbeitsbuch. Göttingen 2008.

– Kreatives und therapeutisches Schreiben. Ein Arbeitsbuch. Göttingen ^{4}2013.

– Schreib dich gesund. Übungen für verschiedene Krankheitsbilder. Göttingen 2015.

– Warum Schreiben hilft. Die Wirksamkeitsnachweise zur Poesietherapie. Göttingen 2012.

Heselhaus, Clemens: Annette von Droste-Hülshoff. Werk und Leben. Düsseldorf 1971.

Humphrey, Nicholas: Consciousness Regained. Oxford 1976.

Hofmann, Johannes: »fühle mich dünn in eine etwas papierene Welt hinausgebaut«. Wolfgang Herrndorf. Arbeit und Struktur. Funktionen des Blogs im Zeichen der Krankheit. Unveröffentlichte Forschungsarbeit. Regensburg 2013.

Israëls, Han: Der Fall Freud. Die Geburt der Psychoanalyse aus der Lüge. Hamburg 1999.

Jones, Ernest: Das Leben und Werk von Sigmund Freud. Bd. I. Bern 1960.

Jung, Carl Gustav

– Jung, C. G. [u.a.]: Der Mensch und seine Symbole. Olten 1968.

– Traum und Traumdeutung. München 1990.

– Das Rote Buch. Düsseldorf ^{2}2010.

– Seele und Tod (1934). In: Ders.: Wirklichkeit der Seele. München 2001, S. 117–129.

– Gesammelte Werke. Hg. von Lilly Jung-Merker und Elisabeth Rüf. Olten 1971.

– Psychiatrische Studien. Bd. 1.

– Die Assoziationsmethode. Bd. 2, S. 461–487.

– Die transzendente Funktion. Bd. 8. Die Dynamik des Unbewussten, S. 75–104.
– Analytische Psychologie und Weltanschauung. Bd. 8, S. 393–418.
– Psychologische Typen. Bd. 6.
– Zwei Schriften über Analytische Psychologie. Bd. 7.
– Die Psychologie der Übertragung. Bd. 16, S. 173–342.
Jung-Stilling, Johann Heinrich: Theorie der Geisterkunde (1808). Neue Ausgabe. Nürnberg 1921.
Jurgensen, Manfred: »Die fabelhafteste Sache der Welt«. Der Tod in der deutschen Literatur. Tübingen 2010.
Kagan, Shelly: Death. Yale University Press. New Haven 2012.
Kerner, Theobald: Das Kernerhaus und seine Gäste. Stuttgart ²1897.
Kierkegaard, Sören: Der Begriff Angst. Frankfurt a. Main 1984.
Kierkegaard; Sören: Der Begriff Angst. In: ders.: Die Krankheit zum Tode. Hg. von Hermann Diem/Walter Rest. München 1976.
Kiesewetter, Johann Gottfried: Logik zum Gebrauch für Schulen. Berlin 1797.
Koschorke, Albrecht: Wahrheit und Erfindung. Grundzüge einer allgemeinen Erzähltheorie. Frankfurt a. Main 2012.
Kottwitz, Friedrich: Bönninghausens Leben. Hahnemanns Lieblingsschüler. Berg am Starnberger See 1985.
Krüger, Oliver: Virtualität und Unsterblichkeit. Gott, Evolution und die Singularität im Post- und Transhumanismus. Freiburg ²2019.
Kübler-Ross, Elisabeth: On death and dying (deutsch: Interviews mit Sterbenden). New York 1971 (Originalausgabe 1969).
Lang, J. B.: Über Assoziationsversuche bei Schizophrenen und den Mitgliedern ihrer Familien. Dissertation Zürich 1913.
Lang, J. B.: Hat ein Gott die Welt erschaffen. Zur Theologie und Anthropologie von Genesis 1 – 2,4a. Bern 1942.
Laplanche, J./Pontalis, J. B.: Das Vokabular der Psychoanalyse. Frankfurt a. Main 1972.
Lätsch, David: Schreiben als Therapie. Eine psychologische Studie über das Heilsame in der literarischen Fiktion. Gießen 2011.
Ledoux, Joseph: Das Netz der Gefühle. Wie Emotionen entstehen. München 1998.
Leedy, Jack L.: Poetry therapy. The Use of Poetry in the Treatment of Emotional Disorders. Philadelphia/Toronto 1969.
Lifton, Robert: Der Verlust des Todes. Über die Sterblichkeit des Menschen und die Fortdauer des Lebens. München 1986.
Macho, Thomas: Todesmetaphern. Frankfurt a. Main 1987.
Mahony, Patrick J: Der Schriftsteller Sigmund Freud. Frankfurt a. Main 1989.
Maier, Hans W.: Der Kokainismus. Geschichte/Pathologie. Medizinische und behördliche Bekämpfung. Leipzig 1926.
Mandl, Elisabeth: Arzneipflanzen in der Homöopathie. Wien 1997.

Martynkewicz, Wolfgang: Sabina Spielrein und Carl Gustav Jung. Eine Fallgeschichte. Berlin 1999.

Marx, Karl: Ökonomisch-philosophische Manuskripte aus dem Jahre 1844. Bedürfnis, Produktion, Arbeitsteilung. In: Karl Marx/Friedrich Engels: Werke. Ergänzungsband. 1. Teil. Berlin 1932.

Mcneilage, Peter: The Origin of Speech. Oxford Studies in the Evolution of Language. Oxford 2008.

Mechadani, Nadine: Hermann Hesse auf der Couch. Freuds und Jungs Psychoanalyse und ihr Einfluss auf die Romane *Demian*, *Siddhartha* und *Der Steppenwolf*. Marburg 2008.

Moody, Raymond: Leben nach dem Tod. Die Erforschung einer unerklärlichen Erfahrung. Reinbek bei Hamburg ^{34}2002.

Morin, Edgar: L' homme et la Mort. Paris 1970.

Moritz, Karl Philipp: Anton Reiser. Ein psychologischer Roman. Hg. von Ludwig Geiger. Heilbronn 1886.

Müller, Horst M.: Sprache und Evolution. Grundlagen der Evolution und Ansätze einer evolutionstheoretischen Sprachwissenschaft. Berlin 1990.

Nettesheim, Josefine: Die geistige Welt der Dichterin Annette von Droste-Hülshoff. Münster 1967.

Novalis: Die Lehrlinge zu Sais. In: Werke, Tagebücher und Briefe Friedrich von Hardenbergs. Hg. von Hans-Joachim Mähl/Richard Samuel. 2 Bde. Darmstadt 1978.

– Fragmente und Studien 1799–1800. In: Ders.: Schriften. Die Werke Friedrich von Hardenbergs. Hg. von Paul Kluckhohn/Richard Samuel in Zusammenarbeit mit Hans-Joachim Mähl und Gerhard Schulz. Bd. 3. Darmstadt ^{3}1983.

– Werke. Hg. und kommentiert von Gerhard Schulz. München 2013.

Ochsmann, Randolph: Angst vor Tod und Sterben. Beiträge zur Thanato-Psychologie. Göttingen 1993.

Onfray, Michel: Anti Freud. Die Psychoanalyse wird entzaubert. München ^{2}2011.

Packer, George: Die Abwicklung. Eine innere Geschichte des neuen Amerika. Frankfurt a. Main ^{2}2014.

Pennebaker, James W./Evans, John F.: Expressive Writing. Words that Heal. Idyll Arbor 2014.

– Heilung durch Schreiben. Bern 2010.

Peters, Uwe Hendrik: Übertragung – Gegenübertragung. Geschichte und Formen der Beziehungen zwischen Psychotherapeut und Patient. München 1977.

Pfeiffer, Joachim: Tod und Erzählen. Wege der literarischen Moderne um 1900. Tübingen 1997.

Pizane, Christine de: Epistre L'Othéa. Genève 1999.

Quintilianus, Marcus Fabius: Ausbildung des Redners. Zwölf Bücher. Neuntes Buch, Kapitel 2. Hg. von Helmut Rahn., Darmstadt ^{5}2011.

Racker, Heinrich: Übertragung und Gegenübertragung: Studien zur psychoanalytischen Technik. München/Basel [4]1993.

Rank, Otto: Die Analyse des Analytikers und seine Rolle in der Gesamtsituation. Technik der Psychoanalyse. Bd. III. Gießen 2006 (Erstausgabe: 1931).

Reetz, Bärbel: Hesses Frauen. Berlin 2012.

Reichenberger, Ramona: Franz Kafka und der Stress. Kafkas Identität im Spannungsfeld von Stress, Krankheit und Schreibprozess. Regensburg 2017.

Reiter, Anette: Mein wunderlich verrücktes Unglück. Melancholie bei Annette von Droste-Hülshoff. Regensburger Skripten zur Literaturwissenschaft. Hg. von Hans-Peter Neureuter. Regensburg 2003.

Rilke, Rainer Maria: Die Aufzeichnungen des Malte Laurids Brigge. In: Ders.: Sämtliche Werke. Bd. 6. Frankfurt a. Main 1969.

– Rainer Maria Rilke, Helene von Nostitz: Briefwechsel. Hg. von Oswalt von Nostitz. Frankfurt a. Main 1976.

– Das Stundenbuch (1899–1903). Leipzig 1931.

Rohrwasser, Michael: Freuds Lektüren. Von Arthur Conan Doyle bis zu Arthur Schnitzler: Gießen 2005.

Rousseau, Jean-Jacques: Bekenntnisse. Übertragen von Ernst Hardt. Frankfurt a. Main 1971.

– Confessions. Texte établi par Bernard Gagnebin et Marcel Raymond. Notes de Catherine Koenig. Paris 1973.

Safranski, Rüdiger: E.T.A Hoffmann: Das Leben eines skeptischen Phantasten. München 1984.

Sartre, Jean-Paul: Die Wörter. Reinbek bei Hamburg 1968 (Original: 1964).

Vom Scheidt, Jürgen: Freud und das Kokain. Die Selbstversuche Freuds als Anstoß zur »Traumdeutung«. München 1973.

Schelling, F. W. J.: Schellings Stuttgarter Privatvorlesungen (1810). In: Historisch-kritische Ausgabe. Reihe 2, Nachlass 8. Hg. von Hans Michael Baumgartner. Stuttgart 2017.

Schier, Manfred: Levin Schücking. Münster 1988.

Schmitz-Emans, Monika: Franz Kafka. Epoche–Werk–Wirkung. München 2011.

Schneider, Ronald: Annette von Droste-Hülshoff. Stuttgart [2]1995.

Schopenhauer, Arthur: Die Welt als Wille und Vorstellung. Bd. II/2 (Zürcher Ausgabe). Zürich 1988.

Schücking, Levin: Lebenserinnerungen [1886]. Neu hg. von Walter Gödden und Jochen Grywatsch. Bielefeld 2009.

– Die Ritterbürtigen (1846). Neu hg. und eingeleitet von Julius Lothar Schücking. Münster [2]1864.

Schultz, Wolfgang: Dokumente der Gnosis (1910). Mit Aufsätzen von Georges Bataille [u.a.]. München 1986.

Schumacher, Bernard N.: Der Tod in der Philosophie der Gegenwart. Darmstadt 2004.
Schur, Max: Sigmund Freud. Leben und Sterben. Frankfurt a. Main 1973.
Schwilk, Heimo: Hermann Hesse: Das Leben des Glasperlenspielers. München 2012.
Sebald, W. G.: Schwindel. Gefühle. Frankfurt a. Main 1990.
Shaw, George Bernard: Zurück zu Methusalem. Originalausgabe 1921.
Solomon, Sheldon/Greenberg, Jeff/Pyszczynski, Tom: Der Wurm in unserem Herzen. Wie das Wissen um die Sterblichkeit unser Leben beeinflusst. München 2016.
Stach, Reiner: Kafka. Die Jahre der Erkenntnis. Frankfurt a. Main 2011.
– Die frühen Jahre. Frankfurt a. Main 2017.
– Die Jahre der Entscheidungen. Frankfurt a. Main ^{4}2003.
Staiger, Emil: Annette von Droste-Hülshoff. Frauenfeld ^{2}1962.
Stavemann, Harlich H/Hülsner, Yvonne: Integrative KVT bei existenziellen Problemen. Umgang mit der eigenen Endlichkeit und Todesangst. Weinheim/Basel 2019.
Thieme, Frank: Sterben und Tod in Deutschland. Eine Einführung in die Thanatosoziologie. Wiesbaden 2019.
Thornton, Elisabeth M.: Freund and Cocaine. The Freudian Fallacy. London 1983.
Tolstoi, Leo N.: Der Tod des Iwan Iljitsch. In: Ders.: Sämtliche Erzählungen. Fünfter Band. Hg. von Gisela Drohla. Frankfurt a. Main 1982, S. 222–293.
Trachsel, Manuel/Maercker, Andreas: Lebensende, Sterben und Tod. Göttingen 2016.
Wagenbach, Klaus: Franz Kafka. Biographie seiner Jugend. Berlin 2006.
Wallenhorst, Josef (diss.): Die Augenbeschwerden der Annette von Droste-Hülshoff und ihre Auswirkungen auf Psyche und Schaffen der Dichterin. Dissertation Münster 1950.
Ware, Bronnie: 5 Dinge, die Sterbende am meisten bereuen. Einsichten, die ihr Leben verändern werden. München 2013.
Weingarten, Michael: Sterben (bio-ethisch). Bibliothek dialektischer Grundbegriffe. Bd. 13. Hg. von Andreas Hüllinghorst. Bielefeld 2004.
Weininger, Otto: Taschenbuch und Brief an einen Freund. Leipzig/Wien 1921.
Von Werder, Lutz/Schulte-Steinicke, Barbara/Schulte, Brigitte: Die heilende Kraft des Schreibens. Ostfildern 2011.
– … triffst Du nur das Zauberwort. Eine Einführung in die Schreib- und Poesietherapie. München/Weinheim 1986.
– Lehrbuch des kreativen Schreibens. Grundlagen, Technik, Praxis. Wiesbaden ^{2}2016
Wittels, Fritz: Sigmund Freud, der Mann, die Lehre, die Schule. Leipzig 1924.
Wittkowski, Joachim/Strenge, Hans/Lenzen, Wolfgang: Warum der Tod kein Sterben kennt. Neue Einsichten zu unserer Lebenszeit. Darmstadt 2011.
– Psychologie des Todes. Darmstadt 1990.
Wolff, Uwe: Hermann Hesse. Demian – Die Botschaft vom Selbst. Bonn 1979.

Yalom, Irvin D.: In die Sonne schauen. Wie man die Angst vor dem Tod überwindet. München 2008/2010.
– Das Spinoza-Problem. München 2013.
– Existential Psychotherapy. New York 1980. Deutsche Übersetzung: Irvin D. Yalom: Existenzielle Psychotherapie. Bergisch Gladbach [5]2010.
Yogis, Jaimal: Die faszinierende Welt der Angst. Das verborgene Potenzial eines ungeliebten Gefühls. München 2014.

Sammelbände

Arnold, Sonja/Catani, Stephanie u.a. (Hrsg.): Sich selbst erzählen. Autobiographie – Autofiktion – Autorschaft. Kiel 2018.
Below, Jürgen (Hrsg.): Hermann Hesse: »Der Vogel kämpft sich aus dem Ei«. Eine dokumentarische Recherche der Krisenjahre 1918–1920. Hamburg 2017.
Von Engelhardt, Dietrich (Hrsg.): Bibliotherapie. Gerlingen 1987.
Fischer, Pascal/Gadebusch, Bondio/ Carla, Maria (Hrsg.): Literatur und Medizin – interdisziplinäre Beiträge zu den Medical Humanities. Heidelberg 2016.
Hark, Helmut (Hrsg.): Lexikon Jungscher Grundbegriffe. Olten 1988.
Hartmann, Hans-Peter/Milch, Wolfgang E. (Hrsg.): Übertragung und Gegenübertragung. Weiterentwicklungen der psychoanalytischen Selbstpsychologie. Gießen 2001.
Heimes, Silke / Rechenberg-Winter, Petra/Haußmann, Renate (Hrsg.): Praxisfelder des kreativen und therapeutischen Schreibens. Göttingen 2013.
Janz, R. P./Stoermer, Fabian/Hiepko, Andreas (Hrsg.): Schwindelerfahrungen. Zur kulturhistorischen Diagnose eines vieldeutigen Symptoms. Amsterdam/New York 2003.
Langner, Ralph (Hrsg.): Psychologie der Literatur. Theorien, Methoden, Ergebnisse. Weinheim/München 1986.
Michels, Volker (Hrsg.): Materialien zu Hermann Hesses *Demian*. Erster Band/ Zweiter Band. Entstehungsgeschichte in Selbstzeugnissen. Frankfurt a. Main 1993/1997.
Öhlschläger, Claudia/Niehaus, Michael (Hrsg.): W.G. Sebald-Handbuch. Leben-Werk-Wirkung. Stuttgart 2017.
Petzold, Hilarion G./Leeser, Brigitte/Klempnauer, Elisabeth (Hrsg.): Wenn Sprache hilft. Handbuch für Poesie- und Bibliotherapie, Biographiearbeit und Kreatives Schreiben. Festschrift für Ilse Orth. Bielefeld 2018.
Petzold, Hilarion/Orth, Ilse (Hrsg.): Poesie und Therapie. Über die Heilkraft der Sprache. Paderborn 1985.
Schott, Heinz (Hrsg.): Franz Anton Mesmer und die Geschichte des Mesmerismus. Stuttgart 1985.

Steger, Florian/Von Jagow, Bettina (Hrsg.): Lexikon Literatur und Medizin. Göttingen 2005.
– Jahrbuch Literatur und Medizin (1) 2007.
Wittkowski, Joachim (Hrsg.): Sterben, Tod und Trauer. Grundlagen, Methoden, Anwendungsfelder. Stuttgart 2003.

Aufsätze

Alt, Peter-André: Franz Kafka. Experte für die dunklen Gefühle. In: Agora 42. 4 (2017), S. 38–42.
Anz, Thomas: Identifikation und Abscheu. Kafka liest Kierkegaard. In: Manfred Engel/ Dieter Lamping (Hrsg.): Franz Kafka und die Weltliteratur. Göttingen 2006, S. 83–92.
Bauer, Eberhard: Kerner und die Parapsychologie. In: Andrea Berger-Fix (Hrsg.): Justinus Kerner. Nur wenn man von Geistern spricht. Briefe und Klecksographien. Stuttgart/Wien 1986, S. 105–125.
Benjamin, Walter: Franz Kafka. Zur zehnten Wiederkehr seines Todestages. In: Ders.: Gesammelte Schriften. Bd. II. Hg. von R. Tiedemann/H. Schweppenhäuser. Frankfurt a. Main 1977, S. 409–438.
Binder, Hartmut: Kafka und die Psychoanalyse. In: Ders.: Motiv und Gestaltung bei Franz Kafka. Bonn 1987, S. 92–115.
Blasberg, Cornelia/Grywatsch, Jochen (Hrsg.): Annette von Droste-Hülshoff Handbuch. Walter de Gruyter Berlin/Boston 2018.
– Borgards, Roland: Natur, S. 649–659.
– Blasberg, Cornelia: Korrespondenzen, S. 89–99.
– Braungart, Wolfgang: Im Grase, S. 425–429.
– Gunia, Jürgen: Unruhe, S. 113–116.
– Grywatsch, Jochen: Stationen der Lebensgeschichte, S. 1–26.
– Grywatsch, Jochen: Anton Mathias Sprichmann, S. 26–30.
– Grywatsch, Jochen: Levin Schücking, S. 33–37.
– Greiner, Bernhard: Des Arztes Vermächtnis, S. 178–186.
– Kramer, Anke: Im Moose, S. 276–279.
– Schmidt, Florian: Das Hospiz auf dem großen St. Bernhard, S. 171–178.
– Wortmann, Thomas: Geistliches Jahr in Liedern auf alle Sonn- und Festtage, S. 123–153.
Böhme, Hartmut: Zur Kulturgeschichte der Angst und der Katastrophe. In: Anne Fuchs/ Sabine Strümper-Krobb (Hrsg.): Sedimente, Gefühle, Empfindungen. Zur Geschichte der Literatur des Affektiven von 1770 bis heute. Würzburg 2003, S. 27–44.
Böschenstein, Renate: Zur Struktur des Idyllischen im Werk der Annette von Droste-Hülshoff. In: Renate Böschenstein: Idylle, Todesraum und Aggression. Beiträge zur Droste-Forschung. Hg. von Ortrun Niethammer. Bielefeld 2007, S. 15–35.

Brath, Klaus: Hermann Hesse: Alles andere als ein robustes Naturell. In: Deutsches Ärzteblatt 109 (2012), S. 31f.

Brennecke, Reinhard: Karl Ove Knausgårds Sterben. Eine Art Krisenbewältigung. In: Roland Berbig/Richard Faber/H. Christof Müller-Busch (Hrsg.): Krankheit, Sterben, Tod im Leben europäischer Schriftsteller. Bd. 2. Das 20. und 21. Jahrhundert. Würzburg 2017, S. 273–286.

Burk, Maximilian: »dem Leben wie einem Roman zu Leibe rücken«. Wolfgang Herrndorfs Blog *Arbeit und Struktur*. In: Annina Klappert (Hrsg.): Wolfgang Herrndorf. Weimar 2015, S. 85–101.

Daiber, Jürgen: Missverständnisse der Selbstbeobachtung: Kafkas Tagebücher. In: Achim Geisenhanslüke/Hans Rott (Hrsg.): Ignoranz. Nichtwissen, Vergessen und Missverstehen in Prozessen kultureller Transformationen. Bielefeld 2008, S. 35–61.

– Therapeutisches Scheitern. Freud, das Kokain und die Literatur. In: Hofmannsthal Jahrbuch zur Europäischen Moderne 26 (2018), S. 261–307.

Dinges, Martin/Holzapfel, Klaus: Von Fall zu Fall: Falldokumentation und Fallredaktion. Clemens von Bönninghausen und Annette von Droste-Hülshoff. In: Zeitschrift für Klassische Homöopathie 2004 (48), S. 149–167.

Downey, Ann M.: Relationship of religiosity to death anxiety of middle-aged males. In: Psychological Report 54 (1984), S. 811–822.

Durrani, Osman: Hermann Hesse und sein Psychiater. In: Henriette Herwig/Florian Trabert (Hrsg.): Der Grenzgänger Hermann Hesse. Freiburg 2013, S. 427–437.

Eggert, Hulda: Drostebiographie und Drostelegende. In: Süddeutsche Monatshefte 26,2 (1928/29), S. 137–144.

Ehmer, Josef: Lebenstreppe. In: Friedrich Jaeger (Hrsg.): Enzyklopädie der Neuzeit. Bd. 7. Stuttgart/Weimar 2008, S. 50–55.

Eibl, Karl: Von der biologischen Furcht zur literarischen Angst. Ein Vertikalschnitt. In: KulturPoetik 12/2 (2012), S. 155–186.

Erlenmeyer, Albrecht: Über Cocainsucht. Vorläufige Mitteilung. In: Deutsche Medizinal-Zeitung 7 (1886), S. 483f.

Foucault, Michel: Was ist ein Autor? In: Ders.: Schriften zur Literatur. Hg. von Martin Stingelin. Frankfurt a. Main 2003, S. 234–270.

Fränkel, Walter: War die Krankheit der Annette von Droste-Hülshoff eine Tuberkulose? In: Die Medizinische Welt. 7. Jahrgang (25.02.1933), S. 255f.

Frey, Christiane: Fallgeschichte. In: Roland Borgards et al. (Hrsg.): Literatur und Wissen. Ein interdisziplinäres Handbuch. Stuttgart/Weimar 2013, S. 282–288.

Glaus, A.: Justinus Kerner und die Psychiatrie. In: Ders.: Beiträge zur Geschichte der Psychiatrie und Hirnanatomie. Basel/New York 1957, S. 79–93.

Grywatsch, Jochen: Wo Träume lagern lang verschollner Zeit. Zum Verhältnis Raum und Zeit in den Epen und der Landschaftsprosa der Annette von Droste-Hülshoff. In: Cornelia Blasberg/Jochen Grywatsch (Hrsg.): ZwischenZeiten. Poetik der

Zeitlichkeit in der Literatur der Annette von Droste-Hülshoff und der »Biedermeier«-Epoche. Droste-Jahrbuch 9 (2011/2012). Hannover 2013, S. 211–234.

Gundlach, Horst/Métraux, Alexandre: Freud, Kokain, Koller und Schleich. In: Psyche 33 (1979), S. 434–451.

Haas, Eberhard: Freuds Kokainepisode und das Problem der Sucht. In: Jahrbuch der Psychoanalyse 12 (1983), S. 171–229.

Hahn, Alois: Tod und Individualität. In: Kölner Zeitschrift für Soziologie und Sozialpsychologie 31 (1979), S. 746–765.

Hanegraaff, J.: A woman alone: The beatification of Friederike Hauffe née Wanner (1801–1829). In: Anne-Marie Korte (ed.): Women & Miracle Stories. A multidisciplinary exploration. Leiden/Boston/Köln 2001, S. 211–248.

– Versuch über Friederike Hauffe. Zum Verhältnis zwischen Lebensgeschichte und Mythos der »Seherin von Prevorst« (I). In: Suevica. Beiträge zur schwäbischen Literatur- und Geistesgeschichte 8 (1999/2000), S. 17–45.

Horn, Andrea B./Mehl, Matthias R., Deters, Fenne große: Expressives Schreiben und Immunaktivität – gesundheitsfördernde Aspekte der Selbstöffnung. In: Christian Schubert (Hrsg.): Psychoneuroimmunologie und Psychotherapie. Stuttgart 2011, S. 208–227.

Jennings, Lee B.: Der aufgespießte Schmetterling. Justinus Kerner und die Frage der psychischen Entwicklung. In: Antaios X (1969), S. 109–131.

– Justinus Kerner und die Geisterwelt. In: Neue Wissenschaft 14 (1966), S. 75–95.

Jeziorkowski, Klaus: Das Bett. In: Hans Dieter Zimmermann (Hrsg.): Nach erneuter Lektüre. Franz Kafkas »Der Proceß«. Würzburg 1992, S. 95–109.

Kierkegaard, Sören: Der Begriff Angst. In: Ders.: Die Krankheit zum Tode. Hg. von Hermann Diem/Walter Rest. München 1976, S. 445–640.

Koch, Lars (Hrsg.): Angst. Ein interdisziplinäres Handbuch. Stuttgart/Weimar 2013.

– Koch, Lars: Angst und Moderne, S. 5–19.

– Koch, Lars: Angst in der Literatur, S. 236–250.

– Eibl, Karl: Biologie der Angst, S. 130–140.

– Böhme, Hartmut: Einleitung. Zur Kulturgeschichte der Angst seit 1800, S. 275–282.

Köhn, Lothar: Nicht-Ort, Heterotopie in Brief und Versepos der Droste. In: Jochen Grywatsch (Hrsg.): Raum. Ort. Topographien der Annette von Droste-Hülshoff. Droste-Jahrbuch 7 (2009), S. 197–213.

Kühlmann, Wilhelm: Das Ende der »Verklärung«. Bibeltopik und prädarwinistische Naturreflexion in der Literatur des 19. Jahrhunderts. In: Jahrbuch der deutschen Schillergesellschaft 30 (1986), S. 417–453.

Lange, Wolfgang: Über Kafkas Kierkegaard-Lektüre. In: DVjS 60 (1986), S. 286–308.

Liebrand, Claudia: Psychografie zwischen Poe und Kafka: Des Arztes Vermächtnis. In: Dies.: Kreative Refakturen. Annette von Droste-Hülshoffs Texte. Freiburg 2008, S. 123–163.

Lohmann, Hans-Martin/Pfeiffer, Joachim (Hrsg.): Freud Handbuch. Stuttgart 2013.
– Lohmann, Hans-Martin: Freud und seine Epoche, S. 49–76.
– Bayer, Lothar: Metapsychologische Schriften, S. 123–127.
– Bayer, Lothar/Krone-Bayer, Kerstin: Das Unbehagen in der Kultur, S. 178–181.
– Aichhorn, Thomas: Jenseits des Lustprinzips, S. 158–162.

Menninghaus, Winfried: Der Verschollene oder die Trajektorie männlicher Unschuld im Feld »widerlicher« weiblicher Praktiken. In: Ders.: Ekel. Theorie einer starken Empfindung. Frankfurt a. Main 1999, S. 378–392.

Meyer-Schwickerath, Gerhard: Das Annette von Hülshoff-Syndrom. In: Klinische Monatsblätter für Augenheilkunde 184 (1984), S. 574–577.

Müller, Gernot Michael: Moiren. In: Maria Moog-Grünewald (Hrsg.): Mythenrezeption. Die antike Mythologie in Literatur, Musik und Kunst von den Anfängen bis zur Gegenwart (= Der Neue Pauly. Supplemente. Band 5). Metzler, Stuttgart/Weimar 2008, S. 436–440.

Nassehi, Armin: Sterben und Tod in der Moderne zwischen gesellschaftlicher Verdrängung und professioneller Bewältigung. In: Armin Nassehi/Reinhard Pohlmann (Hrsg.): Sterben und Tod. Probleme und Perspektiven der Organisation von Sterbebegleitung. Münster 1992, S. 11–26.

Nitzschke, Bernd: Sigmund Freud, Kokain und die Anfänge der Psychoanalyse. In: Klaus W. Bilitza (Hrsg.): Psychodynamik der Sucht. Göttingen 2008, S. 25–51.

Owens, Lance S./Hoeller, Stephan A.: Carl Gustav Jung and the Red Book: Liber Novus. In: Encyclopedia of Psychology and Religion. New York/Heidelberg 2014, S. 975–980.

Parkin, David: Towards an apprehension of fear. In: David Scrution (Hrsg.): Sociophobics: The Anthropology of Fear. Boulder/London 1986, S. 93–109.

Pennebaker, J. W./Beall, S. K.: Confronting a traumatic event: toward an understanding of inhibition and disease. Journal of Abnormal Psychology 95 (1986), S. 274–281.

Peters, Uwe Henrik/Bresser, Hermann-Josef: Die Geschichte zweyer Somnambülen. Neu erzählt, stark verkürzt, kommentiert und durch einen Fall aus der Gegenwart ergänzt. In: Suevica 6 (1991), S. 11–38.

Quispel, Gilles: Hermann Hesse and Gnosis. In: Barbara Aland (Hrsg.): Gnosis. Festschrift für Hans Jonas. Göttingen 1978, S. 492–508.

Reinert, Bastian: Metaleptische Dialoge. Wirklichkeit als Reflexionsprozess in Annette von Droste-Hülshoffs Versepos *Des Arztes Vermächtnis*. In: Claudia Liebrand/ Irmtraud Hnilica/Thomas Wortmann: Redigierte Tradition. Paderborn 2010, S. 77–93.

Riedel, Wolfgang: Horror mortis oder Mensch und Tier. In: Ders.: Homo natura. Literarische Anthropologie um 1900. Berlin/New York 1996, S. 21–35.

Schenda, Rudolf: Die Alterstreppe – Geschichte einer Popularisierung. In: Die Lebenstreppe. Bilder der menschlichen Lebensalter. Schriften des Rheinischen Museumsamtes Nr. 23. Hg. von Peter Joerißen/Cornelia Will. Köln 1983, S. 11–25.

Schmidt-Hannisa, Hans-Walter: »Wie die Äußerungen des Unbewußten uns zeigen«. Hermann Hesses Traumtagebuch. In: Henriette Herwig/Florian Trabert (Hrsg.): Der Grenzgänger Hermann Hesse. Freiburg 2013, S. 439–452.

Schmied-Knittel, Ina: Nahtod-Erfahrungen. In: Gerhard Mayer/Michael Schetsche/Ina Schmied-Knittel/Dieter Vaitl: An den Grenzen der Erkenntnis. Handbuch der wissenschaftlichen Anomalistik. Stuttgart 2015, S. 164–176.

Siefert, Helmut: Mesmer und die »Jungfer Paradis«. Überlegungen zum Abbruch einer Psychotherapie aus heutiger Sicht. In: Heinz Schott (Hrsg.): Franz Anton Mesmer und die Geschichte des Mesmerismus. Stuttgart 1985, S. 174–185.

Strelka, Joseph P.: Dostojewski und Kafka. Acta Universitatis Lodziensi. Folia Germanica 1 (1997), S. 19–34.

Terhechte, Margret: Das Krankheitsbild der Annette von Droste-Hülshoff. In: Jahrbuch der Droste-Gesellschaft 3 (1959), S. 129–136.

Thums, Barbara: Abstiege ins Totenreich bei Annette von Droste-Hülshoff und Adalbert Stifter. In: ZwischenZeiten. Zur Poetik der Zeitlichkeit in der Literatur der Annette von Droste-Hülshoff und der »Biedermeier«-Epoche. Hg. von Cornelia Blasberg. Droste-Jahrbuch Bd. 9 (2011/12), S. 137–157.

Wall, Nathan de/Baumeister, Roy F.: From Terror to Joy. Automatic Tuning to Positive Affective Information Following Mortality Salience. In: Psychological Science 18 (2007), S. 984–990.

Will, Cornelia: Was ist des Lebens Sinn? – Lebensalterdarstellungen im 19. Jahrhundert. In: Joerißen/Will (Hrsg.): Die Lebenstreppe. Bilder der menschlichen Lebensalter, S. 61–73.

Woesler, Winfried: Die ächzende Kreatur. In: Claudia Liebrand/Thomas Wortmann: Interpretationen. Gedichte von Annette von Droste-Hülshoff. Stuttgart 2014, S. 179–190.

Wolf, Burkhardt: Kafkas Seekrankheit. In: Klaus R. Scherpe/Elisabeth Wagner (Hrsg.): Kontinent Kafka. Berlin 2006, S. 120–136.

Internetquellen

Anz, Thomas: Die Leiden einer Generation. Kafka und die Psychoanalyse. Literaturkritik.de http://literaturkritik.de/public/rezension.php?rez_id=12104. Erschienen am 22.07.2008.

Herrndorf Gedicht-Lesung (In der Heimat von Georg von der Vring). Blogeintrag vom 6.9.2011, 18:25 (AS, 241) Link zum Video: http://www.wolfgang-herrndorf.de/wp-content/uploads/2011/08/Film-am-06-09-2011-um-18.25.mov.

Hughes, Jolyon Timothy: The Annette von Droste-Hülshoff Syndrome in: https://www.academia.edu/9289561/The_Annette_von_Droste_Hülshoff_Syndrome (Zugriff: 14.08.2019).

Lebenstreppen. In: Ex-Models. Ein Crossmedia-Projekt über Schönheitskonzepte und Altersbilder. In: http://www.exmodels.de/lebenstreppen/ (Zugriff: 14.02.2020).

Pro Heraldica: Deutsche Forschungsgesellschaft für Heraldik und Genealogie. Vgl.: https://pro-heraldica.de/wissenswertes/lebenserwartung/ (Zugriff: 14.02.2020).

Stingelin, Martin: Das Rätsel Freud. Bruchstücke zu einer Biografie: Die Affäre der Psychoanalyse mit dem Kokain. In: Literaturkritik.de Nr. 1, Januar 2006. http://literaturkritik.de/id/8981 (Zugriff: 11. März 2020).

Zeitungsartikel

Müller, Hansjörg: Irren auf höchstem Niveau. Nachruf auf Frank Schirrmacher. Basler Zeitung, 14.06. 2014.

Seibt, Constantin: Kein Tod, keine Steuern, kein Pardon. In: Tages-Anzeiger, 15. Juni 2016.

Kaeser, Eduard: Neue Züricher Zeitung 04.11.2017.

Weitere

Schäfers, Burkhard: Wie Google&Co das Leben verlängern wollen. Deutschlandfunk, 19.05.2016.